新编政府会计

郭 磊　郭 玲　编著

南开大学出版社
天 津

图书在版编目(CIP)数据

新编政府会计 / 郭磊，郭玲编著. —天津：南开大学出版社，2014.10

ISBN 978-7-310-04635-5

Ⅰ. ①新… Ⅱ. ①郭… ②郭… Ⅲ. ①预算会计—研究 Ⅳ. ①F810.6

中国版本图书馆 CIP 数据核字(2014)第 215799 号

南开大学出版社出版发行

出版人：孙克强

地址：天津市南开区卫津路 94 号 邮政编码：300071

营销部电话：(022)23508339 23500755

营销部传真：(022)23508542 邮购部电话：(022)23502200

*

北京楠海印刷厂印刷

全国各地新华书店经销

*

2014 年 10 月第 1 版 2014 年 10 月第 1 次印刷

230×170 毫米 16 开本 26.5 印张 2 插页 430 千字

定价：46.00 元

如遇图书印装质量问题，请与本社营销部联系调换，电话：(022)23507125

目 录

第一篇 基础理论篇

第二篇 财政总预算会计

第三篇 行政单位会计实务

第四篇 事业单位会计实务

第五篇　美国政府会计概述

第一篇　基础理论篇

如果人们竭尽全力把那些琐碎的事弄得纯而又纯、精确而又精确，而对那些大问题却不加深究，这种做法岂不可笑。

——*柏拉图*

第一章　政府会计概述

学习目的

学完本章内容后，你应当能够：

■　阐述政府组织的基本特征；

■　熟悉政府会计的概念和我国政府会计的范畴；

■　掌握政府会计的前提假定和会计要素；

■　了解我国政府会计的发展历程。

第一节　政府会计的概念

一、政府组织及其特征

会计研究应当以社会组织为起点。有学者认为会计是“一个以提供财务信息为主的经济信息系统”[①]，也有学者认为会计是“旨在实现最优经济效益的一种管理活动”[②]。无论怎样定义会计的本质，在理论和实践中都需要一个共同的前提假定——会计主体。会计主体假定意味着会计工作总是围绕着某个组织而展开的；或者，从技术会计观来讲，会计信息总是围绕着某个组织而加工的。

组织是人类社会的细胞。人们为了改造自然、治理社会或实现那些单个人无法实现的目标，会有意识地结成形形色色的组织。出于不同的视角、按照不同的标准，经济社会中形形色色的组织可以划分为许多种类。其中，带有根本性意义的划分是以设立的目的为依据，将社会中的组织划分为两

① 葛家澍、余绪缨：《会计学》，高等教育出版社 2000 年版，第 12 页。

② 娄尔行：《基础会计》，上海三联书店 1993 年版，第 7 页。

大类：谋求利润的营利性组织和不以获取利润为目的的组织。从行为科学的观点来看，由于行为的目的不同，其方式、程序和控制模式也不一样。政府会计作为服务于政府组织的信息系统和管理活动，与企业会计的诸多差异都直接或间接地来源于组织的差异。

政府是由被授权制定公共政策与处理国家事务的个人和机构所组成的政治组织。政府一般由“公共当局及其通过政治程序设立的机构组成”[①]。在政治学理论中，政府有狭义和广义之分：狭义的政府是指国家行政机关；广义的政府是国家权力机关的总称，包括立法机关、行政机关和司法机关。第二次世界大战后，随着行政权的扩大，政府管理经济与社会各方面事务的形式也发生了重大变化。政府由传统的“守夜人”和社会生活的仲裁者，直接进入了社会生活的各方面。政府直接投资办企业，建立起国有企业，提供公共产品；直接开办公立学校，使更多的平民子女接受国民教育；授权委托其他社会组织，分担一部分社会事务的管理。由此可见，政府组织的内在性质和范围发生了明显的变化。在我国，由于长期以来受到计划经济体制的影响，政府除了按法定程序设立相应的行政机关外，还出资兴办各种类型的事业单位，如学校、医院、防疫站、图书馆、气象台等等。这些由政府财政资金供给的事业单位事实上在履行着部分政府的职能，在今后相当长的一段时间内它们仍将与政府机构一道向社会提供公共产品和服务。

有别于以谋求利润为目的的私人部门，政府组织有以下一些基本特征：

1. 公共性

公共性是指政府组织因社会的公共需要而存在，并随着社会公共需要的发展而演进。社会公共需要导致了公共产品和服务的产生。现代经济理论和市场经济的实践已经证明，在混合经济体制下政府组织向市场提供的是私人部门无法提供的、或者是那些由私人部门提供将导致配置效率低下的公共产品和服务。政府组织的公共性既是社会分工的必然结果，也是提高整个社会资源配置效率的内在要求。

2. 法定性

所谓法定性是指政府组织须经法律授权方可设立。未经法律程序，任何政府及任何领导不得擅自设置、撤销或合并政府组织。世界各国的政府

① 国际货币基金组织：《政府财政统计手册》，中国金融出版社 1988 年版，第 3 页。

组织的设立都有其法律依据，它们的权力和责任都必须由宪法或其他法律作出明文规定，它们的行为活动也必须符合法律法规。我国的行政体制是建立在“议行合一”的基础上的，行政和司法机关都由最高权力机关（人民代表大会）批准和产生。不仅如此，在我国，事业单位及其分支机构的设置也必须遵守法定性，事业单位不仅首先要取得法人资格，而且还应依照《事业单位登记管理暂行条例》向有关部门依法进行登记。

3. 统一性

政府组织是一个规范统一的体系。不同级别的政府、同一级别政府的内部以及政府举办的各级各类行政事业单位，在机构设置、人员编制、组织目标、预决算程序等方面都必须执行严格统一的制度规范。相比之下，营利性组织，尤其是一个拥有科学的法人治理结构和法人财产权的现代企业,完全可以根据其利润最大化原则和自身的战略目标自行设立分支机构，企业与企业之间在组织级层与组织网络方面基本没有统一性且很少具有可比性。

4. 独占性

政府组织在进行公共事务的管理中具有一定的独占性。在计划经济的条件下，政府组织可以通过行政命令的方式来限制私人企业向社会提供公共产品与服务，从而形成一种计划体制下的独占局面。在市场经济条件下，虽然政府放松了管制，允许并且还鼓励私人企业进入公共产品生产和服务领域，但出于下面几方面的原因，政府组织在公共产品的提供和公共事务的管理中仍处于独占的地位：一是由于公共产品涉及社会公共利益，政府必须在总体上对这一产品的生产进行必要的规制；二是由于公共产品的非排他性和非竞争性，很少有私人企业愿意赔本去生产；加之一些公共项目工程又往往具有相当的规模，非私人组织所能承担，因而政府组织就成为此类公共产品的唯一提供者，客观上造成了独占性。

5. 非营利性

“营”字有“谋求”的含义，非营利性也就是说政府组织的设立不是为了谋求利润。政府组织代表的是全体公民的共同利益，提供的是社会行为规范、社会生活保障等公共产品与服务，从这一点来看，全体居民是政府活动的受益者；另一方面，政府在管理社会公共事务的过程中会发生各种支出，如公务人员的薪金报酬、公共设施的建设费用和维护费用，都是通过强制性的税收由社会成员来承担的，因而税收是分摊政府服务成本的主要方式，政府在提供公共服务时决不能考虑利润问题。“营利”二字是区分市场行为和政府行为的重要标志。

需要指出的是，不以谋求利润为设立宗旨并不是说政府组织不能有盈余。盈余是各类组织运作的结果而不是目的，我们前文对组织的分类是基于目的而非结果。正如可能会出现财政赤字一样，非营利的政府组织在年度终了同样可以出现收支余额。常识还告诉我们各级政府的财政盈余以及各级各类行政事业单位的年终结余是评价此类组织绩效的重要参考指标。

6. 组织目标的多重性

政府组织的目标形式上清楚但实际中模糊，而且组织行为的结果评判较困难。政府组织以满足公共需要、维护和增进公共利益作为组织目标，这是十分清楚的，但由于公共利益大多是抽象的，加之人们对公共需要、公共利益以及多大范围内的或什么样的共同利益可以作为社会公共利益存在着不同的看法，因而政府组织的这一目标在实际中又是模糊不清的，往往似乎只是政府组织人员提醒自己负有公共责任以及必须为大多数人服务的一种象征符号而已。相应地，政府组织的活动的结果是否达到组织的基本目标，政府组织人员是否公正公开、顺应和体恤民意等，也就较难有准确量化的指标进行评判。比较来说，企业组织最重要的目标是创造利润，员工的绩效是以其对组织所创造的利润的多少进行衡量的，而且由于利润是以价值的表现形式，即价格来进行测量的，因此企业组织的行为结果的评判较之公共组织清楚明确得多。

二、政府会计的概念

既然政府组织与营利性的企业在设立的依据、组织目标以及在经济社会中的地位、作用等方面具有明显的差异，那么二者的运作资金也应在确认原则、考核指标、绩效评价、财务报告等方面存在本质的差异。为配合政府组织特殊的环境和满足其财务报告使用者的特殊要求，世界各国一般都对其设立单独的概念、准则及程序，这样的一整套制度规范就是政府会计制度。政府会计制度和企业会计制度的分立，实际上是基于社会组织的不同本质特性而划定的，这一分类基准用会计学的术语来讲，即按照会计主体的性质进行分类。也就是说，以会计主体的性质为标准进行分类，整个会计学科分为企业会计和政府会计两大门类。

我国的政府会计是服务于各级政府及各级各类行政事业单位的会计信

息系统。它以货币为主要计量单位，以政府及行政事业单位的资金运动为对象，连续、系统、全面地反映政府组织的各种受托财务责任。政府会计的信息是社会公众评价政府及公共组织绩效的主要指标，同时也是宏观政策制定者的重要决策依据。

关于政府会计这一概念，我们需要作以下两点说明：

第一，政府会计这一概念目前只是学术界的一种提法，现行制度中官方的称谓是预算会计。

“预算会计是以预算管理为中心的宏观管理信息系统和管理手段，是核算、反映和监督中央与地方预算以及事业行政单位收支预算执行的会计，是我国两大类会计体系之一。”①

预算会计这一概念的主要问题在于概念的外延过于狭窄——以“预算”命名既不利于反映事物的本质特征，也不利于建立科学完整的政府会计概念体系。预算会计正式定名于新中国诞生后的1950年，是在高度计划体制下照搬苏联会计模式而构建的，“预算”二字专指高度集中财政体制下的国家预算。计划体制的一大特征是政府对所有的社会事务都统包统揽，当时的体制决定了各级各类行政事业单位的资金全部来源于预算资金，即便是企业组织也只是整个社会大机器的一个部件，其资金来源的主渠道依然是政府预算。在此种经济社会环境下，政府组织的会计以“预算”来命名可以说是名副其实的，甚至从某种意义上讲当时的企业会计也可称之为预算会计。随着市场经济体制和公共财政的逐步建立，以“预算资金或预算管理为核心”的提法已显现出许多不便，它不仅不能反映出政府会计的本质特征与内容，更重要的是不利于建立政府会计的一系列相关概念体系，从而不利于全面反映政府的受托责任。

第二，政府会计的外延应当根据我国的实际国情适当地有所调整。这里面涉及到国有企业单位会计和事业单位会计两方面的问题。

首先，我们来分析国有企业会计能否作为政府会计的组成部分这一问题。

毋庸质疑，（广义的）国有企业其产权是属于各级政府的，这些企业的盈利是国有资产的收益，政府拥有相应的索求权；这些企业的亏损，政府应付有限的连带责任。按照上面我们对政府会计作出的定义，政府财务报

① 全国预算会计研究会预算会计课题组：《新预算会计制度知识问答》，浙江人民出版社1997年版，第1页。

告中理应反映出这些公共财产和资源的收益与结存状况，故政府会计应当包括政府出资兴办的各类国有企业的会计，以便更加完整地反映政府的受托责任。在西方国家，政府会计的范围是包含公有企业会计的，因为绝大多数的公办企业只能涉及自然垄断及公共产品领域，而且政府对此类企业的发起设立、业务范围、利润水平都有着极其严格的规制（在美、日等国，甚至每一家公有企业的背后都会“有一个单行法律作为行动的行为规则”①）。但我国的国情不同，现阶段大部分国有及公办企业是处于竞争性领域的，这类营利性的国有企业同私人企业在运作目标上是没有差异的，因此会计理论界一致认为处于竞争领域的营利性国有企业应当遵守企业会计准则，在会计准则的实际应用中也的确是这么归类的。

其次，我们再来探讨一下事业单位会计是否是政府会计的组成部分这一问题。这一问题还和政府会计是否应定名为“政府和非营利组织会计”（Governmental and Non-profit Accounting）密切相关。

国内许多（或许是大多数）会计学者认为我国的事业单位相当于西方国家的非营利组织，因而他们主张政府会计的范畴只包含政府财政总会计和行政单位会计，而将事业单位会计列入非营利组织会计的范畴。支持这一观点的学者在他们的教材与著述中有的直接套用了“政府和非营利组织会计”这一名称，也有的适当地结合了我国的国情，将预算会计改名为“政府和事业单位会计”。那么，我国的事业单位真的就是西方国家的非营利组织吗？我国的事业单位会计真的就等于非营利组织会计吗？

非营利组织（Non-profit Organization，简称 NPO），是有别于政府组织（第一部门）、营利组织（第二部门）的各种非政府、非营利组织的总称。它提供部分公共产品与服务，强调个人奉献、成员互益等价值观念，具有非营利性、民间性、自治性、志愿性、公益性等重要特征②。非营利组织在不同的国家有着不尽相同的名称，如非政府部门（Non-governmental Organization，NGO）、第三部门（The Third Sector，也有学者将该词汇译为“第三域”）、慈善部门（Charitable Sector）、公民社会（Civil Society）等等。诚然，从字面上分析非营利组织就是不谋求利润的社会组织，但必须注意：非营利组织字面之外的内涵在于专指介于政府组织和企业之间的

① 邓荣霖：《国有企业之路》，兰州大学出版社 1999 年版，丛书总序第 9 页。

② 黎民：《公共管理学》（普通高等教育“十五”国家级规划教材），高等教育出版社 2003 年版，第 239 页。

一种社会组织。如果不结合各国的制度、传统、文化习俗等背景，这一概念运用到会计学中就很有可能张冠李戴。

1998 年，我国以国务院令的形式颁布了《事业单位登记管理暂行条例》和《民办非企业单位登记暂行条例》两项法规。《事业单位登记管理暂行条例》第二条指出："本条例所称事业单位，是指国家为了社会公益目的，由国家机关或者其他组织利用国有资产举办的，从事教育、科技、文化、卫生等活动的社会服务组织。"而《民办非企业单位登记暂行条例》则指出："民办非企业组织是指事业单位、社会团体和其他社会力量以及公民个人利用非国有资产举办的，从事非营利性社会服务活动的社会组织。"这两部法规的出台，意味着事业单位（即国家事业单位）和民办非企业单位（即所谓的民办事业单位）被明确地分为两种组织，分别在两个管理部门（编制管理机构与民政部门）进行登记。因此，从法律意义上说，事业单位仅指国有事业单位，而那些具备民间性、自治性、志愿性等典型非营利组织特征的组织在我国被赋予了特定的名称——民办非企业单位。这种新型的组织——民办非企业单位，才是真正意义上的"非营利组织"或"非政府组织"。非营利组织的一个核心特征是民间性，而我国目前绝大多数的事业单位是政府举办的，并不具备民间性这一基本特征，因而不问国情地将我国的事业单位一概划为非营利组织的作法显然是缺乏理论素养和实践认识的，而将事业单位会计牵强地对号入座于非营利组织会计更是望文生义的表现。

此外，就会计准则方面来看，我国的事业单位会计除了要遵守《会计法》，还必须遵守《预算法》及其他与财政资金有关的法律规定，这也说明它是政府会计的一个分支。西方国家的政府会计和非营利组织会计虽然常常划归一个大类，但它们却并不遵守同一个会计准则——以非营利组织会计最为发达的美国为例：联邦政府及其所属准政府组织的会计准则由隶属于国会的总会计署（General Accounting Office，简称 GAO）制定；州和地方政府及其所属准政府组织的会计准则由政府会计准则委员会（Governmental Accounting Standards Board，简称 GASB）制定[①]；而私立的非营利组织的会计准则由财务会计准则委员会（Financial Accounting Standards Board，简称 FASB）来制定。我国虽然在 1997 年为事业单位会

① 政府会计准则委员会成立于 1984 年 6 月，其前身为美国全国政府会计理事会（National Council of Governmental Accounting）。

计单独制定了会计准则，但从宏观格局和今后的演进趋势来看，它仍是政府会计（预算会计）范畴内的准则。

综上所述，我们认为当前我国的预算会计定名为政府会计是较为科学的，政府会计的范畴应当包含事业单位会计。

阅读材料：FASB 对非营利组织的定义

FASB 通过与营利组织的比较来定义非营利组织。它将非营利组织定义为具备如下其他组织所不具备的特征的主体：

1. 这些主体接受重要的资源提供者的捐赠，这些资源提供者并不期望按照其所提供资源的比例收回资源或获得货币收益。

2. 它们的运营是为了达到一定的目的但不是为了盈利。

3. 与企业不同，它们没有所有权者权益。

特别需要指出的是，非营利组织一般由那些自愿贡献时间的优秀市民组成董事会进行管理。非营利组织的规模大小不等，规模小的非营利组织一般没有配备付薪的员工，其所有的工作都由董事会成员和志愿者承担。相反，有些非营利组织的规模相当大，拥有数千名的员工，如大学或博物馆等大型文化机构。当一个小型的、且新建的组织发展到相当规模且业务繁杂时，董事会需要聘请付薪的兼职或专职的行政人员以分担他们的职责。这种行政人员可以有不同的称谓——行政秘书、行政主任、行政主管、管理员等。不论非营利组织规模大小，董事会都需要指定一位兼职的志愿者成员作为财务主管。在多数情况下，财务主管是仅次于董事长的第二位重要人物，因为非营利组织实施其计划的能力主要取决于严格的财务监督和管理。

资料来源：[美]理查德·F. 拉金、玛里亚·蒂托玛莎《非营利组织公认会计原则解释与应用》，李建发主译，中国财政经济出版社 2001 年版，第 19–20 页。

三、政府会计的体系

政府会计是为政府组织服务的，因此，政府的级层结构、政府组织横向构成便决定了政府会计的经纬体系组成。此外，政府职能的实现有赖于政府预算资金的组织与供给，故而政府会计在纵向上的分级应与政府预算相一致。根据我国《预算法》第二条规定，“国家实行一级政府一级预算，设立中央、省、自治区、直辖市，设区的市、自治州，县、自治县、不设区的市、市辖区，乡、民族乡、镇五级预算。”这样一来，政府会计首先纵向分为中央、省、市、县、乡五级财政总预算会计，各级政府总预算会计下再建立所属行政事业单位的单位会计。

横向来看，政府会计由下列几个子系统组成：

1. 财政总预算会计，即各级政府财政部门核算、反映和监督政府财政总预算执行过程及其结果的会计。

2. 行政单位会计，即各级行政单位核算、反映和监督单位预算执行过程及其结果的会计。

3. 事业单位会计，即各类事业单位核算、反映和监督单位预算执行过程及其结果的会计。

4. 参与组织各级财政总预算执行的国库会计、收入征解会计（包括税务会计、农业税征解会计、关税会计）等，这些会计和总预算会计形成一个相辅相成、互相协作的有机整体，共同参与国家预算执行工作。因此，它们也属于预算会计体系的有机组成部分。

在上述预算会计体系中，财政总预算会计居主导地位。行政单位会计、事业单位会计以及参与预算执行的国库会计、收入征解会计和基本建设拨款会计等在财政总预算会计的业务指导下展开核算工作，并向财政总预算会计报送会计报表。

第二节 政府会计的基本前提和会计要素

一、基本前提

会计核算的基本前提又称基本假设，是指组织会计核算工作必须具备的前提条件，它实际上是外部的社会、经济环境对会计信息系统的规定性。会计实践证明，这些基本假设对会计系统的运行是不可或缺的——如果违反这些基本前提的规定，会计恐怕就只能是门艺术而不能成为科学。不过在目前的实践与认识水平上，人们还无法证明它们的非真性，故会计理论家模仿几何学中设立公理的做法，将其奉为基本假设。与企业会计类似，政府会计的基本前提有：会计主体、持续运作、会计分期和货币计量等。

（一）会计主体

会计主体，是指会计为之服务的单位或组织。会计主体规范了会计活动的空间范围和界限。会计信息系统所接受处理的数据和所输出的信息，都不应超出该空间范围。

政府会计制度确定的会计主体，包括各级政府以及各类事业、行政单位。财政总预算会计的主体是各级政府而不是财政部门，因为财政总预算各项收支的安排、使用，是国家各级政府的职权范围，财政部门只能代表政府执行预算、管理财政收支。事业单位会计和行政单位会计的会计主体，是政府出资兴办的各级各类事业行政单位。这些单位在经济上是独立的或相对独立的，不能把单位会计主体视作财政总预算会计的附属，忽视其独立的主体地位。事业单位会计和行政单位会计作为政府会计的一个组成部分，必须维护政策、制度的统一和会计信息的完整，不能各行其是。

（二）持续运作

持续运作是指会计主体的业务活动能够无限期地进行下去。我国的行政单位和事业单位会计制度规定，会计核算应当以单位各项经济业务活动持续正常地进行为前提（想一想：财政总预算会计为什么不列出这一条？）。持续运作这一假设，正如博弈理论中的无限次重复博弈的作用一样，是公民与政府间以及政府组织之间相互合作与信赖的基础。同时也只有在这一假设的基础上，政府会计才能正常地进行核算、反映和监督。

当然，未来总是会有不确定性的，假定一个会计主体的业务活动能够无限期地延续似乎有些极端。但在理论研究和实际业务中，只要这个会计主体在可预见的未来没有明确的终止信号，我们即可将其视为持续运作，而把事业单位清算的可能性和行政单位“关停并转”的概率忽略不计。另外，与企业会计的持续经营不同，政府组织的运作主要是指持续地履行政府职能。

（三）会计分期

会计分期是将各会计主体无限延续且紧密不断的业务活动人为地分割成一个个等距的时间段，以便分阶段核算会计主体的交易与事项、编制会计报表、总结检查预算执行情况。这一假设既是以持续运作假设为存在前提的，同时又是对持续运作假设的补充。我国会计制度规定，财政总预算会计和单位会计核算应当划分会计期间，分期结算账目和编制会计报表。由于我国的财政年度和会计年度均为日历年度制，所以政府会计的会计年度以公历起讫日期为准。

（四）货币计量

货币计量是指会计核算应当以货币为主要计量单位。并且是在正常的会计处理过程中，不考虑币值变动因素的影响，即假定货币币值稳定不变，这样才能保持会计数据的连续性和有效性。我国现行的会计制度规定，政府会计核算应以人民币为记账本位币，以元为金额单位，元以下记至角分。有外币收支的，应当根据国家银行公布的人民币外汇汇率折算成人民币记账。

二、会计要素

会计要素是对会计对象的基本分类项目，其分类的依据是资金运动的基本属性。也就是说按照同质的要求用尽可能少的几个概念来概括会计对象，这几个少到不能再少的概念便是会计要素。会计要素的“数目应当偏少掌握，而不是偏多，因为一偏多，势必冲淡它最根本的性质，要素不‘要’。”①

会计要素设置的科学与否意义重大，它不仅是继续分类设置各要素所属总账账户的平台，更是会计报表的结构框架，进而会直接影响会计信息的质量。根据现行会计制度，我国政府会计的会计要素有如下五项：

（一）资产

资产是各级财政部门和事业、行政单位拥有或者控制的能以货币计量的经济资源。包括财产、债权和其他权利。有的资产是以非实物形态存在的，如无形资产等。

（二）负债

负债是各级财政部门和事业、行政单位所承担的能以货币计量，需以各项资产或劳务偿付的债务。负债是筹措资金的一条渠道，但又不能永久支配使用，必须按期归还或偿付，反映了与债权人之间的一种借贷关系。

（三）净资产

净资产是各级财政部门和事业、行政单位所拥有的资产净值，即资产减去负债的差额。

① 娄尔行：《会计审计理论探索》，立信会计出版社 1993 年版，第 64 页。

（四）收入

收入是各级财政部门和事业、行政单位根据国家法规、法令所取得的或在营运过程中取得的非偿还性资金。

（五）支出

支出是各级财政部门和事业、行政单位按照批准的预算所发生的各项资金耗费及损失。

财政总预算会计、事业单位会计和行政单位会计各类会计要素所包括的具体内容，将在以后有关篇章中进一步介绍。

三、会计平衡公式

会计平衡公式也称会计等式，它是指各个会计要素之间客观存在的必然相等关系。

政府会计的五个会计要素有密切联系，在任意两个时点间，五个要素的恒等关系为：

资产=负债＋净资产＋（收入－支出)

或者写成：

资产＋支出＝负债＋净资产＋收入

年终，将全部收入和支出转入结余并转为净资产后，其平衡公式为：

资产＝负债＋净资产

会计平衡公式这种平衡相等的关系，是复式记账的基本原则，也是组织会计核算、编制会计报表的理论依据。

第三节　我国政府会计的产生和发展

从逻辑上分析，政府会计应产生于原始社会末期，是随着国家的出现而出现的。

我国是世界上政府会计建立最早国家，政府会计的历史几乎同文字的历史一样源远流长。根据考古发掘，远在3300多年前商代“殷墟书契”的甲古文中，就有了王朝财政收支的记载。收入方面的如 “毕（狩猎方法）八虎，允（人名）毕获鹿八十八、马一、豕卅又二”，支出方面的如“甲辰（时间）卜，丙（经手人）于（地点），一羊、一豕，卯一牛（用去的物品）”[①]。此类记载可能是我国乃至世界上最古老的会计记录，更准确地说，是最古老的政府会计的记录。

政府会计在我国古代被称为官厅会计。官厅会计是国家会计事务机关和国家会计事务工作的合称。它的涵义有三：第一，会计已成为国家的一项专门事务；第二，国家政体中设有会计机构和配备会计官员；第三，会计事项的处理和方法与国家财政收支的特点相适应。我国有文献记录的最早的官厅会计机构是在公元前 11 世纪的西周时期。据《周礼》记载，当时周王设了天、地、春、夏、秋、冬六官，统称六卿。其中，天官（也称大宰）居百官之长，主管财政会计；地官（或称大司徒），主管教育并兼管税收。天官下设两个主管部门：一是财物保管部门，由天官所属的小宰来掌管；二是会计部门，由天官所属的司会来掌管，以记录反映周朝的财物收支情况。在记录计量的技术措施方面，周代出现了类似会计科目的“九赋”、“九贡”和“九式”，“九赋”和“九贡”即岁入类科目，“九式”即岁出类科目。此外，周代还有“岁会”、“月要”、“日成”的规定，要求天官大宰向国王呈送年报、月报和旬报，而周天子则根据这一年来的情况奖功罚过。由此可见，西周时期政府会计的组织、制度与技术已经达到了相当高的水准。

在以后的一些朝代中，官厅会计制度不断地完善，机构也相应地有所变化。例如，秦、汉两朝实行三卿制，皇帝下设立丞相、太尉和御史大夫，御史大夫掌管国家的财政经济大权，御史大夫下又有“治粟内史”，主管国家的财物保管、会计核算等工作；又如，自隋唐起实行三省六部制，由户部负责国家财政收支与会计管理；再如，宋代曾尝试设置单独以会计命名的官厅会计机构——会计司，以总考天下财赋出入，等等。此外值得一提的是，我国宋代还发明创立了用于会计结算的平衡公式“四柱清册”（四柱指“旧管”、“新收”、“开除”、“实在”，分别相当于今天的“期初余额”、“本期收入”、“本期支出”、“本期期末余额”），在此基础上建立的收付记账法在我国传袭使用了近千年。

我国的古代的官厅会计无论是在组织管理还是在核算技术等方面（至少在明清以前）都遥遥领先于民间会计，这同今天政府会计的势微形成了

① 郭道扬：《中国会计史稿》，中国财政经济出版社 1982 年版，第 40 页。括号中文字为本书作者注。

鲜明的对比。究其原因，主要有以下两点：

首先，国家的较早出现和中央集权的强盛不衰是古代官厅会计发达的直接原因。中国是世界上建立国家最早的国度之一，中国的历代王朝不仅幅员辽阔而且中央集权历史悠久、势力强大。为了维护国家政权的政治统治，就必须保证国家对经济的统治；而要保证国家对经济的统治，就要有一整套行之有效的管理措施和管理机构。不难判断，在这样的社会经济环境下，产生一个功效卓著的官厅会计机构是历史的必然。

其次，官厅会计的发达还有其理论上的根源。官厅会计是核算反映国家财政收支的工具，是实现国家财政管理的基本手段。所以，官厅会计制度作为国家财政的基本管理制度，必然融贯于国家财政制度中。在我国历史上，随着政府收支管理的实践，产生过丰富的理财思想，虽然它们大多都是从财政的角度来论述的，但它对官厅会计的实践起了直接的指导作用，甚至可以说这些理财思想本身既是财政理论，又是官厅会计制度。这一点正如郭道扬先生在《中国会计史稿》中所述："所谓的'会计理论'大都是融合于财政理论之中的。如历代关于'节用'的理论，一方面表现为一种财政思想，另一方面实际上又是作为'官厅会计'制度的一项原则。再如'量入为出'与'量出为入'的理论，一方面表现为一种财政原则，另一方面又反映了会计预算的一种思想"。①

近代的旧中国，中央和地方各级政府机关的会计称为政府会计。最初其政府会计由财政部下设的会计司负责管理；1931 年 4 月，国民政府主计处成立，下辖会计、岁计、统计三局，其中会计局负责掌管政府会计的制度设计、人员任命以及核算监督、报表汇总等事务，岁计局负责编制审核政府组织的预决算。岁计和会计的分立利用了内部牵制，是一种积极的财政监督体制。此外，政府会计还按照各机关经办财政资金业务的不同分为：（1）税收会计，即岁入业务机关的会计，其中岁入为国家在预算年度内的一切收入；（2）经费会计，即岁出业务机关的会计，其中岁出为国家在预算年度内的一切支出；（3）收支会计，指基层预算单位经管现金收支的会计；（4）综合会计，为会计主管机关的会计。

新中国成立后，随着新型财政体制和会计模式的逐步建立，我国的政府会计于 1950 年被定名为预算会计。在 1965 年以前，预算会计采用借贷

① 郭道扬：《中国会计史稿》，中国财政经济出版社 1982 年版，前言第 12 页。

记账法；1965 年的全国预算会计工作会议决定在全国各级财政部门和事业行政单位全面推广“资金收付记账法”；1997 年，我国对预算会计进行了一次规模较大的改革，预算会计的记账方法又改回到国际通行的借贷记账法。

20 世纪 90 年代的预算会计改革，“对提高我国预算会计的整体管理水平起到了积极的作用，同时也为我国政府会计核算进一步向国际靠拢打下了基础”。[①]进入 21 世纪的今天，随着政府职能的转换和公共财政体制的建立，特别是在国库集中收付制度、部门预算制度和政府采购制度等深化财政支出方面的改革措施都已相继出台后的今天，我国的预算会计在会计目标、核算内容、会计要素、结账基础、财务报告制度等方面都迫切需要一场深层次的变革。我们有理由相信，在新的改革措施出台之后，我国必将建立起一个名副其实的政府会计体系。

思考题

1. 社会中的组织的目标都相同吗？政府组织有哪些特征？
2. 什么是政府会计？政府会计由哪些部分组成？
3. 我国的事业单位是否就是西方国家的非营利组织？为什么？
4. 对比政府会计和企业会计的前提假定和会计要素。

① 楼继伟 2001 年 8 月 28 日在大连“政府预算与会计权责发生制”国际研讨会上的讲话。

第二章　政府预算与相关管理制度

考虑到非财政专业的同学对于政府预算、政府收支分类等相关知识点的陌生，本教材将有关内容浓缩于此章，以期减少同学们的搜寻成本。本章可以顺讲，也可以在讲至相关知识点时选讲。

学习目的

学完本章内容后，你应当能够：

- 掌握政府预算的概念、类型和特征；
- 熟悉部门预算的概念、实施的意义；
- 掌握部门预算、政府采购和国库集中收付之间的关系；
- 财政管理制度改革对我国政府会计的影响；
- 熟悉我国政府收支分类的演进与近年的改革。

第一节　政府预算概述

一、政府预算的概念

“预算”一词在我国权威工具书中的释义为：“对于未来的一定时期内的收入和支出的计划”。[①]政府预算也就是政府对于未来的一定时期的收支计划。不过在掌握政府预算这一概念时需要注意：尽管自国家出现之日（甚至是国家出现之前的公共部落时期）就有了对于收入和支出的预计与规划，然而现代意义上的政府预算，却是资本主义制度与封建王权斗争的产物，它的产生要晚于税收、公债等财政概念。

① 中国社科院语言研究所词典编辑室：《现代汉语词典》，商务印书馆2005年版，第1669页。

"预算"的英文词汇为"budget"，本意为皮制的公文包。在资本主义早期，英国财政大臣在向议会提出下年度财政计划时，常在英国议员们面前打开公文包，展示他所需要的数字，因此财政大臣的"公文包"就逐渐用来指代下个财政年度的岁入岁出估算数。约从19世纪开始，budget一词正式成为预算的英文术语。

政府预算可以从多个角度来定义，在学术界大体上有经济学、行政学和管理学三大范式。经济学对政府预算的研究主要是规范性的——例如亚当·斯密在其著述中对政府收入和政府支出所应遵循的原则做出了论述；行政学者认为政府预算本身应是一种行政过程，行政学角度研究的重点在于预算编制、执行等过程的合法性与合理性，同时还要考察政治制度、政治行为、行政过程之间的因果关系例如利益集团理论的出现就深刻地影响了行政学者对于政府预算的看法；管理学角度的研究强调政府预算循环中的执行力及其最终效果，注重预算的控制、管理与规划等因素——例如，将预算的编制形式从传统的按支出月途分类编列，改为按功能和绩效，进而按计划项目编列，等等。

国内有学者综合归纳了上述视角，认为政府预算是"政府按照一定的公共政策和原则、程序编制，并经立法机构通过的公共资金计划。计划性、公共性、政策性和法定性是政府预算的四个特点，或者说，只有同时符合这些特点的，才能称为政府预算"。①

阅读与思考：

在行政事业单位会计中，有一个科目叫作"财政应返还额度"的会计科目。其账务处理规定："在财政直接支付的情形下，年末，行政单位根据本年度财政直接支付预算指标数与财政直接支付实际支出数的差额，借记本科目（财政直接支付），贷记'财政拨款收入'科目。

为什么"预算指标数"可以作为公共财政资金应返还额度的依据？你认为这一规定和政府预算的什么特性相联系？

二、政府预算的类型

政府预算作为政府的财政收支计划，在技术操作上要解决的主要是两

① 马国贤：《政府预算》，上海财经大学出版社2011年8月版，第9页。

个方面的问题：一是计划表格的安排，二是计划指标（数据）的确定。前者通常称为政府预算的形式，后者则是政府预算的内容。相应地，政府预算在形式上和内容上的差别，便成为对预算进行分类的依据所在。对政府预算进行科学、合理的分类，是进一步认识和研究政府预算的前提。

（一）按照预算组织形式的分类

1. 单式预算

单式预算是传统的预算组织形式，它是在预算年度内不区分各类预算收支的经济性质，将全部的预算收入和支出汇列于单一的预算收支项目表格内。

单式预算的优点：符合预算的完整性原则，整体性强；结构简单、易于操作；便于总量调节。其缺点表现在：第一，没有把全部的财政收支按经济性质分列，不便于对经济结构进行调节；第二，各项收入加总和各项支出加总，然后进行总量平衡，不能清楚表明赤字产生在哪个方面；第三，经常性支出和建设性支出相互挤占，不利于考核资金使用效益。正因为单式预算对应性弱、透明度低，所以很多国家已不再采用这种形式，转而采用复式预算。

2. 复式预算

复式预算是将同一预算年度内的全部收入和支出按经济性质划分，分别汇编成两个或两个以上的收支对照表，以特定的预算收入来源保证特定的预算支出，并使两者具有相对稳定的对应关系。世界各国通常的做法是分为经常性预算和资本性预算或称投资预算。这里应该注意的是，各国复式预算的具体结构各有差异，各个分预算的称谓也不相同，即使是采用两式结构的复式预算，有的是截然分开，也有的是交叉使用。

复式预算比单式预算明显地存在着一些优点：一是对应性强，便于对经济结构进行调节；二是透明度高，可以表明赤字产生的原因，复式预算的各个分预算之间是相对独立的，一般不能相互混淆，资金不能相互挤占，自成一体，自求平衡；三是预算结构清晰，便于分类管理和控制，便于对支出进行分类考核和控制，考核资金的使用效益。但是，复式预算也有一些缺点：一是比较复杂、不便操作。这主要表现在复式预算的各分预算之间的划分标准难以掌握。无论在预算管理，还是在技术处理上，都是有高标准要求的。从我国这些年的实践看，尚属一个难点。二是易导致资本预算规模膨胀。复式预算自身对资本预算的规模没有量的限制，而资本预算有相当一部分资金是来源于借债。如果借口投资需要而大量举债，资本预算必然膨胀，容易造成国债规模失控。

长期以来，我国一直是采用单式预算组织形式。但自改革开放之后，随着我国市场经济的发展，国民经济的分配格局发生了巨大变化，国家财政也日益壮大起来。同时，国家对经济管理和财政管理提出了更高的要求。为了适应这种发展变化的要求，1991 年国务院颁布了《国家预算管理条例》，规定从 1992 年起政府预算按复式预算编制。于是，财政部在 1992 年对我国的国家预算、中央预算和部分省市预算开始试编。1994 年我国出台的《预算法》中规定，“中央预算和地方各级政府预算按照复式预算编制。复式预算的编制办法和实施步骤，由国务院规定。”

（二）按照确定预算收支指标的方法分类

1. 增量预算

增量预算是指财政收支计划指标是在以前财政年度的基础上，按新财政年度的经济发展情况和财政经济政策要求，加以计算和调整后而形成的预算。优点是有利于保证各项财政收支指标的连续性，编制简单、易于操作。缺点是容易把以往年份的影响财政收支指标的不合理因素保留下来，特别是形成了预算支出的刚性增长机制，不利于对预算支出进行适时的调整，因而也不利于提高财政支出效益。

2. 零基预算

零基预算是指在编制年度预算时，不依以往年度的预算收支量为基础，对每个部门的工作计划进行全面地重新审核和测算，来确定各部门所需资金而形成的预算。零基预算与增量预算的根本区别在于：不仅对年度内新增任务要进行审核，而且要对以前年度确定的项目进行审核。从预算支出的角度看，就是不仅要对预算年度中新增支出进行审核，而且要对以前年度形成的基数支出进行审核，在这个基础上，最后再确定各部门支出预算。零基预算的优点是可以有效控制预算支出的刚性增长态势，摆脱以往年份影响财政收支的不合理因素对预算编制的影响。缺点是其编制非常复杂、不易操作。

零基预算是由美国卡特政府在 1979 年首次提出，到 1982 年美国已经大约有 18 个州采用了零基预算编制方法。目前世界上许多国家实行零基预算的基础工作已经完成，并在理论上制订了一系列科学的预算定编、定额、定标准的方法。实践表明，零基预算的预算编制不受既定事实的影响，一切从合理性和可能性出发，有利于加强预算管理，提高预算的科学性。

我国的政府预算无论是单式预算还是复式预算，主要是采用增量预算。同时在现阶段某些具体项目计划上也采用零基预算方法，并且其使用范围有进一步扩大的趋势。这与我国改革开放以来，合理吸收和借鉴西方发达国家先进的预算形式和管理方法有关。

（三）按照预算管理范围分类

1. 总预算

总预算是指政府汇总编制的预算，一般是按国家的行政区域和政权结构划分为各级次的总预算。我国是一级政权一级预算，有中央预算，省（自治区、直辖市）总预算，设区的市（自治州）总预算，县（自治县、不设区的市、市辖区）总预算，乡（民族乡、镇）总预算。各级总预算一般由各级政府的财政部门负责编制，同级立法机关审查批准。

2. 单位预算

单位预算是指列入部门预算的政府机关、社会团体和其他单位的收支预算。它是部门预算的组成部分。从单位预算的组成系统看，分为主管单位预算、二级单位预算和三级单位预算。

（四）按照预算分级管理的要求分类

1. 中央预算

中央预算是指按法定程序批准的，由中央各部门（含直属单位）的预算组成的中央政府财政收支计划。我国的中央预算还包括，地方向中央上解的收入数额和中央对地方返还或者给予补助的支出数额。

2. 地方预算

地方预算是指按法定程序批准的，地方各级政府财政收支计划的总称。它由各省、自治区、直辖市总预算组成。地方各级政府预算由本级各部门（含直属单位）的预算组成。地各级政府预算包括下级政府向上级政府上解的收入数额和上级政府对下级政府返还或者给予补助的数额。

三、我国的各级政府预算

（一）我国政府预算的级次划分[①]

我国《预算法》在总则一章中规定，我国实行一级政府一级预算，各级预算做到自行收支平衡。根据《预算法》，我国相应设立中央，省、自治

① 各级政府预算的划分还应包括收入支出等方面的划分，限于教材的篇幅这里不作介绍。有关知识可以参考国内财政学教材的“体制”章节。

区、直辖市，设区的市、自治州，县、自治县、不设区的市、市辖区，乡、民族乡、镇五级预算[①]，除中央预算外的其他四级预算均称为地方预算。[②]中央预算由中央各部门的预算组成，地方本级预算由本级政府各部门的预算组成，地方总预算由地方本级预算和汇总的下一级总预算组成。[③]

（二）我国各级政府预算的管理职权

我国《预算法》第二章为“预算管理职权”，规定了各级政府的立法机构在预算管理方面的权限。

1. 中央预算的管理

《预算法》第二章第十二条规定：全国人民代表大会审查中央和地方预算草案及中央和地方预算执行情况的报告；批准中央预算和中央预算执行情况的报告；改变或者撤销全国人民代表大会常务委员会关于预算、决算的不适当的决议。

全国人民代表大会常务委员会监督中央和地方预算的执行；审查和批准中央预算的调整方案；审查和批准中央决算；撤销国务院制定的同宪法、法律相抵触的关于预算、决算的行政法规、决定和命令；撤销省、自治区、直辖市人民代表大会及其常务委员会制定的同宪法、法律和行政法规相抵触的关于预算、决算的地方性法规和决议。

2. 地方预算的管理

《预算法》第二章第十三条规定：县级以上地方各级人民代表大会审查本级总预算草案及本级总预算执行情况的报告；批准本级预算和本级预算执行情况的报告；改变或者撤销本级人民代表大会常务委员会关于预算、决算的不适当的决议；撤销本级政府关于预算、决算的不适当的决定和命令。

县级以上地方各级人民代表大会常务委员会监督本级总预算的执行；审查和批准本级预算的调整方案；审查和批准本级政府决算（以下简称本级决算）；撤销本级政府和下一级人民代表大会及其常务委员会关于预算、决算的不适当的决定、命令和决议。

设立预算的乡、民族乡、镇的人民代表大会审查和批准本级预算和本

① 关于乡镇政府预算，《预算法》第一章总则第二条有单独表述：“不具备设立预算条件的乡、民族乡、镇，经省、自治区、直辖市政府确定，可以暂不设立预算”。

② 为简便起见，下文中将这四级地方预算分别简称为省级、市级、县级和乡级预算，相对应的各级地方政府和各级地方财政部门也作此简化。

③ 下一级只有本级预算的，下一级总预算就是指下一级的本级预算。没有下一级预算的，本级总预算就是指本级预算。

级预算执行情况的报告；监督本级预算的执行；审查和批准本级预算的调整方案；审查和批准本级决算；撤销本级政府关于预算、决算的不适当的决定和命令。

（三）我国各级政府预算的编制与报告

1. 中央预算的编制与报告

我国《预算法》第二章第十四条规定：国务院编制中央预算、决算草案；向全国人民代表大会做关于中央和地方预算草案的报告；将省、自治区、直辖市政府报送备案的预算汇总后报全国人民代表大会常务委员会备案；组织中央和地方预算的执行；决定中央预算预备费的动用；编制中央预算调整方案；监督中央各部门和地方政府的预算执行；改变或者撤销中央各部门和地方政府关于预算、决算的不适当的决定、命令；向全国人民代表大会、全国人民代表大会常务委员会报告中央和地方预算的执行情况。

2. 地方预算的编制与报告

我国《预算法》第二章第十五条规定：县级以上地方各级政府编制本级预算、决算草案；向本级人民代表大会做关于本级总预算草案的报告；将下一级政府报送备案的预算汇总后报本级人民代表大会常务委员会备案；组织本级总预算的执行；决定本级预算预备费的动用；编制本级预算的调整方案；监督本级各部门和下级政府的预算执行；改变或者撤销本级各部门和下级政府关于预算、决算的不适当的决定、命令；向本级人民代表大会、本级人民代表大会常务委员会报告本级总预算的执行情况。

乡、民族乡、镇政府编制本级预算、决算草案；向本级人民代表大会做关于本级预算草案的报告；组织本级预算的执行；决定本级预算预备费的动用；编制本级预算的调整方案；向本级人民代表大会报告本级预算的执行情况。

3. 各级政府预算的具体编制

我国《预算法》第二章第十六条规定：国务院财政部门具体编制中央预算、决算草案；具体组织中央和地方预算的执行；提出中央预算预备费动用方案；具体编制中央预算的调整方案；定期向国务院报告中央和地方预算的执行情况。

地方各级政府财政部门具体编制本级预算、决算草案；具体组织本级总预算的执行；提出本级预算预备费动用方案；具体编制本级预算的调整方案；定期向本级政府和上一级政府财政部门报告本级总预算的执行情况。

我国《预算法》第二章第十七条和十八条规定：各部门编制本部门预算、决算草案；组织和监督本部门预算的执行；定期向本级政府财政部门报告预算的执行情况。各单位编制本单位预算、决算草案；按照国家规定上缴预算收入，安排预算支出，并接受国家有关部门的监督。

第二节　我国政府预算的编制、审批与执行

在我国，就整个政府预算的管理和编制程序来说，可以分作四个阶段，即政府预算的编制、政府预算的审批、政府预算的执行和政府决算，这也就是通常所说的“预算周期”。

一、政府预算的编制

各级财政部门具体负责政府预算草案的编制工作，这里所说的预算草案就是指未经法定程序审查和批准的预算收支计划。

（一）政府预算的编制程序

预算草案的编制工作是按照“自上而下、自下而上，上下结合，逐级汇总”的程序，沿两条主线展开，即中央预算草案的编制和地方总预算草案的编制，最后由财政部汇总成完整的中央和地方预算草案，具体步骤如下：

（1）国务院于每年的下半年向中央各部门和各省级政府下达编制下一年度预算草案的指示，提出编制预算草案的原则和要求。财政部根据国务院编制下一年度预算草案的指示，部署编制预算草案的具体事项，规定预算收支科目、报表格式、编报方法，并安排财政收支计划。

（2）中央各部门根据国务院的指示和财政部的部署，结合本部门的具体情况，提出编制本部门预算草案的要求，具体布置所属各单位编制预算草案，同时还要负责本部门所属各单位预算草案的审核，并汇总编制本部门的预算草案，于每年 12 月 10 日前报财政部审核。

（3）各省级政府根据国务院的指示和财政部的部署，结合本地区的具体情况，提出本行政区域编制预算草案的要求，层层下达；县级以上地方各级财政部门审核本级各部门的预算草案，编制本级预算草案，汇编本级总预算草案，经本级政府审定后，按照规定期限报上一级政府；省级财政

部门将汇总的本级总预算草案，于次年 1 月10 日前报财政部。

（4）财政部审核中央各部门的预算草案，编制中央预算草案，汇总地方总预算草案，汇编中央和地方预算草案。

（二）政府预算的编制依据和内容

具体说来，各级政府预算草案的编制依据是：（1）相关法律、法规；（2）国民经济和社会发展计划、财政中长期计划以及有关的财政经济政策；（3）本级政府的预算管理职权和财政管理体制确定的预算收支范围；（4）上一年度预算执行情况和本年度预算收支变化因素；（5）上级政府对编制本年度预算草案的指示和要求。各部门、单位编制预算草案的依据是：（1）相关法律、法规；（2）本级政府的指示和要求以及本级政府财政部门的部署；（3）本部门、本单位的职责、任务和事业发展计划；（4）本部门、本单位的定员定额标准；（5）本部门、本单位上一年度预算执行情况和本年度预算收支变化因素。

对于政府预算的编制内容，要就中央预算和地方各级预算分别加以介绍。中央预算编制的内容包括：（1）本级预算收入和支出；（2）上一年度结余用于本年度安排的支出；（3）返还或者补助地方的支出；（4）地方上解的收入。[①]地方各级预算的编制内容包括：（1）本级预算收入和支出；（2）上一年度结余用于本年度安排的支出；（3）上级返还或者补助的收入；（4）返还或者补助下级的支出；（5）上解上级的支出；（6）下级上解的收入。

（三）预备费和预算周转金的设置

预备费是在预算编制时预留的资金，主要用于预算执行中的自然灾害救灾支出以及其他难以预见的特殊支出。我国《预算法》规定，各级政府预算按照本级政府预算支出额的 1%～3%设置预备费。

预算周转金，是指各级政府为调剂预算年度内季节性收支差额，保证及时用款而设置的周转资金。我国《预算法实施条例》规定，各级政府预算周转金从本级政府预算的结余中设置和补充，其额度应当逐步达到本级政府预算支出总额的 4%。

二、政府预算的审批

我国政府预算的审批一般要经过初审、审查批准、批复和备案四个环节。

① 中央财政本年度举借的国内外债务和还本付息数额应当在本级预算中单独列示。

（一）政府预算的初审

财政部在每年全国人民代表大会会议举行的一个月前，将中央预算草案的主要内容提交全国人民代表大会财政经济委员会进行初步审查；省、市级财政部门在本级人民代表大会会议举行的一个月前，将本级预算草案的主要内容提交本级人民代表大会有关的专门委员会或者根据本级人民代表大会常务委员会主任会议的决定提交本级人民代表大会常务委员会有关的工作委员会进行初步审查；县级财政部门在本级人民代表大会会议举行的一个月前，将本级预算草案的主要内容提交本级人民代表大会常务委员会进行初步审查。

（二）政府预算的审查批准

国务院在全国人民代表大会举行会议时，向大会做关于中央和地方预算草案的报告；地方各级政府在本级人民代表大会举行会议时，向大会做关于本级总预算草案的报告。

全国人民代表大会审查中央和地方预算草案，批准中央预算；县级以上地方各级人民代表大会审查本级总预算草案，批准本级预算。设立预算的乡级人民代表大会审查和批准本级预算。

（三）政府预算的批复

各级政府预算草案经本级人民代表大会批准后，为当年本级政府预算。县级以上各级财政部门应当自本级人民代表大会批准本级政府预算之日起30日内，批复本级各部门预算；各部门应当自本级财政部门批复本部门预算之日起15日内，批复所属各单位预算。

（四）政府预算的备案

乡级政府将经本级人民代表大会批准的本级预算报上一级政府备案；县级以上地方各级政府将经本级人民代表大会批准的本级预算及下一级政府报送备案的预算汇总，报上一级政府备案，同时报本级人民代表大会常务委员会备案。国务院将各省级政府报送备案的预算汇总后，报全国人民代表大会常务委员会备案。

三、政府预算的执行

各级预算由本级政府组织执行，具体工作由财政部门负责。各级财政部门在预算执行中的主要任务是：（1）研究落实财政税收政策的措施，支持经济和社会的健康发展；（2）制定组织预算收入和管理预算支出的制度和办法；（3）督促各预算收入征收部门、各预算缴款单位完成预算收入任务；（4）根据年度支出预算和季度用款计划，合理调度、拨付预算资金，监督检查各部门、各单位管好用好预算资金，节减开支，提高效率；（5）指导和监督各部门、各单位建立、健全财务制度和会计核算体系，按照规定使用预算资金；（6）编报、汇总分期的预算收支执行数字，分析预算收支执行情况，定期向本级政府和上一级政府财政部门报告预算执行情况，并提出增收节支的建议；（7）协调预算收入征收部门、国库和其他有关部门的业务工作。

（一）预算收入的执行

各级财政、税务、海关是预算收入的征收部门，必须依照有关法律、行政法规和财政部的有关规定，积极组织预算收入，及时、足额地将预算收入缴入国库，不得擅自减征、免征或者缓征应征收的预算收入，不得截留、占用或者挪用预算收入；有预算收入上缴任务的部门和单位，必须依照有关法律、行政法规和财政部的有关规定，将应当上缴的预算资金及时、足额地上缴国库，不得截留、占用、挪用或者拖欠。

（二）预算支出的执行

各级财政是预算支出的执行部门，必须依照法律、行政法规和财政部的有关规定，及时、足额地拨付预算支出资金，加强对预算支出的管理和监督。各级财政部门在预算拨款的过程中应当坚持以下原则：（1）按照预算拨款，即按照批准的年度预算和用款计划拨款，不得办理无预算、无用款计划、超预算、超计划的拨款，不得擅自改变支出用途；（2）按照规定的预算级次和程序拨款，即根据用款单位的申请，按照用款单位的预算级次和审定的用款计划，按期核拨，不得越级办理预算拨款；（3）按照进度拨款，即根据各用款单位的实际用款进度和国库库款情况拨付资金。

各级政府、各部门、各单位应当加强对预算支出的管理，严格执行预算和财政制度，不得擅自扩大支出范围、提高开支标准，严格按照预算规定的支出用途使用资金，建立健全财务制度和会计核算体系，按照标准考核、监督，提高资金的使用效益。

（三）预算执行中国库的职责

国库是办理预算收入的收纳、划分、留解和库款支拨的专门机构。按照我国《预算法》的相关规定，县级以上各级预算必须设立国库；具备条件的乡、民族乡、镇也应当设立国库。中央国库业务由中国人民银行经理，接受财政部的指导和监督，对中央财政负责；地方国库业务由中国人民银行分支机构经理，[①]接受本级政府财政部门的指导和监督，对地方财政负责。各级国库必须按照国家有关规定，及时、准确地办理预算收入的收纳、划分、留解和预算支出的拨付。

（四）预算调整

预算调整是预算执行过程中可能出现的一种情况，它是指经各级人民代表大会批准的各级预算在执行的过程中，因特殊情况需要增加支出或者减少收入，使原收支平衡的预算出现总支出超过总收入或者使原预算中举借债务的数额增加而产生的部分变更。

各级政府对于必须进行的预算调整，应当编制预算调整方案。预算调整方案由各级财政部门负责具体编制，其中必须列明调整的原因、项目、数额、措施及有关说明。预算调整方案在经本级政府审定后，提请本级人民代表大会常务委员会审查和批准。[②]未经批准，不得调整预算。地方各级政府预算的调整方案经批准后，由本级政府报上一级政府备案。

（五）预算执行的监督

全国人民代表大会常务委员会负责监督中央和地方预算的执行；县级以上地方各级人民代表大会常务委员会负责监督本级总预算的执行；设立预算的乡级人民代表大会负责监督本级预算的执行。

四、政府决算

各级财政部门具体负责政府决算草案的编制工作。这里所说的“决算草案”就是指未经法定程序审查和批准的预算收支的年度执行结果。政府决算草案的编制程序与预算草案的编制程序基本一致。

财政部编制的中央决算草案，报国务院审定后，由国务院提请全国人民代表大会常务委员会审查和批准；县级以上地方各级财政部门编制的本级决算草案，报本级政府审定后，由本级政府提请本级人民代表大会常务委员会审查和批准；乡级政府编制的本级决算草案，提请本级人民代表大会审查和批准。

县级以上各级财政部门应当自本级政府决算经本级人民代表大会常

① 未设中国人民银行分支机构的地区，由上级中国人民银行分支机构通过与有关的地方政府财政部门协商后，委托有关银行办理。

② 乡级预算的调整方案是由本级人民代表大会审查和批准。

务委员会批准之日起20日内向本级各部门批复决算；各部门应当自本级政府财政部门批复本部门决算之日起15日内向所属各单位批复决算。

县级以上地方各级政府应当自本级人民代表大会常务委员会批准本级政府决算之日起30日内，将本级政府决算及下一级政府上报备案的决算汇总，报上一级政府备案。

第三节 我国财政管理制度改革

20世纪90年代中后期以来，我国先后出台了收支两条线、政府采购、部门预算、国库集中收付、政府收支分类改革等一系列改革措施。了解这些管理措施与制度，是学好政府会计的必要前提。

一、部门预算改革

（一）部门预算的概念

部门预算是微观意义的政府组织的收支计划。它具体是指“部门依据国家有关政策规定及其行使职能的需要，由基层预算单位编制，逐级上报、审核、汇总，经过财政部门审核后提交立法机关依法批准的，涵盖部门各项收支的综合财政收支计划”①。

长期以来，我国政府组织和事业单位的预算是按资金来源和开支功能来编制的，财政部门直接安排的预算资金和许多有预算分配权的部门所安排的资金并不在同一个预算之内。这样的行政事业单位预算在执行中难以与会计主体相协调，是缺乏科学化、法制化和透明度的单位预算。

（二）部门预算改革

我国政府在2000年启动了部门预算改革。具体做法包括：第一，按照法定时间批复预算。提前编制预算，延长预算编制时间。1999年度以前，中央各部门编制预算一般从11月份开始，预算编制时间为4个月，2000年预算年度部门预算编制提前到9月份进行，预算编制时间延长为6个月②；

① 楼继伟主编：《中国政府预算：制度、管理与案例》，中国财政经济出版社2002年，第153页。

② 资料来源于财政部网站关于2000～2007年部门预算改革的主要内容，http://www.mof.gov.cn/pub/yusuansi/zhuantilanmu/yusuanguanligaige/zybmysgg/200806/t20080630_55266.html。

第二，改变预算编制方式。1999年度以前，中央各部门预算采取“自上而下”的代编方式，改革之后则采取“自下而上”的汇总方式，即从基层预算单位开始编制预算，然后向上逐级汇总；第三，本次改革采取综合预算编制方法，实现“一个部门一本预算”的制度模式。部门将所有预算内和预算外收支统一纳入一本预算中列示，改变传统预算资金分散化的方式。

实施部门预算，并不是我国的独创，世界上大多数市场经济国家都实行部门预算制度。这一制度经过不断的修订和完善，目前在发达国家中已成为一种较为成熟的制度。部门预算其实质是将政府的各种支出用严密、详细、精确的预算规范起来，并将它法律化，使它成为政府支出的依据。这一制度实施后，可杜绝政府支出中不规范、不透明的现象，实现了政府收支的清正廉洁。

思考：在1998年的行政单位会计制度中，我们看不到行政单位的基本建设的费用。而2014年开始实施的新制度中，就新增了“在建工程”等科目。这一变化和本节中的什么理论相关？

二、国库集中收付改革

（一）国库集中收付制度的概念

国库集中收付制度在我国也称为国库单一账户制度，它包括国库集中支付制度和收入收缴管理制度两部分，是指由财政部门代表政府设置国库单一账户体系，将所有的财政性资金统一纳入到国库单一账户体系进行收缴、支付和管理的制度。[①]在国库集中收付制度下，财政收入通过国库单一账户体系，直接缴入国库；财政支出通过国库单一账户体系，以直接支付或授权支付的形式将资金直接拨入商品和劳务供应者或用款单位，未支用的资金均保留在国库单一账户，由财政部门代表政府进行管理运作，可以很好地降低政府筹资成本。国库集中收付制度是政府财政支出管理的重要手段和预算执行科学化的必要保障，也是解决政府财政性资金支付问题的国际通行做法。

国库集中收付制度是作为国际上特别是现代市场经济国家通行的一种先进的国库管理制度。我国采用这一制度具有重要意义：首先，这是我国预算管理制度改革的核心内容之一，是对传统的财政资金账户设置和资金

① 徐曙娜：《我国国库集中收付制度研究》，上海财经大学学报，2005（2）。

收支缴拨方式的根本性变革；其次，有利于财政资金的规范管理，使收入不能随意退库，支出得到了事前监督，保证了国库资金安全；最后，能够正确地执行预算，有利于国家对财政资金的流量和流向进行有效控制，成为强化财政管理的一种新手段。

2001 年 3 月，财政部、中国人民银行联合颁布了《财政国库管理制度改革试点方案》,在中央级行政事业单位选择有代表性的部门实施国库集中支付制度改革,2002 年起国库集中收付制度开始在我国地方各级财政推广。国库集中收付制度可简单概括为如下三个基本方面：（1）国库单一账户体系；（2）收入的缴库方式；（3）支出的支付程序。

（二）国库单一账户体系

1. 国库单一账户体系的构成

（1）财政部门在中国人民银行开设国库单一账户，按收入和支出设置分类账，收入账按预算科目进行明细核算，支出账按资金使用性质设立分账册。

（2）财政部门按资金使用性质在商业银行开设零余额账户；在商业银行为预算单位开设零余额账户。

（3）财政部门在商业银行开设预算外资金财政专户，按收入和支出设置分类账。

（4）财政部门在商业银行为预算单位开设小额现金账户。

（5）经国务院和省级人民政府批准或授权财政部门开设特殊过渡性专户（简称特设专户)。

建立国库单一账户体系后，相应取消各类收入过渡性账户。预算单位的财政性资金逐步全部纳入国库单一账户管理。

2. 国库单一账户体系的功能

（1）国库单一账户为国库存款账户，用于记录、核算和反映纳入预算管理的财政收入和支出活动，并用于与财政部门在商业银行开设的零余额账户进行清算，实现支付。

（2）财政部门的零余额账户，用于财政直接支付和与国库单一账户支出清算；预算单位的零余额账户用于财政授权支付和清算。

（3）预算外资金财政专户，用于记录、核算和反映预算外资金的收入和支出活动，并用于预算外资金日常收支清算。

（4）小额现金账户，用于记录、核算和反映预算单位的零星支出活动，并用于与国库单一账户清算。

(5) 特设专户，用于记录、核算和反映预算单位的特殊专项支出活动，并用于与国库单一账户清算。

上述账户和专户要与财政部门及其支付执行机构、中国人民银行国库部门和预算单位的会计核算保持一致性，相互核对有关账务记录。在建立健全现代化银行支付系统和财政管理信息系统的基础上，逐步实现由国库单一账户核算所有财政性资金的收入和支出，并通过各部门在商业银行的零余额账户处理日常支付和清算业务。

（三）收入的缴库方式

国库集中收付制度在收入方面改进的主要内容是：按政府收支分类，对财政收入实行分类；将财政收入收缴分为直接缴库和集中汇缴，并规范收入退库管理。

1. 直接缴库

直接缴库指缴款单位或缴款人按有关法律、法规规定，直接将应缴收入缴入国库单一账户或预算外资金专户的收缴方式。在直接缴库方式下，由纳税人或税务代理人提出纳税申报，经征收机关审核无误后，由纳税人通过开户银行将税款缴入国库单一账户。

2. 集中汇缴

集中汇缴是指由征收机关按有关法律、法规规定，将所收的应缴收入（一般是小额零散税收和法律另有规定的应缴收入）汇总缴入国库单一账户或预算外资金专户的收缴方式。在集中汇缴方式下，由征收机关于收缴收入的当日汇总缴入国库单一账户。非税收入中的现金缴款，比照本程序缴入国库单一账户或财政专户。

（四）支出的支付程序

1. 财政直接支付程序

预算单位按照批复的部门预算和资金使用计划，向财政国库支付执行机构提出支付申请，财政国库支付执行机构根据批复的部门预算和资金使用计划及相关要求对支付申请审核无误后，向代理银行发出支付令，并通知中国人民银行国库部门，通过代理银行进入全国银行清算系统实时清算，财政资金从国库单一账户划拨到收款人的银行账户。

财政直接支付主要通过转账方式进行，也可以采取“国库支票”支付。财政国库支付执行机构根据预算单位的要求签发支票，并将签发给收款人的支票交给预算单位，由预算单位转给收款人。收款人持支票到其开户银行入账，收款人开户银行再与代理银行进行清算。每日营业终了前由国库单一账户与代理银行进行清算。支付对象为预算单位和下级财政部门的支出，由财政部门按照预算执行进度将资金从国库单一账户直接拨付到预算单位或下级财政部门账户。

2. 财政授权支付程序

预算单位按照批复的部门预算和资金使用计划，向财政国库支付执行机构申请授权支付的月度用款限额，财政国库支付执行机构将批准后的限额通知代理银行和预算单位，并通知中国人民银行国库部门。预算单位在月度用款限额内，自行开具支付令，通过财政国库支付执行机构转由代理银行向收款人付款，并与国库单一账户清算。

上述财政直接支付和财政授权支付流程，以现代化银行支付系统和财政信息管理系统的国库管理操作系统为基础。在这些系统尚未建立和完善前，财政国库支付执行机构或预算单位的支付令通过人工操作转到代理银行，代理银行通过现行银行清算系统向收款人付款，并在每天轧账前，与国库单一账户进行清算。

三、政府采购改革

政府采购（Government Procurement）是以公开招标、投标为主要方式选择供货商（厂商），从国内外市场为政府部门或所属团体购买商品或劳务的一种制度。我国《政府采购法》将政府采购定义为“各级国家机关、事业单位和团体组织，使用财政性资金采购依法制定的集中采购目录以内的或者采购限额标准以上的货物、工程和服务的行为”。政府采购制度是具体的采购过程、采购政策、采购程序及采购管理的总称，是一种与私人部门采购相对的公共采购制度。政府采购具有公开、公正、竞争等特征，被誉为“阳光下的采购”。1999 年财政部颁布了《中华人民共和国政府采购暂行条例》。2002 年 6 月，九届全国人大常委会通过了《中华人民共和国政府采购法》并于次年 1 月 1 日起施行。《政府采购法》的正式实施，标志着中国政府采购迈入了规范化、法制化的轨道。

部门预算、国库直接支付和政府采购作为财政支出管理体制改革的三项核心内容，互为条件，相辅相成，犹如三驾马车，只有并驾齐驱，财政支出管理体制改革才能快速前进。特别是政府采购制度的推行，没有部门预算和国库直接支付改革的支持和保障，恐怕难以获得成功。

首先，编制部门预算是基础。实行部门预算，就是要细化预算，从改革预算编制的体系分类和预算科目着手，重新按定员定额确定人员经费，重新按支出标准确定公务经费。它为确定政府采购的品目目录、编制政府采购预算和制定政府采购计划奠定了基础。如果仍然按照以前粗放式的预算编制方法，政府采购品目目录的确定、政府采购预算的编制和政府采购计划的制定将难以完成。

其次，实行国库集中支付制度是手段。实行国库集中支付制度，解决了由于资金分配交叉造成难以整体控制的问题，可使财政资源达到最优配置，克服财政资金被部门挤占和挪用的问题，保证预算资金的及时、足额支付；也有利于对部门预算执行的监督和政府采购制度的执行。实行国库集中支付制度，政府采购资金都集中于国库的“政府采购资金专户”中，政府采购行为一旦发生，经财政支出管理部门的审核，采购资金由国库单一账户直接拨付给货物供应商和劳务提供者。预算单位无法直接得到预算资金，也就不能绕开政府采购规定随意采购、违规采购。因此，建立国库集中支付的“政府采购资金专户”是从源头控制和监督政府采购资金，促使预算单位执行政府采购制度的有效手段。

最后，政府采购制度是保证。实行政府采购制度，可提高部门预算执行准确性和效率。主要体现在：一是通过政府采购并在配套的支出标准的约束下，可全过程管理和监督预算单位对财政资金的使用，压缩不合理支出；二是通过政府采购可将原来由各单位自行分散的采购活动合成规模优势，通过法定的集中采购方式，充分运用竞争机制，好中选优，大幅度节约财政资金；三是通过政府采购制度所遵循的“公开、公平、公正”原则，极大地增强了采购过程的透明度，在提高财政资金使用效益的同时，从源头上预防腐败现象的发生。①

阅读与思考：政府采购与政府会计核算

1. 财政总预算会计将预算资金划入政府采购资金专户时，做如下账务处理：

① 本部分文字归纳自“项怀诚：三马并驰才能快速前进——浅析部门预算、国库集中支付、政府采购三者关系（项怀诚部长在中央党校作《十年实践的回顾与思考》的演讲后答记者问）”。由于该文写于早期，故而使用了“国库集中支付”的概念。

资料来源：上海政府采购中心网站，http：//www.shzfcg.gov.c2004_year/luntan n：8090//huati/h-8.htm。

借：暂付款——政府采购款

　　贷：国库存款

同时：借：其他财政存款

　　　　贷：暂存款——政府采购款

2. 各行政事业单位将自筹资金划入政府采购资金专户时，做如下账务处理：

借：其他应收款——政府采购款

　　贷：银行存款

（财政总会计对于此项资金也需要作分录：

借：其他财政存款

　　贷：暂存款——政府采购款）

3. 财政总预算会计根据采购中心的有关凭证向供应商支付款项时，做如下账务处理：

借：暂存款——政府采购款

　　暂存款——政府采购配套资金

　　贷：其他财政存款

有关凭证包括：《某省事业行政单位政府采购招投标中标通知书》、《采购合同》、《某省事业行政单位政府采购实物调拨单》、《某省事业行政单位政府采购商品验收报告》、《某省事业行政单位政府采购集中支付拨款申请书》、《某省事业行政单位政府采购收支转账通知书》、《发货票》等。

4. 财政总预算会计支付政府采购资金后，由财政国库管理机构开具政府采购支出转账通知书，做如下账务处理：

借：预算支出

　　贷：暂付款

行政事业单位根据财政国库管理机构开具政府采购支出转账通知书，做如下账务处理：

借：经费支出、事业支出

　　贷：其他应收款

　　　　财政拨款收入

（属于固定资产范围的，需要同时录入固定资产账。）

5. 对于政府采购所节约的资金，做如下账务处理，财政总会计做分录：

借：暂存款——政府采购配套资金

贷：其他财政存款

行政事业单位收到财政总会计转回的政府采购所节约的资金时，做分录：

借：银行存款

贷：其他应收款——政府采购款

6. 政府采购还可能发生退回等业务，专户也可能发生的利息收入，相关账务处理略。

资料来源：某省财政文件。

四、政府收支分类改革

（一）政府收支分类的概念

政府收支分类，就是按照一定的原则和方法，对各级政府全部的收入和支出项目进行横向的种属划分和纵向的层次划分，以便科学准确地反映政府的收支活动。它是财政管理制度的一项重要的基础性工作，贯穿于预算编制、执行、监督各个环节之中，关系到财政预算管理的科学化和规范化，对提高政府预算的透明度意义重大。

我国政府收支分类的基本做法是：首先是将政府的收入按照来源属性的不同分为若干类，类下设“款”，“款”下有“项”，“项”由若干作为基本组成单位的“目”来构成；其次是将政府的支出设置两套采取不同划分依据的分类体系——“功能分类”和“经济分类”，两套分类体系也采用“类”、“款”、“项”作为层次的标志（“经济分类”仅设“类”、“款”两级）。

（二）我国政府收支分类的演进

我国的政府收支分类源于我国计划经济时期的《国家预算收支科目》。这种分类体系仅对预算资金的收支进行分类，分类标志由粗到细为“类”、“款”、“项”、“目”和“节”共5个级层。《国家预算收支科目》分类体系的主要问题在于反映面过于狭窄，尽管中央明确规定了预算外资金的分类比照预算资金执行，但随着20世纪80年代预算外资金的急剧膨胀，该分类体系的缺陷越来越明显。

进入20世纪90年代，随着中央和地方政府职能的明确以及财政收支的分立，《国家预算收支科目》从名称到内容已不能适应形式的变化，因而在21世纪初，《国家预算收支科目》更名为《政府预算收支科目》。在《政府预算收支科目》中，一部分原属预算外的资金被纳入预算管理。为使这些“新”纳入预算的资金保持其专用性，因而采用了一般预算收支和基金预算收支分列的做法[1]。以2004年的《政府预算收支科目》为例，一般预算收入分为增值税、消费税、营业税等32类，基金预算收入分为工业交通部门基金收入类、商贸部门基金收入类、文教部门基金收入类、社会保障基金收入类、农业部门基金收入类、土地有偿使用收入、政府住房基金收入、其他部门基金收入、地方财政税费附加收入以及基金预算调拨收入类等10类；一般预算支出分为基本建设支出、企业挖潜改造资金、地质勘探费、科技三项费用等34类，基金预算支出分为工业交通部门基金支出类、商贸部门基金支出类、文教部门基金支出类、社会保障基金支出类、农业部门基金支出类、土地有偿使用支出、政府住房基金支出、其他部门基金支出、地方财政税费附加支出以及基金预算调拨支出类等10类。

《政府预算收支科目》适应了财政分权的需要，扩大了收支范围，但不透明、不完整、不可比的问题仍然突出——所谓不透明，是指支出科目不能直观、明晰地反映政府各项职能活动，这是原科目分类中最突出的问题；不完整是指收支科目涵盖的范围偏窄，不能准确地反映政府收支全貌；不可比是指有关统计口径与国外有较大差别，不利于国际比较与交流。这些缺陷不仅在技术层面上制约了预算管理水平的提高，而且还会在政治层面上造成财政工作的被动。

本着“体系完善、反映全面、分类明细、口径可比、便于操作”的原则，我国政府自21世纪初开始研究政府收支分类改革。在试点经验的基础上，财政部于2006年制定了改革方案和2007年政府收支分类科目。2007年，我国各级政府开始按照新的收支分类科目编制预算。此次改革，在收入方面不再按资金管理的要求划分一般预算收入、基金预算收入等科目，而是将各项政府收入纳入统一的分类体系，有利于直观反映各项收入的来源和结构比重。在支出方面，根据政府职能进行“功能分类”并按照政府支出的经济性质和具体用途进行“经济分类”，既能说明政府的职能需要又可说明政府的资金花费于哪些渠道，细化了政府预算，方便了政府支出的结构分析。

政府收支分类改革完全到位后，新的科目体系与部门分类编码、基本支出预算和项目支出预算相配合，在财政信息管理系统的有力支持下，可

① 严格来讲，将一般预算收支和基金预算收支分列的作法始于1997年。在《1997年国家预算收支科目》中，设立了工业交通部门、商贸部门、文教部门、社会保障、农业部门、其他部门、地方财政税费附加等7类互相对应的基金收支。

以对任何一项财政收支进行“多维”定位，清楚地说明政府的资金来自何种收入来源、用于何种支出渠道、最终消耗于哪个具体单位、部门或项目，为预算管理、统计分析、宏观决策和财政监督等提供了全面、真实、准确的经济信息。

（三）我国政府收支的基本分类

根据《2014 年政府收支分类科目》，我国政府预算由公共财政、政府性基金、国有资本经营和社会保险基金等四个子预算构成。每个子预算都有自己特定的收入和支出。其中：各收入划分的主要依据是来源和性质，分为类、款、项、目四级；各支出则有功能分类和经济分类两个维度，前者主要反映政府活动的不同功能和政策目标，分为类、款、项三级，后者仅有类、款两级。2014 年政府收支分类各收入类、款等科目的设置，支出功能分类的各类、款等科目的设置，可以参见教材第三章相关的收支核算部分。

在我国的政府收支分类科目中，支出经济分类主要反映政府支出的经济性质和具体用途。根据《2014 年政府收支分类科目》，支出经济分类的科目设置情况如下：

（1）工资福利支出。分设 8 款：基本工资、津贴补贴、奖金、社会保障缴费、伙食费、伙食补助费、绩效工资、其他工资福利支出。

（2）商品和服务支出。分设 32 款：办公费、印刷费、咨询费、手续费、水费、电费、邮电费、取暖费、物业管理费、差旅费、因公出国（境）费用、维修（护）费、租赁费、会议费、培训费、公务接待费、专用材料费、装备购置费、工程建设费、作战费、军用油料费、军队其他运行维护费、被装购置费、专用燃料费、劳务费、委托业务费、工会经费、福利费、公务用车运行维护费、其他交通费用、税金及附加费用、其他商品和服务支出。

（3）对个人和家庭的补助。分设 14 款：离休费、退休费、退职（役）费、抚恤金、生活补助、救济费、医疗费、助学金、奖励金、生产补贴、住房公积金、提租补贴、购房补贴、其他对个人和家庭的补助支出。

（4）对企事业单位的补贴。分设 5 款：企业政策性补贴、事业单位补贴、财政贴息、国有资本经营预算费用性支出、其他对企事业单位的补贴支出。

（5）转移性支出。分设 2 款：不同级政府间转移性支出、同级政府间转移性支出。

（6）赠与。下设 2 款：对国内的赠与、对国外的赠与。

（7）债务利息支出。分设 6 款：国内债务付息、向国家银行借款付息、其他国内借款付息、向国外政府借款付息、向国际组织借款付息、其他国外借款付息。

（8）债务还本支出。下设 2 款：国内债务还本、国外债务还本。

（9）基本建设支出。分设 10 款：房屋建筑物购建、办公设备购置、专用设备购置、基础设施建设、大型修缮、信息网络及软件购置更新、物资储备、公务用车购置、其他交通工具购置、其他基本建设支出。

（10）其他资本性支出。分设 14 款：房屋建筑物购建、办公设备购置、专用设备购置、基础设施建设、大型修缮、信息网络及软件购置更新、物资储备、土地补偿、安置补助、地上附着物和青苗补偿、拆迁补偿、公务用车购置、其他交通工具购置、其他资本性支出。

（11）贷款转贷及产权参股。分设 7 款：国内贷款、国外贷款、国内转贷、国外转贷、产权参股、国有资本经营预算资本性支出、其他贷款转贷及产权参股支出。

（12）其他支出。分设 6 款：预备费、预留、补充全国社会保障基金、未划分的项目支出、国有资本经营预算其他支出、其他支出。①

五、“收支两条线”改革

（一）“收支两条线”的含义

收支两条线是指政府对行政事业性收费、罚没收入等财政非税收入的一种管理方式，即有关部门取得的非税收入与发生的支出脱钩，收入上缴国库或财政专户，支出由财政根据各单位履行职能的需要按标准核定的资金管理模式。“收支两条线”最早是一种纠正权力机构“三乱”②的措施，随后扩大到整个预算外资金的管理领域，现阶段则是加强政府非税收入管理、规范政府非税收入征收行为的制度保证。

收支两条线管理，是指具有执收执罚职能的单位，根据国家法律、法规和规章收取的行政事业性收费（含政府性基金）和罚没收入，实行收入与支出两条线管理。即上述行政事业性收费和罚没收入按规定应全额上缴

① 本节的收支分类来自《2014 年政府收支分类科目》（中国财政经济出版社）。政府收支分类中的类、款、项、目，以及经济分类中的类、款等内容在以后各年的政府收支分类科目中还会有增减变化。

② 即乱收费、乱罚款和乱摊派。

国库或预算外资金财政专户；同时，执收执罚单位需要使用资金时，由财政部门根据需要统筹安排核准后，从国库或预算外资金财政专户拨付。

（二）“收支两条线”的做法

收支两条线管理的基本要求是：

（1）收费主体是履行或代行政府职能的国家机关、事业单位和社会团体；（2）各种收费、罚没项目的设立都必须有法律、法规依据；（3）收费、罚没收入必须全部上缴财政，作为国家财政收入，纳入财政预算管理；（4）收费实行收缴分离，罚没实行罚缴分离，即实行执收执罚单位开票、银行缴款、财政统管的模式；（5）执收、执罚单位的开支，由财政部门按批准的预算拨付。

《国务院关于加强预算外资金管理的决定》中指出：“对部门和单位的预算外资金收支按不同性质实行分类管理。国家机关和受政府委托的部门、单位统一收取和使用的专项用于公共工程和社会公共承包的基金、收费，以及以政府信誉强制建立的社会保障基金等，收入全额缴入同级财政专户，支出按计划和规定用途专款专用，不得挪作他用，收支结余可结转下年度专项使用；各部门和各单位的其他预算外资金，收入缴入同级财政专户，支出由财政结合预算内资金统筹安排，其中少数费用开支有特殊需要的预算外资金，经财政部门核定收支计划后，可按确定比例或按收支结余的数额定期缴入同级财政专户。”在改革的延伸推进阶段，我国“收支两条线”的管理范围在不断扩大，除了对原来行政事业性收费、政府性基金和罚没款实行“收支两条线”外，又将国有资源（资产）有偿使用收入、国有资本经营收益、彩票公益金等政府非税收入，纳入“收支两条线”管理范围，实行收缴分离，建立“单位开票、银行代收、财政统管”的非税收入收缴制度。

“收支两条线”管理制度改革具有重大意义：它有效制止了“三乱”行为，促进了财经秩序的好转；它集中了国家财力，增强了宏观调控能力；它有利于强化权力监督制约，从源头上防治腐败；它还有利于推进财政改革，建立公共财政框架体系。

“收支两条线”管理制度改革是公共财政制度改革的重要组成部分，它和其他预算管理制度改革是相互支撑、有机统一的。目前，我国正在推行的财政综合预算、开设国库单一账户、实行国库集中收付和政府采购制度等各项预算管理制度改革，既要以“收支两条线”管理制度改革作为支撑基础，又要以“收支两条线”管理制度改革作为推动力和制度屏障。反之，其他预算管理制度改革的顺利推行，又为“收支两条线”改革的深化提供了有利条件，大大提高了“收支两条线”管理的水平和效率。

思考题

1. 试分析复式预算的优缺点。简述我国当前的政府预算的几个子预算。

2. 与“部门预算”相对应的概念是什么？试分析两者的优劣。

3. 在现行《财政总预算会计制度》出台后不久，财政部又出台了《预算外资金财政专户会计核算制度》（财综字[1998]164 号）。而根据《财政部关于将按预算外资金管理的收入纳入预算管理的通知》（财预[2010]88号）等有关规定，从2011 年 1 月 1 日起，未纳入预算并实行财政专户管理资金，会计核算执行经过调整补充后的《财政总预算会计制度》。

结合本章的知识点对这些变化加以分析。

4. 结合本章的政府收支分类这一知识点，体会财政总预算会计、行政单位会计和事业单位会计有关支出的明细核算。

第二篇　财政总预算会计

政府就像婴儿的消化道一样，一边胃口极好，而另一边却不负责任。

——*罗纳德·里根*[①]

① Quoted in New York Magazine. From The Merriam-Webster Dictionary of Quotations, Merriam-Webster.

第三章　财政总会计收入的核算

学习目的

学完本章内容后，你应当能够：

- 了解什么是财政总会计；
- 熟悉财政总会计的会计科目；
- 将收入这个财政学中重要的变量与其会计核算联系起来；
- 熟悉政府财政收入的概念和类别；
- 了解财政收入的征收机构、划分收纳和报解；
- 掌握资金调拨的会计核算。

第一节　财政总会计概述

一、财政总预算会计的概念

按照我国现行《财政总预算会计制度》的定义，财政总预算会计（简称财政总会计或总预算会计)，是各级政府的财政部门核算、反映和监督政府预算执行等各项财政性资金活动的专业会计。

任何一个政府（无论是国家还是地方政府）虽然首先体现为一个政治实体，但其职能实施的有效与否以及宏观调控力度都有赖于该政府集中的公共资财数量，而公共资财的来源和运用所形成的政府预算收支活动使其更类似于一个经济组织。可以肯定的是，每一个经济组织在资金运动的确认、记录、计量和效率评价等方面都离不开会计信息系统。财政总预算会计正充任着这一角色。

我国的预算法规定，中央和地方各级政府的财政部门具体编制本级预、决算草案并组织本级总预算的执行。这样便在法律上明确了财政部门在政府这一宏观经济组织运作中的地位和作用。我国实行一级政府一级预算，设立中央、省、自治区、直辖市，设区的市、自治州，县、自治县、不设区的市、市辖区，乡、民族乡、镇五级预算。各级政府预算的会计核算职能都由相应的财政部门担当，因此，财政总预算会计也相应地分为中央、省、市、县、乡五级。

根据我国现行《财政总预算会计制度》第四条，财政总会计的主要职责是进行会计核算，反映预算执行，实行会计监督，参与预算管理，合理调度资金。基本任务具体如下：

（一）处理总预算会计的日常核算事务。办理财政各项收支、资金调拨及往来款项的会计核算工作；及时组织年度政府决算、行政事业单位决算的编审和汇总工作，进行上下级财政之间的年终结算工作。

（二）调度财政资金。根据财政收支的特点，妥善解决财政资金库存和用款单位需求的矛盾，在保证按计划及时供应资金的基础上，合理调度资金，提高资金使用效益。

（三）实行会计监督，参与预算管理。通过会计核算和反映，提出预算执行情况分析，并对总预算、部门预算和单位预算的执行实施会计监督。协调参与预算执行的国库会计、收入征解会计等之间的业务关系，共同做好预算执行的核算、反映和监督工作。

（四）组织和指导本行政区域预算会计工作。省、自治区、直辖市（含计划单列城市）总预算会计在与本制度不相违背的前提下，负责制定或审定本行政区域预算会计有关具体核算办法的补充规定；组织预算会计人员的培训活动；组织检查、辅导本单位会计和下级总预算会计工作，不断提高政策、业务水平。

（五）做好预算会计的事务管理工作。负责预算会计的基础工作管理，参与预算会计人员专业技术资格考试、评定及核发会计证工作。

阅读与思考：财政机关的会计就是总预算会计吗？

在解答这一问题之前需要再次强调一下会计主体的重要性。所谓会计主体简单来说就是会计服务的对象，也有人形象地称之为会计核算的空间范围。总预算会计设在各级政府的财政部门不假，但其核算的空间范围并不是财政机关自身的收支事项，而是整个政府的财政收支。提出这一问题实际上是未能正确理解、区分财政总会计与财政机关的行政单位会计。

“财政机关的会计”这一表达方式是含糊不清的，它可能是指财政机关核算反映政府的各项财政性资金活动的专业会计，也可能是指财政部门中核算本单位日常收支的会计。后者的服务对象仅仅是财政机关自身的经费收支，其空间范围并不是该级政府的财政资金，因而是一个典型的行政单位会计。所以“总预算会计设在各级政府的财政部门”这种说法是正确的，但“财政机关的会计就是总预算会计”这种说法就不对了。

以省级财政机关为例，核算本级政府收支的总会计设在国库处，而核算财政厅自身的人员和公用经费收支的行政单位会计一般设在财政厅办公室。

二、财政总预算会计的核算原则与会计科目

（一）核算原则

在财政总预算会计制度中，规定了以下九条核算原则：

1. 客观性原则。财政总预算会计制度第十一条规定：“总预算会计核算应当以实际发生的经济业务为依据，如实反映财政收支执行情况和结果。”

2. 相关性原则。财政总预算会计制度第十二条规定：“总预算会计信息，应当符合预算法的要求，适应国家宏观经济管理和上级财政部门及本级政府对财政管理的需要。”

3. 可比性原则。财政总预算会计制度第十三条规定：“总预算会计核算应当按照规定的会计处理方法进行。”

4. 完整性原则。在政府预算理论中，完整性主要是指“政府预算必须包括它的全部财政收支项目，以反映它的全部财政活动内容”。[①]财政总预算会计制度第十四条规定：“财政部门管理的各项财政资金（包括一般预算资金、纳入预算管理的政府性基金、专用基金、财政周转金等），都应当纳入总预算会计核算管理。”

5. 一贯性原则。财政总预算会计制度第十五条规定：“总预算会计处理方法前后各期应当一致，不得随意变更。如确有必要变更，应将变更的

① 张志超：《现代财政学原理》（第二版），南开大学出版社 2002 年版，第 60 页。

情况、原因和对会计报表的影响在预算执行报告中说明。”

6. 及时性原则。财政总预算会计制度第十六条规定：“总预算会计核算，应当及时进行。”

7. 明晰性原则。财政总预算会计制度第十七条规定：“总预算会计记录和会计报表应当清晰明了，便于理解；对于重要的经济业务，应当单独反映。”

8. 以收付实现制为会计基础。财政总预算会计制度第十八条规定：“总预算会计核算以收付实现制为基础。”

9. 限制性原则。财政总预算会计制度第十九条规定：“凡是有指定用途的资金，必须按规定用途使用。”

阅读与思考：修正的收付实现制（Modified Cash Basis）

在财库〔2001〕63号文件中，财政部国库司为进一步规范中央财政总预算会计核算，对《财政总预算会计制度》作如下暂行补充规定：

一、财政总预算会计核算以收付实现制为主，但中央财政总预算会计的个别事项可以采用权责发生制。

二、中央财政总预算会计采用权责发生制的事项有：

1. 预算已经安排，由于政策性因素，当年未能实现的支出；

2. 预算已经安排，由于用款进度等原因，当年未能实现的支出；

3. 动支中央预备费安排，因国务院审批较晚，当年未能及时拨付的支出；

4. 为平衡预算需要，当年未能实现的支出；

5. 其他。

中央财政总预算会计采用权责发生制仅限于上述事项，除此之外其他事项均不得采用权责发生制。

（二）会计科目

财政总预算会计的会计科目，是对财政总预算会计的会计要素按照不同的业务内容所作的进一步分类。它是设置会计账户、进行账务处理的依据。

根据我国现行的《财政总预算会计制度》，其会计科目由资产类、负债类、净资产类、收入类、支出类等五大类会计科目构成。各具体总账科目名称及编号见表3-1。

表 3-1　财政总会计的会计科目

类 别	序 号	科目编号	科目名称	类 别	序 号	科目编号	科目名称
资产类	1	101	国库存款	收入类	21	401	一般预算收入
	2	102	其他财政存款		22	405	基金预算收入
	3	*103	财政零余额账户存款		23	*406	国有资本经营预算收入
	4	104	有价证券		24	407	专用基金收入
	5	105	在途款		25	*408	债务收入
	6	111	暂付款		26	*409	债务转贷收入
	7	112	与下级往来		27	411	补助收入
	8	121	预拨经费		28	412	上解收入
	9	122	基建拨款		29	*415	调入预算稳定调节基金
					30	*413	地区间援助收入
					31	414	调入资金
负债类	10	211	暂存款		32	*423	财政专户管理资金收入
	11	212	与上级往来	支出类	33	501	一般预算支出
	12	*213	已结报支出		34	505	基金预算支出
	13	222	借入款		35	*506	国有资本经营预算支出
					36	507	专用基金支出
净资产类	14	301	预算结余		37	*508	债务还本支出
	15	305	基金预算结余		38	*509	债务转贷支出
	16	*306	国有资本经营预算结余		39	511	补助支出
	17	307	专用基金结余		40	512	上解支出
	18	*315	预算稳定调节基金		41	*513	地区间援助支出

续表

类 别	序 号	科目编号	科目名称	类 别	序 号	科目编号	科目名称
净资产类	19	321	预算周转金	支出类	42	514	调出资金
	20	*323	财政专户管理资金结余		43	*515	安排预算稳定调节基金
					44	*516	国有资本经营预算调出资金
					45	*523	财政专户管理资金支出

需要说明的是，本表是经调整后得到的会计科目表。本表的基础为1998 年实施的《财政总预算会计制度》，调整依据为该制度实施后财政部的历次补充规定。本表调整项目的具体说明如下：

1. 表中带*的科目为《财政总预算会计制度》颁布之后陆续增添的会计科目。各科目的名称和编号分别见《财政国库管理制度改革试点会计核算暂行办法》(财库[2001]54 号)、《财政部关于应发未发国债和预算稳定调节基金会计核算的通知》(财库[2007]117 号)、《财政部关于国有资本经营预算收支会计核算的通知》(财库[2007]123 号)、《财政部代理发行地方政府债券财政总会计核算办法》(财库[2009]19 号)、《财政部关于预算外资金纳入预算管理后涉及有关财政专户管理资金会计核算问题的通知》(财库[2010]141 号)、《财政部关于地区间援助资金会计核算的通知》(财库[2012]157 号）等文件。

2. 我们删去了《财政总预算会计制度（1997 单行本)》中涉及“财政周转金”的全部会计科目，即有：资产类的“财政周转金放款（编号：131)”、“借出财政周转金（编号：132)”、“待处理财政周转金（编号：133)”科目；负债类的“借入财政周转金（编号：223)”科目；净资产类的“财政周转基金（编号：322)”科目；收入类的“财政周转金收入（编号：425)”科目；以及支出类的“财政周转金支出（编号：524)”等 7 个科目。删除这些科目的原因在于财政部于 1998 年 12 月出台了《整顿财政周转金方案》，该方案要求：“所有财政周转金一律只收不贷”、“2000 年底以前，整顿财政周转金工作结束”。随后国务院办公厅 1999 年 1 号文件向各省市区政府及国务院各部委各直属机构转发了该方案。时至今日，各级财政总预算会计的核算中已不存在财政周转金业务，教材中已没有继续讲述财政周转金的必要。

3. 上述新增会计科目没有包含近十年以来财政部陆续增补的全部总预算会计科目。根据我们的教学实践，本教材舍弃了若干生僻业务所使用的会计科目。

阅读与思考：财政机关不用核算固定资产吗？财政总会计为什么没有现金？

看到财政总会计的会计科目表之后，许多同学都会产生上述疑问。

第一个问题显然又陷入了财政总会计和财政机关的行政单位会计区分不清的误区。财政机关有汽车、电脑等固定资产，但对本单位固定资产的核算属于行政单位会计的核算范畴，不属于财政总预算会计直接的核算对象，因而总会计科目表中没有“固定资产”、“无形资产”、“材料”等会计科目。

至于总预算会计为什么不设置“现金”科目，却是一个很好的问题。

首先从总会计的收入方面来看，预算收入账务处理的依据是同级国库每天报来的“一般预算收入日报表”和“分成收入计算表”及其所附的“缴款书”等原始凭证。这表明此时的预算收入已然缴入国库，核算时不能用“现金”科目。

其次从总会计的支出方面来看，财政总预算会计制度规定的各种支拨凭证，只能用以转账结算，不能支付现金，一是因为财政部门是分配财政资金的部门，不是具体使用单位，无须提取现金；二是因为财政拨款的对象是单位而不是个人，不需要提取现金；三是因为不提现金有利于库款管理，可保证各级政府财政性资金的安全。

正因为如此，财政总会计的会计科目中没有设置“现金”科目。

第二节　各类预算资金收入的核算

绝大多数财政学的教材是先讲支出后讲收入的，因为在那里需要以政府的职能、政府的开销来确定政府该有多大的收入规模；而在政府会计中，则必须按照资金运动的顺序先介绍政府收入后介绍政府支出。

财政部门是各级政府的会计，政府收入的表现形式是财政总会计的收入。《财政总预算会计制度》第三十七条指出："财政收入是国家为实现其职能，根据法令和法规所取得的非偿还性资金，是一级财政的资金来源。"财政总会计的收入包括一般预算收入、基金预算收入、国有资本经营预算收入、专用基金收入、债务收入、财政专户管理资金收入和资金调拨收入等内容。本节主要介绍各类预算的收入项目的核算。

一、一般预算收入的核算

（一）一般预算收入的内容

"一般预算收入"作为一个会计科目，它对应的核算内容是政府预算中普通性的预算资金，也就是1997年以前所称的"预算收入"。1997年，我国的政府预算收支科目分成两个部分：纳入预算管理的十三项数额较大的政府性基金及原属预算外的地方财政税费附加合并成为基金预算。于是，原来的预算收入被改称为一般预算收入并作为一个会计科目固定了下来。随着近年来政府收支分类改革的深化和国有资本经营预算的独立,"一般预算收入"已经演变成为专门核算政府公共财政预算收入的一个会计科目。

《财政总预算会计制度》第三十八条规定："预算收入项目的具体划分和内容，按《国家预算收入科目》办理。"根据《2014 年政府收支分类科目》，我国的政府预算分为公共财政、政府性基金、国有资本经营和社会保险基金等四个子预算。其中政府公共财政预算的收入部分分为四个大类。各类收入的名称和款级科目的内容如下：

1. 税收收入类。分设20款：增值税、消费税、营业税、企业所得税、企业所得税退税、个人所得税、资源税、城市维护建设税、房产税、印花税、城镇土地使用税、土地增值税、车船税、船舶吨税、车辆购置税、关税、耕地占用税、契税、烟叶税、其他税收收入。

2. 非税收入类。分设6款：专项收入、行政事业性收费收入、罚没收入、国有资本经营收入、国有资源（资产）有偿使用收入、其他收入。

3. 债务收入类。分设2款：国内债务收入、国外债务收入。

4. 转移性收入类。分设7款：返还性收入、一般性转移支付收入、专项转移支付收入、上年结余收入、调入资金、债券转贷收入、接受其他地区援助收入。

需要说明的是，上述四大类收入只是2014年公共财政预算收入的"类"

的规定。这些“类”级科目的数目和各“类”中所包含的具体内容，每年还会有所调整和变化。学习时应当以当年颁布的《政府收支分类科目》为准。

（二）预算收入的组织机构

为了组织预算收入的征收、监缴和出纳工作，国家设立了专门机构，即征收机关和国家金库。

1. 征收机关

国家预算经过法定程序批准后，必须正确地组织预算执行，保证预算收入任务的圆满实现。由于各项预算收入来源于各企业、行政部门和事业单位等组织，需要有相应的组织机构进行具体的组织征收和监缴管理工作。这些具体组织征收或监缴国家预算收入的机构，统称“征收机关”。目前我国征收机关有税务部门、海关、财政部门。

（1）税务部门。国家税务部门主要负责中央税和中央地方共享税、涉外企业所得税以及部分地方税的征收管理工作；地方税务部门主要负责各种地方税的征收管理工作。

（2）海关。负责征收关税以及代征进出口产品的增值税、消费税等。

（3）财政部门。负责行政性收费收入、罚没收入、国有资产经营收益等非税收入的监收和管理工作。

2. 国家金库

我国国家金库简称国库，是办理各级财政预算收支的专门机构。在预算执行中各项预算收入的收纳、划分、留解和库款支拨等，都要通过国库完成。因此，国库工作是国家预算执行工作的重要组成部分，是国家预算管理的一项基础工作。

国库机构按照国家预算管理体制设立，原则上一级预算设立一级国库，具备条件的乡、民族乡、镇也应当设立国库。根据《中华人民共和国预算法》和《中华人民共和国预算法实施条例》的有关规定，国库分为中央国库和地方国库。中央国库业务由中国人民银行经理；未设中国人民银行分支机构的地区，由中国人民银行会商财政部后，委托有关银行办理。地方国库业务由中国人民银行分支机构经理；未设中国人民银行分支机构的地区，由上级中国人民银行分支机构会商有关的地方政府财政部门后，委托有关银行办理。

按照《国家金库条例》，目前我国的国库设有总库、分库、中心支库、支库。支库以下可设置国库经收处，经收处的业务由人民银行委托当地专业银行的分支机构办理，负责收纳报解财政库款。国库经收处不是一级独立的国库，其业务工作受支库领导。

根据《国库条例实施细则》规定，国库以支库为基层库。支库以下经收处所经收的预算收入属于代收性质，不算正式入库，经收处也不能办理预算收入的退库手续。

各级预算收入一般以本年缴入基层国库（支库）的数额为准。具体规定是：已建乡（镇）国库的地区，乡（镇）财政的本级收入以乡（镇）国库收到数为准；县（含县本级）以上各级财政的各项预算收入（含固定收入与共享收入）以缴入基层国库数额为准；未建乡（镇）国库的地区，乡（镇）财政的本级收入以乡（镇）总预算会计收到县级财政返还数额为准。

征收机关、国库和财政总预算会计确认入库数额和入库的时间，都应以支库收纳的数额和入库日期为准。这是为了保证财政部门、征收机关和国库在计算预算收入时口径的一致性。各级国库在实现国家预算收支任务时，必须认真贯彻国家的方针、政策和财经制度，充分发挥国库的职能作用，促进和监督国家预算的圆满实现。

（三）一般预算收入的收纳、划分和报解

1. 一般预算收入的收纳

一般预算收入的收纳，是指国库确认并取得缴款单位或缴款人向国库缴纳的预算资金。为保证缴款单位或缴款人按规定的期限，及时、足额地向国库缴纳预算收入，国家规定了预算收入的三种缴库方式：

（1）就地缴库。就是由基层缴款单位或缴款人，按征收机关规定的缴款期限，直接向当地国库或者国库经收处缴纳预算收入。

（2）集中缴库。就是由基层缴款单位将应缴的预算收入通过银行汇到上级主管部门，再由主管部门按征收机关规定的缴款期限，汇总向国库或者国库经收处缴纳。采用集中缴纳方式的，要经同级财政机关同意。

（3）自收汇缴。就是缴款人直接向基层税务机关、海关缴纳税款，由税务机关、海关将所收款项汇总缴入国库或国库经收处。各缴款单位或个人向国库缴纳预算收入一律凭规定的“缴款书”办理。缴款人缴库的结算方法，除个别用现金缴纳外，一般都采用转账结算的方法。

缴款书是国库办理预算收入唯一合法的原始凭证，也是征收机关、国库以及缴款单位分析检查预算收入任务完成情况，进行记账统计的重要基础资料。缴款书的种类、格式与内容可以参阅《国库条例实施细则》。

2. 一般预算收入的划分和报解

（1）一般预算收入的划分

一般预算收入的划分，是指基层国库收到预算收入后，应根据国家财政管理体制的规定，将预算收入在中央预算和地方预算之间，以及各级地方预算之间正确地进行划分。根据我国实行的“分税制”财政体制，将预算收入划分为：

①中央固定收入。包括：关税，海关代征消费税和增值税，消费税，中央企业所得税，地方银行和外资银行及非银行金融企业所得税，铁道部、各银行总行、各保险总公司等集中交纳的收入（包括营业税、所得税、利润和城市维护建设税），中央企业上交利润等，外贸企业出口退税，除1993年地方已经负担的20%部分列入地方上交中央基数外，以后发生的出口退税全部由中央财政负担。

②地方固定收入。包括：营业税（不含铁道部门、各银行总行、各保险总公司集中缴纳的营业税），地方企业所得税（不含上述地方银行和外资银行以及非银行金融企业所得税），地方企业上缴利润，个人所得税，城镇土地使用税，固定资产技资方向调节税，城市维护建设税（不含铁道部门、各银行总行、各保险总公司集中缴纳的部分），房产税，车船使用税，印花税，屠宰税，农业税，农业特产税，耕地占用税，契税，遗产和赠予税，土地增值税，国有土地有偿使用收入等。

③中央与地方共享收入。包括增值税、资源税、证券交易税。增值税中央分享75%，地方分享25%。资源税大部分作为地方收入，海洋石油资源税作为中央收入。证券交易税，中央与地方各分享50%。

（2）一般预算收入的报解

一般预算收入的报解，是指基层国库每日将收纳的各项预算收入按规定的预算级次、预算科目编制各级“一般预算收入日报表”，将划分后的预算收入款，解缴到各级财政的国库存款账户上。“一般预算收入日报表”见表3-2。

（四）一般预算收入的核算

各级财政总预算会计对各项预算收入的核算，必须根据国库入库的原始凭证和一般预算收入日报表办理。

各级总预算会计对同级国库每天报来的“一般预算收入日报表”和所附的“缴款书”等原始凭证进行认真审核，审核的内容包括：一般预算收入科目的使用是否正确；预算级次的划分是否正确；预算年度填写是否正确；附件是否齐全等。经审核无误后，据以填制记账凭证，登记总账和明细账。①

表 3-2　一般预算收入日报表

级次：市级　　　　　　　　　　　　　　　年　月　日

科目编号	科目名称	本日收入	本年累计
	增值税	41 714.40	8 083 605.61
	营业税	550 000.00	8 829 773.48
	企业所得税	418 244.17	55 8267.17
	资源税	895 444.33	6 364 056.75
	……	36 678.20	212 640.48
	房产税	497 168.96	2 082 948.95
	印花税	15 518.60	311 772.60
	城镇土地使用税		9 882.09
	……	−9 268.50	−386 626.75
	……		−155 533.62
	非税收入	156 865.28	915 114.25
	专项收入	34 790	53 651.49
	教育费附加收入	28 841	68 402.97
	……		1 164 819.46
		234 004.32	1 366 877.72
	行政事业性收费收入	100 000.00	1 216 656.06
	罚没收入	68 000	2 615 421.47
	工商行政性收费收入	73 400	50 000.00
	其他行政性收费收入		3 516 376.91
			−118 565.56
	……	−13 000	−80 000.00
			−140 000.00
	……	−4 500	−200 000.00
	其他收入	11 881.03	2 591 946.19
	合计	313 5781.79	38 931 487.72

财税签章：　　　　国库公章：　　　　复核：　　　　制表：

① 不同于企业会计，政府会计的明细核算涉及浩繁的政府收支，并且会根据《政府收支分类科目》的变化而逐年有所调整。基于我们的教学实践经验，学生们一般很难查找相关的收支明细。因此，除非特别需要，本教材对财政总会计和行政事业单位会计有关收支的明细核算作了简化处理。

《财政总会计制度》设置一般预算收入（编号：401）科目，用以核算各级财政部门组织的纳入预算的各项收入。

根据国库报来的预算收入日报表所列当日预算收入数，借记“国库存款”科目，贷记该科目；当日收入数为负数时，以红字记入（采用计算机记账的，用负数反映）。年终结账时，将该科目贷方余额全数转入“预算结余”科目，借记该科目，贷记“预算结余”科目。未设国库的乡（镇）总预算会计根据征收机关（如税务所）报来的预算收入日报表登记预算收入辅助账，待收到县财政返回收入时，再做收入的账务处理。该科目平时贷方余额，反映预算收入累计数。

该科目应根据《国家预算收支科目》中的“一般预算收入科目”（不含一般预算调拨收入类）设置相应明细账。

现将一般预算收入的核算方法，举例说明如下：

［例 1］东昌市[①]财政局收到国库报来本级当日“一般预算收入日报表”及所附缴款书回执等原始凭证，列明当日预算收入合计数为 3 135 781.79 元（数字见表 3-2），填制记账凭证。会计分录如下：

借：国库存款　　3 135 781.79

　　贷：一般预算收入　　3 135 781.79

［例 2］昌南县某乡未建国库，乡财政所收到县级财政返回本乡的一般预算收入 100 000 元。根据银行收账通知，填制记账凭证。会计分录如下：

借：其他财政存款　　100 000

　　贷：一般预算收入　　100 000

此项经济业务，县财政总会计应做如下会计分录：

借：一般预算收入　　100 000

　　贷：国库存款　　100 000

有些县财政可根据实际情况，对未建国库的乡（镇）预算收入采取如下列报方法，即实行先预拨（通过往来结算）然后定期或年终一次结算的办法。举例说明如下：

［例 3］昌北县财政局为解决某乡的资金使用，预拨资金 100 000 元。根据原始凭证，填制记账凭证。会计分录如下：

借：与下级往来　　100 000

① 东昌市位于中国东部某省，是一个下辖昌北和昌南两个县的地级市。为使总会计和单位会计的关联业务得到对照反映，后面的行政事业单位会计篇中，我们仍将以东昌市的行政事业单位的业务为例。

贷：国库存款　　　　　　100 000

此项经济业务，乡（镇）财政总会计应做如下会计分录：

借：其他财政存款　　　　100 000

贷：与上级往来　　　　　100 000

年终，昌北县财政局根据审核无误的“乡（镇）财政一般预算收入报表”，通知某乡财政将应得预算收入600 000元办理转账。根据原始凭证，填制记账凭证。会计分录如下：

借：一般预算收入　　　　600 000

贷：与下级往来　　　　　　　　600 000

此项经济业务，乡（镇）财政总会计应做如下会计分录：

借：与上级往来　　　　600 000

贷：一般预算收入　　　600 000

县与乡（镇）财政预算收入的列报方法，在实际工作中多种多样，上述办法仅供参考。

（五）预算收入退库的核算

1. 预算收入退库的范围

各类收入项目的资金缴入国库后，即为各级政府的预算收入。经确认后的政府预算资金，其支配权属于本级政府财政部门，财政总会计有责任维护和确保国库库款的安全。除国家明文规定的退库项目外，任何地区、部门和单位都不能随意将预算收入从国库中退还。按规定允许办理收入退库的项目一般有：

（1）由于工作疏忽，发生技术性差错，多缴、错缴或应当集中缴库而误在就地缴库的，以及预算级次搞错等，需要退库的；

（2）企业单位改变隶属关系，交接双方办理财务结算，收入级次转移，需要退库的；

（3）缴款单位按计划上缴国有资产收益，超过实际应缴数额过多，不宜在下期抵缴，需要清算退库的；

（4）根据批准的亏损计划，应当弥补给企业的计划亏损需要退库的；

（5）财政部明文规定或专项批准的其他退库项目。

各级预算收入退库的审批权属于本级政府财政部门，对收入退库要严格把关，强化监督，按规定程序批准后方能由指定的国库办理退库。中央预算收入、中央和地方预算共享收入的退库，由财政部或财政部授权的机构批准后从中央库款中退库，中央和地方共享收入，按规定的分成比例，分别从中央国库和地方国库中退库。地方各级预算收入的退库，由地方政府财政部门或者其授权的机构批准，从地方国库中退库。各级国库对不符合规定的退库有权拒绝办理。

2. 办理预算收入退库的手续

属于规定退库范围的退库事项，在办理收入退库时，一律先由申请单位（个人）提出申请，填制“收入退库申请书”，经财政部门和征收机关严格审查批准后，填发“收入退还书”，加盖财政部门或征收机关公章，由收款人持有向指定国库按规定审查退款。

政府预算收入的退库，大部分是对单位的，一般采用转账办法退付，不退现金。对个人错收款项的退付，可以用现金退付，但要严格审查并在收入退还书上加盖“退付现金”的明显戳记，以防意外。

3. 预算收入退库的核算

各级财政总预算会计，收到国库报来的一般预算收入日报表中，如果本日（本期）的收入退库数大于缴库数，预算收入日报表的合计数是负数（红字），总预算会计必须进行收入退库的账务处理，用红字作预算收入的账务处理，并在有关预算收入明细账中进行登记。

［例 4］东昌市财政局收到国库报来本级“一般预算收入日报表”等原始凭证，该表列明：属于本级预算收入合计为负数 26 000 元。总预算会计根据有关凭证，填制记账凭证。会计分录如下：

借：一般预算收入　　　　26 000

　　贷：国库存款　　　　　　26 000

[例 5] 昌北县财政局收到国库报来“一般预算收入日报表”等原始凭证，该表列明：属于当日预算收入合计负数 10 000 元，该项收入全部为县市共享收入，分成比例为昌北县应得 60%。

借：一般预算收入　　　　10 000

　　贷：国库存款　　　　　　10 000

借：国库存款　　　　　　4 000

　　贷：上解支出　　　　　4 000

（六）一般预算收入错误的更正

各级财政部门、征收机关和国库，在办理预算收入的收纳、退还、报解时，都应当加强审核，防止差错。如果发现国库入库凭证、预算收入日报表和其他合法的原始凭证有错误时，不论本月发生的，或以前月份发生的，都由发生错误的单位，在发现错误的月份，按《国库条例实施细则》的规定，以及其他有关规定，填制“更正通知书”通知有关单位共同更正，保证收入的级次正确、核算正确和数字正确。

国库更正错误时，只调整发现错误的当月账表，不再变更以前月份的账表。各级财政总预算会计，不能凭“更正通知书”处理账务，必须根据国库报来的调整后的凭证处理账务。

预算收入是反映财政预算执行情况的重要数据，是国民经济的重要信息。为了正确地反映预算执行情况，保证各级预算收入数字基础的统一，做到财、税、库三方面收入数字的准确一致，各级国库报解款项的准确一致，各级国库和同级财政部门、征收机关还必须按照国库制度的规定，按期进行对账。

二、基金预算收入的核算

（一）基金预算收入的内容

我国当前的基金预算包含两个子预算：政府性基金预算和社会保险基金预算。政府性基金是各级人民政府及其所属部门根据法律、行政法规规定，为了支持某项事业发展，向公民、法人和其他组织无偿征收的具有专项用途的财政资金；社会保险基金预算是企业职工基本养老保险基金、失业保险基金、城镇职工基本医疗保险基金、工伤保险基金、生育保险基金等诸项保险基金收支的统合。基金预算自1997年建立以来，其收入的内容根据经济和社会的发展每年都会有所调整，2014年我国两个基金预算系统的具体收入的类、款如下：

1. 政府性基金预算收入科目

设“非税收入”和“转移性收入”两个类，类下分别设“政府性基金收入”款和“政府性基金转移收入”、“上年结余收入”、“调入资金”等三款。

2. 社会保险基金预算收入科目

设“社会保险基金收入”和“转移性收入”两个类。其中，社会保险基金收入类分设基本养老保险基金收入、失业保险基金收入、基本医疗保险基金收入、工伤保险基金收入、生育保险基金收入、新型农村合作医疗基金收入、城镇居民基本医疗保险基金收入、新型农村社会养老保险基金收入、城镇居民养老保险基金收入、其他社会保险基金收入等10款；转移性收入类仅设“上年结余收入”一个款级科目。

（二）基金预算管理原则与预算级次划分

1. 基金预算管理原则

纳入预算管理的政府性基金管理总原则是：基金全额纳入预算管理，实行收支两条线，收入全额上缴国库，先收后支，专款专用；在预算上单独编列，自求平衡，结余结转下年继续使用。

2. 基金预算收入的划分

基金预算收入也分为中央基金预算收入、地方基金预算收入和中央与地方共享的基金收入，详细划分参见各年度的《政府收支分类科目》。

3. 基金预算收入的缴库

政府性基金纳入预算管理后，应按《中华人民共和国国库条例》办理收入缴库。各项纳入预算管理的政府性基金除农村教育费附加收入由税务负责征收管理外，其余各项基金由财政部驻各地专员办事机构、同级财政部门或经同级财政部门委托的部门负责征收管理。为做好收入的征收管理工作，原则上仍按现行管理办法收缴，即原由财政部驻各地专员办事机构就地监缴的中央基金预算收入仍由专员办事机构监缴入库。原由中央主管部门集中收缴的基金，仍由中央主管部门征收，并根据基金收缴情况每月分次办理缴库。原由地方部门收缴的基金，仍由地方部门收缴，并按基金所属的预算级次分别解缴入库。

各项基金预算收入以缴入国库数或财政总预算会计实际收到的数额为准。

（三）核算科目介绍

《财政总会计制度》设置基金预算收入（编号：405）科目，用以核算各级财政部门管理的政府性基金预算收入。

取得基金预算收入时，借记“国库存款”科目，贷记该科目。对于财政部明文规定在指定银行存储的基金，应按规定办理转存手续。基金预算收入在银行的存款利息收入，作为基金预算收入处理。年终转账时，将该科目贷方余额全数转入“基金预算结余”科目，借记该科目，贷记“基金预算结余”科目。该科目平时贷方余额，反映当年基金预算收入累计数。

该科目应按“基金预算收入科目”（不含基金预算调拨收入类）规定设置明细账。

（四）核算举例

现将基金预算收入的核算方法，举例说明如下：

[例 6]东昌市财政局总预算会计收到国库报来的当日基金预算收入日报表，列明：本日政府性基金预算收入合计 50 000 元。填制记账凭证。会计分录如下：

借：国库存款　　　　　　50 000

　　贷：基金预算收入　　　　　　50 000

[例 7] 东昌市财政局总预算会计，收到国库报来的当日基金预算收入日报表，列明：本日基本医疗保险基金收入 100000 元。填制记账凭证。会计分录如下：

借：国库存款　　　　　　100 000

　　贷：基金预算收入　　　　　　100 000

“基金预算收入”应按“基金预算收入科目”（不含基金预算调拨收入类）规定设置明细账，进行明细核算。

三、国有资本经营预算收入的核算

（一）国有资本经营预算的形成和发展

国有资本经营预算，是国家作为国有资本所有者，依据其所有权取得国有资本经营收益，并对这些收益进行分配而形成的各项收入支出预算。国有资本经营预算是政府预算的重要组成部分，也是深化国有企业改革、理顺国有企业分配关系的重要制度保障。

我国国有资本经营预算的设想源自《中共中央关于建立社会主义市场经济体制若干问题的决定》。该决定提出“将中央预算和地方预算划分为政府公共预算、国有资产经营预算、社会保障预算三部分，待条件成熟时再考虑增设其他预算”。尽管改革开放以来，我国的预算模式已经逐步由计划模式向市场模式进行转变，但无论是 1991 年国务院发布的《国家预算管理条例》（1992 年 1 月 1 日起实施），还是 1994 年全国人大八届二次会议通过的《中华人民共和国预算法》（1995 年 1 月 1 日起实施），都没有明确提出设立国有资本经营预算，而仅仅是迈出了“国家预算按照复式预算编制”的第一步。

2007 年 9 月国务院发布的《关于试行国有资本经营预算的意见》（国发[2007]26 号），标志着我国正式开始建立国有资本经营预算。

（二）国有资本经营预算收入的内容

《关于试行国有资本经营预算的意见》中指出：国有资本经营预算的收入是指各级人民政府及其部门、机构履行出资人职责的企业（即一级企业，下同）上交的国有资本收益，主要包括：国有独资企业按规定上交国家的利润；国有控股、参股企业国有股权（股份）获得的股利、股息；企业国有产权（含国有股份）转让收入；国有独资企业清算收入（扣除清算费用），以及国有控股、参股企业国有股权（股份）分享的公司清算收入（扣除清算费用）；其他收入。

《国务院关于试行国有资本经营预算的意见》还规定了国有资本经营预算的执行程序。国有资本经营预算收入由财政部门、国有资产监管机构收取、组织上交。企业按规定应上交的国有资本收益，应及时、足额直接上交财政；国有资本经营预算资金支出，由企业在经批准的预算范围内提出申请，报经财政部门审核后，按照财政国库管理制度的有关规定，直接拨付使用单位。使用单位应当按照规定用途使用、管理预算资金，并依法接受监督；国有资本经营预算执行中如需调整，须按规定程序报批。年度预算确定后，企业改变财务隶属关系引起预算级次和关系变化的，应当同时办理预算划转；年度终了后，财政部门应当编制国有资本经营决算草案报本级人民政府批准。

（三）核算科目介绍

《财政总预算会计制度》于 2007 年增设国有资本经营预算收入（编号：406）科目，用以核算各级财政部门管理的国有资本经营预算收入。

取得国有资本经营预算收入时，借记“国库存款”科目，贷记该科目；终转账时，将该科目贷方余额全数转入“国有资本经营预算结余”科目，借记该科目，贷记“国有资本经营预算结余”科目。

该科目平时贷方余额，反映当年国有资本经营预算收入累计数；该科应按“政府收支分类科目”中“国有资本经营收入”款级科目下的项、目级科目设置相应明细账。

（四）核算举例

[例 8] 某日，东昌市财政局总预算会计收到国库报来的当日国有资本经营预算收入日报表，列明：本日市属独资国有企业水城集团上交利润 480 000 元。会计分录如下：

借：国库存款　　　　　　480 000

贷：国有资本经营预算收入　　　480 000

四、债务收入的核算

（一）债务收入概述

债务收入是一般预算收入的一个子系统，是其四个“类”级科目之一。债务收入获得的资金必须进入国库，年末要转入预算结余。为此，本教材没有按照会计科目编号顺序，而是根据该项收入的实质将其放在预算收入一节中介绍。

债务收入类会计科目增设于 2009 年。随着《2009 年地方政府债券预算管理办法》（财预[2009]21 号）、《财政部代理发行 2009 年地方政府债券发行兑付办法》（财库[2009]15 号）等政策的出台，为了适应财政部代理发行地方政府债券管理需要，规范和加强财政部代理发行的地方政府债券会计核算，《财政总预算会计制度》中增设了收入类科目“债务收入”和“债务转贷收入”。

（二）核算科目介绍

1. 债务收入

《财政总预算会计制度》于 2009 年增设债务收入（编号：408）科目，用以核算省级财政部门作为债务主体，发行地方政府债券收到的发行收入等。

省级财政部门实际收到地方政府债券发行收入时，借记“国库存款”科目，贷记该科目；年终转账时，将该科目贷方余额全部转入“预算结余”科目，借记该科目，贷记“预算结余”科目。

该科目平时贷方余额，反映省级财政部门当年实际收到的地方政府债券发行收入累计数。该科目应按照“政府收支分类科目”规定设置明细账。

2. 债务转贷收入

《财政总预算会计制度》于 2009 年增设债务转贷收入（编号：409）科目，用以核算省级以下财政部门（不含省级，下同）收到的来自上级财政部门转贷的债务收入。

省级以下财政部门实际收到债务转贷收入时，借记“国库存款”科目，贷记该科目；年终转账时，将该科目贷方余额全部转入“预算结余”科目，借记该科目，贷记“预算结余”科目。

该科目平时贷方余额，反映省级以下财政部门当年实际收到的来自上级财政部门转贷的债务收入累计数。该科目应按照“政府收支分类科目”规定设置明细账。

（三）核算举例

［例 9］某日，东海省财政厅收到财政部转来的地方政府债券发行收入 1.2 亿元。根据国库有关凭证，会计分录如下：

借：国库存款　　　　120 000 000

　　贷：债务收入　　　　120 000 000

［例 10］某日，东昌市财政局总预算会计接国库报来通知，收到省财政转来地方政府债券的转贷收入 600 万元。根据国库有关凭证，会计分录如下：

借：国库存款　　　　6 000 000

　　贷：债务转贷收入　　　　6 000 000

第三节　专用基金和财政专户管理资金收入的核算

一、专用基金收入的核算

（一）专用基金收入的内容

专用基金收入是指由财政总预算会计管理的各项专用基金，如粮食风险基金等。

专用基金收入不同于基金预算收入，专用基金收入是由财政部门按规定设置或取得的，在基金预算收入之外单独管理的资金。专用基金一般有两个来源：一是上级补助；二是本级预算安排。为保证其专项用途，按规定各项专用基金必须进行专户存储管理。

专用基金收入以财政总预算会计实际收到的数额为准。

（二）核算科目介绍

《财政总会计制度》设置专用基金收入（编号：407）科目，用以核算财政部门按规定设置或取得的专用基金收入。

从上级财政部门或通过本级预算支出安排取得专用基金收入时，借记“其他财政存款”科目，贷记该科目，退回专用基金收入时，做相反的会计分录。年终转账时，将该科目余额全部转入“专用基金结余”科目，借记该科目，贷记“专用基金结余”科目。该科目年终无余额。

“专用基金收入”按专用基金收入项目设置明细账，进行明细核算。

（三）核算举例

[例 11] 某东昌市财政局收到省财政厅拨入的粮食风险基金 150 000 元。根据有关凭证，填制记账凭证。会计分录如下：

借：其他财政存款　　　　　　150 000
　　贷：专用基金收入　　　　　　150 000

[例 12] 某东昌市财政局从本级预算安排取得粮食风险基金 100 000 元。根据有关凭证，填制记账凭证。会计分录如下：

借：一般预算支出　　　　　　100 000
　　贷：国库存款　　　　　　　　100 000
借：其他财政存款　　　　　　100 000
　　贷：专用基金收入　　　　　　100 000

二、财政专户管理资金收入的核算

（一）财政专户管理资金概述

财政专户管理资金是收支两条线改革的一个主要方面。所谓收支两条线是指有关部门取得的非税收入与发生的支出脱钩，收入上缴国库或财政专户，支出由财政根据各单位履行职能的需要按标准核定的资金管理模式。“收支两条线”最早是一种纠正权力机构“三乱”[①]的措施，随后扩大到整个预算外资金的管理领域，现阶段则是加强政府非税收入管理、规范政府非税收入征收行为的制度保证。

财政专户管理资金的发展过程可以参见本教材第二章有关内容。

（二）核算科目介绍

《财政总会计制度》于 2010 年增设财政专户管理资金收入（编号：423）科目，用以核算未纳入预算并实行财政专户管理的资金收入，包括教育收费、彩票发行机构和彩票销售机构的业务费用等收入。

收到财政专户管理的资金收入时，借记“其他财政存款”科目，贷记该科目。年终转账时，将该科目贷方余额全数转入“财政专户管理资金结

① 即乱收费、乱罚款和乱摊派。

余”科目，借记该科目，贷记“财政专户管理资金结余”科目。

该科目平时贷方余额，反映当年财政专户管理的资金收入累计数。

该科目应按“政府收支分类科目”中收入分类科目设置相应明细账。同时，根据管理需要，按部门进行明细核算。

（三）核算举例

［例 13］某日，东昌市财政局收到卫生护理学校在校生缴纳的学费 32 万元，该项资金已经送存开户银行，并需要先缴入财政专户。会计部门根据相关凭证，填制记账凭单，会计分录如下：

借：其他财政存款　　　　320 000

　　贷：财政专户管理资金收入　　　　320 000

阅读与思考：本例与“第十一章 事业单位负债的核算”第一节五（三）例 1 相呼应。

第四节　资金调拨收入的核算

一、资金调拨概述

资金调拨，是指在中央财政与地方财政，以及地方上下级财政之间，调剂各级预算收支，平衡各级预算的一种手段。资金调拨收入是根据财政体制规定在各级财政之间进行资金调拨以及在本级财政各项资金之间的调剂所形成的收入。包括补助收入、上解收入、调入预算稳定调节基金、地区间援助收入和调入资金。

资金调拨有三种情况：纵向方面是上下级财政之间，通过补助和上解的方式来调整上下级之间的财力；横向方面来看，包括同一财政总会计主体不同渠道之间的平衡以及不同地区之间的援助。上下级之间的调拨会使某一级财政的财力减少，但这必然引起另一级财政财力的增加，因而从整个国家的角度来分析，这种类型的资金调拨收支并不改变财政集中的社会资金总量。财政资金的横向调拨，会改变不同的地方财政或者同一地方主体内部公共财政预算、基金预算以及财政专户管理资金之间的平衡关系。

二、补助收入的核算

（一）核算科目介绍

补助收入，是指上级财政按照财政体制规定或因专项需要补助给本级财政的款项。包括税收返还收入，按财政体制规定由上级财政补助的款项，上级财政对本级财政的专项补助和临时性补助等。

《财政总会计制度》设置补助收入（编号：411）科目，用以核算上级财政部门拨来的补助款。贷方，记收到上级拨入的补助款或从“与上级往来”账户转入数；借方，记退还上级补助数。平时，该科目贷方余额，反映上级补助收入累计数。年终转账时，该科目贷方余额转入“预算结余”账户的贷方，转账后本账户无余额。

本级财政的“补助收入”与上级财政的“补助支出”的数额相等；有基金预算补助收入的地区，应将基金预算补助通过明细科目核算。

（二）核算举例

[例 14] 东昌市财政局收到省财政厅拨来的一般预算补助款 2 600 000 元。根据有关凭证，填制记账凭证。会计分录如下：

借：国库存款——一般预算存款　　2 600 000

　　贷：补助收入——一般预算补助　　2 600 000

[例 15] 东昌市财政局收到省财政厅拨来的基金预算补助款 700 000 元。根据有关凭证，填制记账凭证。会计分录如下：

借：国库存款——基金预算存款　　700 000

　　贷：补助收入——基金预算补助　　700 000

三、上解收入的核算

（一）核算科目介绍

上解收入，是指按财政体制规定由下级财政上交给本级财政的款项。包括：按财政体制规定由国库在下级预算收入中直接划解给本级财政的款项；按财政体制结算后下级财政补缴给本级财政的款项和各种专项上解款项等。

《财政总会计制度》设置“上解收入”（编号：412）科目，用以核算下级财政上缴的预算上解款。贷方，记收到下级上解款数；借方，记收入退还数。平时，该科目贷方余额，反映下级上解收入累计数。年终转账时，该贷方余额全数转入“预算结余”账户的贷方，转账后无余额。

本级财政的“上解收入”与所属下级财政的“上解支出”的数额相等。

（二）核算举例

［例 16］东昌市财政局年终按财政体制结算，收到昌北县上解款 1 500 000 元。根据有关凭证，填制记账凭证。会计分录如下：

借：国库存款 1 500 000

　　贷：上解收入——昌北县 1 500 000

四、调入预算稳定调节基金的核算

（一）核算科目介绍

预算稳定调节基金是为了弥补财政短收年份预算执行收支缺口而设置的财政性储备资金。该项基金的设置依据为《财政部关于应发未发国债和预算稳定调节基金会计核算的通知》。

《财政总预算会计制度》于 2007 年增设调入预算稳定调节基金（编号：415）科目，用以核算为弥补财政短收年份预算执行收支缺口，调用的预算稳定调节基金。

该科目在财政收入充裕的年度一般不使用。年度终了，为弥补财政短收年份预算执行收支缺口，调用预算稳定调节基金时，借记“预算稳定调节基金”科目，贷记该科目。年终转账时，将该科目贷方余额全部转入“预算结余”科目，借记该科目，贷记“预算结余”科目。

（二）核算举例

［例 17］20××年，东昌市财政出现短收。年末，该市财政局为弥补财政短收年份预算执行收支缺口，调用预算稳定调节基金 300 万元。总会计根据有关凭证，填制记账凭证。会计分录如下：

借：预算稳定调节基金 3 000 000

　　贷：调入预算稳定调节基金 3 000 000

五、地区间援助收入的核算

（一）核算科目介绍

为适应地区间援助资金预算管理需要，规范地区间援助资金会计核算，《财政总预算会计制度》于 2012 年增设置地区间援助收入（编号：413）科目，用以核算受援方政府财政部门收到援助方政府财政部门转来的可统筹使用的各类援助、捐赠等资金收入。

收到援助方政府财政部门转来的资金时，借记“国库存款”科目，贷记该科目。年终该科目贷方余额，应转入“预算结余”科目，借记该科目，贷记“预算结余”科目。

该科目平时贷方余额，反映当年收到的地区间援助收入累计数。该科目应按“政府收支分类科目”中收入分类科目、援助地区及管理需要设置相应明细账。

（二）核算举例

[例 18] 20××年 8 月，东昌市遭受特大暴雨袭击，损失严重。9 月份，该市财政局国库科接到市国库通知，收到渤海市的援助资金 50 万元。总会计根据有关凭证，填制记账凭证。会计分录如下：

借：国库存款　　500 000

　　贷：地区间援助收入　　500 000

六、调入资金的核算

（一）核算科目介绍

调入资金，是指为平衡公共财政预算收支，从其他预算资金结余调入的资金，以及按规定从其他渠道调入的资金。资金调拨收入应按上级财政部门的规定或实际发生数额记账。

《财政总预算会计制度》设置调入资金（编号：414）科目，用以核算各级财政部门因平衡一般预算收支从预算外结余以及其他渠道调入的资金。贷方，记调入资金数；借方，记退转数。年终转账时，本账户的贷方余额转入“预算结余”的贷方，转账后本账户无余额。

（二）核算举例

[例 19] 经批准，东昌市财政局用国有资本经营预算结余资金 200 000 元，调入预算内平衡弥补决算赤字。根据有关凭证，填制记账凭证。会计分录如下：

借：国库存款——一般预算存款　　200 000

　　贷：调入资金　　200 000

[例 20] 经批准，东昌市财政局调出政府性基金预算结余 280 000 元，用于平衡一般预算。根据有关凭证，填制记账凭证。会计分录如下：

借：国库存款——一般预算存款　　280 000

贷：调入资金　　　　　　　　　　　　　　280 000

思考：本问题的例 19 和例 20 还需要同时作一个分录。参见与本教材第四章第三节调出资金的核算举例。

思考题

1. 什么是财政总预算会计？它的任务有哪些？

2. 财政总预算会计的核算原则有哪些？不同于企业会计的独特核算原则是什么？

3. 我们都知道税收占财政收入的 90%以上，但财政收入的征收机关就是税务机关吗？

4. 划分、收纳和报解是财政总预算会计的任务吗？

练习题

一、目的：练习财政总预算会计收入的核算

二、资料：东昌市财政局××年 12 月份发生下列经济业务：

1.12 月 2 日，收到国库报来的“预算收入日报表”，列明当日收到一般预算收入 80 000 元，基金收入 50 000 元。

2. 12 月 9 日，收到国库报来本级“一般预算收入日报表”等原始凭证，该表列明：属于本级预算收入合计为负数 30 000 元。

3. 12 月 15 日，从本级预算安排取得粮食风险基金 100 000 元。

4. 12 月 16 日，收到省财政厅拨来的一般预算补助款 120 000 元。基金预算补助款 80 000 元。

5. 12 月 18 日，收到昌北县上解款 60 000 元。

6. 12 月 30 日，用地方掌管的预算外结余资金 500 000 元，调入预算内平衡弥补决算赤字。

7. 12 月 31 日，经批准，东昌市财政局调出基金预算结余中的附加收入 400 000 元，用于平衡一般预算。

三、要求：根据以上经济业务，编制会计分录。

第四章　财政总会计支出的核算

学习目的

学完本章内容后，你应当能够：

- 将支出这个财政学中最重要的变量与其会计核算联系起来；
- 熟悉各类政府支出的概念和类别；
- 掌握各类预算资金支出的核算；
- 掌握政府间资金调拨支出的会计核算。

第一节　预算支出的核算

《财政总预算会计制度》第四十六条指出："财政支出是一级政府为实现其职能，对财政资金的再分配。"财政总预算会计的支出包括一般预算支出、基金预算支出、专用基金支出、资金调拨支出等内容。

一、一般预算支出的核算

（一）一般预算支出的内容

与一般预算收入相呼应，"一般预算支出"的核算内容是政府预算中普通性的预算资金，也就是目前公共财政预算支出所包含的内容。根据《2014 年政府收支分类科目》，公共财政预算支出项目的具体划分和内容主要包括：

1. 一般公共服务支出类。分设 29 款：人大事务、政协事务、政府办公厅（室）及相关机构事务、发展与改革事务、统计信息事务、财政事务、税收事务、审计事务、海关事务、人力资源事务、纪检监察事务、人口与计划生育事务、商贸事务、知识产权事务、工商行政管理事务、质量技术监督与检验检疫事务、民族事务、宗教事务、港澳台侨事务、档案事务、民主党派及工商联事务、群众团体事务、党委办公厅（室）及相关机构事务、组织事务、宣传事务、统战事务、对外联络事务、其他共产党事务支出、其他一般公共服务支出。

2. 外交支出类。分设 8 款：外交管理事务、驻外机构、对外援助、国际组织、对外合作与交流、对外宣传、边界勘界联检、其他外交支出。

3. 国防支出类。分设 5 款：现役部队、国防科研事业、专项工程、国防动员、其他国防支出。

4. 公共安全支出类。分设 11 款：武装警察、公安、国家安全、检察、法院、司法、监狱、劳教、国家保密、缉私警察、其他公共安全支出。

5. 教育支出类。分设 10 款：教育管理事务、普通教育、职业教育、成人教育、广播电视教育、留学教育、特殊教育、进修及培训、教育附加安排的支出、其他教育支出。

6. 科学技术支出类。分设 10 款：科学技术管理事务、基础研究、应用研究、技术研究与开发、科技条件与服务、社会科学、科学技术普及、科技交流与合作、科学重大专项、其他科学技术支出。

7. 文化体育与传媒支出类。分设 6 款：文化、文物、体育、广播影视、新闻出版、其他文化体育与传媒支出。

8. 社会保障和就业支出类。分设 19 款：人力资源和社会保障管理事务、民政管理事务、财政对社会保险基金的补助、补充全国社会保障基金、行政事业单位离退休、企业改革补助、就业补助、抚恤、退役安置、社会福利、残疾人事业、城市居民最低生活保障、其他城市生活救助、自然灾害生活救助、红十字事业、农村最低生活保障、其他农村生活救助、补充道路交通事故社会救助基金、其他社会保障和就业支出。

9. 医疗卫生支出类。分设 8 款：医疗卫生管理事务、公立医院、基层医疗卫生机构、公共卫生、医疗保障、中医药、食品和药品监督管理事务、其他医疗卫生支出。

10. 节能环保支出类。分设 15 款：环境保护管理事务、环境监测与监察、污染防治、自然生态保护、天然林保护、退耕还林、风沙荒漠治理、退牧还草、已垦草原退耕还草、能源节约利用、污染减排、可再生能源、资源综合利用、能源管理事务、其他节能环保支出。

11. 城乡社区支出类。分设 6 款：城乡社区管理事务、城乡社区规划与管理、城乡社区公共设施、城乡社区环境卫生、建设市场管理与监督、其他城乡社区支出。

12. 农林水事务支出类。分设 9 款：农业、林业、水利、南水北调、扶贫、农业综合开发、农村综合改革、促进金融支农支出、其他农林水支出。

13. 交通运输支出类。分设 7 款：公路水路运输、铁路运输、民用航空运输、石油价格改革对交通运输的补贴、邮政业支出、车辆购置税支出、其他交通运输支出。

14. 资源勘探电力信息等支出类。分设 9 款：资源勘探开发、制造业、建筑业、电力监管、工业和信息产业监管、安全生产监管、国有资产监管、支持中小企业发展和管理支出、其他资源勘探电力信息等事务支出。

15. 商业服务业等事务。分设 4 款：商业流通事务、旅游业管理与服务支出、涉外发展服务支出、其他商业服务业等支出。

16. 金融支出。分设 5 款：金融部门行政支出、金融部门监管支出、金融发展支出、金融调控支出、其他金融支出。

17. 援助其他地区支出类。分设 9 款：一般公共服务、教育、文化体育与传媒、医疗卫生、节能环保、农业、交通运输、住房保障、其他支出。

18. 国土海洋气象等支出类。分设 6 款：国土资源事务、海洋管理事务、测绘事务、地震事务、气象事务、其他国土资源气象等支出。

19. 住房保障支出。分设3 款：保障性安居工程支出、住房改革支出、城乡社区住宅。

20. 粮油物资储备支出类。分设 5 款：粮油事务、物资事务、能源储备、粮油储备、重要商品储备。

21. 预备费类。

22. 国债还本付息支出类。分设 12 款：国内债务还本、向外国政府借款还本、向国际组织借款还本、中央其他国外借款还本、地方向国外借款还本、国内债务付息、国外债务付息、国内外债务发行、补充还贷准备金、地方政府债券还本、地方政府债券付息、中央境外发行主权债还本。

23. 其他支出类。分设 2 款：年初预留、其他支出。

24. 转移性支出类。分设 7 款：返还性支出、一般性转移支付、专项转移支付、调出资金、年终结余、债务转贷支出、援助其他地区支出。

需要说明的是，上述24大类只是2014年《政府收支分类科目》中对公共财政预算支出的“类”的规定。这些“类”的数目和各“类”中所包含的具体内容，每年都会有所调整和变化。学习时应当以当年颁布的《政府收支分类科目》为准。

（二）一般预算支出的列报口径

1. 基建支出的列报口径

（1）实行限额管理的基本建设支出按用款单位的银行支出数（即从银行已支取的款项数）列报支出。

（2）不实行限额管理的基本建设支出按拨付建设单位的拨款数列报支出。

2. 对行政事业单位的非包干经费支出和专项支出的列报口径

（1）对行政事业单位的非包干经费支出和专项支出，平时按财政拨款数列支，清理结算收回拨款时，再冲销已列支出数。

（2）对于收回以前年度已列支出的款项，除财政部门另有规定者外，应冲销当年支出。

3. 预拨经费列报口径

凡年度预算执行中财政总预算会计用预算资金预拨以后各期的经费，以及会计年度终了以前预拨给用款单位的下年度经费，不得直接按预拨数列作预算支出，均应作为预拨款处理。到期后，按规定的列报口径转列支出。

4. 对行政事业单位实行经费包干的拨款和财政部门直接经办的支出，均以财政拨款数列报支出

（三）一般预算支出的管理

各级财政总预算会计在按拨款数办理预算支出时，必须按照财政总预算会计制度规定认真做到以下几点：

1. 严格执行《中华人民共和国预算法》。财政总预算会计办理预算支出应加强法制观念和严格报批手续，办理拨款支出时必须以同级人民代表大会批准的年度预算为准。此外，预备费的动用也必须经同级人民政府批准。一切拨款和列报支出都要有根有据，不允许有任何的随意性。

2. 对主管部门（主管会计单位）提出的季度（分月）用款计划及分“款”、“项”填制的“预算经费请拨单”，应认真审核。根据经审核批准的拨款申请，结合款项的余存情况按时向用款单位拨款。

3. 主管会计单位应按计划控制用款，不得随意改变资金用途。“款”、“项”之间如确需调剂，应填制“科目流用申请书”（见表 4-1），报同级财政部门核准后使用。总预算会计根据核定的流用数调整预算支出明细账。财政总预算会计不得列报超预算支出；不得任意调整预算支出科目；未拨付的经费，原则上不得列报当年支出。因特殊情况确需在当年预留的支出，应严格控制，并按规定的审批程序办理。

表 4-1 科目流用申请书

申请日期： 年 月 日 **金额单位：元**

申请单位名称（全称）		开户银行及账号		
预算科目	原列计划数	累计已拨数	申请调整数	批准调整数
合 计				

注：（1）调整数合计应为零；（2）申请理由另加书面说明。

（四）核算科目介绍

《财政总预算会计制度》设置一般预算支出（编号：501）科目，用以核算各级总预算会计办理的应由预算资金支付的各项支出。

总预算会计办理预算直接支出时，借记该科目，贷记“国库存款”等有关科目；将预拨行政事业单位经费转列支出时，借记该科目，贷记“预拨经费”科目；办理基本建设支出时，实行限额管理的，根据建设银行报来的银行支出数借记该科目，不实行限额管理的，根据拨付用款单位数，借记该科目。支出收回或冲销转账时，借记有关科目，贷记该科目。年终，该科目借方余额应全数转入“预算结余”科目，借记“预算结余”科目，贷记该科目。该科目平时借方余额，反映预算支出累计数。

该科目应根据《国家预算收支科目》中的“一般预算支出科目”（不含一般预算调拨支出类）分“款”、“项”设明细账。

（五）核算举例

［例 1］ 东昌市财政局拨给某单位包干经费 950 000 元。根据有关凭证，填制记账凭证。会计分录如下：

借：一般预算支出 950 000

  贷：国库存款 950 000

［例 2］东昌市财政局拨付某建设单位（非限额管理的）基本建设款 400 000 元。根据有关凭证，填制记账凭证。会计分录如下：

借：一般预算支出 400 000

  贷：国库存款 400 000

二、基金预算支出的核算

（一）基金预算支出的内容

基金预算支出是指用基金预算收入安排的支出。2014 年我国两个基金预算系统的具体收入的类、款如下：

1. 政府性基金预算支出科目

包含教育支出、科学技术支出、文化体育与传媒支出、社会保障和就业支出、节能环保支出、城乡社区支出、农林水支出、交通运输支出、资源勘探电力信息等支出、商业服务业等支出、金融支出、其他支出、转移性支出等 13 个类级科目。

2. 社会保险基金预算支出科目

包含社会保险基金支出和转移性支出两个级科目。其中，社会保险基金支出分设 10 款：基本养老保险基金支出、失业保险基金支出、基本医疗保险基金支出、工伤保险基金支出、生育保险基金支出、新型农村合作医疗基金支出、城镇居民基本医疗保险基金支出、新型农村社会养老保险基金支出、城镇居民养老保险基金支出、其他社会保险基金支出；转移性支出类仅设“年终结余”一个款级科目。

（二）核算科目介绍

《财政总预算会计制度》设置基金预算支出（编号：505）科目，用以核算各级财政部门用基金预算收入安排的支出。

发生基金预算支出时，借记该科目，贷记“国库存款（其他财政存款）”等有关科目；支出收回或冲销转账时，借记有关科目，贷记该科目。年终，该科目借方余额应全数转入“基金预算结余”科目冲销，借记“基金预算结余”科目，贷记该科目。该科目平时借方余额，反映基金预算支出累计数。

该科目根据“基金预算支出科目”（不含基金预算调拨支出类）设置明细账。

（三）核算举例

［例 3］东昌市财政局将养路费收入 100 000 元，拨给市交通局用于公路建设。根据有关凭证，填制记账凭证。会计分录如下：

借：基金预算支出　　　　100 000

　　贷：国库存款　　　　　　　100 000

［例 4］东昌市财政局总预算会计，将职工医疗保险基金 100 000 元转拨到职工医疗保险基金专户。根据有关凭证，填制记账凭证。会计分录如下：

借：其他财政存款　　　　100 000

　　贷：国库存款　　　　　　　100 000

三、国有资本经营预算支出的核算

（一）核算科目介绍

国有资本经营预算的支出主要包括：（1）资本性支出。根据产业发展规划、国有经济布局和结构调整、国有企业发展要求，以及国家战略、安全等需要，安排的资本性支出；（2）费用性支出。用于弥补国有企业改革成本等方面的费用性支出；（3）其他支出。具体支出范围依据国家宏观经济政策以及不同时期国有企业改革和发展的任务，统筹安排确定。

《财政总预算会计制度》于 2007 年增设国有资本经营预算支出（编号：506）科目，用以核算各级财政部门用国有资本经营预算收入安排的支出。

发生国有资本经营预算支出时，借记该科目，贷记“国库存款”等有关科目；年终转账时，将该科目借方余额全数转入“国有资本经营预算结余”科目，借记“国有资本经营预算结余”科目，贷记该科目。该科目平时借方余额，反映当年国有资本经营预算支出累计数。

该科目根据“政府收支分类科目”中有关国有资本经营预算支出的支出功能分类科目分行业设置明细账。

（二）核算举例

［例 5］某日，东昌市人民政府经人大授权，拨付该市国有独资公司——东昌高速集团 100 万元，补充其资本金。市财政总会计根据相关文件，做会计分录如下：

借：国有资本经营预算支出　　　　1 000 000

　　贷：国库存款　　　　　　　　　　1 000 000

四、债务支出的核算

（一）债务支出概述

债务支出是一般预算支出的一个子系统，是其 24 个“类”级科目之一。债务支出年末要转入预算结余。为此，本教材没有按照会计科目编号顺序，而是根据该项支出的实质将其放在预算支出一节中介绍。

债务支出类会计科目增设于 2009 年。为了适应财政部代理发行地方政府债券管理需要，规范和加强财政部代理发行的地方政府债券会计核算，《财政总预算会计制度》中增设了支出类科目“债务还本支出”和“债务转贷支出”。

（二）核算科目介绍

1. 债务还本支出

债务还本支出（编号：508）科目，月以核算各级财政部门发生的债务还本支出。

各级财政部门偿还债务本金时，借记该科目，贷记“国库存款”科目。年终转账时，将该科目借方余额全部转入“预算结余”科目，借记“预算结余”科目，贷记该科目。该科目平时借方余额，反映各级财政部门当年发生的债务还本支出累计数。

该科目应按照“政府收支分类科目”规定设置明细账。

2. 债务转贷支出

债务转贷支出（编号：509）科目，用以核算地方各级财政部门对下级财政部门转贷的债务支出。

地方各级财政部门对下级财政部门进行债务转贷时，借记该科目，贷记“国库存款”科目。年终转账时，应将该科目借方余额全部转入“预算结余”科目，借记“预算结余”科目，贷记该科目。该科目平时借方余额，反映地方各级财政部门当年对下级财政部门转贷的债务支出累计数。

该科目应按照“政府收支分类科目”规定设置明细账。

（三）核算举例

[例 6] 某日，由省财政分配的代发债券 1 000 万元到期，东昌市财政总会计根据有关凭证，做分录如下：

借：债务还本支出　　10 000 000

贷：国库存款　　　　　　10 000 000

相关利息支出（假定该债务为期一年，利率为 3%）：

借：一般预算支出　　　　　300 000

贷：国库存款　　　　　　　300 000

[例 7] 某日，东昌市财政总会计根据当年由省财政分配的代发债券转昌南县的数额 300 万元，做分录如下：

借：债务转贷支出　　　3 000 000

贷：国库存款　　　　　3 000 000

第二节　专用基金和财政专户管理资金支出的核算

一、专用基金支出的核算

（一）核算科目介绍

专用基金支出是指各级财政用专用基金收入安排的支出。其内容按财政部门的规定执行，如粮食风险基金支出等。

《财政总预算会计制度》设置专用基金支出（编号：507）科目，用以核算各级财政部门用专用基金收入安排的支出。

发生专用基金支出时，借记该科目，贷记“国库存款”（对于根据国家规定将基金存在指定银行的，应为“其他财政存款”，下同）科目。支出收回时，做相反的会计分录。年终转账时，将该科目余额全部转入“专用基金结余”科目，借记“专用基金结余”科目，贷记该科目。该科目平时借方余额，反映专用基金支出累计数。

（二）核算举例

[例 8] 东昌市财政局从专用基金专户中，拨付某单位粮食风险基金 100 000 元。根据有关凭证，填制记账凭证。会计分录如下：

借：专用基金支出　　　　　　　100 000

贷：其他财政存款　　　　　　　100 000

二、财政专户管理资金支出的核算

（一）核算科目介绍

《财政总预算会计制度》于2010年增设财政专户管理资金支出（编号：523）科目，用以核算用未纳入预算并实行财政专户管理的资金安排的支出。

发生财政专户管理的资金支出时，借记该科目，贷记“其他财政存款”等有关科目；年终转账时，将该科目借方余额全数转入“财政专户管理资金结余”科目，借记“财政专户管理资金结余”科目，贷记该科目。该科目平时借方余额，反映当年财政专户管理的资金支出累计数。

该科目根据“政府收支分类科目”中支出功能分类科目设置相应明细账。同时，根据管理需要，按部门进行明细核算。

（二）核算举例

［例9］因业务需要，东昌市卫生护理学校申请使用财政专户集中的资金50 000万元，款项已从专户中转回。财政局总会计根据相关凭证，填制记账凭单，会计分录如下：

借：财政专户管理资金支出　　　　50 000
　　贷：国库存款　　　　　　　　　　50 000

第三节　资金调拨支出的核算

资金调拨支出是根据财政体制规定在各级财政之间进行资金调拨以及在本级财政各项资金之间的调剂所形成的支出。资金调拨支出包括补助支出、上解支出、安排预算稳定调节基金和调出资金等。

一、补助支出的核算

（一）核算科目介绍

补助支出是本级财政按财政体制规定或因专项需要补助给下级财政的款项及其他转移支付的支出。包括：税收返还支出；按原财政体制结算应补助给下级财政的款项；专项补助或临时性补助等。

《财政总预算会计制度》设置补助支出（编号：511）科目，用以核算本级财政对下级财政的补助支出。

发生补助支出或从“与下级往来”科目转入时，借记该科目，贷记“国库存款”、“与下级往来”科目；支出退转时，作相反的会计分录。年终，该科目借方余额应转入“预算结余”科目冲销，借记“预算结余”科目，贷记该科目。该科目平时借方余额，反映补助支出累计数。

该科目应按补助地区设明细账。用基金预算资金补助下级财政的地区，应分设基金预算补助明细账。

（二）核算举例

［例 10］东昌市财政局拨给昌南县财政局一般预算补助款 2 000 000 元。根据有关凭证，填制记账凭证。会计分录如下：

借：补助支出——一般预算补助——昌南县　　2 000 000

　　贷：国库存款　　2 000 000

［例 11］东昌市财政局拨给昌南县财政局基金预算补助款 500 000 元。根据有关凭证，填制记账凭证。会计分录如下：

借：补助支出——基金预算补助—— 昌南县　　500 000

　　贷：国库存款　　500 000

［例 12］东昌市财政局，经批准将以前借给昌南县财政局的款项 340 000 元，转作补助支出。根据有关凭证，填制记账凭证。会计分录如下：

借：补助支出——一般预算补助——昌南县　　340 000

　　贷：与下级往来——昌南县　　340 000

二、上解支出的核算

（一）核算科目介绍

上解支出是按财政体制规定由本级财政上交给上级财政的款项。包括：按财政体制规定由国库在本级预算收入中直接划解给上级财政的款项；按财政体制结算补解给上级财政款项和各种专项上解款项。

《财政总预算会计制度》设置上解支出（编号：512）科目，用以核算解缴上级财政的款项。

发生上解支出时，借记该科目，贷记“国库存款”等有关科目；支出退转时，借记有关科目，贷记该科目。年终，该科目借方余额转入“预算结余”科目，借记“预算结余”科目，贷记该科目。该科目平时借方余额，反映上解支出累计数。该科目一般可不设明细账。

（二）核算举例

[例 13] 东昌市财政局按财政体制结算，支付上解省财政款 800 000 元。根据有关凭证，填制记账凭证。会计分录如下：

借：上解支出 800 000

贷：国库存款 800 000

三、安排预算稳定调节基金的核算

（一）核算科目介绍

《财政总预算会计制度》于 2007 年增设安排预算稳定调节基金（编号：515）科目，用以核算从财政超收收入中安排的预算稳定调节基金。

年度终了，从财政超收收入中安排预算稳定调节基金时，借记该科目，贷记“预算稳定调节基金”科目。年终转账时，将该科目余额全部转入“预算结余”科目，借记“预算结余”科目，贷记该科目。

（二）核算举例

[例 14] 2013 年，东昌市财政收入超预算完成任务。年末，该市财政局报经批准从财政超收收入中安排的预算稳定调节基金 500 万元。总会计根据有关凭证，填制记账凭证。会计分录如下：

借：安排预算稳定调节基金 5 000 000

贷：预算稳定调节基金 5 000 000

四、地区间援助支出的核算

（一）核算科目介绍

《财政总预算会计制度》于 2012 年增设地区间援助支出（编号：513）科目，用以核算援助方政府安排用于受援方政府财政部门统筹使用的各类援助、捐赠等资金支出。

发生地区间援助资金支出时，借记该科目，贷记“国库存款”科目；年终该科目借方余额，应转入“预算结余”科目，借记“预算结余”科目，贷记该科目。该科目平时借方余额，反映当年发生的地区间援助支出累计数。

该科目应按“政府收支分类科目”中支出功能分类科目、受援地区及管理需要设置相应明细账。

（二）核算举例

[例 15] 20××年 8 月，东昌市遭受特大暴雨袭击，损失严重。9 月份，渤海市人民政府报经人大批准，向东昌市援助资金 50 万元。渤海市财政总会计根据有关凭证，填制记账凭证。会计分录如下：

借：地区间援助支出　　　　500 000

　　贷：国库存款　　　　　　　500 000

五、调出资金的核算

（一）调出资金概述

调出资金是非公共财政预算资金以转移支付形式在年末纳入公共财政预算的资金，目的在于平衡该年度公共财政预算的收支。

调出资金主要有两个来源：一是政府性基金预算，另一个是国有资本经营预算。这两个预算在支出分类中都有“转移性支出”类，该类中的“调出资金”款与我们这里的核算相对应。

资金调拨支出按上级财政部门的规定或实际发生数记账。

（二）核算科目介绍

1. 调出资金

《财政总预算会计制度》设置调出资金（编号：514）科目，用以核算各级财政部门从基金预算中的调出，用于平衡预算收支的资金。

调出基金预算结余时，借记该科目，贷记“调入资金”科目。凡是一般预算与基金预算分设存款账户的地区，应同时调整国库存款的明细账。年终转账时，应将该科目借方余额转入“基金预算结余”科目，借记“基金预算结余”，贷记该科目。

2. 国有资本经营预算调出资金

《财政总预算会计制度》于 2007 年增设国有资本经营预算调出资金（编号：516）科目，用以核算各级财政部门从国有资本经营预算收入中调出的、用于一般预算支出的资金。

调出国有资本经营预算收入时，借记该科目，贷记“调入资金”科目。年终转账时，应将该科目借方余额转入“国有资本经营预算结余”科目，借记“国有资本经营预算结余”科目，贷记该科目。

（三）核算举例

［例 14］经批准，东昌市财政局用国有资本经营预算结余资金 200 000

元，调入预算内平衡弥补决算赤字。根据有关凭证，填制记账凭证。会计分录如下：

借：国有资本经营预算调出资金　　　　　　200 000

　　贷：国库存款——国有资本经营预算存款　　　　　　200 000

［例 15］经批准，东昌市财政局调出政府性基金预算结余 280 000 元，用于平衡一般预算。根据有关凭证，填制记账凭证。会计分录如下：

借：调出资金　　　　　　280 000

　　贷：国库存款——基金预算存款　　　　　　280 000

思考：对于这两个例子的理解，可与第三章第四节“五”的两个例子相结合。

思考题

1. 根据当前我国的预算序列，你觉得“一般预算支出”科目在今后改作什么名称为宜？

2. 调出资金核算的内容与调入资金核算的内容在同一个预算之中吗？

3. 财政专户管理资金和事业单位会计的哪个科目有联系？

4. 政府性基金预算收入和支出之间有何联系？社会保险基金的收支之间呢？

5. 财政部门的专用基金收入和专用基金支出有对应关系吗？它们是基金预算的组成部分吗？

练习题

一、目的：练习财政总预算会计支出的核算。

二、资料：东昌市财政局××年 4 月份发生下列经济业务：

1. 4 月 10 日，拨付市卫生局包干经费 200 000 元。

2. 4 月 11 日，拨付市交通局养路费支出 500 000 元。

3. 4 月 16 日，拨付市教育局农村教育费附加 150 000 元。

4. 4 月 22 日，向昌南县拨付一般预算补助资金 400 000 元。

5. 4 月 23 日，按体制向省财政厅上解 600 000 元。

三、要求：根据以上经济业务，编制会计分录。

第五章 财政总会计资产、负债和净资产的核算

学习目的：

学完本章内容后，你应当能够：

■ 掌握财政性存款、上下级财政之间的往来等核算内容；

■ 掌握财政总会计负债的核算；

■ 掌握财政总会计净资产的核算。

第一节 财政总会计资产的核算

财政总预算会计所核算的资产，是一级财政掌管或控制的能以货币计量的经济资源，由货币资金和债权两部分组成。货币资金包括财政性存款、有价证券、在途款等；债权包括暂付及应收款项、预拨款项、与下级往来、基建拨款。

一、货币资金的核算

财政总会计的货币资金是各级政府的各项财政性存款以及视同存款保管的资产项目，包括国库存款、其他财政存款、财政零余额账户存款等。

（一）财政性存款的管理与核算

1. 财政性存款的内容

财政性存款是财政部门代表政府掌管的财政资金。它包括：

（1）国库存款。它核算各级总预算会计在国库的预算资金存款，包括一般预算资金和基金预算资金的存款两部分。

（2）其他财政性存款。它核算各级总预算会计未列入“国库存款”科目反映的各项财政性存款。包括财政周转金、未设国库的乡（镇）财政在专业银行的各项财政资金存款以及部分由财政部指定存入专业银行的专用基金存款等。

2. 财政性存款的开户

财政性存款的开户，一般采用“自开证明”的方式，即由财政机关开具证明，加盖机关公章，并提交印鉴卡到同级国库或指定的银行办理开户。待第一笔收入收到后，该户即开始成立。财政性存款开户一般应预留财政机关公章，机关首长、预算部门负责人和财政总预算会计的印鉴。

3. 财政性存款的管理原则

根据《总预算会计制度》第三章第二十一条，财政性存款的支配权属于同级政府财政部门，并由总预算会计负责管理，统一收付。财政总预算会计在管理财政性存款时，应遵循以下原则：

（1）集中资金，统一调度。各种应由财政部门掌管的资金（包括一般预算资金、基金预算资金、专用基金、财政周转金等），都应纳入财政总预算会计的存款账户。根据各项事业进度拨付资金，以保证满足计划内各项正常支出的需要，并且要充分发挥资金效益，用好用活资金。

（2）严格控制存款开户。财政部门的预算资金除财政部有明确规定者外，一律由总预算会计统一在国库或指定的银行开立存款账户。不得在国家规定之外将预算资金或其他财政性资金任意转存其他金融机构。

（3）执行预算，按计划支拨。财政总预算会计应根据人民代表大会通过的年度预算和经财政有关职能部门批准的单位季度分月用款计划拨付资金，不得办理超预算、无计划的拨款。

（4）转账结算，不提现金。财政总预算会计的各种支拨凭证，只能用以转账结算，不能提取现金。

（5）在存款余额内支付，不得透支。财政总预算会计只能在国库存款和其他财政存款余额内办理支付。不能透支既是金融管理的常规，也是财政资金的管理原则，能够促使各级财政部门做好季节间的资金调度工作，确保财政收支平衡。

（二）核算科目介绍

1. 国库存款

《财政总预算会计制度》设置国库存款（编号：101）科目，用以核算各级总预算会计在国库的预算资金（含一般预算和基金预算）存款。该科目的借方，记国库存款增加数；贷方，记国库存款减少数。该科目借方余额，反映国库存款的结存数。

总预算会计收到预算收入时，根据国库报来的预算收入日报表入账。收到上级预算补助时，根据国库转来有关结算凭证入账。办理库款支付时，根据支付凭证回单入账。有外币收支业务的总预算会计应按外币的种类设置外币存款明细账。发生外币收支业务时，应根据中国人民银行公布的人民币外汇汇率折合为人民币记账，并登记外国货币金额和折合率。年度终了，应将外币账户余额按照期末国家银行颁布的人民币外汇汇价折合为人民币，作为外币账户期末人民币余额。调整后的各种外币账户人民币余额与原账面余额的差额，作为汇兑损益列入有关支出科目。

该科目可按公共财政预算、基金预算以及国有资本经营预算等进行明细核算。

2. 其他财政存款

《财政总预算会计制度》设置其他财政存款（编号：102）科目，用以核算各级总预算会计未列入“国库存款”科目反映的各项财政性存款，包括未设国库的乡（镇）财政在专业银行的预算资金存款以及部分由财政部指定存入专业银行的专用基金存款等。

该科目借方，记其他财政存款增加数；贷方，记其他财政存款减少数。该科目借方余额，反映其他财政存款的实际结存数，其年终余额结转下年。总预算会计应根据经办行报来的收入日报表或银行收款通知入账。总预算会计支付其他财政存款时，应根据有关支付凭证的回单入账。

为便于分类管理，“其他财政存款”总账科目下应按缴存地点和资金性质分设明细账。

3. 财政零余额账户存款

《财政总预算会计制度》于2001年增设财政零余额账户存款（编号：103）科目，用以核算财政国库支付执行机构在银行办理财政直接支付的业务。该科目的贷方，登记财政国库支付执行机构当天发生直接支付资金数；该科目的借方，登记当天国库单一账户存款划入冲销数；该科目当日资金结算后，余额为零。

4. 在途款

《财政总预算会计制度》设置在途款（编号：105）科目，用以核算决算清理期和库款报解整理期内发生的上下年度收入、支出业务及需要通过本科目过渡处理的资金数。

决算清理期内收到属于上年度收入时，借记该科目，贷记“一般预算收入”、“补助收入”、“上解收入”等收入科目；收回属于上年度拨款或支出时，借记该科目，贷记“预拨经费”或“一般预算支出”等科目。

（三）核算举例

［例 1］东昌市财政局，收到国库报来的“预算收入日报表”，列明当日收到一般预算收入 81 000 元，基金收入 60 000 元。根据有关凭证，填制记账凭证。会计分录如下：

借：国库存款　　141 000

　　贷：一般预算收入　　81 000

　　　　基金预算收入　　60 000

［例 2］东昌市财政局，预拨给市民政局下月民政事业费 55 000 元。根据有关凭证，填制记账凭证。会计分录如下：

借：预拨经费　　55 000

　　贷：国库存款　　55 000

［例 3］东昌市财政局，收到上级财政部门拨入补助的粮食风险基金 70 000 元。根据有关凭证，填制记账凭证。会计分录如下：

借：其他财政存款　　70 000

　　贷：专用基金收入　　70 000

［例 4］东昌市财政局在新年度 1 月 4 日收到国库报来的“预算收入日报表”，列明属于上年的一般预算收入数为 90 000 元。财政总会计通过上年度“在途款”账户反映，并以上年度 12 月 31 日为期，填制记账凭单。会计分录如下：

借：在途款　　90 000

　　贷：一般预算收入　　90 000

另外，在新年度（新账）以 1 月 4 日为期，填制记账凭单，会计分录如下：

借：国库存款　　90 000

　　贷：在途款　　90 000

二、有价证券的管理与核算

财政总预算会计核算的有价证券，是指“中央财政以信用方式发行的国家公债”。[①]

（一）有价证券的管理

财政总会计对有价证券的管理应遵循下列规定：

1. 各级财政只能用各项财政结余资金（包括一般预算结余和基金预算结余）购买国家指定由地方各级政府购买的有价证券。

2. 有价证券应按取得时实际支付的价款记账，支付购买有价证券的资金不能列作支出。购入有价证券（含债券收款单）应视同货币资金妥善保管。

3. 当期有价证券兑付的利息及转让有价证券取得的收入与账面成本的差额，应记入当期收入。原来用预算结余购买的，作一般预算收入入账；原来用基金预算结余购买的，作基金预算收入入账。

（二）有价证券的核算

1. 核算科目介绍

《财政总预算会计制度》设置有价证券（编号：104）科目，用以核算各级政府按国家统一规定用各项财政结余购买有价证券的库存数。

购入有价证券，借记该科目，贷记“国库存款”、“其他财政存款”科目；到期兑付有价证券时，其兑付本金部分，借记“国库存款”、“其他财政存款”科目，贷记该科目。利息收入通过有关收入科目核算。该科目借方余额反映有价证券的实际库存数。

该科目应按有价证券种类和资金性质设置明细账。

2. 核算举例

［例 5］东昌市财政局用一般预算结余和基金预算结余各 150 000 元购买有价证券。根据有关凭证，填制记账凭证。会计分录如下：

借：有价证券——一般预算结余购入　　150 000

　　　　　　——基金预算结余购入　　150 000

　贷：国库存款　　300 000

［例 6］东昌市财政局兑换以前年度用预算结余购买的国库券，取得本金 60 000 元，利息收入 24 000 元；兑换用基金结余购买的国库券，取得本金 40 000

①从概念上看，财政总会计核算的有价证券仅指国债，这显然不是一般意义上的有价证券。这一概念出自《总预算会计制度》第三章二十二条。

元，利息收入 16 000 元。根据有关凭证，填制记账凭证。会计分录如下：

（1）收回本金：

借：国库存款　　100 000

　　贷：有价证券——一般预算结余购入　　60 000

　　　　　　　——基金预算结余购入　　40 000

（2）利息收入：

借：国库存款　　40 000

　　贷：一般预算收入　　24 000

　　　　基金预算收入　　16 000

需要注意的是，在本节中为了便于理解，我们把有价证券利息收入单独作了分录。而在实际操作中，各类预算收入——不论是一般预算收入还是基金预算收入，都由同级国库编制预算收入日报表一同报送财政部门，总预算会计在核算时是同其他各类收入一起加以核算的，一般不单独进行账务处理。有关这一点可参见第五章第一节有关内容。

三、财政总预算会计债权的核算

（一）暂付款的核算

1. 核算科目介绍

“暂付款”专门用于财政部门与行政事业单位之间的往来。各级财政部门在预算执行中，与各预算单位之间，由于某些特殊原因，也会发生临时性资金往来结算业务。如临时借给行政事业主管部门的紧急事项用款等。这些临时借出的款项可通过两个渠道核销：一是在事后被及时清理收回；二是转列支出或转列为对该单位的追加预算拨款。暂付款在没有收回或转为支出以前，政府的财政总会计拥有债权。

《财政总预算会计制度》设置暂付款（编号：111）科目，用以核算各级财政部门借给所属预算单位或其他单位临时急需的款项。

借出时，借记该科目，贷记“国库存款”、“其他财政存款”科目；收回或转作预算支出时，借记“国库存款”、“其他财政存款”或有关支出科目，贷记该科目。该科目应及时清理结算。年终，原则上应无余额。

该科目应按资金性质及借款单位名称设置明细账。

2. 核算举例

［例 7］经批准，东昌市财政局借给市民政局自然灾害救灾款项 200

000 元。根据有关凭证，填制记账凭证。会计分录如下：

借：暂付款　　　　　　　　200 000

　　贷：国库存款　　　　　　　　200 000

［例 8］东昌市财政局将借给民政局自然灾害救灾款转作预算支出。根据有关凭证，填制记账凭证。会计分录如下：

借：一般预算支出　　　　　　　　200 000

　　贷：暂付款　　　　　　　　　　　　200 000

（二）与下级往来的核算

1. 核算科目介绍

“与下级往来”专门用于上下级财政之间的往来。各级财政部门在预算执行中，由于财政资金的周转调度的需要，以及补助、上解结算等事项经常会形成债权或债务。如下级财政因资金调度困难而向上级财政借款周转和归还借款；年终，根据财政体制结算时，上级财政应补未补或下级财政应上解未解等事项。这种往来结算的特点，既可能是上级财政欠下级财政款，也可能是下级财政欠上级财政款。但在一般情况下，多数表现为下级财政对上级财政的欠款，即与下级往来多表现为上级财政的债权。

《财政总预算会计制度》设置与下级往来（编号：112）科目，用以核算与下级财政的往来待结算款项。

借给下级财政款时，借记本科目，贷记“国库存款”科目。体制结算中应由下级财政上交的收入数，借记该科目，贷记“上解收入”科目；借款收回。转作补助支出或体制结算应补助下级财政数时，借记“国库存款”、“补助支出”等有关科目，贷记该科目。该科目借方余额，反映下级财政应归还本级财政的款项；该科目贷方余额，反映本级财政欠下级财政的款项。该科目应及时清理结算。应转作补助支出的部分，应在当年结清；其他年终未能结清的余额，结转下年。该科目是往来性质的科目，如发生贷方余额，在编制“资产负债表”时应以负数反映。

该科目应按资金性质和下级财政部门名称设置明细账。

2. 核算举例

［例 9］东昌市财政局借给昌南县财政调度款 200 000 元。根据有关凭证，填制记账凭证。会计分录如下：

借：与下级往来　　　　　　　　200 000

　　贷：国库存款　　　　　　　　　　200 000

［例 10］东昌市财政局收到昌南县归还的财政调度款 100 000 元。另外 100 000 元经上级批准转为补助收入。根据有关凭证，填制记账凭证。会计分录如下：

借：国库存款　　100 000
　　补助支出　　100 000
　贷：与下级往来　　200 000

［例 11］东昌市财政局年终结算，所属昌北县尚有未上解款 50 000 元。根据有关凭证，填制记账凭证。会计分录如下：

借：与下级往来　　50 000
　贷：上解收入　　50 000

［例 12］某市财政局收到昌北县前欠上解款 50 000 元。根据有关凭证，填制记账凭证。会计分录如下：

借：国库存款　　50 000
　贷：与下级往来　　50 000

［例 13］东昌市财政局因资金周转困难，向昌北县借款 300 000 元。根据有关凭证，填制记账凭证。会计分录如下：

借：国库存款　　300 00
　贷：与下级往来　　300 00

“与下级往来”账户，可按资金性质和下级财政部门名称设置明细账。“暂付款”可按资金性质及借款单位名称设置明细账。

四、预拨款项的核算

（一）预拨款项概述

预拨款项是指按规定预拨给用款单位的待结算资金，包括预拨经费和基建拨款。

预拨经费是由于特殊情况用预算资金预拨给用款单位，不在当期内列支的经费。凡年度预算执行中财政总预算会计用预算资金预拨出应在以后各期列支的款项，以及会计年度终了前预拨给用款单位的下年度经费款均应作为预拨经费管理。发生预拨经费主要有两种特殊情况：一是交通不便的边远地区，当期汇款不能及时到达，影响单位按时支付，需要上级单位提前在上一个月拨付下一个月的经费；二是上年预拨属于下年预算的经费。基建拨款是指财政部门按基本建设计划预拨给受托经办基本建设支出的专业银行或基本建设财务管理部门的基本建设款项。

各项预拨款项应按实际拨款数额记账。预拨经费（不含预拨下年度经费）应在年终前转列支出或清理收回。基建拨款应按建设单位银行支出数（限额部分）转列支出。

（二）核算科目介绍

1. 预拨经费

《财政总预算会计制度》设置预拨经费（编号：121）科目，用以核算财政部门预拨给行政事业单位、尚未列为预算支出的经费。

预拨经费时，借记该科目，贷记“国库存款”科目（未设国库的乡（镇）总预算会计，贷记“其他财政存款”科目，下同）；转列支出或收到用款单位交回数时，借记“一般预算支出”、“国库存款”等科目，贷记该科目。该科目借方余额反映尚未转列支出或尚待收回的预拨经费数。

该科目应按拨款单位设明细账。

2. 基建拨款

《财政总预算会计制度》设置基建拨款（编号：122）科目，用以核算拨给经办基本建设支出的专业银行或拨付基本建设财务管理部门的基本建设拨款和贷款数。直接拨给建设单位的基本建设资金，不通过本科目核算。

拨出款项时，借记该科目，贷记“国库存款”科目；收到基本建设财务管理部门或受委托的专业银行报来拨付建设单位数及缴回财政数时，借记“一般预算支出”、“国库存款”等有关科目，贷记该科目。该科目借方余额反映尚未列报支出数。

该科目应按拨款单位设明细账。

（三）核算举例

[例 14] 东昌市财政局预拨给市直属某单位下月经费 500 000 元。根据有关凭证，填制记账凭证。会计分录如下：

借：预拨经费　　500 000

　　贷：国库存款　　500 000

[例 15] 东昌市财政局拨给基建管理部门基本建设款 600 000 元。根据有关凭证，填制记账凭证。会计分录如下：

借：基建拨款　　600 000

　　贷：国库存款　　600 000

[例 16] 东昌市财政局将预拨给市直属单位经费 500 000 元转为预算

支出。根据有关凭证，填制记账凭证。会计分录如下：

借：一般预算支出　　　　　　　　500 000

　　贷：预拨经费　　　　　　　　　　　500 000

[例 17] 东昌市财政局收到基建管理部门报来基本建设支出数 500 000 元，余款收回。根据有关凭证，填制记账凭证。会计分录如下：

借：一般预算支出　　　　　　　　500 000

　　国库存款　　　　　　　　　　100 000

　　贷：基建拨款　　　　　　　　　　　600 000

[例 18] 昌北县某乡未设国库，通过银行预拨给本乡某中学经费 150 000 元。根据有关凭证，填制记账凭证。会计分录如下：

借：预拨经费　　　　　　　　　150 000

　　贷：其他财政存款　　　　　　　　　150 000

[例 19]（承上例）该乡财政所将上述预拨经费转列预算支出。根据有关凭证，填制记账凭证。会计分录如下：

借：一般预算支出　　　　　　　150 000

　　贷：预拨经费　　　　　　　　　　　150 000

第二节　财政总会计负债的核算

负债是一级财政所承担的能以货币计量、需以资产偿付的债务。包括应付及暂收款项、按法定程序及核定的预算举借的债务等。

一、暂存款的核算

（一）核算科目介绍

《财政总预算会计制度》设置暂存款（编号：211）科目，用以核算各级财政临时发生的应付、暂收和收到不明性质的款项。

收到暂存款时，借记“国库存款”、“其他财政存款”科目，贷记该科目；冲转退还或转作收入时，借记该科目，贷记“国库存款”、“其他财政存款”或有关收入科目。该科目贷方余额，反映尚未结清的暂存款数额。

该科目应按资金性质、债权单位或款项来源设明细账。

（二）核算举例

[例 20] 东昌市财政局，其他财政存款户收到性质不明款 100 000 元。根据有关凭证，填制记账凭证。会计分录如下：

借：其他财政存款　　　　　100 000

　贷：暂存款　　　　　　　　100 000

[例 21] 东昌市财政局查明上述性质不明款 100 000 元，系拨给某单位的专项拨款，当即办理转账。根据有关凭证，填制记账凭证。会计分录如下：

借：暂存款　　　　　　　　100 000

　贷：其他财政存款　　　　　100 000

上述性质不明款，若查明系应入库的预算收入，应填写“缴款书”，将该款 100 000 元从“其他财政存款”户解入“国库存款”，同时与当日各项收入一起，按国库编制的“一般预算收入日报表”数额作收入的会计分录；此外还应冲销“暂存款”，做如下会计分录：

借：暂存款　　　　　　　　100 000

　贷：其他财政存款　　　　　100 000

二、与上级往来的核算

（一）核算科目介绍

《财政总预算会计制度》设置与上级往来（编号：212）科目，用以核算与上级财政的往来待结算款项。

从上级财政借入款或体制结算中发生应上交上级财政款项时，借记“国库存款”或“上解支出”科目，贷记该科目；归还借款、转作上级补助收入时或体制结算中应由上级补给款项时，借记该科目，贷记“国库存款”、“补助收入”等科目。该科目贷方余额，为本级财政欠上级财政的款项；借方余额，为上级财政欠本级财政的款项。该科目应及时清理结算，年终未能结清的余额，结转下年。该科目是往来性质的科目，如发生借方余额，在编制“资产负债表”时，应以负数反映。

有基金预算往来的地区，可按资金性质分设明细账。

（二）核算举例

[例 22] 东昌市财政局借入省财政调度款 500 000 元。根据有关凭证，填制记账凭证。会计分录如下：

借：国库存款　　　　　　　500 000

贷：与上级往来 500 000

此项经济业务，省财政总预算会计应傚会计如下分录：

借：与下级往来 500 000

贷：国库存款 500 000

［例 23］东昌市财政局归还借省财政调度款 400 000 元。另外 100 000 元经上级批准转为补助收入。根据有关凭证，填制记账凭证。会计分录如下：

借：与上级往来 500 000

贷：国库存款 400 000

补助收入 100 000

此项经济业务，省财政总预算会计应做如下会计分录：

借：国库存款 400 000

补助支出 100 000

贷：与下级往来 500 000

［例 24］东昌市财政局年终与上级财政结算，上级财政欠补助款 100 000 元。根据有关凭证，填制记账凭证。会计分录如下：

借：与上级往来 100 000

贷：补助收入 100 000

此项经济业务，省财政总预算会计应做如下会计分录：

借：补助支出 100 000

贷：与下级往来 100 000

［例 25］东昌市财政局收到上级财政拨来前欠补助款 100 000 元。根据有关凭证，填制记账凭证。会计分录如下：

借：国库存款 100 000

贷：与上级往来 100 000

此项经济业务，省财政总预算会计应做如下会计分录：

借：与下级往来 100 000

贷：国库存款 100 000

［例26］东昌市财政局年终结算，所属昌北县财政尚有未上解款 50 000 元。根据有关凭证，填制记账凭证。会计分录如下：

借：与下级往来 50 000

贷：上解收入 50 000

此项经济业务，昌北县财政总会计应做如下分录：

借：上解支出　　　　　　　500 00

　　贷：与上级往来　　　　　　　50 000

[例 27] 东昌市财政局收到昌北县财政前欠上解款 50 000 元。根据有关凭证，填制记账凭证。会计分录如下：

借：国库存款　　　　　　50 000

　　贷：与下级往来　　　　　　50 000

此项经济业务，昌北县财政总会计做如下会计分录：

借：与上级往来　　　　　50 000

　　贷：国库存款　　　　　　　50 000

三、已结报支出的核算

（一）核算科目介绍

《财政总预算会计制度》于 2001 年增设已结报支出（编号：213）科目，用以核算财政国库资金已结清的支出数额。当天业务结束后，该科目余额应等于一般预算支出与基金预算支出之和。年终转账时，作相反分录，借记该科目，贷记“一般预算支出”、“基金预算支出”科目。

（二）核算举例

[例 28] 某日业务结束后，东昌市财政局总预算会计结计出当日国库资金已结清的一般预算支出数额为 195 万元。国库科根据中国人民银行国库部门转来的《支出结算清单》，做会计分录如下：

借：一般预算支出　　　　　1 950 000

　　贷：已结报支出　　　　　　　1 950 000

[例 29] 该年 12 月 31 日，东昌市财政局总预算会计根据当年一般预算支出数和基金预算支出数（分别为 94 200 万元和 57 680 万元），结转已结报支出，会计分录如下：

借：已结报支出　　　　1518 800 000

　　贷：一般预算支出　　　　942 000 000

　　　　基金预算支出　　　　576 800 000

四、借入款的核算

（一）核算科目介绍

财政部门的借入款，是指中央预算按法定程序及核定的预算，经全国人民代表大会批准的数额举借的国内和国外债务以及地方预算根据国家法律或国务院特别规定举借的债务。

我国《预算法》第二十八条规定："地方各级预算按照量入为出、收支平衡的原则编制，不列赤字。除法律和国务院另有规定外，地方政府不得发行地方政府债券。"因此，借入款科目现阶段只适用于中央级的财政总预算会计。

《财政总预算会计制度》设置借入款（编号：222）科目，用以核算中央财政和地方财政按照国家法律、国务院规定向社会以发行债券等方式举借的债务。上下级财政之间临时性借垫款，不通过本科目核算。

发行债券或举借债务收到款项时，借记"国库存款"科目，贷记该科目；到期偿还本金时，借记该科目，贷记"国库存款"科目。该科目贷方余额，反映尚未偿还的债务。

借入款科目应按债券种类或债权人设明细账。

（二）核算举例[①]

[例 30] 财政部按照法律、国务院规定向社会发行国债，逐日按国库实收数入账。根据有关凭证，填制记账凭证，会计分录如下：

借：国库存款

　　贷：借入款

[例 31] 财政部到期归还国债本金时，根据有关凭证，填制记账凭证，会计分录如下：

借：借入款

　　贷：国库存款

"借入款"可按债券种类或债权人设置明细账，进行明细核算。

第三节　总预算会计净资产的核算

财政总预算会计的净资产是指资产减去负债的差额。包括各项结余及预算周转金、预算稳定调节基金等。

① 由于该科目为中央总会计科目，因而我们在举例时略去数字。

一、财政总会计的结余

（一）结余概述

结余是财政收支的执行结果。财政总预算会计的各项结余包括预算结余、基金预算结余、国有资本经营预算结余、专用基金结余和财政专户管理资金结余等。

预算结余是各级财政一般预算收支的年终执行结果；基金预算结余是各级财政管理的政府性基金的年终执行结果；专用基金结余是各级财政管理的专用基金收支的年终执行结果。财政总会计的各项结余必须分别核算，不得混淆。

《财政总预算会计制度》第三十四条规定："各项结余应每年结算一次。年终将各项收入与相应的支出冲销后，即成为该项资金的当年结余。当年结余加上年年末滚存结余为本年年末滚存结余。"

（二）核算科目介绍

1. 预算结余

《财政总预算会计制度》设置预算结余（301）科目，用以核算各级财政预算收支的年终执行结果。

年终转账时，财政部门应将"一般预算收入"、"补助收入——一般预算补助"、"上解收入"、"调入资金"等科目贷方余额转入该科目贷方；将"一般预算支出"、"补助支出——一般预算补助"、"上解支出"等科目借方余额转入该科目借方。根据本年预算结余增设预算周转资金时，按增设数借记该科目，贷记"预算周转金"。

该科目年终贷方余额，反映本年的预算滚存结余（含有价证券），转入下年度。

2. 基金预算结余

《财政总预算会计制度》设置基金预算结余（编号：305）科目，用以核算各级财政管理的政府性基金收支的年终执行结果。

年终转账时，应将"基金预算收入"、"补助收入——基金预算补助"科目余额转入该科目贷方；将"基金预算支出"、"补助支出——基金预算补助"、"调出资金"科目余额转入该科目借方。该科目年终贷方余额，反映本年基金预算滚存结余，转入下年度。

该科目应根据基金预算科目所列的基金项目逐一反映各项基金的结余。

3. 国有资本经营预算结余

《财政总预算会计制度》于2007年增设国有资本经营预算结余（编号：306）科目，用以核算各级财政部门管理的国有资本经营预算收支的年终执行结果。

年终转账时，应将“国有资本经营预算收入”科目余额转入该科目贷方；将“国有资本经营预算支出”、“国有资本经营预算调出资金”科目余额转入该科目借方。

该科目年终贷方余额，反映本年国有资本经营预算滚存结余，转入下年度。

4. 专用基金结余

《财政总预算会计制度》设置专用基金结余（编号：307）科目，用以核算总预算会计管理的专用基金收支的年终执行结果。

年终转账时，将“专用基金收入”科目余额转入该科目，借记“专用基金收入”，贷记该科目；将“专用基金支出”科目余额转入该科目数，借记该科目，贷记“专用基金支出”科目。该科目年终贷方余额，反映本年专用基金的滚存结余，转入下年度。

5. 财政专户管理资金结余

《财政总预算会计制度》于2010年增设财政专户管理资金结余（编号：323）科目，用以核算未纳入预算并实行财政专户管理的资金收支相抵形成的结余，包括教育收费、彩票发行机构和彩票销售机构业务费用等资金的结余。

年终转账时，应将“财政专户管理资金收入”等有关科目余额转入该科目贷方；将“财政专户管理资金支出”等有关科目余额转入该科目借方。该科目年终贷方余额，反映未纳入预算并实行财政专户管理的资金收支相抵后的滚存结余，转入下年度。

该科目根据管理需要，按部门进行明细核算。

（三）核算举例

财政总会计各类结余的核算参见第七章第一节的“二、年终结账”。

二、预算稳定调节基金的核算

（一）核算科目介绍

《财政总预算会计制度》于2009年增设预算稳定调节基金（编号：315）

科目，用以核算预算稳定调节基金的增减变动。

年度终了，从财政超收收入中安排预算稳定调节基金时，借记“安排预算稳定调节基金”科目，贷记本科目；为弥补财政短收年份预算执行收支缺口，调用预算稳定调节基金时，借记本科目，贷记“调入预算稳定调节基金”科目。

（二）核算举例

［例 32］2013 年，东昌市财政收入充裕，安排 500 万元预算稳定调节基金。

借：安排预算稳定调节基金　　5 000 000

　　贷：预算稳定调节基金　　5 000 000

［例 33］20××年末，东昌市财政歉收。为弥补当年预算执行收支缺口，经批准调用预算稳定调节基金 100 万元。

借：预算稳定调节基金　　1 000 000

　　贷：调入预算稳定调节基金　　1 000 000

三、预算周转金的核算

（一）预算周转金概述

预算周转金是指各级政府为调剂预算年度内季节性收支差额，保证及时用款而设置的周转资金。因为每一级政府某些预算收支总会有一定的季节性，加之预算资金在集中和分配过程中的在途和周转占压等原因，即使在计划年度预算收支平衡的情况下，季度或月份仍有可能发生收支脱节现象。另外，财政部门在年度一开始，就要给用款单位按计划拨付各种经费，而收入却是逐日收取的，这样年初的收入往往不能立即满足支出的需要。所以，各级财政有必要设置一定数额的预算周转金，作为平衡季度预算收支临时周转使用。预算周转金制度对于保证各项建设资金的及时供应，促进国民经济顺利和平稳的发展，具有重要的意义。

预算周转金的设置，一般是从各级政府预算结余中设置和补充。各级政府预算周转金由本级政府财政部门管理，用于预算执行中的资金周转，不能安排预算支出挪作他用，未经批准不能减少或增加。年终，必须保持原核定数额，逐年结转。

预算周转金的数额，应当与预算支出规模相适应。随着预算支出的逐年增长，预算周转金也要相应补充。根据《中华人民共和国预算法实施条例》第三章第二十二条的规定，“其额度应当逐步达到本级政府预算支出总额的4%”。

为了简化核算手续，预算周转金存款合并在“国库存款”账户内，如果“国库存款”账户的余额小于“预算周转金”的数额，说明该级财政已动用了预算周转金的存款，但“预算周转金”的账面数字不能变动。

（二）核算科目介绍

《财政总预算会计制度》设置预算周转金（编号：321）科目，用以核算各级财政设置的用于平衡季节性预算收支差额周转使用的资金。预算周转金应根据《中华人民共和国预算法》要求设置，并不得随意减少。设置和补充预算周转金时，借记“预算结余”科目，贷记该科目。该科目借方一般无发生额。

（三）核算举例

［例 34］省财政厅根据区域扶植发展计划，拨给东昌市财政局30万元作为其新增预算周转金。

借：国库存款 300 000

　　贷：预算周转金 300 000

［例 35］东昌市财政局经本级政府批准，从一般预算资金结余中补充预算周转金400 000元。根据有关凭证，填制记账凭证。会计分录如下：

借：预算结余 400 000

　　贷：预算周转金 400 000

［例 36］因行政区划变动导致收支规模变动，东昌市财政局核减预算周转金20万元。

借：预算周转金 200 000

　　贷：预算结余 200 000

预算周转金一般不需设置明细账。

思考题

1. 财政总预算会计的有价证券是通常意义上的有价证券吗？中央总预算会计有没有有价证券科目？为什么？

2. 财政总预算会计的往来款项是如何划分的？

3. 省、市级财政总会计有没有借入款科目？为什么？

4. 财政总预算会计共有多少项结余？这些结余相互之间可以流用吗？

练习题

练习一：

一、目的：练习财政性存款、有价证券及债权的核算。

二、资料：东昌市财政局××年1月份发生下列经济业务：

1. 1月6日，收到国库报来的"预算收入日报表"，列明当日收到一般预算收入60 000元，基金收入40 000元。

2. 1月8日，收到国库报来的"预算收入日报表"，列明属于2002年的一般预算收入为90 000元。

3. 1月10日，兑换以前年度用预算结余购买的国库券，本金50 000元，利息收入18 000元；兑换用基金结余购买的国库券，取得本金20 000元，利息收入8 000元。

4. 1月14日，借给昌南县财政调度款300 000元。

5. 1月22日，因资金周转困难，向昌北县借款400 000元。

三、要求：根据以上经济业务，编制会计分录。

练习二：

一、目的：练习总预算会计负债及往来款项的核算。

二、资料：东昌市财政局××年4月份发生下列经济业务：

1. 4月10日，国库"一般预算收入日报表"列示：收到性质不明的资金200 000元。

2. 4月11日，查明上述性质不明资金系省卫生厅拨给市卫生局的防非典专项拨款，当即办理转账。

3. 4月16日，向省财政厅紧急借入调度款100万元。

2. 4月18日，省财政厅传来批文，上述调度款项转列为对东昌市的专项补助。

三、要求：根据以上经济业务，编制会计分录。

第六章　财政总会计的年终业务和会计报表

学习目的

学完本章内容后，你应当能够：

■　掌握财政总会计净资产的种类；

■　了解财政总会计的年终业务；

■　掌握各项结余及预算周转金的核算；

■　了解财政总会计的报表。

第一节　财政总会计的年终业务

各级财政总预算会计，在年度终了前，应根据上级财政部门下达的本年度“财政决算编审工作通知”和“财政决算结算办法”要求，全面进行年终清理和结算。在此基础上办理年终结账、转账等事项，最后正式编报年度财政决算。

一、年终清理

年终清理，是指年终时对全年各项财政资金的收支及其他有关事项进行全面清查、结算和核对的活动。它是保证年度决算质量的一项重要准备工作。年终清理结算的主要事项如下：

（一）核对年度预算

预算数字是考核决算和办理收支结算的依据，也是进行会计结算的依据。年终前，各级总预算会计，应配合预算管理部门把本级财政总预算与上、下级财政总预算和本级各单位预算之间的全年预算数核对清楚。追加追减、上划下划数字，必须在年度终了前核对完毕。为了便于年终清理，本年预算的追加追减和企事业单位的上划下划，一般截止到 11 月底。各项预算拨款，一般截至到 12 月 25 日为止。

（二）清理本年预算收支

各级财政总预算会计，要认真清理核实全年的预算收入和支出数字。凡属本年的一般预算收入，都要认真清理，年终前必须如数缴入国库。督促国库在年终库款报解整理期内，迅速报齐当年的预算收入。应在本年预算支领列报的款项，非特殊原因，应在年终前办理完毕。

应当注意：基金预算收支和专用基金的收支也要认真清理。凡属于应列入本年的收入，应及时催收，并缴入国库或指定的银行。基金预算和专用基金中应在本年支领列报的款项，也应在年终前办理完毕。

（三）组织征收机关和国库进行年度对账

年度终了后，按照国库制度的规定，支库应设置十天的"库款报解整理期"。如财政部决定设置决算清理期时，则"库款报解整理期"相应顺延，即"库款报解整理期"必须在规定的"决算清理期"结束后才开始进行。各国库经收处 12 月 31 日前所收款项均应在"库款报解整理期"内报达支库，列入当年决算。同时，各级国库要按年度决算对账办法编制收入对账单，分别送同级财政部门、征收机关核对签章，以保证财政收入数字的一致。

（四）清理核对当年拨款支出

各级总预算会计对本级各单位的拨款支出数应与单位的拨款收入数核对清楚。对于当年安排的非包干使用的拨款，其结余部分应根据具体情况处理。属于单位正常周转占用的资金，可仍作为预算支出处理；属于应收回的拨款，应及时收回，并按收回数相应冲减预算支出。属于预拨下年度的经费，不得列入当年预算支出。

（五）清理往来款项

各级财政的暂收、暂付等各种往来款项，要在年度终了前认真清理结算，做到人欠收回，欠人归还。应当转作各项收入或各项支出的款项，要及时转入本年有关收支账户内。

二、年终财政结算

（一）年终结算的主要内容

年终财政结算是指各级财政在年终清理的基础上，结清上下级财政总预算之间的预算调拨收支和往来款项。各级政府的财政部门要按照财政管理体制的规定，计算出全年应补助、应上解和应返还数额，与年度预算执行过程中已补助、已上解和已返还数进行比较，结合借垫款项，计算出全年最后应补或应退数额，填制"年终财政决算结算单"，经核对无误后，作为年终财政结算凭证，据以入账。年终结算的主要内容有：

1. 预算管理体制的结算。预算管理体制是指处理各级政府间财政分配关系的一项基本制度，其核心是各级政府预算收支范围和管理职权的划分，它涉及到国家财力如何在中央与地方之间以及地方各级政府之间进行分配。我国从 1994 年开始中央对地方实行的分税制管理体制，地方各级财政之间在原包干体制上进行进一步的调整。分税制管理体制中税收返还收入需要按照预算实际执行结果，计算两税的实际入库数，并在年终结算，结清账务。

2. 不列入财政收支基数的事项需要在年终进行结算。如上级对下级的专项拨款支出具有不固定性，可变性较大，不是经常性支出，因此列在收支包干基数之外进行单独结算。目前，专项拨款有：特大自然灾害救济费、特大防汛补助费、支援不发达地区支出、部分政策性价格补贴支出等。

3. 企事业单位财务隶属关系改变后预算划转的结算。由于经济形势的发展变化，单位上划下划隶属关系的改变必然引起两级政府之间的收支变化，这种变化不可能每年一发生变动就调整收支包干基数。因此预算管理体制规定，企事业单位隶属关系改变后要按照财务划转的情况及时办理财政预算划转手续，并按转移数额和不同的预算管理体制在年终办理两级财政之间的结算。

4. 国家采取重大经济政策和改革措施引起两级财政资金相互转移，影响原来确定的收支基数。一是原属于下级的财政收入转移到上级财政，如增加新收入、税收政策引起税率变化等，上级财政与下级财政需要重新确定新的收入分成办法，从而引起结算事项；二是原属于上级财政的收入转移到下级财政；三是原应由下级财政负担的支出转移到上级财政；四是原应由上级财政负担的支出转移到下级财政。

结算工作政策性较强，计算较为复杂。按预算管理体制的规定，年度终了各级财政部门要按照上级财政部门的要求，将财政总决算中涉及年终结算的各项事项及有关的结算数据、结算资料及结算依据等，按规定及时上报到上级财政部门，经上级财政审查同意后再办理上级财政与下级财政之间的年终结算事项。同时还要在办理年终结算后，按确定的原则和要求编制财政总决算结算单，并以文件的形式正式通知下级财政部门，作为上级财政部门审定下级部门的决算收入、决算支出和各项内容的意见，以及上级财政部门与下级财政部门之间本年度资金往来等结算的依据。

财政总决算的结算单编制完毕后，本年度的财政决算工作才告结束。财政总决算结算单应包括以下内容：下级财政总决算收入和支出数字、上级补助收入和上解上级支出、财政总决算平衡情况、结清上级财政与下级财政之间的预算调度资金往来账务等。

（二）年终财政结算业务实例

[例 1] 东昌市财政局 20××年按照与省财政厅协定的财政管理体制，进行上、下级财政总预算之间的年终结算事项，并进行账务处理。该市××年全年公共财政预算收入任务为 600 000 000 元，年终预算执行结果为：全市公共财政预算收入实际完成为 610 000 000 元，省财政尚未拨给市的专项补助为 10 000 000 元、尚未拨给市的税收返还收入为 350 000 000 元；市尚未上解的专项上解款 12 000 000 元；省财政已拨给调度款 340 000 000 元；上年结余 5 000 000 元；全年公共财政预算实际支出为 942 000 000 元。

（1）该市财政实际应得财力为：①＋②＋③－④＋⑤

①应得公共财政预算收入 600 000 000 元

②应得超收收入 10 000 000 元

③税收返还收入 350 000 000 元

④专项上解款 12 000 000 元

⑤专项补助收入 10 000 000 元

市财政实际应得财力 958 000 000 元

即 958 000 000 元＝600 000 000 元＋10 000 000 元＋350 000 000 元－12 000 000 元＋10 000 000 元

（2）市财政总预算会计对上述省尚未拨的专项补助款 10 000 000 元，税收返还收入 350 000 000 元，通过“与上级往来”账户，直接向上级财政进行结算。填制记账凭证。会计分录如下：

借：与上级往来　　360 000 000

　　贷：补助收入　　360 000 000

（3）市财政总预算会计对上述尚未上解的专项上解款 12 000 000 元，通过“与上级往来”账户，直接向省财政进行结算。填制记账凭证。会计分录如下：

借：上解支出　　　　　　　　12 000 000

　　贷：与上级往来　　　　　　　　12 000 000

省财政审批的"年终财政决算结算单"，正式通知市财政，作为审定决算收支总额，结算全年资金账的根据。东昌市"年终财政决算结算单"的基本格式和内容见表 6-1。

表 6-1　东昌市年终财政决算结算单

20××年决算结算单①					
编制单位：市财政局					单位：万元
类别	项目	金额	类别	项目	金额
收入	1. 核定预算数	60 000	市财政收支平衡情况	1. 收入总计	97 500
	2. 决算收入数	61 000		决算收入	61 000
	3. 超收数	1 000		上年结余	500
支出	1. 市可得财力	95 800		省补助款	36 000
	2. 决算支出	94 200		2. 支出总计	95 400
	3. 收支结余	1 600		决算支出	94 200
上解	市应上解省财政款	1 200		上解支出	1 200
	其中：体制上解			3. 年终滚存结余	2 100
	专项上解	1 200	资金结算	1. 省应补助款	36 000
补助	省财政应补助市财政款	36 000		2. 市应上解款	1 200
	其中：税收返还收入	35 000		3. 省已拨调度款	34 000
	专项补助	1 000		4. 省应归还市调度款	800

三、年终结账

财政总预算会计经过年终清理和结算，把清理和结算中发生的会计事项全部逐笔记入旧账后，即进行年终结账工作。年终结账是编制决算的基础。此项工作一般分为年终转账、结清旧账和记入新账三个环节。

（一）年终转账

各级财政总预算会计首先将清理的各项财政资金以及"决算清理期"

① 该结算单已高度简化，学习时仅供参考。实际工作中应根据上级财政规定的结算项目进行结算。

内发生的属于上年度的各项预算收入、支出和经上级财政部门审批后的结算资金（包括税收返还收入、支出，原体制补助或上解，专项拨款补助，专项结算补助或上解）等会计事项，均按规定的会计科目登记入账，记账凭证按实际处理日期填制并按 12 月份连续编号，然后计算出各账户 12 月份合计数和全年累计数，结出 12 月末余额，编制结账前的“资产负债表”，经试算平衡后，将其转入“预算结余”、“基金预算结余”、“国有资本经营预算结余”、“专用基金结余”和“财政专户管理资金结余”进行冲销。

现以东昌市财政局某年年终业务为例，说明财政总会计的年终转账业务。

［例 2］东昌市财政局将一般预算各总账和有关明细账期末余额办理转账：

（1）将全年的一般预算收入 610 000 000 元、补助收入——一般预算补助 360 000 000 元、上解收入 3 000 000 元、调入资金 1 000 000 元，转入“预算结余”账户。会计分录如下：

借：一般预算收入　　610 000 000
　　补助收入——一般预算补助　　360 000 000
　　上解收入　　3 000 000
　　调入资金　　1 000 000
　　贷：预算结余　　974 000 000

（2）将全年的一般预算支出 942 000 000 元、补助支出——一般预算补助 5 903 000 元、上解支出 12 000 000 元转入“预算结余”账户。会计分录如下：

借：预算结余　　959 903 000
　　贷：一般预算支出　　942 000 000
　　补助支出——一般预算补助　　5 903 000
　　上解支出　　12 000 000

（3）经本级政府批准，从本级政府预算结余中补充本级预算周转金 200 000 元。会计分录如下：

借：预算结余　　200 000
　　贷：预算周转金　　200 000

［例 3］东昌市财政局将政府性基金预算各总账和有关明细账期末余额办理转账：

（1）将全年的基金预算收入 576 800 000 元、补助收入——基金预算补助 100 000 000 元转入“基金预算结余”账户。会计分录如下：

借：基金预算收入　　576 800 000
　　补助收入——基金预算补助　　100 000 000
　　贷：基金预算结余　　676 800 000

（2）将全年的基金预算支出 456 300 000 元、补助支出——基金预算补助 785 000 元、调出资金 1 000 000 元转入“基金预算结余”账户。会计分录如下：

借：基金预算结余　　458 085 000
　　贷：基金预算支出　　456 300 000
　　　　补助支出——基金预算补助　　785 000
　　　　调出资金——基金预算　　1 000 000

［例 4］东昌市财政局将国有资本经营预算收支总账期末余额办理转账：

（1）将全年国有资本经营预算收入 180 000 000 元转入“国有资本经营预算结余”账户。会计分录如下：

借：国有资本经营预算收入　　180 000 000
　　贷：国有资本经营预算结余　　180 000 000

（2）将全年国有资本经营预算支出 152 000 000 元转入“国有资本经营预算结余”账户。会计分录如下：

借：国有资本经营预算结余　　152 000 000
　　贷：国有资本经营预算支出　　152 000 000

［例 5］东昌市财政局将专用基金收支总账期末余额办理转账：

（1）将全年的专用基金收入 1 000 000 元转入“专用基金结余”账户。会计分录如下：

借：专用基金收入　　1 000 000
　　贷：专用基金结余　　1 000 000

（2）将全年的专用基金支出 900 000 元转入“专用基金结余”账户。会计分录如下：

借：专用基金结余　　900 000
　　贷：专用基金支出　　900 000

［例6］东昌市财政局将财政专户管理资金收支总账期末余额办理转账：

（1）将全年的财政专户管理资金 87 000 000 元转入“财政专户管理资

金结余”账户。会计分录如下：

借：财政专户管理资金收入 87 000 000

　　贷：财政专户管理资金结余　　87 000 000

（2）将全年的财政专户管理资金支出 86 900 000 转入“财政专户管理资金结余”账户。会计分录如下：

借：财政专户管理资金结余　　86 900 000

　　贷：财政专户管理资金支出　　86 900 000

（二）结清旧账

年终转账后，全部账务登记完毕，将各个账户的借方、贷方结出全年总计数，然后在下面划双红线，表示本账户全部结清。

对年终有余额的账户，在“摘要”栏内注明“结转下年”字样，表示旧账结束，转入新账。

（三）记入新账

根据年终转账后的各总账账户和明细账户余额编制年终决算“资产负债表”和有关明细表，将表列各账户余额（不编制记账凭证）直接记入新年度有关总账和明细账各账户预留空行的余额栏内，并在“摘要”栏注明“上年结转”字样，以区别新年度发生数。

根据《预算法》规定，各级地方财政部门编制的本级决算草案，经本级人民代表大会常务委员会（或人民代表大会）审查批准后，如需更正原报决算草案收入、支出数字时，必须相应调整旧账，重新办理结账和记入新账。

第二节　财政总会计的报表①

财政总预算会计报表是各级政府预算收支执行情况及其结果的定期书面报告，是各级政府和上级财政部门了解情况、掌握政策、指导预算执行工作的重要资料，也是编制下年度预算的基础。因此，各级总预算会计必须按照制度规定和会计报表的编制要求，定期正确及时地编制和汇总会计

① 由于地方财政的报表中，以省级财政总会计的报表最为全面和规范，因此在本节中，我们不再采用东昌市的报表。本节的报表种类、体系和格式皆为财政部统一制定的省级财政总会计的报表（表格内容有删节）。

报表。地方各级财政部门，要定期向同级人民政府和上级财政部门报告本行政区域的预算收支执行情况。财政部要定期向国务院、全国人民代表大会报告国家预算收支执行情况。对国家预算执行中存在的问题，还要提出具体意见和建议，以利于同级政府和上级财政部门采取措施，加强对财政工作的领导，充分发挥总预算会计在预算管理中的积极作用。

一、财政总会计报表的种类和编制要求

（一）财政总会计报表的种类

1. 按时间分类

财政总预算会计按编报报表的时间划分，有旬报、月报、季报、半年报和年报。年报即年终决算。

2. 按内容分类

财政总预算会计的报表按编报的内容划分，有资产负债表、一般预算收支决算总表、一般预算收入、支出决算明细表、财政基金收支决算总表、财政基金收支决算明细表、预算执行情况说明书、决算说明书及其他附表等。

3. 按编报的范围分类

财政总预算会计的报表按编报的范围划分，可分为本级报表和汇总报表两种。

（二）财政总预算会计报表编制的要求

各级财政总预算会计报表的编制，要求做到数字正确、内容完整、报送及时。

1. 数字正确

财政总预算会计报表的数字，是实际数字的反映，必须真实可靠。会计报表的数字，必须根据核对无误的账簿记录和所属单位的报表编制、汇总，切实做到账表相符、有根有据。不能估列代编，更不能弄虚作假。要做到数字正确，各级总预算会计必须要加强日常会计核算工作，督促有关单位及时记账、结账，所有有财政拨款的行政事业单位都应在规定的期限内报出报表，以便主管部门和财政部门及时汇总。

2. 内容完整

财政总预算会计报表，要严格按照统一规定的报表种类、格式、内容、计算方法和编制口径认真填制，不得漏填、漏报；规定的栏目或行次，不能任意取舍。不同报表之间、同一报表中各项目之间，凡有对应关系的数

字，应该相互一致和相互衔接，以保证会计报表勾稽关系的一致。对有些项目和数据，还应该作出报表附注加以说明。

3. 报送及时

财政总预算会计报表在保证数字准确、内容完整的基础上，要保证会计报表报送及时。会计报表作为会计信息的书面报告，是各级政府的决策者以及上级财政部门了解情况、科学决策和指导工作的重要依据。如果失去了及时性，就失去了财政总会计信息的实用价值。所以，各级财政总预算会计，既要及时地记账和结账，也要及时编制报表并在规定时间内上报，这样才能为及时分析预算收支执行情况、总结经验、科学决策创造条件，最大限度地减少决策时滞。过时的报表，只能作为历史资料，毫无现实意义。

二、财政总会计的旬报月报

（一）旬报

旬报是反映从月初至本旬止的预算收支的主要指标完成情况的报表，于每月上、中旬后报送（下旬免报）。旬报的内容、报送时间由财政部根据情况规定并逐级布置，旬报的报送原则为快速、扼要。旬报的项目，通常按《政府收支分类科目》的规定，收入编报到“类”和其中的几个主要“款”；支出一般列报支出合计和其中的基本建设支出和行政管理费等支出。上旬列报本旬发生数；中旬列报上、中两旬累计数。县级财政总会计的旬报应在当旬结束后一日内报出；省（自治区、直辖市）级财政旬报财政部要求在旬后三天内报出。在20世纪90年代前，旬报曾以电报或电话的方式上报，现今旬报一般先由专用网络上报，然后加报纸质报表。旬报的格式和内容见表6-2。

表6-2　旬报的格式和内容

地方财政收支旬报		
预算科目	代 号	数字（及说明）
公共财政收入合计	3	
增值税	11	
……	41	含免抵调减增值税
营业税	29	
企业所得税	39	

续表

地方财政收支旬报		
个人所得税	27	
其他各项收入	15	除以上收入项目外的其他所有收入列入本科目
公共财政支出合计	1	
其中：基本建设支出	13	
文体广播事业费	5	
教育支出	25	
科学支出	19	
行政管理费	17	
社会保障补助支出	9	
政策性补贴支出	33	
基金收入合计	37	
基金支出合计	23	

（二）月报

月报是反映从年初至本月末止的预算收支完成情况。具体分为“公共财政预算收入月报”、“公共财政预算支出月报”、“基金预算收支月报”等。也可以根据实际情况将公共财政收支与基金预算收支合并编报。月报格式及报送时间，由财政部根据情况规定，并逐级布置。通常月报预算收支内容是按《政府收支分类科目》规定，收入报到“类”、“款”，及主要的“项”，根据国库报来的预算收入日报表及总预算会计的预算收入明细账，按年初截至本月末的年度累计数编报。支出报到“类”、“款”和主要的“项”。根据预算支出明细账，按年初截至到本月份末止的年度累计数编报，还要编写必要的文字分析报告。出于篇幅的考虑，本教材不再列示财政部规定的地方财政收入月报和地方财政支出月报。两者的格式可以参考“公共财政收入决算明细表”和“公共财政支出决算功能分类明细表”的格式。

总会计的季报和半年报可以由月报代报。季报和半年报需要加报一些信息，同时数字的明细程度也要高于月报。

三、财政总会计的年报

（一）总会计年报概述

财政总预算会计的年报，即各级政府年度决算，是全面反映年度预算收支执行的最终结果的报表。年报应当在年终清理、年终结算的基础上，根据当年财政部下达的统一格式及要求编制。

各级政府的年度决算，是政府预算执行的总结，体现着年度政府预算收支的最终结果。各级政府的决算信息是国家宏观经济政策的基础性资料，是系统整理和积累财政统计资料的主要来源。组织和编审财政总决算，是各级财政总预算会计的主要任务之一。

财政总决算工作涉及面广，政策性强，是一项复杂细致的工作，财政总预算会计必须在财政部门的统一领导下，组织内部各职能部门和外部参与组织预算执行的国库、国家银行以及各单位预算主管部门，认真做好决算编审工作。通过决算编审，认真总结一年来预算执行工作的经验和问题，以提高预算管理工作水平。

决算表格是编制决算的重要工具，是政府决算数字的表现载体。通过决算表格的科学设计和合理应用，可以简明清晰地概括和反映政府决算的全貌。通常情况下，财政部每年在拟定和下达决算编审工作的同时修订和颁发决算表格。各级财政部门要根据上级财政部门颁发的决算编审办法和统一表格编制年报。现行的决算表格是按其反映内容进行分类的，主要包含我国政府预算的全部子预算的决算表格、财政专户管理资金的决算表格以及补充资料等五大部分。省级决算表格体系见表 6-3。

表 6-3　××年度××省决算表格体系

	年终报表汇总表	
表号	表名	
决算 01 表	公共财政收支决算总表	第一部分：公共财政决算
决算 02 表	公共财政收入预算变动情况表	
决算 03 表	公共财政支出预算变动及结余、结转情况表	
决算 04 表	公共财政收入决算明细表	
决算 05 表	公共财政支出决算功能分类明细表	
决算 06 表	公共财政收支决算分级表	

续表

	年终报表汇总表	
决算 07 表	民族自治地区公共财政收支决算表	第一部分：公共财政决算
决算 08 表	公共财政收支及平衡情况表	
决算 09 表	政府性基金收支决算总表	第二部分：政府性基金决算
决算 10 表	政府性基金收入预算变动情况表	
决算 11 表	政府性基金支出预算变动情况表	
决算 12 表	政府性基金收支及结余情况表	
决算 13 表	政府性基金收支决算分级表	
决算 14 表	政府性基金收支及平衡情况表	
决算 15 表	国有资本经营收支决算总表	第三部分：国有资本经营决算
决算 16 表	国有资本经营收支决算明细表	
决算 17 表	国有资本经营收支决算分级表	
决算 18 表	国有资本经营收支及平衡情况表	
决算 19 表	财政专户管理资金收支总表	第四部分：财政专户管理资金
决算 20 表	财政专户管理资金收入明细表	
决算 21 表	财政专户管理资金支出功能分类明细表	
决算 22 表	财政专户管理资金收支分级表	
决算 23 表	财政专户管理资金收支及平衡情况表	
决算 24 表	社会保险基金收支决算表	第五部分：补充资料
决算 25 表	预算资金年终资产负债表	
决算 26 表	财政专户管理资金年终资产负债表	
决算 27 表	基本数字表	
决算 28 表	乡镇财政基本情况表	

（二）财政总会计年报的内容与样表

1. 公共财政决算报表

（1）公共财政收支决算总表

表 6-4　××年度××省本级公共财政收支决算总表（本级）

单位：万元

预算科目	决算数	预算科目	决算数
公共财政收入		公共财政支出	
上级补助收入		补助下级支出	

续表

预算科目	决算数	预算科目	决算数
返还性收入		返还性支出	
……		……	
一般性转移支付收入		一般性转移支付支出	
体制补助收入		体制补助支出	
……		……	
结算补助收入		结算补助支出	
其他一般性转移支付收入		其他一般性转移支付支出	
专项转移支付收入		专项转移支付支出	
下级上解收入		上解上级支出	
体制上解收入		体制上解支出	
……		……	
专项上解收入		专项上解支出	
接受其他地区援助收入		援助其他地区支出	
债务收入		债券还本支出	
债券转贷收入		债券转贷支出	
国债转贷收入		增设预算周转金	
国债转贷资金上年结余		拨付国债转贷资金数	
国债转贷转补助		国债转贷资金结余	
上年结余			
调入预算稳定调节基金		安排预算稳定调节基金	
调入资金		调出资金	
1.政府性基金调入		年终结余	
2.国有资本经营预算调入		减：结转下年的支出	
3.财政专户管理资金调入		净结余	
4.其他调入			
……			
收入总计		支出总计	

公共财政收支决算总表是各级政府决算的主要报表，通过它可以反映本级政府的各项预算收入、支出以及预算执行结余的情况，是向同级人大报告决算的政府基本财务信息资料。决算收支总表同时还是政府预、决算

收支的对照表，各类收支数字都必须按照财政部颁布的政府预算收支科目，分“类”（有些项目要填至“款”、“项”）填列预算数和决算数。该表的决算收入数根据年终转账前的预算收入明细账填列；决算支出数根据年终转账前的预算支出明细账填列。收支决算总表（省本级）的格式见表6-4。

（2）收入预算变动情况表

该表反映各级政府税收收入和非税收入预算数与调整预算数字之间的差异及变动的简要原因。收入预算变动情况表的格式见表6-5。

表6-5　××年度××省公共财政收入预算变动情况表

单位：万元

预算科目	年初预算数	变动项目				调整预算数
		上级专项调整数			增加（减少）预算指标	
		小计	企业上下划	其他		
一、税收收入						
增值税						
营业税						
企业所得税						
……						
其他税收收入						
二、非税收入						
专项收入						
行政事业性收费收入						
罚没收入						
国有资本经营收入						
国有资源（资产）有偿使用收入						
其他收入						
合　计						

（3）公共财政支出预算变动及结余、结转情况表

该表反映各级政府预算支出、上级补助以及债券转贷支出的预算数与调整预算数字之间的差异及变动的简要原因。该表格式从略。

（4）公共财政收入决算明细表

该表按照《政府收支分类科目》收入部类的“款”、“项”列报决算数。

公共财政收入决算明细表格式见表 6-6。

表 6-6 ××年度××省公共财政收入决算明细表

单位：万元

预算科目	决算数
税收收入	
增值税	
国内增值税	
……	
营业税	
铁道运输企业营业税	
一般营业税	
……	
营业税退税	
企业所得税	
国有冶金工业所得税	
……	
企业所得税退税	
其他企业所得税退税	
个人所得税（款）	
资源税	
城市维护建设税	
……	
其他税收收入	
非税收入	
教育费附加收入（项）	
矿产资源专项收入	
行政事业性收费收入	
公安行政事业性收费收入	
……	
文化行政事业性收费收入	
教育行政事业性收费收入	
……	
民政行政事业性收费收入	

续表

预算科目	决算数
婚姻登记证书工本费	
……	
其他行政事业性收费收入	
其他缴入国库的行政事业性收费	
罚没收入	
一般罚没收入	
……	
罚没收入退库	
国有资本经营收入	
……	
国有资源（资产）有偿使用收入	
海域使用金收入	
……	
利息收入	
……	
其他收入（款）	
捐赠收入	
……	
本年收入合计	

（5）公共财政支出决算功能分类明细表

公共财政支出决算功能分类明细表按照《政府预算支出科目》的“款”、“项”设置的一般预算支出明细账填列。其格式和内容根据财政部规定填报。公共财政支出决算功能分类明细表的格式见表 6-7。

表 6-7　××年度××省公共财政支出决算功能分类明细表

单位：万元

预算科目	决算数
一般公共服务	
人大事务	
……	
政协事务	

续表

预算科目	决算数
……	
政府办公厅（室）及相关机构事务	
……	
群众团体事务	
……	
外交	
外交管理事务	
……	
公共安全	
公安	
……	
国家安全	
……	
教育	
普通教育	
……	
职业教育	
……	
科学技术	
科学技术管理事务	
……	
社会科学	
……	
文化体育与传媒	
文化	
……	
体育	
……	
节能环保	
……	

续表

预算科目	决算数
城乡社区事务	
……	
农林水事务	
农业	
……	
林业	
……	
交通运输	
公路水路运输	
……	
铁路运输	
……	
资源勘探电力信息等事务	
资源勘探开发和服务支出	
……	
电力监管支出	
……	
商业服务业等事务	
商业流通事务	
……	
旅游业管理与服务支出	
……	
金融监管等事务支出	
金融部门行政支出	
……	
援助其他地区支出	
一般公共服务	
教育	
……	
国土资源气象等事务	
国土资源事务	

续表

预算科目	决算数
……	
海洋管理事务	
测绘事务	
气象事务	
……	
住房保障支出	
保障性安居工程支出	
提租补贴	
购房补贴	
城乡社区住宅	
公有住房建设和维修改造支出	
其他城乡社区住宅支出	
粮油物资储备事务	
粮油事务	
行政运行	
国债还本付息支出	
国内债务付息	
国外债务付息	
……	
国内外债务发行	
……	
其他支出（类）	
其他支出（款）	
其他支出（项）	
本年支出合计	

（6）公共财政收支决算分级表

该表是反映各省、自治区、直辖市本级总决算和所属设区的市（州）、县（不设区的市、乡镇等）各级总决算情况的报表，反映了地方各级政府预算收支执行结果，是研究预算管理体制的重要参考资料，按国家预算科目分类填列决算数。政府决算收支分级表格式见表6-8。

表 6-8　××年度××省公共财政收支决算分级表

决算 06 表
单位:万元

预算科目	决算数合计	省级	地级	其中：地级直属乡镇	县级	乡镇级	预算科目	决算数合计	省级	地级	其中：地级直属乡镇	县级	乡镇级
一、税收收入							一、一般公共服务						
增值税							二、外交						
营业税							三、国防						
企业所得税							四、公共安全						
企业所得税退税							五、教育						
个人所得税							六、科学技术						
资源税							七、文化体育与传媒						
城市维护建设税							八、社会保障和就业						
房产税							九、医疗卫生						
印花税							十、节能环保						
城镇土地使用税							十一、城乡社区事务						
土地增值税							十二、农林水事务						
车船税							十三、交通运输						
耕地占用税							十四、资源勘探电力信息等事务						
契税							十五、商业服务业等事务						
烟叶税							十六、金融监管等事务支出						
其他税收收入							十七、地震灾后恢复重建支出						
二、非税收入							十八、援助其他地区支出						
专项收入							十九、国土资源气象等事务						
行政事业性收费收入							二十、住房保障支出						
罚没收入							二十一、粮油物资储备事务						
国有资本经营收入							二十二、国债还本付息支出						
国有资源(资产)有偿使用收入							二十三、其他支出						
其他收入													
本年收入合计							本年支出合计						

（7）民族自治地区公共财政收支决算表

该表反映民族地区总决算收入和支出情况的表格，是研究民族地区财政预算的参考资料，按照政府收支分类科目，分别填入预算数和决算数。民族自治地区政府决算收支表格式从略。

（8）公共财政收支及平衡情况表

该表分为收入部分、支出部分和平衡部分，反映各级财政的税收、非税收入加上返还等收入与支出之间的平衡关系。该表格式从略。

2. 政府性基金决算报表

（1）政府性基金收支决算总表

这是反映各级政府性基金预算收入、支出的执行结果和结余情况的报表。该表按照《政府收支分类科目》分“类”、“款”填制调整预算数和决算数。决算收入根据年终转账前的基金预算收入明细账填列；决算支出数根据转账前的基金预算支出明细账填列。政府性基金收支决算总表的格式见表6–9。

（2）政府性基金决算的其他报表

包含：政府性基金收入预算变动情况表、政府性基金支出预算变动情况表、政府性基金收支及结余情况表、政府性基金收支决算分级表、政府性基金收支及平衡情况表等。这些表格所反映的内容与其名称基本一致，格式与同名公共财政预算的表格类似，限于篇幅本教材不予列示。

表6–9　××年度××省政府性基金收支决算总表

单位：万元

预算科目	调整预算数	决算数	预算科目	调整预算数	决算数
政府性基金收入			教育		
			文化体育与传媒		
			社会保障和就业		
			节能环保		
			城乡社区事务		
			农林水事务		
			交通运输		
政府性基金收入			教育		
			资源勘探电力信息等事务		

续表

预算科目	调整预算数	决算数	预算科目	调整预算数	决算数
			商业服务业等事务		
			其他支出		
本年收入合计			本年支出合计		
上级补助收入			上解上级支出		
上年结余			调出资金		
调入资金			年终结余		
1.公共财政预算调入			其中：本级		
2.财政专户管理资金调入					
3.其他调入					
收入总计			支出总计		

3. 国有资本经营决算报表

该部分报表包括：国有资本经营收支决算总表、国有资本经营收支决算明细表、国有资本经营收支决算分级表、国有资本经营收支及平衡情况表等。其中，国有资本经营收支决算总表的格式见表6-10。

表6-10　××年度××省国有资本经营收支决算总表

单位：万元

预算科目	调整预算数	决算数	预算科目	调整预算数	决算数
利润收入			教育		
股利、股息收入			科学技术		
产权转让收入			文化体育与传媒		
清算收入			节能环保		
其他国有资本经营预算收入			城乡社区事务		
			农林水事务		
			交通运输		
			资源勘探电力信息等事务		

续表

预算科目	调整预算数	决算数	预算科目	调整预算数	决算数
			商业服务业等事务		
			地震灾后恢复重建支出		
			其他支出		
本年收入合计			本年支出合计		
地震灾后恢复重建补助收入			调出资金		
上年结余			年终结余		
			其中：本级		
收入总计			支出总计		

4. 财政专户管理资金报表

该部分报表包括：财政专户管理资金收支总表、财政专户管理资金收入明细表、财政专户管理资金支出功能分类明细表、财政专户管理资金收支分级表以及财政专户管理资金收支及平衡情况表等。其中，财政专户管理资金收支总表的格式见表 6-11。

表 6-11　××年度××省本级财政专户管理资金收支总表

单位：万元

预算科目	金额	预算科目	金额
一、行政事业性收费收入		一、一般公共服务	
二、其他收入		二、外交	
其中：彩票发行机构和彩票销售机构的业务费用		三、国防	
		四、公共安全	
		五、教育	
		六、科学技术	
		七、文化体育与传媒	
		八、社会保障和就业	
		九、医疗卫生	
		十、节能环保	
		十一、城乡社区事务	

续表

预算科目	金额	预算科目	金额
		十二、农林水事务	
		十三、交通运输	
		十四、资源勘探电力信息等事务	
		十五、商业服务业等事务	
		十六、金融监管等事务支出	
		十七、地震灾后恢复重建支出	
		十八、国土资源气象等事务	
		十九、住房保障支出	
		二十、粮油物资储备事务	
		二十一、国债还本付息支出	
		二十二、其他支出	
本年收入合计		本年支出合计	
上级补助收入		补助下级支出	
下级上解收入		上解上级支出	
上年结余		调出资金	
		1.调出至公共财政预算	
		2.调出至政府性基金	
		年终结余	
收入总计		支出总计	

5. 补充资料

包括：社会保险基金收支决算表、预算资金年终资产负债表、财政专户管理资金年终资产负债表、基本数字表以及乡镇财政基本情况表等。

（1）社会保险基金收支决算表

该表的格式见表 6-12。

（2）预算资金年终资产负债表

年终资产负债表是反映年终各级财政财务状况的报表。它能够反映各级财政年终占有或使用的经济资源和负担的债务状况，以及各级财政偿债能力和实际财力状况。年终资产负债表根据年终转账后各总账账户的余额填报。表中所列各账户的“年初数”即上年度“年终资产负债表”的年末数；表中所列的“预算结余”、“基金预算结余”等的年末数，应与“财政决算收支总表”、“基金预算收支决算总表”中的“年终滚存结余”决算数一致。该表的格式见表 6-13。

（3）财政专户管理资金年终资产负债表

该表格式从略。

（4）基本数字表

这是反映各项行政事业单位的机构、人员、开支标准等定员定额执行情况和事业成果的财务统计报表，由各单位预算机关根据财务统计和业务统计资料整理编制。财政总预算会计基本数字表的格式见表 6-14。

（5）乡镇财政基本情况表

该表是统计和会计结合的报表，反映乡镇个数、村委会个数、收入支出数额等信息。该表格式从略。

表 6-12　××年度××省社会保险基金收支决算表

决算 24 表

单位：万元

项　目	本年收入		上年结余	上级补助收入	下级上解收入	项　目	本年支出		补助下级支出	上解上级支出	按规定核减基金结余	年终结余
	预算数	决算数					预算数	决算数				
一、企业职工基本养老保险基金收入						一、企业职工基本养老保险基金支出						
二、失业保险基金收入						二、失业保险基金支出						
三、城镇职工基木医疗保险基金收入						三、城镇职工基本医疗保险基金支出						
四、工伤保险基金收入						四、工伤保险基金支出						
五、生育保险基金收入						五、生育保险基金支出						
六、居民社会养老保险基金收入						六、居民社会养老保险基金支出						
七、居民基本医疗保险基金收入						七、居民基本医疗保险基金支出						
收入合计						支出合计						

表 6-13　2013 年度××省预算资金年终资产负债表

决算 25 表

单位:万元

资产部类					负债部类				
会计科目	期初数		期末数		会计科目	期初数		期末数	
	合　计	其中:本级	合　计	其中:本级		合　计	其中:本级	合　计	其中:本级
资产					负债				
国库存款					暂存款				
其他财政存款					其中:国债转贷还本付息资金				
有价证券					国库集中支付年终结余				
在途款					代收地方政府债券还本				
暂付款					代收地方政府债券付息				
其中:代付国债转贷资金利息					与上级往来				
代付地方政府债券还本					其中:上级拨付国债转贷资金				
代付地方政府债券付息					省与计划单列市往来				
与下级往来					借入外债				
其中:省与计划单列市往来					应付外债利息				
预拨经费					应付外债费用				
基建拨款					净资产				
借出外债					预算结余				
应收外债利息					基金预算结余				
应收外债费用					国有资本经营预算结余				
					专用基金结余				
					预算稳定调节基金				
					预算周转金				
					净资产调整				
总　计					总　计				

表 6-14　××年度××省基本数字表

单位:个、人

预算科目	年末机构数	年末人数				其中:												年末学生人数
						公共预算财政拨款开支人数				公共预算财政补助开支人数				经费自理人数				
		合计	在职人员	离休人员	退休人员	小计	在职人员	离休人员	退休人员	小计	在职人员	离休人员	退休人员	小计	在职人员	离休人员	退休人员	
一般公共服务																		
人大事务																		
政协事务																		
…………																		
外交																		
公共安全																		
教育																		
科学技术																		
医疗卫生																		
…………																		
国土资源气象等事务																		
住房保障支出																		
其他支出(类)																		
…………																		
合　计																		

思考题

1. 财政总会计的净资产包含哪些内容?

2. 为什么要设置预算周转金?其来源有哪些?

3. 什么是年终结算?

4. 你认为当前我国财政总会计最重要的报表是哪一张?是资产负债表吗?

5. 财政总会计为什么还要报基本数字表?

练习题

一、目的:练习财政总会计净资产的核算。

二、资料:昌南县财政局××年12月份发生下列经济业务:

1. 东昌市财政局拨给100万元作为其新增预算周转金。

2. 昌南县财政局经本级政府批准,从一般预算资金结余中补充预算周转金50万元。

3. 将全年的一般预算收入26 000万元、补助收入——一般预算补助1 320万元、调入资金210万元,转入“预算结余”账户。

4. 将全年的一般预算支出27 000万元、补助支出——一般预算补助500万元转入“预算结余”账户。

5. 将全年的基金预算收入600元、补助收入——基金预算补助100元转入“基金预算结余”账户。

6. 将全年的基金预算支出400万元、补助支出——基金预算补助75元、调出资金200万元转入“基金预算结余”账户。

7. 将全年的专用基金收入100万元、专用基金支出98万元转入“专用基金结余”账户。

三、要求:根据以上经济业务,编制会计分录。

第三篇　行政单位会计实务

- 某理财大师回访母校，惊讶地发现会计试题居然和当年上学的时候一模一样。
- “的确，试题是没有变化”，会计老师回答道。
- “不过这些题目的答案已经变了。”会计老师接着说。

第七章　行政单位收入支出的核算

学习目的

学完本章内容后，你应当能够：

■　了解行政单位会计的概念、熟悉会计科目；

■　熟悉行政单位会计的核算原则；

■　熟悉行政单位会计收入的内容和拨款方式；

■　掌握行政单位支出及其明细核算。

第一节　行政单位会计概述

一、行政单位和行政单位会计

2013 年实施的《行政单位财务规则》和 2014 年实施的《行政单位会计制度》，都没有对行政单位的范畴进行详细的界定，而仅以“各级各类国家机关、政党组织”来概括。考虑到本科阶段的学生对于行政单位会计使用范围需要有一个大致的了解，我们在这里简单介绍一下行政单位。

政府会计中所称的行政单位不同于政治学和行政管理学中所称的行政单位。后两者所称的行政单位是指各级政府及其附属的各职能管理部门，是国家行政权的组织体现。这种行政单位通常也被称为国家行政机关。

就财务管理和会计信息系统而言，受《行政单位财务规则》和《行政单位会计制度》统驭的行政单位，其范畴在我国要大于政治学和行政管理学中所称的行政单位。这些组织大体上有以下几类：

1. 国家权力机关。即政治学理论中所称的立法机关，是指有权制定、修改、废止和恢复法律的国家机关，它是国家立法权的组织体现。在我国，人民行使国家权力的机关是全国人民代表大会和地方各级人民代表大会及其常务委员会。

2. 国家行政机关。指负责执行国家行政工作的机关。它们是国家权力机关的执行机关，通常称为“政府”机关。包括国务院和地方各级人民政府及其工作机构。

3. 司法机关。是执掌和维护法律的部门，它是国家司法权的组织体现。根据司法权的职能，司法机关又可分为诉讼和审判机关，在我国分别由检察院和法院担任。

4. 政党组织。指中国共产党及各民主党派的中央、地方各级委员会以及其所属的其他一些常设机构。由于政党组织的工作活动与行政单位有相同的特点，故我国在预算管理上将其视同行政单位对待，它们的人员编制列入国家行政编制，其经费由政府财政拨付并实行行政财务管理办法。

5. 人民团体。这里专指接受政府预算拨款的人民团体。与上述四类组织不同，人民团体在其他一些国家属于非政府组织（NGO，Non-governmental Organization）。然而在我国，受高度计划体制的影响，一些人民团体如妇联、共青团机关、工会等，由政府财政拨付资金。这些人民团体工作人员的编制被列入国家的行政编制，其经费收支也执行行政单位会计制度。

上面的分析大体给出了行政单位会计的适用范围。我国权威工具书对于行政单位会计给出了一个简洁的概念，它是“适用于国家权力机关、行政机关、司法机关、检查机关等行政单位的一种专业会计”。①

二、行政单位会计的体系和会计目标

（一）行政单位会计的体系

行政单位会计是财政总会计的支出末梢，它从属于政府预算的级次。有所属单位的行政单位，其会计工作按照《行政单位财务规则》“第二章单位预算管理”第七条，分为一级单位、二级单位和基层单位等几个级次。

1. 同级财政部门申报预算的行政单位，为一级预算单位；

2. 上一级预算单位申报预算并有下级预算单位的行政单位，为二级预算单位；

3. 上一级预算单位申报预算，且没有下级预算单位的行政单位，为基

① 《辞海（第六版缩印本）》，上海辞书出版社，2009 年，第 2131 页。

层预算单位。

一级预算单位有下级预算单位的，为主管预算单位。不具备独立核算条件的行政单位，实行单据报账制度，作为“报销单位”管理。”需要说明的是，当某个行政组织系统经费转拨层次较多时，主管单位和基层会计单位之间的数个级别的会计单位都应当是二级单位。

（二）行政单位会计的会计目标

目标是指“想要达到的境地或标准”[①]。会计目标的主要作用是明确信息使用者、宣示信息使用者需要什么样的会计信息等内容。“会计作为一个以提供财务信息为主的经济信息系统，与其他任何人造的系统一样，都必须以一定的目标作为系统运行的基本导向和最终归宿。”[②]

2014 年实施的《行政单位会计制度》，其第三条对于行政单位的会计目标给予了明确的说明，即：

“行政单位会计核算目标是向会计信息使用者提供与行政单位财务状况、预算执行情况等有关的会计信息，反映行政单位受托责任的履行情况，有助于会计信息使用者进行管理、监督和决策。

行政单位会计信息使用者包括人民代表大会、政府及其有关部门、行政单位自身和其他会计信息使用者。”

三、行政单位会计的核算原则与会计科目

（一）核算原则

会计核算原则包括会计信息质量要求以及确认和计量所要遵循的原则。2014 年实施的《行政单位会计制度》，其第二章明确提出了七条信息质量要求，它们和该制度总则中的收付实现制、资产一章中所提出的“历史成本”以及整个政府会计隐含的“支出用途限制”原则，共同构成行政单位会计核算所要遵循的核算原则。

1. 客观性原则。行政单位会计制度第十二条规定：“行政单位应当以实际发生的经济业务或者事项为依据进行会计核算，如实反映各项会计要素的情况和结果，保证会计信息真实可靠。”

2. 相关性原则。行政单位会计制度第十三条规定：“行政单位提供的会计信息应当与行政单位受托责任履行情况的反映、会计信息使用者的管

---

① 中国社会科学院语言研究所：《现代汉语词典（第 5 版）》，商务印书馆，2005 年，第 971 页。

② 葛家澍主编：《会计学（第二版）》，高等教育出版社，2005 年，第 14 页。

理、监督和决策需要相关，有助于会计信息使用者对行政单位过去、现在或者未来的情况作出评价或者预测。”

3. 全面性原则。行政单位会计制度第十四条规定：“行政单位应当将发生的各项经济业务或者事项全部纳入会计核算，确保会计信息能够全面反映行政单位的财务状况和预算执行情况等。”

4. 及时性原则。行政单位会计制度第十五条规定：“行政单位对于已经发生的经济业务或者事项,应当及时进行会计核算,不得提前或者延后。”

5. 可比性和一贯性原则。行政单位会计制度第十六条规定：“行政单位提供的会计信息应当具有可比性；同一行政单位不同时期发生的相同或者相似的经济业务或者事项，应当采用一致的会计政策，不得随意变更；确需变更的，应当将变更的内容、理由和对单位财务状况、预算执行情况的影响在附注中予以说明；不同行政单位发生的相同或者相似的经济业务或者事项，应当采用统一的会计政策，确保不同行政单位会计信息口径一致、相互可比。”

6. 明晰性原则。行政单位会计制度第十七条规定：“行政单位提供的会计信息应当清晰明了，便于会计信息使用者理解和使用。”

7. 以收付实现制为会计基础。行政单位会计制度总则第九条规定：“行政单位会计核算一般采用收付实现制，特殊经济业务和事项应当按照本制度的规定采用权责发生制核算。”

8. 历史成本原则。行政单位会计制度第三章第二十一条规定：“行政单位的资产应当按照取得时实际成本进行计量。除国家另有规定外，行政单位不得自行调整其账面价值。”

9. 限制性原则。限制性原则源于行政单位的受托责任，狭义来说是指组织的受托资源必须消耗在委托方指定的事项或者渠道上（从广义角度来说，行政单位并没有资产的终极所有权，其资源分配和支用仍需遵循限制性原则）。相对于上述九个明文规定的原则，限制性原则是隐含于政府预算和政府会计（也包括非营利组织会计）理论体系之中的一个原则。不过，限制原则也有其核算的表现形式——这就是非常独特的行政单位经费支出的明细核算。

阅读与思考：一贯性原则和一致性原则

有些教材把行政单位会计制度第十六条规定的“同一行政单位不同时

期发生的相同或者相似的经济业务或者事项，应当采用一致的会计政策，不得随意变更”这一原则称为“一致性”原则，这种叫法是不那么科学的。

《辞海》(1999 年版)对“一致”的解释是“趋向相同”；而对“一贯”的解释是“一向、始终”。显然，“趋向相同”这种说法是模棱两可的，它既可以指前后各期一致，也可以指同一时点上不同主体间会计信息横向的一致，而后者在会计核算的前提假定中指的是可比性。因而我们认为，汉语中“前后各期一致”这一意念的确切表达应为“一贯”一词，用“一致”是不准确的。此外，在英文术语中，Uniformity 一词也可以被译作“一致性”，但它却是“可比性”(Comparability)原则的另一种称呼，并不是指“一贯性”(Consistency)原则。

（二）会计科目

行政单位会计的会计科目，是对行政单位会计要素按照不同的业务内容所作的进一步分类。它是设置会计账户、进行账务处理的依据。

根据我国现行的《行政单位会计制度》，其会计科目由资产类、负债类、净资产类、收入类、支出类等五大类会计科目构成。各具体总账科目名称及编号见表 7-1。

表 7-1　行政单位会计科目表

序号	科目编号	会计科目名称
一、资产类		
1	1001	库存现金
2	1002	银行存款
3	1011	零余额账户用款额度
4	1021 102101 102102	财政应返还额度 财政直接支付 财政授权支付
5	1212	应收账款
6	1213	预付账款
7	1215	其他应收款
8	1301	存货
9	1501	固定资产
10	1502	累计折旧
11	1511	在建工程
12	1601	无形资产

续表

序号	科目编号	会计科目名称
13	1602	累计摊销
14	1701	待处理财产损溢
15	1801	政府储备物资
16	1802	公共基础设施
17	1901	受托代理资产
二、负债类		
18	2001	应缴财政款
19	2101	应缴税费
20	2201	应付职工薪酬
21	2301	应付账款
22	2302	应付政府补贴款
23	2305	其他应付款
24	2401	长期应付款
25	2901	受托代理负债
三、净资产类		
26	3001	财政拨款结转
27	3002	财政拨款结余
28	3101	其他资金结转结余
29	3501	资产基金
	350101	预付款项
	350111	存货
	350121	固定资产
	350131	在建工程
	350141	无形资产
	350151	政府储备物资
	350152	公共基础设施
30	3502	待偿债净资产
四、收入类		
31	4001	财政拨款收入
32	4011	其他收入
五、支出类		
33	5001	经费支出
34	5101	拨出经费

阅读材料：工会会计制度制定的会计科目

上面我们介绍的行政单位会计科目，是2014年1月1日开始执行的《行政单位会计制度》中所规定的科目。不过，这并不排除这样的一种可能性：即某些全国性的行政组织系统在征得财政部同意后，自行制定适合本系统业务需要的会计科目。表7-2即为中华全国总工会制定和颁布的《工会会计制度》的会计科目。

表7-2　工会组织会计科目表

序号	科目编号	名称	序号	科目编号	名称
		一、资产类			三、净资产类
1	101	库存现金	21	301	固定基金
2	102	银行存款	22	302	在建工程占用资金
3	111	零余额账户用款额度	23	311	投资基金
4	112	财政应返还额度	24	321	专用基金
5	121	借出款	25	322	后备金
6	131	应收上级经费	26	331	结余
7	132	应收下级经费			四、收入类
8	135	其他应收款	27	401	会费收入
9	141	库存物品	28	402	拨缴经费收入
10	151	投资	29	403	上级补助收入
11	161	在建工程	30	404	财政补助收入
12	162	固定资产	31	405	行政补助收入
		二、负债类	32	406	事业收入
13	201	应付工资（离退休费）	33	407	投资收益
14	202	应付地方津贴补贴	34	408	其他收入
15	203	应付其他个人收入			五、支出类
16	211	借入款	35	501	职工活动支出
17	221	应付上级经费	36	502	维权支出
18	222	应付下级经费	37	503	业务支出
19	225	其他应付款	38	504	行政支出
20	231	代管经费	39	505	资本性支出
			40	506	补助下级支出

续表

序号	科目编号	名称	序号	科目编号	名称
			41	507	事业支出
			42	508	其他支出

第二节　行政单位收入的核算

一、行政单位的收入及其分类

收入是指行政单位依法取得的非偿还性资金。这一概念与企业会计收入的概念有较大的不同，后者在我国的定义为："在销售商品、提供劳务及他人使用本企业资产等日常活动中所形成的经济利益总流入"。行政单位的收入不是通过市场交易获取的，它是政府无偿提供的，是财政资金的无偿性的最重要和最典型的体现。收入是行政单位持续运转的先决条件，行政单位是否能够顺利实现政府职能、是否能够及时提供公共产品和服务，完全取决于其收入的到位与否。因此，我们说，企业发生支出是为了取得收入，行政单位取得收入是为了维持其支出。

行政单位的收入包括财政拨款收入和其他收入。财政拨款收入是指行政单位从同级财政部门取得的财政预算资金。其他收入是指行政单位依法取得的除财政拨款收入以外的各项收入。行政单位的收入一般应当在收到款项时予以确认，并按照实际收到的金额进行计量。

二、财政拨款收入的核算

（一）核算科目介绍

《行政单位会计制度》设置财政拨款收入（编号：4001）科目，用以核算行政单位从同级财政部门取得的财政预算资金。

该科目应当设置"基本支出拨款"和"项目支出拨款"两个明细科目，分别核算行政单位取得用于基本支出和项目支出的财政拨款资金；同时，按照《政府收支分类科目》中"支出功能分类科目"的项级科目进行明细核算；在"基本支出拨款"明细科目下按照"人员经费"和"日常公用经费”进行明细核算，在“项目支出拨款”明细科目下按照具体项目进行明细核算。

有公共财政预算拨款、政府性基金预算拨款等两种或两种以上财政拨款的行政单位，还应当按照财政拨款的种类分别进行明细核算。年终结账后，财政拨款收入科目应无余额。

（二）主要账务处理介绍

1. 财政直接支付方式下，行政单位根据收到的“财政直接支付入账通知书”及相关原始凭证，借记“经费支出”科目，贷记本科目。

年末，行政单位根据本年度财政直接支付预算指标数与财政直接支付实际支出数的差额，借记“财政应返还额度——财政直接支付”科目，贷记本科目。

2. 财政授权支付方式下，行政单位根据收到的“财政授权支付额度到账通知书”，借记“零余额账户用款额度”等科目，贷记本科目。

年末，如行政单位本年度财政授权支付预算指标数大于财政授权支付额度下达数，根据两者间的差额，借记“财政应返还额度——财政授权支付”科目，贷记本科目。

3. 其他方式下，实际收到财政拨款收入时，借记“银行存款”等科目，贷记本科目。

4. 本年度财政直接支付的资金收回时，借记本科目，贷记“经费支出”等科目。

5. 年末，将本科目本年发生额转入财政拨款结转时，借记本科目，贷记“财政拨款结转”科目。

（三）核算举例

［例 1］东昌市卫生局（实行财政授权支付方式①）于某月 1 日收到代理银行转来的到账通知，列明市财政授权当月基本支出拨款额度为 20 万元，该额度系该局的日常公用经费。东昌市卫生局会计科根据“财政授权支付额度到账通知书”填制记账凭单，会计分录如下：

借：零余额账户用款额度　　　　　　　　200 000

　　贷：财政拨款收入——基本支出拨款——日常公用经费　200 000

［例 2］东昌市教育局（实行财政直接支付方式）于某月 2 日购买办公

① 如没有特别说明，本教材中各单位的拨款方式都将保持不变。所有核算举例都遵循“一贯性”的原则：如东昌市卫生局总是实行财政授权支付方式，而东昌市教育局总是实行财政直接支付方式。

用材料一批，购买价格和相关运费共计支出4 000元。材料当即由各科室领用。东昌市教育局会计科根据同日收到的“财政直接支付入账通知书”及相关原始凭证，填制记账凭单，会计分录如下：

借：经费支出　　　　　　　　　　4 000

　　贷：财政拨款收入——基本支出拨款——日常公用经费　4 000

该会计分录中，经费支出的明细科目为“基本支出——商品和服务支出——办公费”。

［例3］东昌市卫生局于某月3日收到代理银行转来的到账通知，列明市财政授权当月防治A种传染性疾病的项目支出拨款额度为10万元，该额度非该局的日常公用经费。东昌市卫生局会计科根据“财政授权支付额度到账通知书”填制记账凭单，会计分录如下：

借：零余额账户用款额度　　　　　100 000

　　贷：财政拨款收入——项目支出拨款——A疾病防治　　100 000

三、其他收入的核算

（一）核算科目介绍

《行政单位会计制度》设置其他收入（编号：4011）科目，用以核算行政单位取得的除财政拨款收入以外的其他各项收入，如从非同级财政部门、上级主管部门等取得的用于完成项目或专项任务的资金、库存现金溢余等。行政单位从非同级财政部门、上级主管部门等取得指定转给其他单位，且未纳入本单位预算管理的资金，不通过本科目核算，应当通过“其他应付款”科目核算。

其他收入科目应当按照其他收入的类别、来源单位、项目资金和非项目资金进行明细核算。对于项目资金收入，还应当按照具体项目进行明细核算。年终结账后，其他收入科目应无余额。

（二）主要账务处理介绍：

1. 收到属于其他收入的各种款项时，按照实际收到的金额，借记“银行存款”、“库存现金”等科目，贷记本科目。

2. 年末，将本科目本年发生额转入其他资金结转结余时，借记本科目，贷记“其他资金结转结余”科目。

（三）核算举例

［例4］某月10日，东昌市卫生局变卖旧报纸、纸盒等杂物，获现金收入180元。会计分录如下：

借：库存现金　　　　　　　　180

　　贷：其他收入　　　　　　　　　180

［例 5］6 月 30 日，东昌市教育局将属于无法查明原因的现金溢余 100 元，报经批准后转作其他收入。会计分录如下：

借：待处理财产损溢　　　　100

　　贷：其他收入　　　　　　　　100

第三节　行政单位支出的核算

一、行政单位的支出及其分类

（一）支出的概念

行政单位支出的概念见《行政单位会计制度》第七章第三十四条，是指“行政单位为保障机构正常运转和完成工作任务所发生的资金耗费和损失”。

行政单位的支出包括经费支出和拨出经费。经费支出是指行政单位自身开展业务活动使用各项资金发生的基本支出和项目支出；拨出经费是指行政单位纳入单位预算管理、拨付给所属单位的非同级财政拨款资金。

应当说明的是，尽管行政单位支出类会计科目包含经费支出、拨出经费两个总账科目，但上述支出的定义却是专门针对经费支出的。下面关于支出的分类也是专指经费支出而言的。

（二）支出的分类

行政单位的支出是行政单位的重点核算项目，其内容繁多、开支范围广泛。为便于展开对行政单位支出的财务分析，加强对预算资金有效的监督与控制，有必要对行政单位的支出进行科学的分类。根据会计制度和实际业务核算的要求，对行政单位的支出通常从以下一些角度进行分类：

1. 按资金管理要求分类

《行政单位财务规则》第四章第十八条将行政单位的支出划分为基本支出和项目支出。基本支出，是指行政单位为保障机构正常运转和完成日常工作任务发生的支出，包括人员支出和公用支出；项目支出，是指行政单位为完成特定的工作任务，在基本支出之外发生的支出。

2. 按支出的不同用途分类

按支出用途进行分类，就是政府收支分类的“经济分类”的内容。这些“类”级和“款”级科目，是行政单位经费支出进行明细核算的基础。2014 年《政府收支分类科目》的经济分类可以参见第二章有关内容。

二、经费支出的核算

（一）核算科目介绍

《行政单位会计制度》设置经费支出（编号：5001）科目，用以核算行政单位在开展业务活动中发生的各项支出。

经费支出科目应当分别按照“财政拨款支出”和“其他资金支出”、“基本支出”和“项目支出”等分类进行明细核算；并按照《政府收支分类科目》中“支出功能分类科目”的项级科目进行明细核算；“基本支出”和“项目支出”明细科目下应当按照《政府收支分类科目》中“支出经济分类科目”的款级科目进行明细核算。同时在“项目支出”明细科目下按照具体项目进行明细核算。

有公共财政预算拨款、政府性基金预算拨款等两种或两种以上财政拨款的行政单位，还应当按照财政拨款的种类分别进行明细核算。年终结账后，经费支出科目应无余额。

（二）主要账务处理介绍

1. 计提单位职工薪酬时，按照计算出的金额，借记本科目，贷记“应付职工薪酬”科目。

2. 支付外部人员劳务费，按照应当支付的金额，借记本科目，按照代扣代缴个人所得税的金额，贷记“应缴税费”科目，按照扣税后实际支付的金额，贷记“财政拨款收入”、“零余额账户用款额度”、“银行存款”等科目。

3. 支付购买存货、固定资产、无形资产、政府储备物资和工程结算的款项，按照实际支付的金额，借记本科目，贷记“财政拨款收入”、“零余额账户用款额度”、“银行存款”等科目；同时，按照采购或工程结算成本，借记“存货”、“固定资产”、“无形资产”、“在建工程”、“政府储备物资”等科目，贷记“资产基金”及其明细科目。

4. 发生预付账款的，按照实际预付的金额，借记本科目，贷记“财政拨款收入”、“零余额账户用款额度”、“银行存款”等科目；同时，借记“预付账款”科目，贷记“资产基金——预付款项”科目。

5. 偿还应付款项时，按照实际偿付的金额，借记本科目，贷记“财政拨款收入”、“零余额账户用款额度”、“银行存款”等科目；同时，借记“应付账款”、“长期应付款”科目，贷记“待偿债净资产”科目。

6. 发生其他各项支出时，按照实际支付的金额，借记本科目，贷记“财政拨款收入”、“零余额账户用款额度”、“银行存款”等科目。

7. 行政单位因退货等原因发生支出收回的，属于当年支出收回的，借记“财政拨款收入”、“零余额账户用款额度”、“银行存款”等科目，贷记本科目；属于以前年度支出收回的，借记“财政应返还额度”、“零余额账户用款额度”、“银行存款”等科目，贷记“财政拨款结转”、“财政拨款结余”、“其他资金结转结余”等科目。

8. 年末，将本科目本年发生额分别转入财政拨款结转和其他资金结转结余时，借记“财政拨款结转”、“其他资金结转结余”科目，贷记本科目。

（三）核算举例

[例 6] 1 月某日，东昌市卫生局开具支票，购买取暖用煤一宗，价款和各项费用合计 8 万元。该日取暖用煤已到货，当即由供暖科室领用。根据有关凭证，会计分录如下：

借：经费支出　　80 000

　　贷：零余额账户用款额度　　80 000

　　　　基本支出——商品和服务支出——取暖费

[例 7] 6 月某日，东昌市教育局召开优秀科研成果评审会，对上年度市属各学校的科研成果进行评比。会后，支付 10 位专家评审费用 3 000 元（每人 300 元）。根据有关凭证，教育局会计科做分录如下：

借：经费支出　　3 000

　　贷：库存现金　　3 000

　　　　基本支出——商品和服务支出——劳务费

三、拨出经费的核算

（一）核算科目介绍

《行政单位会计制度》设置拨出经费（编号：5101）科目，用以核算行政单位向所属单位拨出的纳入单位预算管理的非同级财政拨款资金，如拨给所属单位的专项经费和补助经费等。

拨出经费科目应当分别按照“基本支出”和“项目支出”进行明细核算；还应当按照接受拨出经费的具体单位和款项类别等分别进行明细核算。年终结账后，拨出经费科目应无余额。

（二）主要账务处理介绍

1. 向所属单位拨付非同级财政拨款资金等款项时，借记本科目，贷记“银行存款”等科目。

2. 收回拨出经费时，借记“银行存款”等科目，贷记本科目。

3. 年末，将本科目本年发生额转入其他资金结转结余时，借记“其他资金结转结余”科目，贷记本科目。

（三）核算举例

[例 8] 8 月某日特大暴雨过后，东昌市民政局向昌南县民政局转拨省财政下拨的救灾资金 100 000 元。根据有关凭证，填制记账凭证。会计分录如下：

借：拨出经费　　　　　　　　100 000

　　贷：银行存款　　　　　　　　100 000

思考题

1. 行政单位会计是如何分级的？

2. 行政单位会计的核算原则有哪些？不同于企业会计的独特核算原则是什么？

3. 什么是行政单位会计的收入？它有哪些种类？

4. 财政拨款收入怎样进行明细核算？

5. 什么是行政单位会计的支出？它可以从哪些角度进行分类？

练习题

练习一：

一、目的：练习行政单位会计收入的核算。

二、资料：东昌市辖昌南县卫生局××年 6 月份发生下列经济业务：

1．6 月 1 日，昌南县卫生局收到县财政局拨入的本月经费 50 万元。

2．6 月 5 日，收到市卫生局下拨的专项经费 20 万元。

3．6 月 16 日，收到应缴存财政的行政性收费 2 000 元。

4．月末，接到银行通知，上半年存款利息为 870 元，增加银行存款。

三、要求：根据以上经济业务，编制会计分录。

练习二：

一、目的：练习行政单位会计支出的核算。

二、资料：东昌市卫生局××年 4 月份发生下列经济业务：

1．4 月 5 日，单身职工刘某报销春节探家路费 230 元。

2．4 月 18 日，东昌市开展禽流感防治宣传周活动，支付通信公司网络租金 3 000 元。

3．4 月 20 日，某培训班结束，支付授课教师劳务费 2 000 元，培训班费用开支共计 15 000 元。

4．4 月 25 日以政府采购的方式采购防疫用卫生材料、药剂等物品，价值 30 万元。该批物资当即分发至市直各行政单位。

三、要求：根据以上经济业务，编制会计分录。

第八章　行政单位资产的核算

学习目的

学完本章内容后，你应当能够：

- 熟练掌握货币性资产的核算；
- 熟悉行政单位存货的核算；
- 掌握行政单位固定资产和无形资产的核算；
- 熟悉受托资产的概念与核算。

第一节　行政单位流动资产的核算

资产是指行政单位占有或者使用的，能以货币计量的经济资源。所谓占有，是指行政单位对经济资源拥有法律上的占有权。由行政单位直接支配，供社会公众使用的政府储备物资和公共基础设施，也属于行政单位核算的资产。行政单位的资产包括流动资产、固定资产、在建工程、无形资产等。

流动资产是指可以在一年以内（含一年）变现或者耗用的资产，包括库存现金、银行存款、零余额账户用款额度、财政应返还额度、应收及预付款项、存货等。

一、库存现金的核算

（一）行政单位库存现金的管理

现金是流动性最强的资产，是立即可以投入流通的交换媒介。行政单位必须加强对现金的管理和核算，其现金管理应遵循以下几点原则：

1. 遵守现金使用范围，按照国家《现金管理暂行条例》的规定用途使用现金。

2. 遵守库存现金限额。为了方便各单位零星现金开支的需要，各单位应提出申请，报开户银行审批，核定库存现金限额，原则上以 3～5 天的日常开支量为准，超过限额的应及时送存银行。

3. 不得坐支现金。单位支出现金，应从库存现金限额中支取，或者从银行提取，不得从本单位的现金收入中直接支付。

4. 会计、出纳要分开，以保证现金的安全，加强内部控制。

5. 现金收支业务必须根据合法凭证办理。办理任何现金收支，都必须以合法的原始凭证为根据。出纳员付出现金后，应当在原始单据上加盖"现金付讫"戳记，并在当天入账，不准以借据抵现金入账。收到现金后，属于各项收入的现金，都应当开给对方合法收款凭据。

6. 如实反映现金库存。现金的使用范围，国务院颁发的《现金管理暂行条例》限于：职工工资、津贴；个人劳动报酬；根据国家规定颁发给个人的科学技术、文化艺术、体育等各种奖金；各种劳保、福利费用以及国家规定对个人的其他支出；向个人收购农副产品和其他资产的价款；出差人员必须随身携带的差旅费；结算起点（1 000 元）以下的零星支出；中国人民银行确定需要支付现金的其他支出。

（二）核算科目介绍

《行政单位会计制度》设置库存现金（编号：1001）科目，用以核算行政单位的库存现金。该科目期末借方余额，反映行政单位实际持有的库存现金。

（三）主要账务处理介绍

1. 从银行等金融机构提取现金，按照实际提取的金额，借记本科目，贷记"银行存款"、"零余额账户用款额度"等科目；将现金存入银行等金融机构，借记"银行存款"，贷记本科目；将现金退回单位零余额账户，借记"零余额账户用款额度"科目，贷记本科目。

2. 因支付内部职工出差等原因所借的现金，借记"其他应收款"科目，贷记本科目；出差人员报销差旅费时，按照应报销的金额，借记有关科目，按照实际借出的现金金额，贷记"其他应收款"科目，按照其差额，借记或贷记本科目。

3. 因开展业务或其他事项收到现金，借记本科目，贷记有关科目；因购买服务、商品或者其他事项支出现金，借记有关科目，贷记本科目。

4. 收到受托代理的现金时，借记本科目，贷记“受托代理负债”科目；支付受托代理的现金时，借记“受托代理负债”科目，贷记本科目。

（四）现金的余缺处理和明细核算

行政单位应当设置“现金日记账”，由出纳人员根据收付款凭证，按照业务发生顺序逐笔登记。每日终了，应当计算当日的现金收入合计数、现金支出合计数和结余数，并将结余数与实际库存数核对，做到账款相符。现金日记账的格式见表 8-1。

表 8-1　现金日记账

						第　页	
年		凭单号	摘要	对方会计	借方	贷方	余额
月	日			科目名称			

每日终了结算现金收支，核对库存现金时发现有待查明原因的现金短缺或溢余，应通过“待处理财产损溢”科目核算。属于现金短缺，应当按照实际短缺的金额，借记“待处理财产损溢”科目，贷记本科目；属于现金溢余，应当按照实际溢余的金额，借记本科目，贷记“待处理财产损溢”科目。待查明原因后作如下处理：

1. 如为现金短缺，属于应由责任人赔偿或向有关人员追回的部分，借记“其他应收款”科目，贷记“待处理财产损溢”科目。

2. 如为现金溢余，属于应支付给有关人员或单位的，借记“待处理财产损溢”科目，贷记“其他应付款”科目。

（五）核算举例

［例 1］东昌市卫生局开出现金支票，向银行提取现金 600 元备用。根据现金支票存根，填制记账凭单。会计分录如下：

借：库存现金　　　　　　　　　600

　　贷：零余额账户用款额度　　　　　　　　600

［例 2］东昌市教育局以现金支付林某探亲旅费 245 元。根据批准的差旅费报销单，填制记账凭单。会计分录如下：

借：经费支出　　　　　　　　　　245
　　贷：库存现金　　　　　　　　　　　　245

经费支出的明细科目应为：

基本支出——对个人和家庭补助——其他对个人和家庭补助支出

［例 3］×日下班前，东昌市教育局会计科核对库存现金时发现有待查明原因的现金短缺。按照实际短缺的金额 30 元，记入“待处理财产损溢”科目。会计分录如下：

借：待处理财产损溢　　　　　　　　30
　　贷：库存现金　　　　　　　　　　　　30

［例 4］×日，查明上述短款系工作疏忽，应由责任人赔偿。做如下账务处理：

借：其他应收款　　　　　　　　　　30
　　贷：待处理财产损溢　　　　　　　　　30

责任人赔偿后，会计部门应做如下账务处理：

借：库存现金　　　　　　　　30
　　贷：其他应收款　　　　　　　　30

二、银行存款的核算

（一）核算科目介绍

《行政单位会计制度》设置银行存款（编号：1002）科目，用以核算行政单位存入银行或者其他金融机构的各种存款。该科目期末借方余额，反映行政单位实际存放在银行或其他金融机构的款项。

行政单位应当按开户银行或其他金融机构、存款种类及币种等，分别设置“银行存款日记账”，由出纳人员根据收付款凭证，按照业务的发生顺序逐笔登记，每日终了应结出余额。“银行存款日记账”应定期与“银行对账单”核对，至少每月核对一次。月度终了，行政单位账面余额与银行对账单余额之间如有差额，必须逐笔查明原因并进行处理，按月编制“银行存款余额调节表”，调节相符。银行存款日记账的格式见表 8-2。

应当注意的是，单位存款与银行存款双方账面余额经调节相符后，还不能据以调整账面记录，必须等到未达账项变成“已达账项”时，再根据银行转来的有关凭证，进行账务处理。

表 8-2 存款日记账

				账号：		户名：			
年		凭单号	摘要	对方会计	现金支票	转账支票	借方	贷方	余额
月	日			科目名称	号码	号码			

行政单位应当严格按照国家有关支付结算办法的规定办理银行存款收支业务，并按照本制度规定核算银行存款的各项收支业务。为了保证我国各类经济组织之间结算工作的顺利进行，中国人民银行对结算方式、程序、手续都作了统一规定。根据现行结算办法，银行的结算方式分为：银行汇票、商业汇票、银行本票、支票、汇兑、委托收款（同城、异地）和托收承付（异地）等结算方式。

行政单位必须严格银行存款的开户管理，禁止多头开户。预算经费应由财务部门统一在同级财政部门或上级主管部门指定的国家银行开户，不得自行转移资金。各单位在银行开户时，要向同级财政机关或上级主管部门提出申请，并填写“开户申请书”，经批准后，送银行审查同意，发给空白的“印鉴片”，由单位签盖有权支配款项的印鉴，并交银行存查备验。

（二）主要账务处理介绍

1. 将款项存入银行或者其他金融机构，借记本科目，贷记“库存现金”、“其他收入”等有关科目。

2. 提取和支出存款时，借记有关科目，贷记本科目。

3. 收到银行存款利息，借记本科目，贷记“其他收入”等科目；支付银行手续费或银行扣收罚金等时，借记“经费支出”科目，贷记本科目。

4. 收到受托代理的银行存款时，借记本科目，贷记“受托代理负债”科目；支付受托代理的存款时，借记“受托代理负债”科目，贷记本科目。

（三）外币存款业务

行政单位发生外币业务的，应当按照业务发生当日或当期期初的即期汇率，将外币金额折算为人民币金额记账，并登记外币金额和汇率。

期末，各种外币账户的期末余额，应当按照期末的即期汇率折算为人民币，作为外币账户期末人民币余额。调整后的各种外币账户人民币余额与原账面余额的差额，作为汇兑损溢计入当期支出。

1. 以外币购买物资、劳务等，按照购入当日或当期期初的即期汇率将支付的外币或应支付的外币折算为人民币金额，借记有关科目，贷记本科目、“应付账款”等科目的外币账户。

2. 以外币收取相关款项等，按照收入确认当日或当期期初的即期汇率将收取的外币或应收取的外币折算为人民币金额，借记本科目、“应收账款”等科目的外币账户，贷记有关科目。

3. 期末，根据各外币账户按期末汇率调整后的人民币余额与原账面人民币余额的差额，作为汇兑损溢，借记或贷记本科目、“应收账款”、“应付账款”等科目，贷记或借记“经费支出”等科目。

（四）核算举例

［例 5］×日，东昌市民政局收到外地某组织汇来的捐款 80 000 元。民政局会计科根据相关凭证，做如下会计分录：

借：银行存款　　80 000

　　贷：受托代理负债　　80 000

［例 6］3 日后，东昌市民政局将外地汇来的捐款转交受灾社区。民政局会计科根据相关凭证，做如下会计分录：

借：受托代理负债　　80 000

　　贷：银行存款　　80 000

三、零余额账户用款额度的核算

（一）核算科目介绍

《行政单位会计制度》设置零余额账户用款额度（编号：1011）科目，用以核算实行国库集中支付的行政单位根据财政部门批复的用款计划收到和支用的零余额账户用款额度。该科目期末借方余额，反映行政单位尚未支用的零余额账户用款额度。年度终了注销单位零余额账户用款额度后，该科目应无余额。

（二）主要账务处理介绍

1. 收到“财政授权支付额度到账通知书”时，根据通知书所列数额，借记本科目，贷记“财政拨款收入”科目。

2. 按规定支用额度时，借记“经费支出”等科目，贷记本科目。

3. 从零余额账户提取现金时，借记“库存现金”科目，贷记本科目。

4. 年末，根据代理银行提供的对账单作银行注销额度的相关账务处理，借记“财政应返还额度——财政授权支付”科目，贷记本科目。如单位本年度财政授权支付预算指标数大于财政授权支付额度下达数，根据两者间的差额，借记“财政应返还额度——财政授权支付”科目，贷记“财政拨款收入”科目。

下年度年初，行政单位根据代理银行提供的额度恢复到账通知书作恢复额度的相关账务处理，借记本科目，贷记“财政应返还额度——财政授权支付”科目。行政单位收到财政部门批复的上年未下达零余额账户用款额度时，借记本科目，贷记“财政应返还额度——财政授权支付”科目。

（三）核算举例

[例 7] 2013 年 12 月末，东昌市卫生局在年终清理期间，将超过定额的库存现金 750 元送存银行。东昌市卫生局会计科根据有关凭证做会计分录如下：

借：零余额账户用款额度　　750

　　贷：库存现金　　750

[例 8] 2013 年 12 月 31 日，东昌市卫生局收到代理银行转来的额度注销通知，注销当年 20 万元，该额度系该局的日常公用经费。东昌市卫生局会计科根据“财政授权支付额度到账通知书”填制记账凭单，会计分录如下：

借：财政应返还额度——财政授权支付　　40 000

　　贷：零余额账户用款额度　　40 000

[例 9] 2014 年 1 月×日，东昌市卫生局收到代理银行提供的额度恢复到账通知书，卫生局会计科做会计分录如下：

借：零余额账户用款额度　　40 000

　　贷：财政应返还额度——财政授权支付　　40 000

四、财政应返还额度的核算

（一）核算科目介绍

《行政单位会计制度》设置财政应返还额度（编号：1021）科目，用以核算实行国库集中支付的行政单位应收财政返还的资金额度。该科目应当设置“财政直接支付”、“财政授权支付”两个明细科目进行明细核算。该科目期末借方余额，反映行政单位应收财政返还的资金额度。

（二）主要账务处理介绍

1. 年末国库集中支付尚未使用资金额度的账务处理。

（1）在财政直接支付的情形下，年末，行政单位根据本年度财政直接支付预算指标数与财政直接支付实际支出数的差额，借记本科目（财政直接支付），贷记“财政拨款收入”科目。

（2）在财政授权支付的情形下，年末，财政授权支付尚未使用资金额度的账务处理，参见“零余额账户用款额度”科目。

2. 下年初恢复以前年度财政资金额度的账务处理，参见“零余额账户用款额度”科目。

3. 行政单位使用以前年度财政资金额度的账务处理。

（1）财政直接支付的情形下，行政单位使用以前年度财政直接支付额度发生支出时，借记“经费支出”科目，贷记本科目（财政直接支付）。

（2）财政授权支付的情形下，行政单位使用以前年度财政授权支付额度发生支出时的账务处理，参见“零余额账户用款额度”科目。

（三）核算举例

［例 10］2013 年 12 月末，东昌市教育局进行年终清理。经过归集，当年该局财政经费支出总账账户直接支付实际发生额为 485 万元。根据该局全年财政直接支付预算指标数为 500 万元，会计科做如下会计分录：

借：财政应返还额度——直接支付　　150 000

　　贷：财政拨款收入　　150 000

［例 11］2014 年 1 月初，东昌市教育局使用上年度财政直接支付额度预交一月份电费 2 万元。会计科做如下会计分录：

借：经费支出　　20 000

　　贷：财政应返还额度——直接支付　　20 000

五、应收账款的核算

（一）核算科目介绍

《行政单位会计制度》设置应收账款（1212）科目，用以核算行政单位出租资产、出售物资等应当收取的款项。行政单位收到的商业汇票，也通过本科目核算。

该科目应当按照购货、接受服务单位（或个人）或开出、承兑商业汇票的单位等进行明细核算。应收账款应当在资产已出租或物资已出售、且尚未收到款项时确认。该科目期末借方余额，反映行政单位尚未收回的应收账款。

（二）主要账务处理介绍

1. 出租资产发生的应收账款

（1）出租资产尚未收到款项时，按照应收未收金额，借记本科目，贷记“其他应付款”科目。

（2）收回应收账款时，借记“银行存款”等科目，贷记本科目；同时，借记“其他应付款”科目，按照应缴的税费，贷记“应缴税费”科目，按照扣除应缴税费后的净额，贷记“应缴财政款”科目。

2. 出售物资发生的应收账款

（1）物资已发出并到达约定状态且尚未收到款项时，按照应收未收金额，借记本科目，贷记“待处理财产损益”科目。

（2）收回应收账款时，借记“银行存款”等科目，贷记本科目。

3. 收到商业汇票

（1）出租资产收到商业汇票，按照商业汇票的票面金额，借记本科目，贷记“其他应付款”科目；出售物资收到商业汇票，按照商业汇票的票面金额，借记本科目，贷记“待处理财产损益”科目。

（2）商业汇票到期收回款项时，借记“银行存款”等科目，贷记本科目。其中，出租资产收回款项的，还应当同时借记“其他应付款”科目，按照应缴的税费，贷记“应缴税费”科目，按照扣除应缴税费后的净额，贷记“应缴财政款”科目。

行政单位应当设置“商业汇票备查簿”，逐笔登记每一笔应收商业汇票的种类、号数、出票日期、到期日、票面金额、交易合同号等相关信息资料。商业汇票到期结清票款或退票后，应当在备查簿内逐笔注销。

（三）应收账款的核销

逾期 3 年或以上、有确凿证据表明确实无法收回的应收账款，按规定报经批准后予以核销。核销的应收账款应在备查簿中保留登记。

1. 转入待处理财产损益时，按照待核销的应收账款金额，借记“待处理财产损益”科目，贷记本科目。

2. 已核销的应收账款在以后期间收回的，借记“银行存款”科目，贷记“应缴财政款”等科目。

（四）核算举例

［例 12］3 月 1 日，东昌市教育局将一处闲置房产出租给某非营利性教育组织。合同规定该房产月租金 2 万元，租金按月收取。当日，东昌市教育局会计科根据相关凭证，做如下会计分录：

借：应收账款　　　　　　20 000

　　贷：其他应付款　　　　　　20 000

［例 13］3 月末，收到当月租金 2 万元，应交 5%的营业税，并应按纳税额的 7%和 3%缴纳城市维护建设税和教育费附加。东昌市教育局会计科根据相关凭证，做如下会计分录：

借：银行存款　　　　　　20 000

　　贷：应收账款　　　　　　20 000

借：其他应付款　　　　　20 000

　　贷：应缴税费　　　　　　1 100

　　　　应缴财政款　　　　　18 900

六、预付账款的核算

（一）核算科目介绍

《行政单位会计制度》设置预付账款（编号：1213）科目，用以核算行政单位按照购货、服务合同规定预付给供应单位（或个人）的款项。行政单位依据合同规定支付的定金，也通过本科目核算。行政单位支付可以收回的订金，不通过本科目核算，应当通过“其他应收款”科目核算。

预付账款科目应当按照供应单位（或个人）进行明细核算。预付账款应当在已支付款项且尚未收到物资或服务时确认。该科目期末借方余额，反映行政单位实际预付但尚未结算的款项。

（二）主要账务处理介绍

1. 发生预付账款时，借记本科目，贷记“资产基金——预付款项”科目；同时，借记“经费支出”科目，贷记“财政拨款收入”、“零余额账户用款额度”、“银行存款”等科目。

2. 收到所购物资或服务时，按照相应预付账款金额，借记“资产基金——预付款项”科目，贷记本科目；发生补付款项的，按照实际补付的款项，借记“经费支出”科目，贷记“财政拨款收入”、“零余额账户用款额度”、“银行存款”等科目。收到物资的，同时按照收到所购物资的成本，借记有关资产科目，贷记“资产基金”及相关明细科目。

3. 发生当年预付账款退回的，借记“资产基金——预付款项”科目，贷记本科目；同时，借记“财政拨款收入”、“零余额账户用款额度”、“银行存款”等科目，贷记“经费支出”科目。

发生以前年度预付账款退回的，借记“资产基金——预付款项”科目，贷记本科目；同时，借记“财政应返还额度”、“零余额账户用款额度”、“银行存款”等科目，贷记“财政拨款结转”、“财政拨款结余”、“其他资金结转结余”等科目。

逾期三年或以上、有确凿证据表明确实无法收到所购物资和服务，且无法收回的预付账款，按照规定报经批准后予以核销。核销的预付账款应在备查簿中保留登记。

（三）预付账款的核销

1. 转入待处理财产损溢时，按照待核销的预付账款金额，借记“待处理财产损溢”科目，贷记本科目。

2. 已核销的预付账款在以后期间又收回的，借记“零余额账户用款额度”、“银行存款”等科目，贷记“财政拨款结转”、“财政拨款结余”、“其他资金结转结余”等科目。

（四）核算举例

[例 14] 某日，经公开招标竞价，东昌市卫生局与某医疗设备公司订立合同购买专用设备一台，该设备价格为 100000 元。合同要求先支付一半价款，其余款项待设备运抵调试成功后支付。东昌市卫生局会计科根据相关凭证做如下会计分录。

借：预付账款　　50 000

　　贷：资产基金——预付款项　　50 000

借：经费支出　　50 000

　　贷：零余额账户用款额度　　50 000

[例 15] 2 月后，设备运抵并调试成功，东昌市卫生局支付剩余设备款。卫生局会计科根据相关凭证做如下会计分录。

（1）借：资产基金——预付款项　　50 000

　　贷：预付账款　　50 000

（2）借：经费支出　　50 000

　　贷：零余额账户用款额度　　50 000

（3）借：固定资产　　　　　　　　100 000

　　贷：资产基金——固定资产　　100 000

七、其他应收款的核算

（一）核算科目介绍

《行政单位会计制度》设置其他应收款（编号：1215）科目，用以核算行政单位除应收账款、预付账款以外的其他各项应收及暂付款项，如职工预借的差旅费、拨付给内部有关部门的备用金、应向职工收取的各种垫付款项等。

该科目应当按照其他应收款的类别以及债务单位（或个人）进行明细核算。该科目期末借方余额，反映行政单位尚未收回的其他应收款。

（二）主要账务处理介绍

1. 发生其他应收及暂付款项时，借记本科目，贷记“零余额账户用款额度”、“银行存款”等科目。

2. 收回或转销上述款项时，借记“银行存款”、“零余额账户用款额度”或有关支出等科目，贷记本科目。

3. 行政单位内部实行备用金制度的，有关部门使用备用金以后应当及时到财务部门报销并补足备用金。财务部门核定并发放备用金时，借记本科目，贷记“库存现金”等科目。根据报销数用现金补足备用金定额时，借记“经费支出”科目，贷记“库存现金”等科目，报销数和拨补数都不再通过本科目核算。

（三）其他应收款的核销

逾期三年或以上、有确凿证据表明确实无法收回的其他应收款，按规定报经批准后予以核销。核销的其他应收款应在备查簿中保留登记。

1. 转入待处理财产损溢时，按照待核销的其他应收款金额，借记“待处理财产损溢”科目，贷记本科目。

2. 已核销的其他应收款在以后期间又收回的，如属于在核销年度内收回的，借记“银行存款”等科目，贷记“经费支出”科目；如属于在核销年度以后收回的，借记“银行存款”等科目，贷记“财政拨款结转”、“财政拨款结余”、“其他资金结转结余”等科目。

（四）核算举例

[例 16] 某日，东昌市卫生局李副局长因公出差，预借差旅费 600 元，

根据有关借款凭证，填制记账凭单，会计分录如下：

借：其他应收款——李局长　　600

　　贷：库存现金　　600

[例 17] 某日，东昌市卫生局以现金拨付下属报销单位新年度备用金900元，根据有关借款凭证，填制记账凭单，会计分录如下：

借：其他应收款　　900

　　贷：库存现金　　900

[例 18] 李副局长出差回来，报销差旅费550元，余款当即退回。根据有关凭证，填制记账凭单，会计分录如下：

借：经费支出　　550

　　库存现金　　50

　　贷：其他应收款——李局长　　600

[例 19] 某日，东昌市卫生局所属报销单位购买办公用品一批，计80元，会计科为其报销补足备用金。根据有关凭证，填制记账凭单，会计分录如下：

借：经费支出　　80

　　贷：库存现金　　80

八、存货的核算

（一）核算科目介绍

《行政单位会计制度》设置存货（编号：1301）科目，用以核算行政单位在开展业务活动及其他活动中为耗用而储存的各种物资，包括材料、燃料、包装物和低值易耗品及未达到固定资产标准的家具、用具、装具等的实际成本。

行政单位接受委托人指定受赠人的转赠物资，应当通过“受托代理资产”科目核算，不通过本科目核算。行政单位随买随用的零星办公用品等，可以在购进时直接列作支出，不通过本科目核算。

存货科目应当按照存货的种类、规格和保管地点等进行明细核算。行政单位有委托加工存货业务的，应当在本科目下设置“委托加工存货成本”科目。出租、出借的存货，应当设置备查簿进行登记。存货应当在其到达存放地点并验收时确认。该科目期末借方余额，反映行政单位存货的实际成本。

（二）主要账务处理介绍

1. 存货在取得时，应当按照其实际成本入账。

（1）购入的存货，其成本包括购买价款、相关税费、运输费、装卸费、保险费以及其他使得存货达到目前场所和状态所发生的支出。

购入的存货验收入库，按照确定的成本，借记本科目，贷记“资产基金——存货”科目；同时，按照实际支付的金额，借记“经费支出”科目，贷记“财政拨款收入”、“零余额账户用款额度”、“银行存款”等科目；对于尚未付款的，应当按照应付未付的金额，借记“待偿债净资产”科目，贷记“应付账款”科目。

（2）置换换入的存货，其成本按照换出资产的评估价值，加上支付的补价或减去收到的补价，加上为换入存货支付的其他费用（运输费等）确定。

换入的存货验收入库，按照确定的成本，借记本科目，贷记“资产基金——存货”科目；同时，按实际支付的补价、运输费等金额，借记“经费支出”科目，贷记“财政拨款收入”、“零余额账户用款额度”、“银行存款”等科目。

（3）接受捐赠、无偿调入的存货，其成本按照有关凭据注明的金额加上相关税费、运输费等确定；没有相关凭据可供取得，但依法经过资产评估的，其成本应当按照评估价值加上相关税费、运输费等确定；没有相关凭据可供取得、也未经评估的，其成本比照同类或类似存货的市场价格加上相关税费、运输费等确定；没有相关凭据也未经评估，其同类或类似存货的市场价格无法可靠取得，该存货按照名义金额入账。

接受捐赠、无偿调入的存货验收入库，按照确定的成本，借记本科目，贷记“资产基金——存货”科目；同时，按实际支付的相关税费、运输费等金额，借记“经费支出”科目，贷记“财政拨款收入”、“零余额账户用款额度”、“银行存款”等科目。

（4）委托加工的存货，其成本按照未加工存货的成本加上加工费用和往返运输费等确定。

委托加工的存货出库，借记本科目下的“委托加工存货成本”明细科目，贷记本科目下的相关明细科目。支付加工费用和相关运输费等时，借记“经费支出”科目，贷记“财政拨款收入”、“零余额账户用款额度”、“银行存款”等科目；同时，按照相同的金额，借记本科目下的“委托加工存货成本”明细科目，贷记“资产基金——存货”科目。委托加工完成的存货验收入库时，按照委托加工存货的成本，借记本科目下的相关明细科目，贷记本科目下的“委托加工存货成本”明细科目。

2. 存货发出时，应当根据实际情况采用先进先出法、加权平均法或者个别计价法确定发出存货的实际成本。计价方法一经确定，不得随意变更。

（1）开展业务活动等领用、发出存货，按照领用、发出存货的实际成本，借记“资产基金——存货”科目，贷记本科目。

（2）经批准对外捐赠、无偿调出存货时，按照对外捐赠、无偿调出存货的实际成本，借记“资产基金——存货”科目，贷记本科目。

对外捐赠、无偿调出存货发生由行政单位承担的运输费等支出，借记“经费支出”科目，贷记“财政拨款收入”、“零余额账户用款额度”、“银行存款”等科目。

（3）经批准对外出售、置换换出的存货，应当转入待处理财产损溢，按照相关存货的实际成本，借记“待处理财产损溢”科目，贷记本科目。

3. 报废、毁损的存货，应当转入待处理财产损溢，按照相关存货的账面余额，借记“待处理财产损溢”科目，贷记本科目。

4. 行政单位的存货应当定期进行清查盘点，每年至少盘点一次。对于发生的存货盘盈、盘亏，应当及时查明原因，按规定报经批准后进行账务处理。

（1）盘盈的存货，按照取得同类或类似存货的实际成本确定入账价值；没有同类或类似存货的实际成本，按照同类或类似存货的市场价格确定入账价值；同类或类似存货的实际成本或市场价格无法可靠取得，按照名义金额入账。

盘盈的存货，按照确定的入账价值，借记本科目，贷记“待处理财产损溢”科目。

（2）盘亏的存货，转入待处理财产损溢时，按照其账面余额，借记“待处理财产损溢”科目，贷记本科目。

（三）核算举例

［例 20］某月 5 日，东昌市卫生局购入 A 材料。材料于当日收到并验收合格入库，价款及运费合计 15000 元。卫生局会计科根据相关凭证做会计分录如下：

借：存货　　　　15 000

贷：资产基金——存货　　15 000

借：经费支出　　15 000

贷：零余额账户用款额度　　15 000

［例 21］月末，东昌市卫生局 5 日购入的 A 材料消耗完毕。假定该材料没有期初余额，并且本月仅购入一次 A 材料，则发出材料的会计分录如下：

借：资产基金——存货　　15 000

贷：存货　　15 000

［例 22］某月 19 日，东昌市教育局收到南开大学经济学院捐赠教育用材料一批，价值 10 000 元。会计部门根据有关凭证，填制记账凭单，会计分录如下：

借：存货　　10 000

贷：资产基金——存货　　10 000

［例 23］某年 12 月末，东昌市教育局对相关存货进行盘查，盘盈打印纸 40 包，价值 1 200 元。会计部门根据盘盈报告单，填制记账凭单，会计分录如下：

借：存货　　1 200

贷：待处理财产损溢　　1 200

第二节　行政单位固定资产的核算

一、行政单位固定资产概述

（一）行政单位固定资产的界定

固定资产是指使用期限超过 1 年（不含 1 年），单位价值在规定标准以上，并且在使用过程中基本保持原有物质形态的资产。单位价值虽未达到规定标准，但是耐用时间超过 1 年（不含 1 年）的大批同类物资，应当作为固定资产核算。

行政单位的软件，如果其构成相关硬件不可缺少的组成部分，应当将该软件的价值包括在所属的硬件价值中，一并作为固定资产，通过本科目进行核算；如果其不构成相关硬件不可缺少的组成部分，应当将该软件作为无形资产，通过“无形资产”科目核算。

购入需要安装的固定资产，应当先通过“在建工程”科目核算，安装完毕交付使用时再转入本科目核算。行政单位购建房屋及构筑物不能够分清支付价款中的房屋及构筑物与土地使用权部分的，应当全部作为固定资产，通过本科目核算；能够分清支付价款中的房屋及构筑物与土地使用权部分的，应当将其中的房屋及构筑物部分作为固定资产，通过本科目核算，将其中的土地使用权部分作为无形资产，通过“无形资产”科目核算；境外行政单位购买具有所有权的土地，作为固定资产，通过本科目核算。

行政单位借入、以经营租赁方式租入的固定资产，不通过本科目核算，应当设置备查簿进行登记。

（二）行政单位固定资产的分类

固定资产一般分为六类：房屋及构筑物；通用设备；专用设备；文物和陈列品；图书、档案；家具、用具、装具及动植物。

行政单位应当根据固定资产定义、有关主管部门对固定资产的统一分类，结合本单位的具体情况，制定适合本单位的固定资产目录、具体分类方法，作为进行固定资产核算的依据。

行政单位应当设置“固定资产登记簿”和“固定资产卡片”，按照固定资产类别、项目和使用部门等进行明细核算。出租、出借的固定资产，应当设置备查簿进行登记。

（三）固定资产价值的确认

行政单位的固定资产应当按照以下条件确认：

1. 购入、换入、无偿调入、接受捐赠不需安装的固定资产，在固定资产验收合格时确认。

2. 购入、换入、无偿调入、接受捐赠需要安装的固定资产，在固定资产安装完成交付使用时确认。

3. 自行建造、改建、扩建的固定资产，在建造完成交付使用时确认。

固定资产的各组成部分具有不同的使用寿命、适用不同折旧率的，应当分别将各组成部分确认为单项固定资产。

（四）核算科目介绍

《行政单位会计制度》设置固定资产（编号：1501）科目，用以核算行政单位占有或者使用的各类固定资产。该科目期末借方余额，反映行政单位固定资产的原价。

二、固定资产主要账务处理介绍

（一）取得固定资产时

1. 购入的固定资产，其成本包括实际支付的购买价款、相关税费、使固定资产交付使用前所发生的可归属于该项资产的运输费、装卸费、安装费和专业人员服务费等。

以一笔款项购入多项没有单独标价的固定资产，按照各项固定资产同类或类似固定资产市场价格的比例对总成本进行分配，分别确定各项固定资产的入账价值。

购入不需安装的固定资产，按照确定的固定资产成本，借记本科目，贷记“资产基金——固定资产”科目；同时，按照实际支付的金额，借记“经费支出”科目，贷记“财政拨款收入”、“零余额账户用款额度”、“银行存款”等科目。

购入需要安装的固定资产，先通过“在建工程”科目核算。安装完工交付使用时，借记本科目，贷记“资产基金——固定资产”科目；同时，借记“资产基金——在建工程”科目，贷记“在建工程”科目。

购入固定资产分期付款或扣留质量保证金的，在取得固定资产时，按照确定的固定资产成本，借记本科目[不需安装]或“在建工程”科目[需要安装]，贷记“资产基金——固定资产、在建工程”科目；同时，按照已实际支付的价款，借记“经费支出”科目，贷记“财政拨款收入”、“零余额账户用款额度”、“银行存款”等科目；按照应付未付的款项或扣留的质量保证金等金额，借记“待偿债净资产”科目，贷记“应付账款”或“长期应付款”科目。

2. 自行建造的固定资产，其成本包括建造该项资产至交付使用前所发生的全部必要支出。

固定资产的各组成部分需要分别核算的，按照各组成部分固定资产造价确定其成本；没有各组成部分固定资产造价的，按照各组成部分固定资产同类或类似固定资产市场造价的比例对总造价进行分配，确定各组成部分固定资产的成本。

工程完工交付使用时，按照自行建造过程中发生的实际支出，借记本科目，贷记“资产基金——固定资产”科目；同时，借记“资产基金

——在建工程”科目，贷记“在建工程”科目；已交付使用但尚未办理竣工决算手续的固定资产，按照估计价值入账，待确定实际成本后再进行调整。

3. 自行繁育的动植物，其成本包括在达到可使用状态前所发生的全部必要支出。

（1）购入需要繁育的动植物，按照购入的成本，借记本科目（未成熟动植物），贷记“资产基金——固定资产”科目；同时，按照实际支付的金额，借记“经费支出”科目，贷记“财政拨款收入”、“零余额账户用款额度”、“银行存款”等科目。

（2）发生繁育费用，按照实际支付的金额，借记本科目（未成熟动植物），贷记“资产基金——固定资产”科目；同时，借记“经费支出”科目，贷记“财政拨款收入”、“零余额账户用款额度”、“银行存款”等科目。

（3）动植物达到可使用状态时，借记本科目（成熟动植物），贷记本科目（未成熟动植物）。

4. 在原有固定资产基础上进行改建、扩建、修缮的固定资产，其成本按照原固定资产的账面价值（“固定资产”科目账面余额减去“累计折旧”科目账面余额后的净值）加上改建、扩建、修缮发生的支出，再扣除固定资产拆除部分账面价值后的金额确定。

将固定资产转入改建、扩建、修缮时，按照固定资产的账面价值，借记“在建工程”科目，贷记“资产基金——在建工程”科目；同时，按照固定资产的账面价值，借记“资产基金——固定资产”科目，按照固定资产已计提折旧，借记“累计折旧”科目，按照固定资产的账面余额，贷记本科目。

工程完工交付使用时，按照确定的固定资产成本，借记本科目，贷记“资产基金——固定资产”科目；同时，借记“资产基金——在建工程”科目，贷记“在建工程”科目。

5. 置换取得的固定资产，其成本按照换出资产的评估价值加上支付的补价或减去收到的补价，加上为换入固定资产支付的其他费用（运输费等）确定，借记本科目[不需安装]或“在建工程”科目[需安装]，贷记“资产基金——固定资产、在建工程”科目；按照实际支付的补价、相关税费、运输费等，借记“经费支出”科目，贷记“财政拨款收入”、“零余额账户用款额度”、“银行存款”等科目。

6. 接受捐赠、无偿调入的固定资产，其成本按照有关凭据注明的金额加上相关税费、运输费等确定；没有相关凭据可供取得，但依法经过资产评估的，其成本应当按照评估价值加上相关税费、运输费等确定；没有相关凭据可供取得、也未经评估的，其成本比照同类或类似固定资产的市场价格加上相关税费、运输费等确定；没有相关凭据也未经评估，其同类或类似固定资产的市场价格无法可靠取得，所取得的固定资产应当按照名义金额入账。

接受捐赠、无偿调入的固定资产，按照确定的成本，借记本科目[不需安装]或“在建工程”科目[需要安装]，贷记“资产基金——固定资产、在建工程”科目；按照实际支付的相关税费、运输费等，借记“经费支出”科目，贷记“财政拨款收入”、“零余额账户用款额度”、“银行存款”等科目。

（二）按月计提固定资产折旧

按月计提固定资产折旧时，按照实际计提的金额，借记“资产基金——固定资产”科目，贷记“累计折旧”科目。

（三）与固定资产有关的后续支出

1. 为增加固定资产使用效能或延长其使用寿命而发生的改建、扩建或修缮等后续支出，应当计入固定资产成本，通过“在建工程”科目核算，完工交付使用时转入本科目。有关账务处理参见“在建工程”科目。

2. 为维护固定资产正常使用而发生的日常修理等后续支出，应当计入当期支出但不计入固定资产成本，借记“经费支出”科目，贷记“财政拨款收入”、“零余额账户用款额度”、“银行存款”等科目。

（四）出售、置换换出固定资产

经批准出售、置换换出的固定资产转入待处理财产损溢时，按照固定资产的账面价值，借记“待处理财产损溢”科目，按照已计提折旧，借记“累计折旧”科目，按照固定资产的账面余额，贷记本科目。

（五）无偿调出、对外捐赠固定资产

经批准无偿调出、对外捐赠固定资产时，按照固定资产的账面价值，借记“资产基金——固定资产”科目，按照已计提折旧，借记“累计折旧”科目，按照固定资产的账面余额，贷记本科目。

无偿调出、对外捐赠固定资产发生由行政单位承担的拆除费用、运输费等，按照实际支付的金额，借记“经费支出”科目，贷记“财政拨款收入”、“零余额账户用款额度”、“银行存款”等科目。

（六）报废、毁损固定资产

报废、毁损的固定资产转入待处理财产损溢时，按照固定资产的账面价值，借记“待处理财产损溢”科目，按照已计提折旧，借记“累计折旧”科目，按照固定资产的账面余额，贷记本科目。

（七）盘盈、盘亏固定资产

行政单位的固定资产应当定期进行清查盘点，每年至少盘点一次。对于固定资产发生盘盈、盘亏的，应当及时查明原因，按照规定报经批准后进行账务处理。

1. 盘盈的固定资产，按照取得同类或类似固定资产的实际成本确定入账价值；没有同类或类似固定资产的实际成本，按照同类或类似固定资产的市场价格确定入账价值；同类或类似固定资产的实际成本或市场价格无法可靠取得，按照名义金额入账。

盘盈的固定资产，按照确定的入账价值，借记本科目，贷记“待处理财产损溢”科目。

2. 盘亏的固定资产，按照盘亏固定资产的账面价值，借记“待处理财产损溢”科目，按照已计提折旧，借记“累计折旧”科目，按照固定资产账面余额，贷记本科目。

（八）核算举例

[例 24] 东昌市卫生局经招标购买专用仪器一台，价款 70 000 元。仪器无需安装，验收合格后即投入使用。会计部门根据有关凭证，填制记账凭单。会计分录如下：

借：经费支出	70 000	
贷：零余额账户用款额度		70 000
借：固定资产——专用设备	70 000	
贷：资产基金——固定资产—— 　　经常性支出——专用设备购置费		70 000

[例25] 经上级部门协商，外单位无偿调入东昌市卫生局办公桌 20 张，每张原价 300 元。发生运杂费 150 元，由调入方通过开户银行支付。根据有关凭证，填制记账凭单。会计分录如下：

借：固定资产——一般设备	6 000	
贷：资产基金——固定资产		6 000
借：经费支出	150	

贷：零余额账户用款额度——基本支出——经常性支出——一般设备购置费　　150

［例 26］根据中央文件精神，东昌市教育局决定拍卖公车一辆。该车辆固定资产账面余额 25 万，暂未计提折旧。会计部门根据局务会议决议，做会计分录如下：

借：待处理财产损溢　　250 000

　　贷：固定资产　　250 000

［例 27］一周后，上述公车以 25.8 万的价格拍出。会计部门根据拍卖协议等凭证，做会计分录如下：

借：资产基金——固定资产　　250 000

　　贷：待处理财产损溢　　250 000

如果拍卖价款暂由原产权单位收取，还需做如下会计分录：

借：银行存款　　258 000

　　贷：应缴财政款　　258 000

［例 28］东昌市公安局向某基地购入幼龄警犬 2 只，准备驯养一段后编入警犬序列。幼龄警犬每只购价 6 000 元，会计部门根据相关凭证，做如下会计分录（东昌市公安局为财政直接支付模式）：

借：固定资产——未成熟动植物　　12 000

　　贷：资产基金——固定资产　　12 000

同时，借：经费支出　　12 000

　　　　贷：财政拨款收入　　12 000

有关警犬的开支，在《2014 年政府收支分类科目》中可以查到。它位于“公共财政预算支出科目”的“公共安全支出类（204）”中，具体为“公安”（02）款的第 18 项——“警犬繁育及驯养”。

本例中“经费支出”的明细科目为：“公共财政预算拨款——基本支出——其他资本性支出”。

三、固定资产折旧的核算

（一）折旧概述

1. 行政单位折旧的范围

行政单位的固定资产也存在有形和无形的损耗。折旧既是对这种损耗的反映，又可以从另一方面刻划出固定资产的净值。因而，在行政单位的会计核算中实行折旧制度非常必要。根据 2014 年《行政单位会计制度》，行政单位对固定资产、公共基础设施是否计提折旧由财政部另行规定。不过一般来说，行政单位对五类固定资产不计提折旧：（1）文物及陈列品；（2）图书、档案；（3）动植物；（4）以名义金额入账的固定资产；（5）境外行政单位持有的能够与房屋及构筑物区分、拥有所有权的土地。

按照规定对固定资产、公共基础设施计提折旧的，折旧金额应当根据固定资产、公共基础设施原价和折旧年限确定。

2. 行政单位计提折旧的原则

固定资产、公共基础设施计提折旧是指在固定资产、公共基础设施预计使用寿命内，按照确定的方法对应折旧金额进行系统分摊。有关说明如下：

（1）行政单位应当根据固定资产、公共基础设施的性质和实际使用情况，合理确定其折旧年限。省级以上财政部门、主管部门对行政单位固定资产、公共基础设施折旧年限作出规定的，从其规定。

（2）行政单位一般应当采用年限平均法或工作量法计提固定资产、公共基础设施折旧。

（3）行政单位固定资产、公共基础设施的应折旧金额为其成本，计提固定资产、公共基础设施折旧不考虑预计净残值。

（4）行政单位一般应当按月计提固定资产、公共基础设施折旧。当月增加的固定资产、公共基础设施，当月不提折旧，从下月起计提折旧；当月减少的固定资产、公共基础设施，当月照提折旧，从下月起不提折旧。

（5）固定资产、公共基础设施提足折旧后，无论能否继续使用，均不再计提折旧；提前报废的固定资产、公共基础设施，也不再补提折旧；已提足折旧的固定资产、公共基础设施，可以继续使用的，应当继续使用，规范管理。

（6）固定资产、公共基础设施因改建、扩建或修缮等原因而提高使用效能或延长使用年限的，应当按照重新确定的固定资产、公共基础设施成本以及重新确定的折旧年限，重新计算折旧额。

（二）核算科目介绍

《行政单位会计制度》设置累计折旧（编号：1502）科目，用以核算行政单位固定资产、公共基础设施计提的累计折旧。

该科目应当按照固定资产、公共基础设施的类别、项目等进行明细核算。占有公共基础设施的行政单位，应当在本科目下设置“固定资产累计折旧”和“公共基础设施累计折旧”两个一级明细科目，分别核算对固定资产和公共基础设施计提的折旧。该科目期末贷方余额，反映行政单位计提的固定资产、公共基础设施折旧累计数。

（三）主要账务处理介绍

1. 按月计提固定资产、公共基础设施折旧时，按照应计提折旧金额，借记“资产基金——固定资产、公共基础设施”科目，贷记本科目。

2. 固定资产、公共基础设施处置时，按照所处置固定资产、公共基础设施的账面价值，借记“待处理财产损溢”科目[出售、置换换出、报废、毁损、盘亏]或“资产基金——固定资产、公共基础设施”科目[无偿调出、对外捐赠]，按照固定资产、公共基础设施已计提折旧，借记本科目，按照固定资产、公共基础设施的账面余额，贷记“固定资产”、“公共基础设施”科目。

（四）核算举例

[例 29] 2014 年 1 月，东昌市教育局开始对本单位固定资产计提折旧。其中办公用台式电脑账面原值 120 万，折旧期限为 10 年。会计部门做如下分录：

借：资产基金——固定资产　　　　10 000

　　贷：累计折旧　　　　　　　　　　10 000

[例 30] 2014 年 5 月下旬，东昌市教育局将本局闲置的 5 部便携式 DVD 播放机捐赠给某民办幼儿园。DVD 播放机账面原值为 3 000 元/台，折旧期限 5 年，已提折旧 5 个月。会计部门做如下分录：

借：资产基金——固定资产　　13 750

　　累计折旧　　　　　　　　1 250

　　贷：固定资产　　　　　　　　　　15 000

阅读与思考：“虚提”折旧

2014 年实施的《行政单位会计制度》对固定资产开始计提折旧。而在此前，我国权威部门将 2013 年事业单位会计制度中的固定资产折旧定义为“虚提”，并指出“虚提”折旧（和无形资产的摊销）为创新性处理方法。

所谓“虚提”是指计提折旧不是为了增加相关的费用，而是“在计提折旧和摊销时冲减非流动资产基金”[①]。“虚提”折旧的处理方法，“兼顾了预算管理和财务管理双重需要，既不影响事业单位支出的预算口径，又有利于反映资产随着时间推移和使用程度发生的价值消耗情况，促进事业单位落实‘实物管理与价值管理相结合’的资产管理理念和原则，为事业单位进行内部成本核算提供会计数据支持”。

第三节 在建工程和无形资产的核算

一、在建工程的核算

（一）核算科目介绍

《行政单位会计制度》设置在建工程（编号：1511）科目，用以核算行政单位已经发生必要支出，但尚未完工交付使用的各种建筑（包括新建、改建、扩建、修缮等）、设备安装工程和信息系统建设工程的实际成本。不能够增加固定资产、公共基础设施使用效能或延长其使用寿命的修缮、维护等，不通过本科目核算。

该科目应当按照具体工程项目等进行明细核算；需要分摊计入不同工程项目的间接工程成本，应当通过本科目下设置的“待摊投资”明细科目核算。行政单位的基本建设投资应当按照国家有关规定单独建账、单独核算，同时按照本制度的规定至少按月并入本科目及其他相关科目反映。

行政单位应当在本科目下设置“基建工程”明细科目，核算由基建账套并入的在建工程成本。有关基建并账的具体账务处理另行规定。在建工程应当在属于在建工程的成本发生时确认。该科目期末借方余额，反映行政单位尚未完工的在建工程的实际成本。

（二）主要账务处理介绍

1. 建筑工程

（1）将固定资产转入改建、扩建或修缮等时，按照固定资产的账面价值，借记本科目，贷记“资产基金——在建工程”科目；同时，按照固定

① 中新网，“财政部会计司有关负责人就修订发布《事业单位会计制度》答记者问”，http://finance chinanews com/cj/2012/12-28/4445376.shtml.

资产的账面价值，借记“资产基金——固定资产”科目，按照固定资产已计提折旧，借记“累计折旧”科目，按照固定资产的账面余额，贷记“固定资产”科目。

（2）将改建、扩建或修缮的建筑部分拆除时，按照拆除部分的账面价值［没有固定资产拆除部分的账面价值的，比照同类或类似固定资产的实际成本或市场价格及其拆除部分占全部固定资产价值的比例确定］，借记“资产基金——在建工程”科目，贷记本科目。

改建、扩建或修缮的建筑部分拆除获得残值收入时，借记“银行存款”等科目，贷记“经费支出”科目；同时，借记“资产基金——在建工程”科目，贷记本科目。

（3）根据工程进度支付工程款时，按照实际支付的金额，借记“经费支出”科目，贷记“财政拨款收入”、“零余额账户用款额度”、“银行存款”等科目；同时按照相同的金额，借记本科目，贷记“资产基金——在建工程”科目。

根据工程价款结算账单与施工企业结算工程价款时，按照工程价款结算账单上列明的金额（扣除已支付的金额），借记本科目，贷记“资产基金——在建工程”科目；同时，按照实际支付的金额，借记“经费支出”科目，贷记“财政拨款收入”、“零余额账户用款额度”、“银行存款”等科目，按照应付未付的金额，借记“待偿债净资产”科目，贷记“应付账款”科目。

（4）支付工程价款结算账单以外的款项时，借记本科目，贷记“资产基金——在建工程”科目；同时，借记“经费支出”科目，贷记“财政拨款收入”、“零余额账户用款额度”、“银行存款”等科目。

（5）工程项目结束，需要分摊间接工程成本的，按照应当分摊到该项目的间接工程成本，借记本科目（××项目），贷记本科目（待摊投资）。

（6）建筑工程项目完工交付使用时，按照交付使用工程的实际成本，借记“资产基金——在建工程”科目，贷记本科目；同时，借记“固定资产”、“无形资产”科目（交付使用的工程项目中有能够单独区分成本的无形资产），贷记“资产基金——固定资产、无形资产”科目。

（7）建筑工程项目完工交付使用时扣留质量保证金的，按照扣留的质量保证金金额，借记“待偿债净资产”科目，贷记“长期应付款”等科目。

（8）为工程项目配套而建成的、产权不归属本单位的专用设施，将专用设施产权移交其他单位时，按照应当交付专用设施的实际成本，借记“资产基金——在建工程”科目，贷记本科目。

（9）工程完工但不能形成资产的项目，应当按照规定报经批准后予以核销。转入待处理财产损溢时，按照不能形成资产的工程项目的实际成本，借记“待处理财产损溢”科目，贷记本科目。

2. 设备安装

（1）购入需要安装的设备，按照购入的成本，借记本科目，贷记“资产基金——在建工程”科目；同时，按照实际支付的金额，借记“经费支出”科目，贷记“财政拨款收入”、“零余额账户用款额度”、“银行存款”等科目。

（2）发生安装费用时，按照实际支付的金额，借记本科目，贷记“资产基金——在建工程”科目；同时，借记“经费支出”科目，贷记“财政拨款收入”、“零余额账户用款额度”、“银行存款”等科目。

（3）设备安装完工交付使用时，按照交付使用设备的实际成本，借记“资产基金——在建工程”科目，贷记本科目；同时，借记“固定资产”、“无形资产”科目（交付使用的设备中有能够单独区分成本的无形资产），贷记“资产基金——固定资产、无形资产”科目。

3. 信息系统建设

（1）发生各项建设支出时，按照实际支付的金额，借记本科目，贷记“资产基金——在建工程”科目；同时，借记“经费支出”科目，贷记“财政拨款收入”、“零余额账户用款额度”、“银行存款”等科目。

（2）信息系统建设完成交付使用时，按照交付使用信息系统的实际成本，借记“资产基金——在建工程”科目，贷记本科目；同时，借记“固定资产”、“无形资产”科目，贷记“资产基金——固定资产、无形资产”科目。

4. 在建工程的毁损

毁损的在建工程成本，应当转入“待处理财产损溢”科目进行处理。转入待处理财产损溢时，借记“待处理财产损溢”科目，贷记本科目。

（三）核算举例

[例 31] 东昌市教育局为本市实验教学研究的需要，购入大型设备一台，价值 50 万元。该设备需要安装后方能使用。会计部门根据相关凭证，做会计分录如下：

借：在建工程　　　　　　500 000

　　贷：资产基金——在建工程　　　500 000

同时，借：经费支出　　　　　500 000

　　　　贷：财政拨款收入　　　　　　　　　500 000

［例 32］发生安装支出 2 万元。

借：在建工程　　　　　　20 000

　　贷：资产基金——在建工程　　200 00

同时，借：经费支出　　　　20 000

　　　　贷：财政拨款收入　　　　　　　　20 000

［例 33］安装工程完工交付使用时，

借：固定资产　　　　　520 000

　　贷：资产基金——固定资产　　　520 000

同时，借：资产基金——在建工程　　520 000

　　　　贷：在建工程　　　　　　　　　　　520 000

二、无形资产的核算

（一）核算科目介绍

《行政单位会计制度》设置无形资产（编号：1601）科目，用以核算行政单位各项无形资产的原价。

该科目核算的无形资产是指不具有实物形态而能为行政单位提供某种权利的非货币性资产，包括著作权、土地使用权、专利权、非专利技术等。行政单位购入的不构成相关硬件不可缺少组成部分的软件，应当作为无形资产核算。

该科目应当按照无形资产的类别、项目等进行明细核算。无形资产应当在完成对其权属的规定登记或其他证明单位取得无形资产时确认。

（二）主要账务处理介绍

1. 无形资产的取得

（1）外购的无形资产，其成本包括实际支付的购买价款、相关税费以及可归属于该项资产达到预定用途所发生的其他支出。

购入的无形资产，按照确定的成本，借记本科目，贷记“资产基金——无形资产”科目；同时，按照实际支付的金额，借记“经费支出”科目，贷记“财政拨款收入”、“零余额账户用款额度”、“银行存款”等科目。

购入无形资产尚未付款的，取得无形资产时，按照确定的成本，借记本科目，贷记“资产基金——无形资产”科目；同时，按照应付未付的款项金额，借记“待偿债净资产”科目，贷记“应付账款”科目。

（2）委托软件公司开发软件，视同外购无形资产进行处理。

①软件开发前按照合同约定预付开发费用时，借记“预付账款”科目，贷记“资产基金——预付款项”科目；同时，借记“经费支出”科目，贷记“财政拨款收入”、“零余额账户用款额度”、“银行存款”等科目。

②软件开发完成交付使用，并支付剩余或全部软件开发费用时，按照软件开发费用总额，借记本科目，贷记“资产基金——无形资产”科目；按照实际支付的金额，借记“经费支出”科目，贷记“财政拨款收入”、“零余额账户用款额度”、“银行存款”等科目；按照冲销的预付开发费用，借记“资产基金——预付款项”科目，贷记“预付账款”科目。

（3）自行开发并按法律程序申请取得的无形资产，按照依法取得时发生的注册费、聘请律师费等费用确定成本。

取得无形资产时，按照确定的成本，借记本科目，贷记“资产基金——无形资产”科目；同时，按照实际支付的金额，借记“经费支出”科目，贷记“财政拨款收入”、“零余额账户用款额度”、“银行存款”等科目。

依法取得前所发生的研究开发支出，应当于发生时直接计入当期支出，但不计入无形资产的成本。借记“经费支出”科目，贷记“财政拨款收入”、“零余额账户用款额度”、“财政应返还额度”、“银行存款”等科目。

（4）置换取得的无形资产，其成本按照换出资产的评估价值加上支付的补价或减去收到的补价，加上为换入无形资产支付的其他费用（登记费等）确定。

置换取得的无形资产，按照确定的成本，借记本科目，贷记“资产基金——无形资产”科目；按照实际支付的补价、相关税费等，借记“经费支出”科目，贷记“财政拨款收入”、“零余额账户用款额度”、“银行存款”等科目。

（5）接受捐赠、无偿调入的无形资产，其成本按照有关凭据注明的金额加上相关税费确定；没有相关凭据可供取得，但依法经过资产评估的，其成本应当按照评估价值加上相关税费确定；没有相关凭据可供取得，也未经评估的，其成本比照同类或类似资产的市场价格加上相关税费确定；没有相关凭据也未经评估，其同类或类似无形资产的市场价格无法可靠取得，所取得的无形资产应当按照名义金额入账。

接受捐赠、无偿调入无形资产时，按照确定的无形资产成本，借记本科目，贷记“资产基金——无形资产”科目；按照发生的相关税费，借记“经费支出”科目，贷记“零余额账户用款额度”、“银行存款”等科目。

2. 计提无形资产摊销

按月计提无形资产摊销时，按照应计提的金额，借记“资产基金——无形资产”科目，贷记“累计摊销”科目。

3. 与无形资产有关的后续支出，分以下情况处理：

（1）为增加无形资产使用效能而发生的后续支出，如对软件进行升级改造或扩展其功能等所发生的支出，应当计入无形资产的成本，借记本科目，贷记“资产基金——无形资产”科目；同时，借记“经费支出”科目，贷记“财政拨款收入”、“零余额账户用款额度”、“银行存款”等科目。

（2）为维护无形资产的正常使用而发生的后续支出，如对软件进行的漏洞修补、技术维护等所发生的支出，应当计入当期支出但不计入无形资产的成本，借记“经费支出”科目，贷记“财政拨款收入”、“零余额账户用款额度”、“银行存款”等科目。

4. 报经批准出售、置换换出无形资产转入待处理财产损溢，报经批准出售、置换换出无形资产转入存处理财产损益时，按照待出售、置换换出无形资产的账面价值，借记“待处理财产损溢”科目，按照已计提摊销，借记“累计摊销”科目，按照无形资产的账面余额，贷记本科目。

（三）核算举例

[例 34]　因会计制度的变化，东昌市教育局购买了新财务软件，该软件购买及安装调试费用共计 36 万元。在安装调试完毕后，根据相关合同及验收凭证，会计部门做分录如下：

借：无形资产　　　　　　　　360 000

　　贷：资产基金——无形资产　　360 000

同时，借：经费支出　　　　　　360 000

　　　　贷：财政拨款收入　　　　　　360 000

本例中“经费支出”的明细科目为：

“公共财政预算拨款——基本支出——其他资本性支出——信息网络及软件购置更新”。

三、无形资产的摊销

（一）无形资产摊销概述

摊销是指在无形资产使用寿命内，按照确定的方法对应摊销金额进行系统分摊。企业会计对无形资产进行摊销，是为了在其预计使用年限内均摊其成本。与此不同，行政单位实施无形资产摊销制度是为了准确反映其净值。行政单位应当按照以下原则确定无形资产的摊销年限：

1. 法律规定了有效年限的，按照法律规定的有效年限作为摊销年限；

2. 法律没有规定有效年限的，按照相关合同或单位申请书中的受益年限作为摊销年限；

3. 法律没有规定有效年限、相关合同或单位申请书也没有规定受益年限的，按照不少于10年的期限摊销。

4. 非大批量购入、单价小于1000元的无形资产，可以于购买的当期，一次将成本全部摊销。

此外，还需要注意的是：行政单位应当采用年限平均法计提无形资产摊销；行政单位无形资产的应摊销金额为其成本；以名义金额计量的无形资产不实行摊销。

（二）核算科目介绍

《行政单位会计制度》设置累计摊销（编号：1602）科目，用以核算行政单位无形资产计提的累计摊销。该科目应当按照无形资产的类别、项目等进行明细核算。该科目期末贷方余额，反映行政单位计提的无形资产摊销累计数。

行政单位应当自无形资产取得当月起，按月计提摊销；无形资产减少的当月，不再计提摊销。无形资产提足摊销后，无论能否继续带来服务潜力或经济利益，均不再计提摊销；核销的无形资产，如果未提足摊销，也不再补提摊销。因发生后续支出而增加无形资产成本的，应当按照重新确定的无形资产成本，重新计算摊销额。

（三）主要账务处理介绍

1. 按月计提无形资产摊销时，按照应计提摊销金额，借记“资产基金——无形资产”科目，贷记本科目。

2. 无形资产处置时，按照所处置无形资产的账面价值，借记“待处理财产损溢”科目[出售、置换换出、核销]或“资产基金——无形资产”科目[无偿调出、对外捐赠]，按照已计提摊销，借记本科目，按照无形资产的账面余额，贷记“无形资产”科目。

（四）核算举例

[例 35]（承上例）上述财务软件的摊销期为 10 年。按月计提无形资产摊销时，按照应计提摊销金额，会计部门做如下分录：

借：资产基金——无形资产　　3 000

　　贷：累计摊销　　　　　　　　3 000

第四节　财产处理和受托资产的核算

一、财产处理和受托资产概述

（一）行政单位的财产处理

行政单位财产的处理包括资产的出售、报废、毁损、盘盈、盘亏，以及货币性资产损失核销等。

行政单位财产的处理，一般应当先记入“待处理财产损溢”，按照规定报经批准后及时进行相应的账务处理。年终结账前一般应处理完毕。

（二）行政单位的受托资产

行政单位的受托资产，狭义上仅指“受托代理资产”这个会计科目所核算的内容。由于当前我国社会救助和慈善等行业的非营利组织不发达（包括社会公信力缺失），因而一些行政单位不得不承担此类工作。在这类活动中，无论委托方是政府组织还是社会组织（抑或是居民个人），这些行政单位所接纳的相关物资在会计核算中都表现为受托代理资产。

从广义来看，政府储备物资、公共设施都属于受托资产，因为这些资产的终极所有权并不属于占有这些资产的行政单位。（当然，从某种意义上说，行政单位的任何资产都非终极所有，因而其全体资产都具有受托的性质。所以行政单位会计目标的核心是“反映受托责任的履行情况”。）

二、待处理财产损溢的核算

（一）核算科目介绍

《行政单位会计制度》设置待处理财产损溢（编号：1701）科目，用以核算行政单位待处理财产的价值及财产处理损溢。

该科目应当按照待处理财产项目进行明细核算；对于在财产处理过程中取得收入或发生相关费用的项目，还应当设置“待处理财产价值”、“处理净收入”明细科目，进行明细核算。

该科目期末如为借方余额，反映尚未处理完毕的各种财产的价值及净损失；期末如为贷方余额，反映尚未处理完毕的各种财产净溢余。年度终了，报经批准处理后，该科目一般应无余额。

（二）主要账务处理介绍

1. 按照规定报经批准处理无法查明原因的现金短缺或溢余

（1）属于无法查明原因的现金短缺，报经批准核销的，借记“经费支出”科目，贷记本科目。

（2）属于无法查明原因的现金溢余，报经批准后，借记本科目，贷记“其他收入”科目。

2. 按照规定报经批准核销无法收回的应收账款、其他应收款

（1）转入待处理财产损溢时，借记本科目，贷记“应收账款”、“其他应收款”科目。

（2）报经批准对无法收回的其他应收款予以核销时，借记“经费支出”科目，贷记本科目；对无法收回的应收账款予以核销时，借记“其他应付款”等科目，贷记本科目。

3. 按照规定报经批准核销的预付账款、无形资产

（1）转入待处理财产损溢时，借记本科目[核销无形资产的，还应借记“累计摊销”科目]，贷记“预付账款”、“无形资产”科目。

（2）报经批准予以核销时，借记“资产基金——预付款项、无形资产”科目，贷记本科目。

4. 出售、置换换出存货、固定资产、无形资产、政府储备物资等

（1）转入待处理财产损溢时，借记本科目（待处理财产价值）[出售、置换换出固定资产的，还应当借记“累计折旧”科目；出售、置换换出无形资产的，还应当借记“累计摊销”科目]，贷记“存货”、“固定资产”、“无形资产”、“政府储备物资”等科目。

（2）实现出售、置换换出时，借记“资产基金”及相关明细科目，贷记本科目（待处理财产价值）。

（3）出售、置换换出资产过程中收到价款、补价等收入，借记“库存

现金”、“银行存款”等科目，贷记本科目（处理净收入）。

（4）出售、置换换出资产过程中发生相关费用的，借记本科目（处理净收入），贷记“库存现金”、“银行存款”、“应缴税费”等科目。

（5）出售、置换换出完毕并收回相关的应收账款后，按照处置收入扣除相关税费后的净收入，借记本科目（处理净收入），贷记“应缴财政款”。如果处置收入小于相关税费的，按照相关税费减去处置收入后的净支出，借记“经费支出”科目，贷记本科目（处理净收入）。

5. 盘亏、毁损、报废各种实物资产

（1）转入待处理财产损溢时，借记本科目（待处理财产价值）[处置固定资产、公共基础设施的，还应当借记“累计折旧”科目]，贷记“存货”、“固定资产”、“在建工程”、“政府储备物资”、“公共基础设施”等科目。

（2）报经批准予以核销时，借记“资产基金”及相关明细科目，贷记本科目（待处理财产价值）。

（3）毁损、报废各种实物资产过程中取得的残值变价收入、发生相关费用，以及取得的残值变价收入扣除相关费用后的净收入或净支出的账务处理，比照本节前文所述的“二（二）4”有关出售资产进行处理。

6. 核销不能形成资产的在建工程成本

转入待处理财产损溢时，借记本科目，贷记“在建工程”科目。报经批准予以核销时，借记“资产基金——在建工程”科目，贷记本科目。

7. 盘盈存货、固定资产、政府储备物资等实物资产

转入待处理财产损溢时，借记“存货”、“固定资产”、“政府储备物资”等科目，贷记本科目。报经批准予以处理时，借记本科目，贷记“资产基金”及相关明细科目。

（三）核算举例

[例 36] 某月 9 日，东昌市教育局会计科核对库存现金时，发现现金溢余 100 元。该溢余原因有待查明，先作为待处理财产损溢处理。会计分录如下：

借：库存现金　　100

　　贷：待处理财产损溢　　100

[例 37] 某月 30 日，东昌市教育局将属于无法查明原因的现金溢余 100 元，报经批准后转作其他收入。会计分录如下：

借：待处理财产损溢　　100

贷：其他收入　　100

[例 38] 2 月某日东昌市教育局处理旧电脑 10 台，残值变价 1 000 元。旧电脑已交付接收方，变价款尚未收到。电脑账面原值 8 万，未曾计提折旧（因 2014 年之前的会计制度不提折旧）。转入待处理财产损溢时，教育局会计科做如下会计分录：

借：应收账款　　1 000

　　贷：待处理财产损溢　1 000

同时：借：资产基金　　80 000

　　　　贷：固定资产　　80 000

[例 39] 3 日后，接开户行通知，残值变价款已经到账。根据相关凭证，东昌市教育局会计科做如下会计分录：

借：银行存款　　1 000

　　贷：应收账款　　1 000

同时，借：待处理财产损溢　1 000

　　　　贷：应缴财政款　　1 000

三、政府储备物资的核算

（一）核算科目介绍

《行政单位会计制度》设置政府储备物资（编号：1801）科目，用以核算行政单位直接储存管理的各项政府应急或救灾储备物资等。

该科目应当按照政府储备物资的种类、品种、存放地点等进行明细核算。该科目期末借方余额，反映行政单位管理的政府储备物资的实际成本。

需要注意的是，政府储备物资应当在其到达存放地点并验收时确认；负责采购并拥有储备物资调拨权力的行政单位（简称“采购单位”）将政府储备物资交由其他行政单位（简称“代储单位”）代为储存的，由采购单位通过本科目核算政府储备物资，代储单位将受托代储的政府储备物资作为受托代理资产核算。

（二）主要账务处理介绍

1. 取得储备物资

取得政府储备物资时，应当按照其成本入账。分为以下两种情况进行账务处理：

（1）购入的政府储备物资，其成本包括购买价款、相关税费、运输费、装卸费、保险费以及其他使政府储备物资达到目前场所和状态所发生的支出；单位支付的政府储备物资保管费、仓库租赁费等日常储备费用，不计入政府储备物资的成本。

购入的政府储备物资验收入库，按照确定的成本，借记本科目，贷记“资产基金——政府储备物资”科目；同时，按实际支付的金额，借记“经费支出”科目，贷记“财政拨款收入”、“零余额账户用款额度”、“银行存款”等科目。

（2）接受捐赠、无偿调入的政府储备物资，其成本按照有关凭据注明的金额加上相关税费、运输费等确定；没有相关凭据可供取得，但依法经过资产评估的，其成本应当按照评估价值加上相关税费、运输费等确定；没有相关凭据可供取得、也未经评估的，其成本比照同类或类似政府储备物资的市场价格加上相关税费、运输费等确定。

接受捐赠、无偿调入的政府储备物资验收入库，按照确定的成本，借记本科目，贷记“资产基金——政府储备物资”科目，由行政单位承担运输费用等的，按实际支付的相关税费、运输费等金额，借记“经费支出”科目，贷记“财政拨款收入”、“零余额账户用款额度”、“银行存款”等科目。

2. 发出政府储备物资

政府储备物资发出时，应当根据实际情况采用先进先出法、加权平均法或者个别计价法确定发出政府储备物资的实际成本。计价方法一经确定，不得随意变更。

（1）经批准对外捐赠、无偿调出政府储备物资时，按照对外捐赠、无偿调出政府储备物资的实际成本，借记“资产基金——政府储备物资”科目，贷记本科目。

对外捐赠、无偿调出政府储备物资发生由行政单位承担的运输费等支出时，借记“经费支出”科目，贷记“财政拨款收入”、“零余额账户用款额度”、“银行存款”等科目。

（2）行政单位报经批准将不需储备的物资出售时，应当转入待处理财产损溢，按照相关储备物资的账面余额，借记“待处理财产损溢”科目，贷记本科目。

（三）政府储备物资的盘盈、盘亏或报废、毁损

行政单位管理的政府储备物资应当定期进行清查盘点，每年至少盘点一次。对于发生的政府储备物资盘盈、盘亏或者报废、毁损，应当及时查

明原因，按规定报经批准后进行账务处理。

1. 盘盈的政府储备物资，按照取得同类或类似政府储备物资的实际成本确定入账价值；没有同类或类似政府储备物资的实际成本，按照同类或类似政府储备物资的市场价格确定入账价值。

盘盈的政府储备物资，按照确定的入账价值，借记本科目，贷记“待处理财产损溢”科目。

2. 盘亏或者报废、毁损的政府储备物资，转入待处理财产损溢时，按照其账面余额，借记“待处理财产损溢”科目，贷记本科目。

（四）核算举例

［例 40］东昌市人民政府购入帐篷等防灾物资一批，该宗政府储备物资由民政局具体负责购买和管理，购买价款和相关运输费、装卸费合计 55 万元。民政局会计部门根据有关凭证做分录如下：

借：政府储备物资　　550 000

　　贷：资产基金——政府储备物资　　550 000

同时：

借：经费支出　　550 000

　　贷：零余额账户用款额度　　550 000

［例 41］东昌市民政局接受捐赠物资 50 万元。民政局承担相关运输费、装卸费，支出 2 600 元。

借：政府储备物资　　500 000

　　贷：资产基金——政府储备物资　　500 000

根据有关凭证，相关支出会计分录为：

借：经费支出　　2 600

　　贷：零余额账户用款额度　　2 600

［例 42］经批准，东昌市民政局对外无偿调出棉服等政府储备物资一宗，账面原价 30 万元，运费由对方承担。

借：资产基金——政府储备物资　　300 000

　　贷：政府储备物资　　3000 000

四、公共基础设施的核算

（一）核算科目介绍

《行政单位会计制度》设置公共基础设施（编号：1802）科目，用以核算由行政单位占有并直接负责维护管理、供社会公众使用的工程性公共基础设施资产，包括城市交通设施、公共照明设施、环保设施、防灾设施、健身设施、广场及公共构筑物等其他公共设施。该科目应当按照公共基础设施的类别和项目进行明细核算。该科目期末借方余额，反映行政单位管理的公共基础设施的实际成本。

需要注意的是：与公共基础设施配套使用的修理设备、工具器具、车辆等动产，作为管理公共基础设施的行政单位的固定资产核算，不通过本科目核算；与公共基础设施配套、供行政单位在公共基础设施管理中自行使用的房屋构筑物等，能够与公共基础设施分开核算的，作为行政单位的固定资产核算，不通过本科目核算。

行政单位应当结合本单位的具体情况，制定适合于本单位管理的公共基础设施目录、分类方法，作为进行公共基础设施核算的依据。公共基础设施应当在对其取得占有权利时确认。

（二）主要账务处理介绍

1. 取得公共基础设施

公共基础设施在取得时，应当按照其成本入账。

（1）行政单位自行建设的公共基础设施，其成本包括建造该公共基础设施至交付使用前所发生的全部必要支出。

公共基础设施的各组成部分需要分别核算的，按照各组成部分公共基础设施造价确定其成本；没有各组成部分公共基础设施造价的，按照各组成部分公共基础设施同类或类似市场造价的比例对总造价进行分配，确定各组成部分公共基础设施的成本。

公共基础设施建设完工交付使用时，按照确定的成本，借记本科目，贷记“资产基金——公共基础设施”科目；同时，借记“资产基金——在建工程”科目，贷记“在建工程”科目。已交付使用但尚未办理竣工决算手续的公共基础设施，按照估计价值入账，待确定实际成本后再进行调整。

（2）接受其他单位移交的公共基础设施，其成本按照公共基础设施的原账面价值确认，借记本科目，贷记“资产基金——公共基础设施”科目。

2. 公共基础设施的后续支出

与公共基础设施有关的后续支出，分以下情况处理：

（1）为增加公共基础设施使用效能或延长其使用寿命而发生的改建、扩建或大型修缮等后续支出，应当计入公共基础设施成本，通过“在建工程”科目核算，完工交付使用时转入本科目。

（2）为维护公共基础设施的正常使用而发生的日常修理等后续支出，应当计入当期支出，借记有关支出科目，贷记“财政拨款收入”、“零余额账户用款额度”、“银行存款”等科目。

（三）公共基础设施的处置

行政单位管理的公共基础设施向其他单位移交、毁损、报废时，应当按照规定报经批准后进行账务处理。

1. 经批准向其他单位移交公共基础设施时，按照移交公共基础设施的账面价值，借记“资产基金——公共基础设施”科目，按照已计提折旧，借记“累计折旧”科目，按照公共基础设施的账面余额，贷记本科目。

2. 报废、毁损的公共基础设施，转入待处理财产损溢时，按照待处理公共基础设施的账面价值，借记“待处理财产损溢”科目，按照已计提折旧，借记“累计折旧”科目，按照公共基础设施的账面余额，贷记本科目。

（四）核算举例

[例 43] 东昌市人民广场由所在区政府划归市城建局运作和管理。该广场账面价为 2 亿，上划前未提折旧。市城建局会计科根据交接单据做会计分录如下：

借：公共基础设施　　200 000 000

　贷：资产基金——公共基础设施　　200 000 000

[例 44] ×日，东昌市民政局将市救助站的临街房改建成为婴儿安全岛，产权归属民政局。该项目在建工程归集的开支共计 100 万元。

借：公共基础设施　　1 000 000

　贷：资产基金——公共基础设施　　1 000 000

借：资产基金——在建工程　　1 000 000

　贷：在建工程　　1 000 000

五、受托代理资产的核算

（一）核算科目介绍

《行政单位会计制度》设置受托代理资产（编号：1901）科目，用以核算行政单位接受委托方委托管理的各项资产，包括受托指定转赠的物资、受托储存管理的物资等。该科目应当按照资产的种类和委托人进行明细核算；属于转赠资产的，还应当按照受赠人进行明细核算。该科目期末借方余额，反映单位受托代理资产中实物资产的价值。

受托代理资产应当在行政单位收到受托代理的资产时确认。行政单位收到受托代理资产为现金和银行存款的，不通过本科目核算，应当通过“库存现金”、“银行存款”科目进行核算。

（二）主要账务处理介绍

1. 受托转赠物资

（1）接受委托人委托需要转赠给受赠人的物资，其成本按照有关凭据注明的金额确定；没有相关凭据可供取得的，其成本比照同类或类似物资的市场价格确定。

接受委托转赠的物资验收入库，按照确定的成本，借记本科目，贷记“受托代理负债”科目；受托协议约定由行政单位承担相关税费、运输费等的，还应当按照实际支付的相关税费、运输费等金额，借记“经费支出”科目，贷记“银行存款”等科目。

（2）将受托转赠物资交付受赠人时，按照转赠物资的成本，借记“受托代理负债”科目，贷记本科目。

（3）转赠物资的委托人取消了对捐赠物资的转赠要求，且不再收回捐赠物资的，应当将转赠物资转为存货或固定资产，按照转赠物资的成本，借记“受托代理负债”科目，贷记本科目；同时，借记“存货”、“固定资产”科目，贷记“资产基金——存货、固定资产”科目。

2. 受托储存管理物资

（1）接受委托人委托储存管理的物资，其成本按照有关凭据注明的金额确定。接受委托储存的物资验收入库，按照确定的成本，借记本科目，贷记“受托代理负债”科目。

（2）支付由受托单位承担的与受托储存管理的物资相关的运输费、保管费等费用时，按照实际支付的金额，借记“经费支出”科目，贷记“银行存款”等科目。

（3）根据委托人要求交付受托储存管理的物资时，按照储存管理物资的成本，借记“受托代理负债”科目，贷记本科目。

（三）核算举例

[例 45] 8 月某日，东昌市民政局收到其他城市捐赠的物资一宗，评估价 80 万元。根据物资入库单据，民政局会计部门做分录如下：

借：受托代理资产　　800 000

贷：受托代理负债　800 000

[例 46] 8 月某日，东昌市民政局将物资转给受灾社区的相关组织，物资运费 2000 元由民政局承担。根据物资交接和运费单据，民政局会计部门做分录如下：

借：受托代理负债　800 000
　　贷：受托代理资产　800 000
借：经费支出　2 000
　　贷：零余额账户用款额度　2 000

思考题

1. 行政单位会计的有价证券是通常意义上的有价证券吗？

2. 行政单位会计购置固定资产的核算同企业会计有什么差别？为什么？

3. 写出企业会计和行政单位会计提取折旧的会计分录，体会什么叫"虚提"，同时思考行政单位为什么要计提折旧。

4. 电脑中安装的 Windows XP 是行政单位的无形资产吗？

5. 什么是受托代理资产？行政单位收到的需要转交的捐款是受托代理资产吗？

练习题

练习一：

一、目的：练习货币资金、有价证券及其他应收款的核算。

二、资料：东昌市卫生局 2003 年 5 月份发生下列经济业务

1. 5 月 9 日，提取现金 2 000 元备用。

2. 5 月 18 日，购买贴现式国库券 20 000 元，实际支付款项 17 000 元。

3. 5 月 21 日，李副局长预借差旅费 1 000 元。

4. 5 月 30 日，出纳人员盘点现金，发现短款 16 元，一时查不出原因，作暂付款入账。

三、要求：根据以上经济业务，编制会计分录。

练习二：

一、目的：练习库存材料和固定资产的核算。

二、资料：东昌市卫生局某某年 7 月份发生下列经济业务：

1. 7 月 8 日，购买甲种材料 200 公斤验收入库。甲种材料单价为每公斤 12 元，运杂费 200 元，采购人员差旅费 80 元。

2. 7 月 15 日，为接待室添置空调两台，单价为 8 200 元。

3. 月末，材料保管部门报送的“发出材料汇总表”列明，本月共计领用丁种材料 150 公斤（假定发出材料平均单价为 10 元）。

三、要求：根据以上经济业务，编制会计分录。

第九章　行政单位负债和净资产的核算

学习目的

学完本章内容后，你应当能够：

- 掌握行政单位会计负债的概念和内容；
- 掌握行政单位负债的核算；
- 掌握在理解的基础上辨析行政单位负债的独特之处；
- 掌握行政单位会计净资产的概念和内容；
- 熟悉行政单位结转和结余的核算。

第一节　行政单位流动负债的核算

一、行政单位负债概述

负债是指行政单位所承担的能以货币计量,需要以资产等偿还的债务。

行政单位的负债按照流动性，分为流动负债和非流动负债。

流动负债是指预计在1年内（含1年）偿还的负债；非流动负债是指流动负债以外的负债。

行政单位的负债主要由执行公务中收取的行政性收费、代收的纳入预算管理的政府性基金、一些虽未纳入预算但必须纳入财政预算外资金专户管理的财政性资金以及资金运行与结算过程中发生的应付税费、应付未付事项等组成。这些体现政府职能的代收和应付的资金，虽然由行政单位收进，但各行政单位无权支配与使用，它们的所有权是属于政府预算或财政专户的。应缴和代收款项在未上缴政府预算或未结算付出之前，就表现为对政府或对管理机构的负债。

由于行政单位的特殊性，除非经过特定程序，否则不能申请有偿性的借入款项;同时会计制度规定对政府预算及管理机构的负债必须按月结清，因此，行政单位的负债绝大部分都是短期的。由于受托代理负债的期限难以确定，严格意义上的行政单位非流动负债仅有因跨年度分期付款所形成的长期应付款一个内容。

想一想：行政单位的负债同以往学过的企业会计的负债还有哪些差异？

二、应缴财政款的核算

（一）核算科目介绍

《行政单位会计制度》设置应缴财政款（编号：2001）科目，用以核算行政单位取得的按规定应当上缴财政的款项，包括罚没收入、行政事业性收费、政府性基金、国有资产处置和出租收入等。行政单位按照国家税法等有关规定应当缴纳的各种税费，通过“应缴税费”科目核算，不在本科目核算。该科目贷方余额，反映行政单位应当上缴财政但尚未缴纳的款项。年终清缴后，本科目一般应无余额。

该科目应当按照应缴财政款项的类别进行明细核算。应缴财政款应当在收到应缴财政的款项时确认。

（二）主要账务处理介绍

1. 取得按照规定应当上缴财政的款项时，借记“银行存款”等科目，贷记本科目。

2. 处置资产取得应当上缴财政的处置净收入的账务处理，参见“待处理财产损溢”科目。

3. 上缴应缴财政的款项时，按照实际上缴的金额，借记本科目，贷记“银行存款”科目。

（三）核算举例

[例 1] 3 月 15 日，东昌市卫生局对某餐饮营业场所的恶劣卫生状况依法进行行政处罚，收取罚款 5 000 元。根据有关凭证，填制记账凭单，会计分录如下：

借：银行存款　　　　5 000

　　贷：应缴财政款——罚没　　　　5 000

[例 2] 3 月 18 日，东昌市卫生局向某公共场所颁发公共场所卫生许可证，收取工本费 310 元（正本 300 元，副本 10 元）。根据有关凭证，填制

记账凭单，会计分录如下：

借：银行存款　　310

　贷：应缴财政款——行政性收费　　310

［例 3］月末，东昌市卫生局将本月收取的应缴款项共计 24 000 元上交同级国库。根据有关凭证，填制记账凭单，会计分录如下：

借：应缴财政款　　24 000

　贷：银行存款　　24 000

三、应缴税费的核算

（一）核算科目介绍

《行政单位会计制度》设置应缴税费（编号：2101）科目，核算行政单位按照税法等规定应当缴纳的各种税费，包括营业税、城市维护建设税、教育费附加、房产税、车船税、城镇土地使用税等。行政单位代扣代缴的个人所得税，也通过本科目核算。

应缴税费应当在产生缴纳税费义务时确认。该科目应当按照应缴纳的税费种类进行明细核算。该科目期末贷方余额，反映行政单位应缴未缴的税费金额。

（二）主要账务处理介绍

1. 因资产处置等发生营业税、城市维护建设税、教育费附加等缴纳义务的，按照税法等规定计算的应缴税费金额，借记“待处理财产损溢”科目，贷记本科目；实际缴纳时，借记本科目，贷记“银行存款”等科目。

2. 因出租资产等发生营业税、城市维护建设税、教育费附加等缴纳义务的，按照税法等规定计算的应缴税费金额，借记“应缴财政款”等科目，贷记本科目；实际缴纳时，借记本科目，贷记“银行存款”等科目。

3. 代扣代缴个人所得税，按照税法等规定计算的应代扣代缴的个人所得税金额，借记“应付职工薪酬”科目[从职工工资中代扣个人所得税]或“经费支出”科目[从劳务费中代扣个人所得税]，贷记本科目。实际缴纳时，借记本科目，贷记“财政拨款收入”、“零余额账户用款额度”、“银行存款”等科目。

（三）核算举例

［例 4］2 月某日，经上级批准，东昌市卫生局出售闲置房产一幢，售价 500 000 元，按税法规定需要缴纳营业税、城市维护建设税和教育费附

加。城市维护建设税的税率为 7%，教育费附加的征收比例为 3%。

营业税=500 000×5%=25 000（元）

城市维护建设税=25 000×7%=1 750（元）

教育费附加=25 000×3%=750（元）

计提税金时：

借：待处理财产损溢　　27 500

　贷：应缴税费——应缴营业税　　25 000

　　　　——应缴城建税　　1 750

　　　　——应缴教育费附加　　750

实际缴纳时：

借：应缴税费——应缴营业税　　25 000

　　　　——应缴城建税　　1 750

　　　　——应缴教育费附加　　750

　贷：零余额账户用款额度　　27 500

［例 5］3 月某日，东昌市卫生局聘请某流行病学专家普及禽流感防疫知识，按新出台的课酬标准一次性支付讲课费 3 000 元，卫生局会计科为其代扣代缴个人所得税 440 元。

应纳个人所得税=（3000－800）×20%=440（元）

借：经费支出　　3 000

　贷：库存现金　　2 560

　　应缴税费——应交个人所得税　　440

结算应缴税费时：

借：应缴税费——应交个人所得税　　440

　贷：零余额账户用款额度　　440

四、应付职工薪酬的核算

（一）核算科目介绍

《行政单位会计制度》设置应付职工薪酬（编号：2201）科目，用以核算行政单位按照有关规定应付给职工及为职工支付的各种薪酬，包括基本工资、奖金、国家统一规定的津贴补贴、社会保险费、住房公积金等。

该科目应当根据国家有关规定按照“工资（离退休费）”、“地方（部门）津贴补贴”、“其他个人收入”以及“社会保险费”、“住房公积金”等进行明细核算。该科目期末贷方余额，反映行政单位应付未付的职工薪酬。

应付职工薪酬应当在规定支付职工薪酬的时间确认。

（二）主要账务处理介绍

1. 发生应付职工薪酬时，按照计算出的应付职工薪酬金额，借记“经费支出”科目，贷记本科目。

2. 向职工支付工资、津贴补贴等薪酬时，按照实际支付的金额，借记本科目，贷记“财政拨款收入”、“零余额账户用款额度”、“银行存款”等科目。

从应付职工薪酬中代扣为职工垫付的水电费、房租等费用时，按照实际扣除的金额，借记本科目（工资），贷记“其他应收款”等科目。

从应付职工薪酬中代扣代缴个人所得税，按照代扣代缴的金额，借记本科目（工资），贷记“应缴税费”科目。

从应付职工薪酬中代扣代缴社会保险费和住房公积金，按照代扣代缴的金额，借记本科目（工资），贷记“其他应付款”科目。

3. 缴纳单位为职工承担的社会保险费和住房公积金时，借记本科目（社会保险费、住房公积金），贷记“财政拨款收入”、“零余额账户用款额度”、“银行存款”等科目。

（三）核算举例

［例 6］东昌市卫生局于某月 5 日计提应付职工薪酬，工资汇总表列明当月应付在职职工基本工资 51 000 元，应付机关工作人员岗位津贴 6 000 元。东昌市卫生局会计科填制记账凭单，会计分录如下：

借：经费支出——基本支出——基本工资　　51 000
　　　　　　——基本支出——津贴补贴　　6 000
　贷：应付职工薪酬　　57 000

借：应付职工薪酬　　57 000
　贷：零余额账户用款额度　　57 000

［例 7］东昌市教育局于某月 5 日计提应付职工薪酬，工资汇总表列明当月应付在职职工基本工资 65 000 元，应付机关工作人员岗位津贴 8 000 元，应付绩效工资 5 000 元。东昌市教育局会计科填制记账凭单，会计分录如下：

借：经费支出——基本支出——基本工资　　65 000
　　　　　　——基本支出——津贴补贴　　8 000

——基本支出——绩效工资　　5 000

贷：应付职工薪酬　　78 000

借：应付职工薪酬　　78 000

贷：财政拨款收入　　78 000

五、应付账款的核算

（一）核算科目介绍

《行政单位会计制度》设置应付账款（编号：2301）科目，用以核算行政单位因购买物资或服务、工程建设等而应付的偿还期限在 1 年以内（含 1 年）的款项。

该科目应当按照债权单位（或个人）进行明细核算。该科目期末贷方余额，反映行政单位尚未支付的应付账款。

应付账款应当在收到所购物资或服务、完成工程时确认。

（二）主要账务处理介绍

1. 收到所购物资或服务、完成工程但尚未付款时，按照应付未付款项的金额，借记“待偿债净资产”科目，贷记本科目。

2. 偿付应付账款时，借记本科目，贷记“待偿债净资产”科目；同时，借记“经费支出”科目，贷记“财政拨款收入”、“零余额账户用款额度”、“银行存款”等科目。

3. 无法偿付或债权人豁免偿还的应付账款，应当按照规定报经批准后进行账务处理。经批准核销时，借记本科目，贷记“待偿债净资产”科目。核销的应付账款应在备查簿中保留登记。

（三）核算举例

[例 8] 某日，东昌市教育局粉刷建筑物。粉刷工程于当日完工，工程款项 6 000 元尚未支付。

借：待偿债净资产　　6 000

贷：应付账款　　6 000

[例 9] 一周后，东昌市教育局开出转账支票结算工程款项。

借：应付账款　　6 000

贷：待偿债净资产　　6 000

同时，借：经费支出　　6 000

贷：财政拨款收入基本支出——商品和服务支出——维修（护）费　　6 000

六、应付政府补贴款的核算

（一）核算科目介绍

《行政单位会计制度》设置应付政府补贴款（编号：2302）科目，用以核算负责发放政府补贴的行政单位，按照规定应当支付给政府补贴接受者的各种政府补贴款。

该科目应当按照应支付的政府补贴种类进行明细核算。行政单位还应当按照补贴接受者建立备查簿，进行相应明细核算。该科目期末贷方余额，反映行政单位应付未付的政府补贴金额。

应付政府补贴款应当在规定发放政府补贴的时间确认。

（二）主要账务处理介绍

1. 发生应付政府补贴时，按照规定计算出的应付政府补贴金额，借记“经费支出”科目，贷记本科目。

2. 支付应付的政府补贴款时，借记本科目，贷记“零余额账户用款额度”、“银行存款”等科目。

（三）核算举例

[例 10] 某月 6 日，东昌市物价局根据物价上涨情况，计提临时价格补贴 100 万。该补贴面向城乡低保对象、农村五保供养对象、优抚对象以及领取事业保险金对象等。物价局会计科根据相关文件和凭证，做如下会计分录：

借：经费支出　　1 000 000

　　贷：应付政府补贴款项目支出——对个人和家庭的补助——其他对个人和家庭的补助支出　　1 000 000

[例 11] 某月 7 日，东昌市物价局发放临时价格补贴 100 万。物价局会计科根据凭证，做如下会计分录：

借：应付政府补贴款　　1 000 000

　　贷：财政拨款收入　　1 000 000

七、其他应付款的核算

（一）核算科目介绍

《行政单位会计制度》设置其他应付款（编号：2305）科目，用以核算行政单位除应缴财政款、应缴税费、应付职工薪酬、应付政府补贴款、应付账款以外的其他各项偿还期在 1 年以内（含 1 年）的应付及暂存款项，如收取的押金、保证金、未纳入行政单位预算管理的转拨资金、代扣代缴职工社会保险费和住房公积金等。

该科目应当按照其他应付款的类别以及债权单位（或个人）进行明细核算。该科目期末贷方余额，反映行政单位尚未支付的其他应付款。

（二）主要账务处理介绍

1. 发生其他各项应付及暂存款项时，借记“银行存款”等科目，贷记本科目。

2. 支付其他各项应付及暂存款项时，借记本科目，贷记“银行存款”等科目。

3. 因故无法偿付或债权人豁免偿还的其他应付款项，应当按规定报经批准后进行账务处理。经批准核销时，借记本科目，贷记“其他收入”科目。核销的其他应付款应在备查簿中保留登记。

（三）核算举例

[例 12] 5 月某日，东昌市教育局受托举办英语类招聘考试，考试前收取参考人员听力设备押金共计 1200 元。

借：库存现金　　1 200

　　贷：其他应付款　　1 200

[例 13] 考试结束后，返还参考人员听力设备押金共计 1 200 元。

借：其他应付款　　1 200

　　贷：库存现金　　1 200

第二节　行政单位非流动负债的核算

一、长期应付款的核算

（一）核算科目介绍

《行政单位会计制度》设置长期应付款（编号：2401）科目，用以核算行政单位发生的偿还期限超过 1 年（不含 1 年）的应付款项，如跨年度分期付款购入固定资产的价款等。

该科目应当按照长期应付款的类别以及债权单位（或个人）进行明细核算。该科目期末贷方余额，反映行政单位尚未支付的长期应付款。

长期应付款应当按照以下条件确认：

1. 因购买物资、服务等发生的长期应付款，应当在收到所购物资或服务时确认。

2. 因其他原因发生的长期应付款，应当在承担付款义务时确认。

（二）主要账务处理介绍

1. 发生长期应付款时，按照应付未付的金额，借记“待偿债净资产”科目，贷记本科目。

2. 偿付长期应付款时，借记“经费支出”科目，贷记“财政拨款收入”、“零余额账户用款额度”、“银行存款”等科目；同时，借记本科目，贷记“待偿债净资产”科目。

3. 无法偿付或债权人豁免偿还的长期应付款，应当按照规定报经批准后进行账务处理。经批准核销时，借记本科目，贷记“待偿债净资产”科目。核销的长期应付款应在备查簿中保留登记。

（三）核算举例

[例 14] 某日，东昌市环保局（直接支付方式）购买专用设备一台，价款和运输费用共计 90 万元。环保局对该设备采取跨年度分期付款，所有款项分 15 个月付清，设备已运抵并调试成功。环保局会计科根据固定资产交接单据，做如下会计分录：

借：待偿债净资产　　900 000
　　贷：长期应付款　　900 000
借：固定资产　　900 000
　　贷：资产基金——固定资产　　900 000

[例 15] 偿付长期应付款时，做如下会计会录：

借：经费支出　　60 000
　　贷：财政拨款收入　　60 000
借：长期应付款　　60 000
　　贷：待偿债净资产——项目支出——其他资本性支出——
　　　　专用设备购置　　60 000

二、受托代理负债的核算

（一）核算科目介绍

《行政单位会计制度》设置受托代理负债（编号：2901）科目，用以核算行政单位接受委托，取得受托管理资产时形成的负债。

该科目应当按照委托人等进行明细核算；属于指定转赠物资和资金的，还应当按照指定受赠人进行明细核算。该科目期末贷方余额，反映行政单位尚未清偿的受托代理负债。

受托代理负债应当在行政单位收到受托代理资产并产生受托代理义务时确认。

（二）主要账务处理介绍

受托代理负债的账务处理，参见“受托代理资产”、“库存现金”、“银行存款”等科目。

（三）核算举例

[例 16] 5 月某日，东昌市民政局收到某民企捐赠的小学生学习用具，价值 10 万元。该民企暂未明确捐赠目的地，暂时代为托管。根据物资入库单据，做如下会计分录：

借：受托代理资产　100 000

　　贷：受托代理负债　　100 000

[例 17] 5 月末，捐赠学习用具的民企取消了对捐赠物资的转赠要求，且不再收回捐赠物资。东昌市民政局将物资转作存货处理。会计分录如下：

借：受托代理负债　　100 000

　　贷：受托代理资产　　100 000

同时，

借：存货　　100 000

　　贷：资产基金——存货　　100 000

[例 18] 8 月某日，暴雨灾害过后，教育局募集本局职工爱心捐款 5 000 元现金。该款项暂时存放于教育局会计科，做如下会计分录：

借：库存现金　　5 000

　　贷：受托代理负债　　5 000

第三节 行政单位净资产的核算

一、净资产概述

净资产是指行政单位资产扣除负债后的余额。

行政单位的净资产包括财政拨款结转、财政拨款结余、其他资金结转结余、资产基金、待偿债净资产等。

《行政单位财务规则》第五章“结转和结余管理”区分了结转和结余的区别：所谓结转资金，“是指当年预算已执行但未完成，或者因故未执行，下一年度需要按照原用途继续使用的资金。”；所谓结余资金，“是指当年预算工作目标已完成，或者因故终止，当年剩余的资金”。

结转资金在规定使用年限未使用或者未使用完的，视为结余资金。

二、财政拨款结转的核算

（一）核算科目介绍

《行政单位会计制度》设置财政拨款结转（编号：3001）科目，用以核算行政单位滚存的财政拨款结转资金，包括基本支出结转、项目支出结转。

该科目应当设置“基本支出结转”、“项目支出结转”两个明细科目；在“基本支出结转”明细科目下按照“人员经费”和“日常公用经费”进行明细核算，在“项目支出结转”明细科目下按照具体项目进行明细核算；该科目还应当按照《政府收支分类科目》中“支出功能分类科目”的项级科目进行明细核算。

有公共财政预算拨款、政府性基金预算拨款等两种或两种以上财政拨款的行政单位，还应当按照财政拨款种类分别进行明细核算。

本科目还可以根据管理需要按照财政拨款结转变动原因，设置“收支转账”、“结余转账”、“年初余额调整”、“归集上缴”、“归集调入”、“单位内部调剂”、“剩余结转”等明细科目，进行明细核算。

该科目期末贷方余额，反映行政单位滚存的财政拨款结转资金数额。

（二）主要账务处理介绍

1. 调整以前年度财政拨款结转。因发生差错更正，以前年度支出收回等原因，需要调整财政拨款结转的，按照实际调增财政拨款结转的金额，借记有关科目，贷记本科目（年初余额调整）；按照实际调减财政拨款结转的金额，借记本科目（年初余额调整），贷记有关科目。

2. 从其他单位调入财政拨款结余资金。按照规定从其他单位调入财政拨款结余资金时，按照实际调增的额度数额或调入的资金数额，借记“零余额账户用款额度”、“银行存款”等科目，贷记本科目（归集调入）及其明细。

3. 上缴财政拨款结转。按照规定上缴财政拨款结转资金时，按照实际核销的额度数额或上缴的资金数额，借记本科目（归集上缴）及其明细，贷记“财政应返还额度”、“零余额账户用款额度”、“银行存款”等科目。

4. 单位内部调剂结余资金。经财政部门批准对财政拨款结余资金改变用途，调整用于其他未完成项目等，按照调整的金额，借记“财政拨款结余”科目（单位内部调剂）及其明细，贷记本科目（单位内部调剂）及其明细。

5. 结转本年财政拨款收入和支出。（1）年末，将财政拨款收入本年发生额转入本科目，借记“财政拨款收入——基本支出拨款、项目支出拨款”科目及其明细，贷记本科目（收支转账——基本支出结转、项目支出结转）及其明细。（2）年末，将财政拨款支出本年发生额转入本科目，借记本科目（收支转账——基本支出结转、项目支出结转）及其明细，贷记“经费支出——财政拨款支出——基本支出、项目支出”科目及其明细。

6. 将完成项目的结转资金转入财政拨款结余。年末完成上述财政拨款收支转账后，对各项目执行情况进行分析，按照有关规定将符合财政拨款结余性质的项目余额转入财政拨款结余，借记本科目（结余转账——项目支出结转）及其明细，贷记“财政拨款结余”（结余转账——项目支出结余）科目及其明细。

7. 年末冲销有关明细科目余额。年末收支转账后，将本科目所属“收支转账”、“结余转账”、“年初余额调整”、“归集上缴”、“归集调入”、“单位内部调剂”等明细科目余额转入“剩余结转”明细科目；转账后，本科目除“剩余结转”明细科目外，其他明细科目应无余额。

（三）核算举例

[例 19] 某年年末，东昌市卫生局结转本年财政拨款收入。本年度同级财政基本支出拨款为 260 万元、项目支出拨款 150 万元。根据有关账户余额，会计分录如下：

借：财政拨款收入——基本支出拨款　2 600 000
　　　　　　　　——项目支出拨款　1 500 000
　贷：财政拨款结转——基本支出结转　2 600 000
　　　　　　　　　——项目支出结转　1 500 000

[例 20] 某年年末，东昌市卫生局结转本年经费支出。本年度经费支出的基本支出余额为 256.7 万元、项目支出余额 148 万元。根据有关账户余额，会计分录如下：

借：财政拨款结转——基本支出结转　2 567 000
　　　　　　　　——项目支出结转　1 480 000
　贷：经费支出——基本支出　　　　　　2 567 000
　　　　　　　——项目支出　　　　　　1 480 000

三、财政拨款结余的核算

（一）核算科目介绍

《行政单位会计制度》设置财政拨款结余（编号：3002）科目，用以核算行政单位滚存的财政拨款项目支出结余资金。

该科目应当按照具体项目、《政府收支分类科目》中“支出功能分类科目”的项级科目等进行明细核算。有公共财政预算拨款、政府性基金预算拨款等两种或两种以上财政拨款的行政单位，还应当按照财政拨款的种类分别进行明细核算。

该科目还可以根据管理需要按照财政拨款结余变动原因，设置“结余转账”、“年初余额调整”、“归集上缴”、“单位内部调剂”、“剩余结余”等明细科目，进行明细核算。该科目期末贷方余额，反映行政单位滚存的财政拨款结余资金数额。

（二）主要账务处理介绍

1. 调整以前年度财政拨款结余。因发生差错更正、以前年度支出收回等原因，需要调整财政拨款结余的，按照实际调增财政拨款结余的金额，借记有关科目，贷记本科目（年初余额调整）；按照实际调减财政拨款结余的金额，借记本科目（年初余额调整），贷记有关科目。

2. 上缴财政拨款结余。按照规定上缴财政拨款结余时，按照实际核销的额度数额或上缴的资金数额，借记本科目（归集上缴）及其明细，贷记“财政应返还额度”、“零余额账户用款额度”、“银行存款”等科目。

3. 单位内部调剂结余资金。经财政部门批准将本单位完成项目结余资金调整用于基本支出或其他未完成项目支出时，按照批准调剂的金额，借记本科目（单位内部调剂）及其明细，贷记“财政拨款结转”（单位内部调剂）科目及其明细。

4. 将完成项目的结转资金转入财政拨款结余。年末，对财政拨款各项目执行情况进行分析，按照有关规定将符合财政拨款结余性质的项目余额转入本科目，借记“财政拨款结转”（结余转账——项目支出结转）科目及其明细，贷记本科目（结余转账——项目支出结余）及其明细。

5. 年末冲销有关明细科目余额。年末，将本科目所属“结余转账”、“年初余额调整”、“归集上缴”、“单位内部调剂”等明细科目余额转入“剩余结余”明细科目；转账后，本科目除“剩余结余”明细科目外，其他明细科目应无余额。

（三）核算举例

[例 21] 某年年末，东昌市卫生局将已完成项目的结转资金 1.3 万元转入财政拨款结余。根据有关账户余额，会计分录如下：

借：财政拨款结转——结余转账　　　　13 000

　　贷：财政拨款结余——结余转账　　　　13 000

四、其他资金结转结余的核算

（一）核算科目介绍

《行政单位会计制度》设置其他资金结转结余（编号：3101）科目，用以核算行政单位除财政拨款收支以外的其他各项收支相抵后剩余的滚存资金。

该科目应当设置“项目结转”和“非项目结余”明细科目，分别对项目资金和非项目资金进行明细核算。对于项目结转，还应当按照具体项目进行明细核算。该科目还可以根据管理需要按照其他资金结转结余变动原因，设置“收支转账”、“年初余额调整”、“结余调剂”、“剩余结转结余”等明细科目，进行明细核算。该科目期末贷方余额，反映行政单位滚存的各项非财政拨款资金结转结余数额。

（二）主要账务处理介绍

1. 调整以前年度其他资金结转结余。因发生差错更正、以前年度支出收回等原因，需要调整其他资金结转结余的，按照实际调增的金额，借记有关科目，贷记本科目（年初余额调整）及其相关明细。按照实际调减的金额，借记本科目（年初余额调整）及其相关明细，贷记有关科目。

2. 结转本年其他资金收入和支出。

（1）年末，将其他收入中的项目资金收入本年发生额转入本科目，借记“其他收入”科目及其明细，贷记本科目（项目结转——收支转账）及其明细；将其他收入中的非项目资金收入本年发生额转入本科目，借记“其他收入”科目及其明细，贷记本科目（非项目结余——收支转账）。

（2）年末，将其他资金支出中的项目支出本年发生额转入本科目，借记本科目（项目结转——收支转账）及其明细，贷记“经费支出——其他资金支出”科目（项目支出）及其明细、“拨出经费”科目（项目支出）及其明细；将其他资金支出中的基本支出本年发生额转入本科目，借记本科目（非项目结余——收支转账），贷记“经费支出——其他资金支出”科目（基本支出）、“拨出经费”科目（基本支出）。

3. 缴回或转出项目结余。完成上述“结转本年其他资金收入和支出”后，对本年末各项目执行情况进行分析，区分年末已完成项目和尚未完成项目，在此基础上，对完成项目的剩余资金根据不同情况进行账务处理：

（1）需要缴回原项目资金出资单位的，按照缴回的金额，借记本科目（项目结转——结余调剂）及其明细，贷记“银行存款”、“其他应付款”等科目。

（2）将项目剩余资金留归本单位用于其他非项目用途的，按照剩余的项目资金金额，借记本科目（项目结转——结余调剂）及其明细，贷记本科目（非项目结余——结余调剂）。

4. 用非项目资金结余补充项目资金。按照实际补充项目资金的金额，借记本科目（非项目结余——结余调剂），贷记本科目（项目结转——结余调剂）及其明细。

5. 年末冲销有关明细科目余额。年末收支转账后，将本科目所属“收支转账”、“年初余额调整”、“结余调剂”等明细科目余额转入“剩余结转结余”明细科目；转账后，本科目除“剩余结转结余”明细科目外，其他明细科目应无余额。

（三）核算举例

［例 22］某年年末，东昌市卫生局结转本年度非财政拨款收入。该局其他收入账户本年余额为 5.4 万元。会计分录如下：

借：其他收入　　54 000

　　贷：其他资金结转结余　　54 000

［例 23］某年年末，东昌市卫生局结转本年度非财政拨款支出。非财政拨款资金支出本年发生额为 5 万元。会计分录如下：

借：其他资金结转结余　　50 000

　　贷：经费支出——其他资金支出　　50 000

五、资产基金的核算

（一）核算科目介绍

《行政单位会计制度》设置资产基金（编号：3501）科目，用以核算行政单位的预付账款、存货、固定资产、在建工程、无形资产、政府储备物资、公共基础设施等非货币性资产在净资产中占用的金额。

该科目应当设置“预付款项”、“存货”、“固定资产”、“在建工程”、“无形资产”、“政府储备物资”、“公共基础设施”等明细科目，进行明细核算。该科目期末贷方余额，反映行政单位非货币性资产在净资产中占用的金额。

（二）主要账务处理介绍

1. 资产基金应当在发生预付账款，取得存货、固定资产、在建工程、无形资产、政府储备物资、公共基础设施时确认。

（1）发生预付账款时，按照实际发生的金额，借记“预付账款”科目，贷记本科目（预付款项）；同时，按照实际支付的金额，借记“经费支出”科目，贷记“财政拨款收入”、“零余额账户用款额度”、“银行存款”等科目。

（2）取得存货、固定资产、在建工程、无形资产、政府储备物资、公共基础设施等资产时，按照取得资产的成本，借记“存货”、“固定资产”、“在建工程”、“无形资产”、“政府储备物资”、“公共基础设施”等科目，贷记本科目（存货、固定资产、在建工程、无形资产、政府储备物资、公共基础设施）；同时，按照实际发生的支出，借记“经费支出”科目，贷记“财政拨款收入”、“零余额账户用款额度”、“银行存款”等科目。

2. 收到预付账款购买的物资或服务时，应当相应冲减资产基金。

按照相应的预付账款金额，借记本科目（预付款项），贷记“预付账款”科目。

3. 领用和发出存货、政府储备物资时，应当相应冲减资产基金。

领用和发出存货、政府储备物资时，按照领用和发出存货、政府储备物资的成本，借记本科目（存货、政府储备物资），贷记“存货”、“政府储备物资”科目。

4. 计提固定资产折旧、公共基础设施折旧、无形资产摊销时，应当冲减资产基金。

计提固定资产折旧、公共基础设施折旧、无形资产摊销时，按照计提的折旧、摊销金额，借记本科目（固定资产、公共基础设施、无形资产），贷记“累计折旧”、“累计摊销”科目。

5. 无偿调出、对外捐赠存货、固定资产、无形资产、政府储备物资、公共基础设施时，应当冲减该资产对应的资产基金。

（1）无偿调出、对外捐赠存货、政府储备物资时，按照存货、政府储备物资的账面余额，借记本科目及其明细，贷记“存货”、“政府储备物资”等科目。

（2）无偿调出、对外捐赠固定资产、公共基础设施、无形资产时，按照相关固定资产、公共基础设施、无形资产的账面价值，借记本科目及其明细，按照已计提折旧、已计提摊销的金额，借记“累计折旧”、“累计摊销”科目，按照固定资产、公共基础设施、无形资产的账面余额，贷记“固定资产”、“公共基础设施”、“无形资产”科目。

6. 通过“待处理财产损溢”科目核算的资产处置，有关本科目的账务处理参见“待处理财产损溢”科目。

（三）核算举例

参见“预付账款”、“存货”、“固定资产”、“在建工程”、“无形资产”、“政府储备物资”、“公共基础设施”等科目的核算举例。

六、待偿债净资产的核算

（一）核算科目介绍

《行政单位会计制度》设置待偿债净资产（编号：3502）科目，用以核算行政单位因发生应付账款和长期应付款而相应需在净资产中冲减的金额。该科目期末借方余额，反映行政单位因尚未支付的应付账款和长期应付款而需相应冲减净资产的金额。

（二）主要账务处理介绍

1. 发生应付账款、长期应付款时，按照实际发生的金额，借记本科目，贷记“应付账款”、“长期应付款”等科目。

2. 偿付应付账款、长期应付款时，按照实际偿付的金额，借记“应付账款”、“长期应付款”等科目，贷记本科目；同时，按照实际支付的金额，借记“经费支出”科目，贷记“财政拨款收入”、“零余额账户用款额度”、“银行存款“等科目。

3. 因债权人原因，核销确定无法支付的应付账款、长期应付款时，按照报经批准核销的金额，借记“应付账款”、“长期应付款”科目，贷记本科目。

（三）核算举例

参见“应付账款”和“长期应付款”科目的核算举例。

思考题

1. 行政单位会计的负债是怎样定义的？行政单位的受托代理负债是长期负债吗？

2. 什么是应缴财政款？它和财政总预算会计的什么收入有关联？

3. 简要说明“财政拨款结转”和“财政拨款结余”的区别与联系。

练习题

一、目的：练习行政单位会计负债的核算。

二、资料：东昌市卫生局某年9月份发生下列经济业务：

1．9月1日，追缴前任局长贪污受贿赃款20万元。

2．9月12日，收到昌南县卫生局汇款8 000元，委托购买专用仪器。

3．9月28日，长款100元长期无人认领，财务科决定将其转作应缴财政款。

三、要求：根据以上经济业务，编制会计分录。

第十章 行政单位的财务报表

学习目的

学完本章内容后，你应当能够：

■ 掌握行政单位会计的报表体系；

■ 熟悉三张基本报表的格式与内容；

■ 了解三张基本报表的编制方法；

■ 了解行政单位财务分析的指标和基本方法。

第一节 行政单位的报表体系和年终业务

一、行政单位的报表体系

（一）行政单位财务报表概述

行政单位的财务报表是反映行政单位财务状况和预算执行结果等的书面文件，由会计报表及其附注构成。会计报表包括资产负债表、收入支出表、财政拨款收入支出表等。

（二）行政单位财务报表体系

1. 按照报表提供信息的时间范围分类

（1）月报

月报，是反映行政单位截止报告月时点财务状况以及报告月份资金收支情况的报表。月报要求编报资产负债表、收入支出表等。

（2）季报

季报，是分析、检查行政单位季度资金活动情况和经费收支情况的报表，应在月报的基础上较详细地反映单位经费收支的全貌。各行政单位的季报，要求在月报的基础上加报基本数字表。

月报和季报统称为中期报表。

（3）年报

年报（年度决算），是全面反映年度财务状况和经费收支执行结果的报表。年度决算报表种类和要求等，按照财政部门和上级单位下达的有关决算编审规定组织执行。

行政单位几乎所有的报表都必须至少每年编报一次，因此，年报包含的报表种类最多、揭示的信息最为完整。年报主要有资产负债表、收入支出总表、支出明细表、基本数字表等。有专款收支业务的行政单位，还应按专款的种类编报专项资金支出明细表。

2. 按照会计报表提供信息的空间范围分类

按照会计信息所涉及的空间范围，会计报表可分为：

（1）本级报表。指各会计主体在日常会计核算的基础上，对账簿记录进行加工而编制的，仅反映自身财务状况和预算执行情况的会计报表。

（2）汇总报表。是主管单位对自身及其所属单位的财务状况和预算执行情况进行汇总加工后编制的报表。由于汇总财务报表所反映的信息超出了某一单独的会计主体的空间，因而在编制汇总报表时，必须将上下级之间的拨缴往来账项相互冲销，以免重复计算。

二、行政单位的年终业务

行政单位的年终业务主要包括年终清理和年终结账。年终清理是指行政单位在年度终了前，根据财政部门或主管部门的决算编审工作要求，对各项收支账目、往来款项、货币资金和财产物资进行全面的清理、清查或结算工作。只有在年终清理的基础上，行政单位才能办理年度结账和编报年度决算。

（一）行政单位的年终清理

行政单位的年终清理主要有以下事项：

1. 清理、核对年度预算收支数字和预算缴拨款

年终清理期间，财政机关、主管部门和所属单位之间，应当认真清理、核对年度预算收支数字和各项缴拨款，保证上下级之间的年度预算数和领拨经费数一致。

为了准确反映各项收支数额，凡属本年度的应拨款项，应当在12月31日前汇达对方。主管会计单位对所属各单位的预算拨款和预算外资金拨款，截止到12月25日，逾期一般不再下拨。

2. 清理预算内外各项收支和应缴款项

凡属本年的各项收入，都要及时入账。本年的各项应缴预算款和应缴财政专户的预算外资金，要在年终前全部上缴。属于本年的各项支出，要按规定的支出渠道如实列报。

年度单位支出决算，一律以基层用款单位截止到12月31日的本年实际支出数为准，不得将年终前预拨下级单位的下年预算拨款列入本年的支出，也不得以上级会计单位的拨款数代替基层会计单位的实际支出数。

3. 清理往来款项

行政单位的往来款项，年终前应尽量清理完毕。按照有关规定应当转作各项收入或各项支出的往来款项要及时转入各有关账户，编入本年决算。

4. 清理银行存款

行政单位年终要及时同开户银行对账，银行存款账面余额，要同银行对账单的余额核对相符。现金账面余额，要同库存现金核对相符。

5. 清理盘查财产物资

年终前，应对各项财产物资进行清理盘点，发生盘盈、盘亏的，要及时查明原因，按规定作出处理，调整账务，做到账实相符，账账相符。

（二）行政单位的年终结账

年终结账是在年终清理结算的基础上进行一系列账务活动，包括年终转账、结清旧账和记入新账。

1. 年终转账

账目核对无误后，首先计算出各账户借方或贷方的 12 月份合计数和全年累计数，结出 12 月末的余额。然后，编制结账前的“资产负债表”，试算平衡后，再将应对冲结转的各个收支账户的余额按年终转账办法，填制 12 月 31 日的记账凭单办理结账冲转。

2. 结清旧账

将转账后无余额的账户结出全年总累计数，然后在下面划双红线，表示本账户全部结清。对年终有余额的账户，在“全年累计数”下行的“摘要”栏内注明“结转下年”字样，再在下面划双红线，表示年终余额转入新账，旧账结束。

3. 记入新账

根据本年度各账户余额，编制年终决算的“资产负债表”和有关明细表。将列表各账户的年终余额数（不编制记账凭单），直接记入新年度相应的各有关账户，并在“摘要”栏注明“上年结转”字样，以区别新年度发生数。

第二节 行政单位的主要财务报表

一、资产负债表

（一）行政单位资产负债表概述

1. 概念

资产负债表是反映行政单位在某一特定日期财务状况的报表。资产负债表应当按照资产、负债和净资产分类、分项列示。资产负债表是行政单位最基本、最重要的报表，应于每月末、季末、年末报出。

2. 资产负债表的结构

资产负债表一般分为两部分，即表头和主体。

表头由表名、编制单位、日期和采用计价的货币单位组成。

我国会计制度中资产负债表的参考样式采用的是账户式资产负债表，其表体分为左右两方，左方资产部类列示行政单位所拥有的资产，包括流动资产、固定资产、在建工程、无形资产以及受托资产等项目；右方负债部类列示行政单位的负债和净资产，包括应付、应缴、资产基金、结转和结余等项目。

资产负债表的基本平衡公式为静态等式“资产=负债＋净资产”。行政单位资产负债表的格式见表10-1。

表10-1 资产负债表

编制单位： 年 月 日 **单位：元**

资产	年初余额	期末余额	负债和净资产	年初余额	期末余额
流动资产：			流动负债：		

续表

资产	年初余额	期末余额	负债和净资产	年初余额	期末余额
库存现金			应缴财政款		
银行存款			应缴税费		
财政应返还额度			应付职工薪酬		
应收账款			应付账款		
预付账款			应付政府补贴款		
其他应收款			其他应付款		
存货			一年内到期的非流动负债		
流动资产合计			流动负债合计		
固定资产			非流动负债：		
固定资产原价			长期应付款		
减：固定资产累计折旧			受托代理负债		
在建工程			负债合计		
无形资产					
无形资产原价					
减：累计摊销					
待处理财产损溢			财政拨款结转		
政府储备物资			财政拨款结余		
公共基础设施			其他资金结转结余		
公共基础设施原价			其中：项目结转		
减：公共基础设施累计折旧			资产基金		
公共基础设施在建工程			待偿债净资产		
受托代理资产			净资产合计		
资产总计			负债和净资产总计		

（二）行政单位资产负债表的编制

行政单位资产负债表需要填列的数字有“年初余额”和“期末余额”。“年初余额”栏内各项数字，应当根据上年年末资产负债表“期末余额”栏内数字填列。如果本年度资产负债表规定的各个项目的名称和内容同上年度不相一致，应对上年年末资产负债表各项目的名称和数字按照本年度的规定进行调整，填入本表“年初余额”栏内。

行政单位资产负债表“期末余额”栏各项目的内容和填列方法如下：

1. 资产类项目

（1）“库存现金”项目，反映行政单位期末库存现金的金额。本项目应当根据“库存现金”科目的期末余额填列；期末库存现金中有属于受托代理现金的，本项目应当根据“库存现金”科目的期末余额减去其中属于受托代理的现金金额后的余额填列。

（2）“银行存款”项目，反映行政单位期末银行存款的金额。本项目应当根据“银行存款”科目的期末余额填列；期末银行存款中有属于受托代理存款的，本项目应当根据“银行存款”科目的期末余额减去其中属于受托代理的存款金额后的余额填列。

（3）“财政应返还额度”项目，反映行政单位期末财政应返还额度的金额。本项目应当根据“财政应返还额度”科目的期末余额填列。

（4）“应收账款”项目，反映行政单位期末尚未收回的应收账款金额。本项目应当根据“应收账款”科目的期末余额填列。

（5）“预付账款”项目，反映行政单位预付给物资或者服务提供者款项的金额。本项目应当根据“预付账款”科目的期末余额填列。

（6）“其他应收款”项目，反映行政单位期末尚未收回的其他应收款余额。本项目应当根据“其他应收款”科目的期末余额填列。

（7）“存货”项目，反映行政单位期末为开展业务活动耗用而储存的存货的实际成本。本项目应当根据“存货”科目的期末余额填列。

（8）“固定资产”项目，反映行政单位期末各项固定资产的账面价值。本项目应当根据“固定资产”科目的期末余额减去“累计折旧”科目中“固定资产累计折旧”明细科目的期末余额后的金额填列。

“固定资产原价”项目，反映行政单位期末各项固定资产的原价。本项目应当根据“固定资产”科目的期末余额填列。

“固定资产累计折旧”项目，反映行政单位期末各项固定资产的累计折旧金额。本项目应当根据“累计折旧”科目中“固定资产累计折旧”明细科目的期末余额填列。

(9)“在建工程”项目，反映行政单位期末除公共基础设施在建工程以外的尚未完工交付使用的在建工程的实际成本。本项目应当根据“在建工程”科目中属于非公共基础设施在建工程的期末余额填列。

(10)“无形资产”项目，反映行政单位期末各项无形资产的账面价值。本项目应当根据“无形资产”科目的期末余额减去“累计摊销”科目的期末余额后的金额填列。

“无形资产原价”项目，反映行政单位期末各项无形资产的原价。本项目应当根据“无形资产”科目的期末余额填列。

“累计摊销”项目，反映行政单位期末各项无形资产的累计摊销金额。本项目应当根据“累计摊销”科目的期末余额填列。

(11)“待处理财产损溢”项目，反映行政单位期末待处理财产的价值及处理损溢。本项目应当根据“待处理财产损溢”科目的期末借方余额填列；如“待处理财产损溢”科目期末为贷方余额，则以“－”号填列。

(12)“政府储备物资”项目，反映行政单位期末储存管理的各种政府储备物资的实际成本。本项目应当根据“政府储备物资”科目的期末余额填列。

(13)“公共基础设施”项目，反映行政单位期末占有并直接管理的公共基础设施的账面价值。本项目应当根据“公共基础设施”科目的期末余额减去“累计折旧”科目中“公共基础设施累计折旧”明细科目的期末余额后的金额填列。

“公共基础设施原价”项目，反映行政单位期末占有并直接管理的公共基础设施的原价。本项目应当根据“公共基础设施”科目的期末余额填列。

“公共基础设施累计折旧”项目，反映行政单位期末占有并直接管理的公共基础设施的累计折旧金额。本项目应当根据“累计折旧”科目中“公共基础设施累计折旧”明细科目的期末余额填列。

(14)“公共基础设施在建工程”项目，反映行政单位期末尚未完工交付使用的公共基础设施在建工程的实际成本。本项目应当根据“在建工程”科目中属于公共基础设施在建工程的期末余额填列。

(15)“受托代理资产”项目，反映行政单位期末受托代理资产的价值。本项目应当根据“受托代理资产”科目的期末余额（扣除其中受托储存管理物资的金额）加上“库存现金”、“银行存款”科目中属于受托代理资产的现金余额和银行存款余额的合计数填列。

2. 负债类项目

（1）“应缴财政款”项目，反映行政单位期末按规定应当上缴财政的款项（应缴税费除外）。本项目应当根据“应缴财政款”科目的期末余额填列。

（2）“应缴税费”项目，反映行政单位期末应缴未缴的各种税费。本项目应当根据“应缴税费”科目的期末贷方余额填列；如“应缴税费”科目期末为借方余额，则以“－”号填列。

（3）“应付职工薪酬”项目，反映行政单位期末尚未支付给职工的各种薪酬。本项目应当根据“应付职工薪酬”科目的期末余额填列。

（4）“应付账款”项目，反映行政单位期末尚未支付的偿还期限在 1 年以内（含 1 年）的应付账款的金额。本项目应当根据“应付账款”科目的期末余额填列。

（5）“应付政府补贴款”项目，反映行政单位期末尚未支付的应付政府补贴款的金额。本项目应当根据“应付政府补贴款”科目的期末余额填列。

（6）“其他应付款”项目，反映行政单位期末尚未支付的其他各项应付及暂收款项的金额。本项目应当根据“其他应付款”科目的期末余额填列。

（7）“一年内到期的非流动负债”项目，反映行政单位期末承担的 1 年以内（含 1 年）到偿还期的非流动负债。本项目应当根据“长期应付款”等科目的期末余额分析填列。

（8）“长期应付款”项目，反映行政单位期末承担的偿还期限超过 1 年的应付款项。本项目应当根据“长期应付款”科目的期末余额减去其中 1 年以内（含 1 年）到偿还期的长期应付款金额后的余额填列。

（9）“受托代理负债”项目，反映行政单位期末受托代理负债的金额。本项目应当根据“受托代理负债”科目的期末余额（扣除其中受托储存管理物资对应的金额）填列。

3. 净资产类项目

（1）“财政拨款结转”项目，反映行政单位期末滚存的财政拨款结转资金。本项目应当根据“财政拨款结转”科目的期末余额填列。

（2）“财政拨款结余”项目，反映行政单位期末滚存的财政拨款结余资金。本项目应当根据“财政拨款结余”科目的期末余额填列。

（3）“其他资金结转结余”项目，反映行政单位期末滚存的除财政拨款以外的其他资金结转结余的金额。本项目应当根据“其他资金结转结余”科目的期末余额填列。

“项目结转”项目，反映行政单位期末滚存的非财政拨款未完成项目结转资金。本项目应当根据“其他资金结转结余”科目中“项目结转”明细科目的期末余额填列。

（4）“资产基金”项目，反映行政单位期末预付账款、存货、固定资产、在建工程、无形资产、政府储备物资、公共基础设施等非货币性资产在净资产中占用的金额。本项目应当根据“资产基金”科目的期末余额填列。

（5）“待偿债净资产”项目，反映行政单位期末因应付账款和长期应付款等负债而相应需在净资产中冲减的金额。本项目应当根据“待偿债净资产”科目的期末借方余额以“－”号填列。

4. 除上面的填制方法外，行政单位按月编制资产负债表的，还应当遵照以下规定编制：

（1）月度资产负债表应在资产部分“银行存款”项目下增加“零余额账户用款额度”项目。

（2）“零余额账户用款额度”项目，反映行政单位期末零余额账户用款额度的金额。本项目应当根据“零余额账户用款额度”科目的期末余额填列。

（3）“财政拨款结转”项目。本项目应当根据“财政拨款结转”科目的期末余额，加上“财政拨款收入”科目本年累计发生额，减去“经费支出——财政拨款支出”科目本年累计发生额后的余额填列。

（4）“其他资金结转结余”项目。本项目应当根据“其他资金结转结余”科目的期末余额，加上“其他收入”科目本年累计发生额，减去“经费支出——其他资金支出”科目本年累计发生额，再减去“拨出经费”科目本年累计发生额后的余额填列。

“项目结转”项目。本项目应当根据“其他资金结转结余”科目中“项目结转”明细科目的期末余额，加上“其他收入”科目中项目收入的本年累计发生额，减去“经费支出——其他资金支出”科目中项目支出本年累计发生额，再减去“拨出经费”科目中项目支出本年累计发生额后的余额填列。

（5）月度资产负债表其他项目的填列方法与年度资产负债表的填列方法相同。

二、收入支出表

（一）收入支出表概述

收入支出表是反映行政单位在某一会计期间全部预算收支执行结果的报表。收入支出表应当按照收入、支出的构成和结转结余情况分类、分项列示。

（二）收入支出表的结构

收入支出表是一个多步的报告式表格。各类需要填报的项目分别填入“本月数”和“本年累计数”。其中“本月数”栏反映各项目的本月实际发生数。本表“本年累计数”栏反映各项目自年初起至报告期末止的累计实际发生数。

需要注意的是，收入支出表的月报和年报填列的项目略有差异：在编制年度收入支出表时，应当将“本月数”栏改为“上年数”栏，反映上年度各项目的实际发生数；同时应当将“本年累计数”栏改为“本年数”栏。

如果本年度收入支出表规定的各个项目的名称和内容同上年度不一致，应对上年度收入支出表各项目的名称和数字按照本年度的规定进行调整，填入本年度收入支出表的“上年数”栏。

行政单位收入支出表的格式见表10-2。

表10-2　收入支出表

编制单位：　　　　年　　月　　　　单位：元

项　目	本月数	本年累计数
一、年初各项资金结转结余		
（一）年初财政拨款结转结余		
1. 财政拨款结转		
2. 财政拨款结余		
（二）年初其他资金结转结余		
二、各项资金结转结余调整及变动		
（一）财政拨款结转结余调整及变动		
（二）其他资金结转结余调整及变动		
三、收入合计		
（一）财政拨款收入		

续表

项　目	本月数	本年累计数
1. 基本支出拨款		
2. 项目支出拨款		
（二）其他资金收入		
1. 非项目收入		
2. 项目收入		
四、支出合计		
（一）财政拨款支出		
1. 基本支出		
2. 项目支出		
（二）其他资金支出		
1. 非项目支出		
2. 项目支出		
五、本期收支差额		
（一）财政拨款收支差额		
（二）其他资金收支差额		
六、年末各项资金结转结余		
（一）年末财政拨款结转结余		
1. 财政拨款结转		
2. 财政拨款结余		
（二）年末其他资金结转结余		

（三）收入支出表的填列方法

1.“年初各项资金结转结余”项目及其所属各明细项目，反映行政单位本年初所有资金结转结余的金额。各明细项目应当根据“财政拨款结转”、“财政拨款结余”、“其他资金结转结余”及其明细科目的年初余额填列。本项目及其所属各明细项目的数额，应当与上年度收入支出表中“年末各项资金结转结余”中各明细项目的数额相等。

2.“各项资金结转结余调整及变动”项目及其所属各明细项目，反映行政单位因发生需要调整以前年度各项资金结转结余的事项，以及本年因调入、上缴或交回等导致各项资金结转结余变动的金额。

（1）“财政拨款结转结余调整及变动”项目，根据“财政拨款结转”、“财政拨款结余”科目下的“年初余额调整”、“归集上缴”、“归集调入”明细科目的本期贷方发生额合计数减去本期借方发生额合计数的差额填列；如为负数，以“－”号填列。

（2）“其他资金结转结余调整及变动”项目，根据“其他资金结转结余”科目下的“年初余额调整”、“结余调剂”明细科目的本期贷方发生额合计数减去本期借方发生额合计数的差额填列；如为负数，以“－”号填列。

3.“收入合计”项目，反映行政单位本期取得的各项收入的金额。本项目应当根据“财政拨款收入”科目的本期发生额加上“其他收入”科目的本期发生额的合计数填列。

（1）“财政拨款收入”项目及其所属明细项目，反映行政单位本期从同级财政部门取得的各类财政拨款的金额。本项目应当根据“财政拨款收入”科目及其所属明细科目的本期发生额填列。

（2）“其他资金收入”项目及其所属明细项目，反映行政单位本期取得的各类非财政拨款的金额。本项目应当根据“其他收入”科目及其所属明细科目的本期发生额填列。

4.“支出合计”项目，反映行政单位本期发生的各项资金支出金额。本项目应当根据“经费支出”和“拨出经费”科目的本期发生额的合计数填列。

（1）“财政拨款支出”项目及其所属明细项目，反映行政单位本期发生的财政拨款支出金额。本项目应当根据“经费支出——财政拨款支出”科目及其所属明细科目的本期发生额填列。

（2）“其他资金支出”项目及其所属明细项目，反映行政单位本期使用各类非财政拨款资金发生的支出金额。本项目应当根据“经费支出——其他资金支出”和“拨出经费”科目及其所属明细科目的本期发生额的合计数填列。

5.“本期收支差额”项目及其所属各明细项目，反映行政单位本期发生的各项资金收入和支出相抵后的余额。

（1）“财政拨款收支差额”项目，反映行政单位本期发生的财政拨款资金收入和支出相抵后的余额。本项目应当根据本表中“财政拨款收入”项目金额减去“财政拨款支出”项目金额后的余额填列；如为负数，以“－”

号填列。

（2）“其他资金收支差额”项目，反映行政单位本期发生的非财政拨款资金收入和支出相抵后的余额。本项目应当根据本表中“其他资金收入”项目金额减去“其他资金支出”项目金额后的余额填列；如为负数，以“－”号填列。

6.“年末各项资金结转结余”项目及其所属各明细项目，反映行政单位截至本年末的各项资金结转结余金额。各明细项目应当根据“财政拨款结转”、“财政拨款结余”、“其他资金结转结余”科目的年末余额填列。

上述“年初各项资金结转结余”、“年末各项资金结转结余”项目及其所属各明细项目，只在编制年度收入支出表时填列。

三、财政拨款收入支出表

（一）财政拨款收入支出表概述

财政拨款收入支出表是反映行政单位在某一会计期间财政拨款收入、支出、结转及结余情况的报表。

（二）财政拨款收入支出表的内容和结构

财政拨款收入支出表“项目”栏内各项目，应当根据行政单位取得的财政拨款种类分项设置；其中“项目支出”下，根据每个项目设置；行政单位取得除公共财政预算拨款和政府性基金预算拨款以外的其他财政拨款的，应当按照财政拨款种类增加相应的资金项目及其明细项目。

行政单位财政拨款收入支出表的格式见表10-3。

（三）财政拨款收入支出表的填列方法

1.“年初财政拨款结转结余”栏中各项目，反映行政单位年初各项财政拨款结转和结余的金额。各项目应当根据“财政拨款结转”、“财政拨款结余”及其明细科目的年初余额填列。本栏目中各项目的数额，应当与上年度财政拨款收入支出表中“年末财政拨款结转结余”栏中各项目的数额相等。

2.“调整年初财政拨款结转结余”栏中各项目，反映行政单位对年初财政拨款结转结余的调整金额。各项目应当根据“财政拨款结转”、“财政拨款结余”科目中“年初余额调整”科目及其所属明细科目的本年发生额填列。如调整减少年初财政拨款结转结余，以“－”号填列。

3.“归集调入或上缴”栏中各项目，反映行政单位本年取得主管部门归集调入的财政拨款结转结余资金和按规定实际上缴的财政拨款结转结余资金金额。各项目应当根据“财政拨款结转”、“财政拨款结余”科目中“归集上缴”和“归集调入”科目及其所属明细科目的本年发生额填列。对归集上缴的财政拨款结转结余资金，以“－”号填列。

4.“单位内部调剂”栏中各项目，反映行政单位本年财政拨款结转结余资金在内部不同项目之间的调剂金额。各项目应当根据“财政拨款结转”和“财政拨款结余”科目中的“单位内部调剂”及其所属明细科目的本年发生额填列。对单位内部调剂减少的财政拨款结转结余项目，以“－”号填列。

5.“本年财政拨款收入”栏中各项目，反映行政单位本年从同级财政部门取得的各类财政预算拨款金额。各项目应当根据“财政拨款收入”科目及其所属明细科目的本年发生额填列。

6.“本年财政拨款支出”栏中各项目，反映行政单位本年发生的财政拨款支出金额。各项目应当根据“经费支出”科目及其所属明细科目的本年发生额填列。

7.“年末财政拨款结转结余”栏中各项目，反映行政单位年末财政拨款结转结余的金额。各项目应当根据“财政拨款结转”、“财政拨款结余”科目及其所属明细科目的年末余额填列。

表 10-3　财政拨款收入支出表

编制单位：　　　　　　年　　度　　　　　　　　　　　　　　单位：元

项目	年初财政拨款结转结余	调整年初财政拨款结转结余	归集调入或上缴	单位内部调剂	本年财政拨款收入	本年财政拨款支出	年末财政拨款结转结余
一、公共财政预算资金							
（一）基本支出							
1. 人员经费							
2. 日常公用经费							
（二）项目支出							

续表

项目	年初财政拨款结转结余	调整年初财政拨款结转结余	归集调入或上缴	单位内部调剂	本年财政拨款收入	本年财政拨款支出	年末财政拨款结转结余
1. ××项目							
2. ××项目							
……							
二、政府性基金预算资金							
（一）基本支出							
1. 人员经费							
2. 日常公用经费							
（二）项目支出							
1. ××项目							
2. ××项目							
……							
总计							

第三节　行政单位报表的审核、汇总和分析

各行政单位对于编制完成的会计报表应当认真审核后报出，在这一时期主管单位和二级单位还要对所属单位的报表进行认真审核，并加以汇总。只有经审核和汇总后的会计报表，才能上报上级部门和财政部门。

一、会计报表的审核

会计报表的审核包括技术性审核和政策性审核两个方面。

技术性审核主要是审核会计报表的数字是否正确，表内有关项目是否

完整，有无漏报和错报的情况，会计报表的报送是否及时等。在审核会计报表的数字时，应注意审核以下几方面的数字关系。（1）上下年度有关数字是否一致，如资产负债表的年初数额与上年年末的数据是否一致相符，基本数字表的年初数额和上年该表年末数是否一致等；（2）上下级单位之间的上缴、下拨款的数额是否一致，表现为上级单位拨出与下级单位拨入的数额一致等；（3）会计报表中的有关数字与业务部门提供的数字是否一致，如基本数字表中反映业务成果和定员定额的数字和业务部门提供的统计数字是否一致等；（4）会计报表之间有关数据之间是否一致相符，比如，资产负债表中的支出总额与经费支出明细表的支出总额是否一致，等等。

政策性审核，主要是审核会计报表中反映的各项资金收支是否符合政策、制度，有无违反财经法规的情况。在收入方面，应审核的内容：（1）各项收入是否符合政策和预算的规定；（2）预算资金的取得是否符合预算和用款计划；（3）其他收入的来源渠道和收费标准是否符合有关规定；（4）应缴财政的款项是否及时、足额上交，有没有截留自用等。在支出方面，应审核的内容包括：（1）各项支出是否按预算和计划执行；（2）有没有违反国家规定的开支范围、开支标准的现象存在；（3）是否有乱拉资金、乱上项目等违反财经法规的事项等。

二、会计报表的汇总

会计报表的汇总是指主管单位和二级单位根据本级报表和经审核后的所属单位的会计报表编制出汇总的会计报表，并将汇总的会计报表上报财政部门，以全面反映本系统内预算的执行情况及总体的财务状况。汇总的会计报表的种类、内容和格式与一般单位的会计报表基本相同，但应将上、下级之间的缴、拨事项及相互间的往来账项相互冲销，以避免重复计算，在此基础上，再将其他单列的各项目金额合计加总，求出本系统的汇总数额，完成汇总报表的编制。

三、行政单位财务分析

（一）财务分析概述

《行政单位财务规则》第五十二条指出：“财务分析是依据会计核算资料和其他有关信息资料，对单位财务活动过程及其结果进行的研究、分析和评价。”

行政单位财务分析的内容包括预算编制与执行情况、收入支出状况、人员增减情况、资产使用情况等。

财务分析的指标主要有：支出增长率、当年预算支出完成率、人均开支、项目支出占总支出的比率、人员支出占总支出的比率、公用支出占总支出的比率、人均办公使用面积、人车比例等。行政单位可以根据其业务特点，增加财务分析指标。

上述 7 个分析指标，《行政单位财务规则》在附录中给出了相应的计算公式。

1. 支出增长率，衡量行政单位支出的增长水平。计算公式为：

支出增长率＝（本期支出总额÷上期支出总额-1）×100%

2. 当年预算支出完成率，衡量行政单位当年支出总预算及分项预算完成的程度。计算公式为：

当年预算支出完成率＝年终执行数÷（年初预算数±年中预算调整数）×100%

年终执行数不含上年结转和结余支出数。

3. 人均开支，衡量行政单位人均年消耗经费水平。计算公式为：

人均开支＝本期支出数÷本期平均在职人员数×100%

4. 项目支出占总支出的比率，衡量行政单位的支出结构。计算公式为：

项目支出比率=本期项目支出数÷本期支出总数×100%

5. 人员支出、公用支出占总支出的比率，衡量行政单位的支出结构。计算公式为：

人员支出比率=本期人员支出数÷本期支出总数×100%

公用支出比率=本期公用支出数÷本期支出总数×100%

6. 人均办公使用面积，衡量行政单位办公用房配备情况。计算公式为：

人均办公使用面积=本期末单位办公用房使用面积÷本期末在职人员数

7. 人车比例，衡量行政单位公务用车配备情况。计算公式为：

人车比例=本期末在职人员数÷本期末公务用车实有数

（二）行政单位财务分析方法

1. 对比分析法

对比分析法有时也被称为比较分析法，是指将两个或两个以上的可比数字或指标进行对比考查，从而达到分析目的的一种方法。对比分析法是行政单位财务分析的基本方法。

在实际工作中，行政单位主要从以下三个方面进行对比分析：

（1）本期实际完成数字与计划、预算数字进行对比。

（2）本期实际数字与往期实际数字相对比。

（3）本单位实际数字与同类型单位的实际数字相比较。

需要指出的是，在运用比较分析法进行分析时，对比指标的可比性非常重要。如果所用指标本身就是不可比的，那么，根据这种对比结果进行分析，就会得出错误的结论。为了保证对比指标之间的可比性，必须使对比双方在指标内容、计算方法、计价标准、时间单位、统计口径等方面保持一致。

2. 比率分析法

比率分析法，是指在各项相关的财务指标之间两两有机地建立起科学的比率指标体系，通过考查比率是否合理有效来达到分析目的的一种分析方法。行政单位的比率分析主要包含下面两项具体方法：

（1）静态指标比率分析。静态指标比率是指以两个相互关联的同一会计期间的财务指标的绝对数字相除求得的比值，如本期的负债除以资产得出资产负债率、人员经费支出除以经费支出总额得出人员支出比例等。对这些比值加以对比分析进而进行研究评判的活动就是静态指标比率分析。静态指标比率分析是一种重要的财务分析方法，因为仅仅采用有关数值的绝对值进行对比往往不能深入揭示事物的内在矛盾，而采用相对值对比则能有效地做到这一点。

（2）动态比率分析。动态比率是指不同时期的某项财务指标的数据相除后求得的比值。动态比率分析就是计算出一系列表示逐期变化情况的动态比率，以便于考查某项财务指标的发展趋势。由于计算动态比率时所采用的基数有所不同，所以求得的动态比率的含义也各不相同。如果以一个特定时期的数值为基础来揭示变化趋势，这样所得出的动态比率就被称为定基比率；如果以各个报告期的前一期数值为基础计算其比率，这种动态比率则被称为环比比率。通过几个时期的同一指标的数据相除，可计算出一系列表示逐期变化情况的动态比率，这对于揭示较长时期的发展变化及增长速度是很有帮助的。

3. 因素分析法

因素分析法是这样一种方法：先将由多个因素所构成的指标分解成各

个具体因素，然后按顺序地把其中的一个因素作为替换变量，而把其他因素看作确定因素，依次逐项进行替换并加以比较，以测算各因素对指标变动的影响程度。运用这一方法，可以分析某项指标的完成受哪些因素影响，考查各个因素对该项指标的影响程度。因素分析法经常被形象地称为连环替代法。

4. 结构分析法

结构分析法也被称为比重分析法，就是以某项财务指标的某个组成部分的数据除以该项财务指标的总和，从而计算出该项指标某个部分的结构比率。通过分析各行政单位经济活动中相互联系的各个因素的结构或比重，可以找出各因素的变化规律，评价其结构或成分的合理性，以保证经济活动健康地发展。例如，对行政单位经费支出中各"款"或"项"支出占总支出的比重变化；分析计算财产物资中各种物资所占比重的变化情况等。通过对各种结构或比重情况的分析，研究其是否符合国家的方针、政策，财政财务制度；是否符合社会发展与经济发展的规律，以便促进单位经济活动的合理化，提高资金的使用效益，更好地完成行政任务和履行政府部门的责任。

思考题

1. 简述行政单位会计的报表体系。
2. 行政单位财务分析的重点是什么？

第四篇　事业单位会计实务

一位年轻的女士被确诊患有不治之症，医生断言她的生命只能维系半年。

"天哪，我该怎么办？"

医生建议她马上嫁给一位会计师。

"会计师能治好我的病吗？"

"会计师不能治病。不过，嫁给他之后，你就会感觉到半年将有多么漫长了。"

第十一章　事业单位收入支出的核算

学习目的

学完本章内容后，你应当能够：

■ 了解事业单位的概念及分布的领域；

■ 熟悉事业单位会计的核算原则；

■ 熟悉事业单位会计收入的内容；

■ 掌握事业单位支出及其明细核算。

第一节　事业单位会计概述

在第一章政府会计概述中，我们已经论证了现阶段我国的政府会计应涵盖事业单位会计。然而，从我国现行会计制度体系来看，事业单位会计拥有自己的会计准则，即《事业单位会计准则》。这样它和政府会计便成为了并列关系（从某种意义上讲，它甚至比政府会计还要高一个层次——因为现在只有《财政总预算会计制度》和《行政单位会计制度》，而没有一个统驭二者的会计准则）。我们相信这一扭曲最终将随着政府会计改革的深化而得以矫正。

事业单位类型繁多，各类单位几乎都制订了自己的会计制度，这些制度在会计科目方面存有差异。本教材只抓主要矛盾——只介绍事业单位通用的会计制度。此外，事业单位会计会计核算中与行政单位会计的一些类似乃至于完全相同的地方，我们将不予赘述。

一、事业单位和事业单位会计

在我国，“事业”一词具有多种内涵。根据《事业单位登记管理暂行条例》(国务院令第252号)第一章第二条规定:“事业单位,是指国家为了社会公益目的,由国家机关举办或者其他组织利用国有资产举办的,从事教育、科技、文化、卫生等活动的社会服务组织。”

事业单位主要有以下几类:

1. 农业、林业、气象、水利等社会基础公共服务部门;
2. 文化、教育、体育等公益事业部门;
3. 民政福利与社会保障机构、公共医疗卫生与防疫部门;
4. 基础科学研究机构;
5. 非营利性的社会服务与中介机构;
6. 其他事业单位,如工业、交通、商贸等部门所属的各类非营利机构等。

我国的事业单位处于政府组织向非政府组织和营利组织的过渡地带,负责向社会提供各式各样的公共产品与服务,这些产品与服务的属性从纯私人品到纯公共品一应俱全。事业单位会计同样也处于政府会计向企业会计的过渡带:首先,从会计要素的分类来看,事业单位会计会计准则允许单位在支出和费用之间做出选择,也即可以实行简单的成本核算;其次,从资金来源看,完全依靠财政拨款的事业单位已经很少,即使提供的是纯公共品,也可以根据自身的服务成本收取一定的补偿;最后,事业单位营利性的收入及经营结余需要依法纳税。我国权威工具书《辞海》,对事业单位会计也有一个简单的概念,认为事业单位会计是“适用于文化、科学、教育、社会福利、救济等事业单位的一种专业会计”[①]。

二、事业单位会计的体系和会计目标

(一)事业单位会计的级层体系

事业单位(特别是那些财政拨款比重较大的事业单位)的会计,也是财政总会计的支出末梢。与行政单位类似,事业单位也从属于政府预算的级次。有所属单位的事业单位,其会计工作按照《事业单位财务规则》“第二章单位预算管理”的要求,也分为一级单位、二级单位和基层单位等几个级次。这三级会计单位实行独立会计核算,负责组织管理本部门、本单位的全部会计工作。不具备独立核算条件的,应实行单据报账制度,作为

① 《辞海(第六版缩印本)》,上海辞书出版社,2009年,第1724页。

“报销单位”来管理。

应当说明的是，事业单位会计的分级不是指各事业单位的行政级别，而是从预算管理和经费领报关系的角度，对事业单位财务会计职能的划分与界定。不同级别的财政机关，应分别负责本级预算的主管会计单位及其下属会计单位的预算经费。

（二）事业单位会计的会计目标

在 2013 年实施的《事业单位会计准则》中，对于事业单位的会计目标给予了明确的说明，即：

“事业单位会计核算的目标是向会计信息使用者提供与事业单位财务状况、事业成果、预算执行等有关的会计信息，反映事业单位受托责任的履行情况，有助于会计信息使用者进行社会管理、作出经济决策。

事业单位会计信息使用者包括政府及其有关部门、举办（上级）单位、债权人、事业单位自身和其他利益相关者。”[①]

三、事业单位会计的核算原则与会计科目

2013 年颁布实施的《事业单位会计准则》，其第二章明确提出了七条信息质量要求，它们和该准则总则中的会计基础、资产一章中所提出的“历史成本”（第 22 条）以及整个政府会计所隐含的“支出用途限制”原则，共同构成事业单位会计核算所要遵循的核算原则。

（一）核算原则

1. 客观性原则。《事业单位会计准则》第十二条规定：“事业单位应当以实际发生的经济业务或者事项为依据进行会计核算，如实反映各项会计要素的情况和结果，保证会计信息真实可靠。”

2. 全面性原则。《事业单位会计准则》第十三条规定：“事业单位应当将发生的各项经济业务或者事项统一纳入会计核算，确保会计信息能够全面反映事业单位的财务状况、事业成果、预算执行等情况。”

3. 及时性原则。《事业单位会计准则》第十四条规定：“事业单位对于已经发生的经济业务或者事项，应当及时进行会计核算，不得提前或者延后。”

4. 可比性和一惯性原则。《事业单位会计准则》第十五条规定：“事业单位提供的会计信息应当具有可比性。同一事业单位不同时期发生的相同

① 见《事业单位会计准则》第一章第四条。

或者相似的经济业务或者事项，应当采用一致的会计政策，不得随意变更。确需变更的，应当将变更的内容、理由和对单位财务状况及事业成果的影响在附注中予以说明。同类事业单位中不同单位发生的相同或者相似的经济业务或者事项，应当采用统一的会计政策，确保同类单位会计信息口径一致，相互可比。”

5. 相关性原则。《事业单位会计准则》第十六条规定：“事业单位提供的会计信息应当与事业单位受托责任履行情况的反映、会计信息使用者的管理、决策需要相关，有助于会计信息使用者对事业单位过去、现在或者未来的情况做出评价或者预测。”

6. 明晰性原则。《事业单位会计准则》第十七条规定“事业单位提供的会计信息应当清晰明了，便于会计信息使用者理解和使用。”

7. 以收付实现制为会计基础，特定业务采用权责发生制。《事业单位会计准则》第九条规定：“事业单位会计核算一般采用收付实现制；部分经济业务或者事项采用权责发生制核算的，由财政部在会计制度中具体规定。”

8. 限制性原则。由于事业单位的资金来源中，有相当一部分来源于财政拨款或主管部门的专项资金（也包括一些社会组织的捐赠），因而事业单位在会计核算中需要遵循限制性原则。该原则是一种隐含性的核算原则，也是事业单位受托责任的一个重要推论。

9. 历史成本原则。《事业单位会计准则》第二十二条规定：“事业单位的资产应当按照取得时的实际成本进行计量。除国家另有规定外，事业单位不得自行调整其账面价值。”

事业单位会计特别强调“非营利”这一目的属性，其核算原则中提出了权责发生制，但却没有明确提出划分资本性支出与收益性支出，也没有实行谨慎原则和配比原则。如果一个事业单位已完全脱离财政资金的扶植，需要进行严格的成本核算，经财政部门批准后可执行企业会计准则与制度。这一点在《事业单位会计准则》第四十七条中有着明确规定：“纳入企业财务管理体系的事业单位执行企业会计准则或小企业会计准则。”

（二）会计科目

事业单位会计的会计科目，是对事业单位会计要素按照不同的业务内容所做的进一步分类。它是设置会计账户、进行账务处理的依据。

根据我国现行的《事业单位会计准则》和《事业单位会计制度》，其会计科目由资产类、负债类、净资产类、收入类、支出或费用类等五大类会计科目构成。各具体总账科目名称及编号见表 11-1。

表 11-1　事业单位会计的会计科目

序号	科目编号	名称	序号	科目编号	名称
		一、资产类			三、净资产类
1	1001	库存现金	29	3001	事业基金
2	1002	银行存款	30	3101	非流动资产基金
3	1011	零余额账户用款额度		310101	长期投资
4	1101	短期投资		310102	固定资产
5	1201	财政应返还额度		310103	在建工程
	120101	财政直接支付		310104	无形资产
	120102	财政授权支付	31	3201	专用基金
6	1211	应收票据	32	3301	财政补助结转
7	1212	应收账款		330101	基本支出结转
8	1213	预付账款		330102	项目支出结转
9	1215	其他应收款	33	3302	财政补助结余
10	1301	存货	34	3401	非财政补助结转
11	1401	长期投资	35	3402	事业结余
12	1501	固定资产	36	3403	经营结余
13	1502	累计折旧	37	3404	非财政补助结余分配
14	1511	在建工程			四、收入类
15	1601	无形资产	38	4001	财政补助收入
16	1602	累计摊销	39	4101	事业收入
17	1701	待处置资产损溢	40	4201	上级补助收入
		二、负债类	41	4301	附属单位上缴收入
18	2001	短期借款	42	4401	经营收入
19	2101	应缴税费	43	4501	其他收入
20	2102	应缴国库款			五、支出类
21	2103	应缴财政专户款	44	5001	事业支出
22	2201	应付职工薪酬	45	5101	上缴上级支出

续表

序号	科目编号	名称	序号	科目编号	名称
23	2301	应付票据	46	5201	对附属单位补助支出
24	2302	应付账款	47	5301	经营支出
25	2303	预收账款	48	5401	其他支出
26	2305	其他应付款			
27	2401	长期借款			
28	2402	长期应付款			

第二节 事业单位收入的核算

一、财政补助收入的核算

（一）核算科目介绍

《事业单位会计制度》设置财政补助收入（编号：4001）科目，用以核算事业单位从同级财政部门取得的各类财政拨款，包括基本支出补助和项目支出补助。

该科目应当设置“基本支出”和“项目支出”两个明细科目；两个明细科目下按照《政府收支分类科目》中“支出功能分类”的相关科目进行明细核算；同时在“基本支出”明细科目下按照“人员经费”和“日常公用经费”进行明细核算，在“项目支出”明细科目下按照具体项目进行明细核算。期末结账后，该科目应无余额。

（二）主要账务处理介绍

1. 财政直接支付方式下，对财政直接支付的支出，事业单位根据财政国库支付执行机构委托代理银行转来的《财政直接支付入账通知书》及原始凭证，按照通知书中的直接支付入账金额，借记有关科目，贷记本科目。

年度终了，根据本年度财政直接支付预算指标数与当年财政直接支付实际支出数的差额，借记“财政应返还额度——财政直接支付”科目，贷记本科目。

2. 财政授权支付方式下，事业单位根据代理银行转来的《授权支付到账通知书》，按照通知书中的授权支付额度，借记“零余额账户用款额度”科目，贷记本科目。

年度终了，事业单位本年度财政授权支付预算指标数大于零余额账户用款额度下达数的，根据未下达的月款额度，借记“财政应返还额度——财政授权支付”科目，贷记本科目。

3. 其他方式下，实际收到财政补助收入时，按照实际收到的金额，借记“银行存款”等科目，贷记本科目。

4. 因购货退回等发生国库直接支付款项退回的，属于以前年度支付的款项，按照退回金额，借记“财政应返还额度”科目，贷记“财政补助结转”、“财政补助结余”、“存货”等有关科目；属于本年度支付的款项，按照退回金额，借记本科目，贷记“事业支出”、“存货”等有关科目。

5. 期末，将本科目本期发生额转入财政补助结转，借记本科目，贷记“财政补助结转”科目。

（三）核算举例

[例 1] 某月 1 日，根据核定的财政补助预算，东昌市卫生护理学校收到财政补助收入 20 万元。东昌市卫生护理学校的财政补助实行财政授权支付方式。会计部门根据代理银行转来的《授权支付到账通知书》，填制记账凭单，会计分录如下：

借：零余额账户用款额度　　　　200 000

　　贷：财政补助收入　　　　　　200 000

二、事业收入的核算

（一）核算科目介绍

《事业单位会计制度》设置事业收入（编号：4101）科目，用以核算事业单位开展专业业务活动及其辅助活动取得的收入。

该科目应当按照事业收入类别、项目、《政府收支分类科目》中“支出功能分类”相关科目等进行明细核算。事业收入中如有专项资金收入，还应按具体项目进行明细核算。期末结账后，该科目应无余额。

（二）主要账务处理介绍

1. 采用财政专户返还方式管理的事业收入

（1）收到应上缴财政专户的事业收入时，按照收到的款项金额，借记“银行存款”、“库存现金”等科目，贷记“应缴财政专户款”科目。

（2）向财政专户上缴款项时，按照实际上缴的款项金额，借记“应缴财政专户款”科目，贷记“银行存款”等科目。

（3）收到从财政专户返还的事业收入时，按照实际收到的返还金额，借记“银行存款”等科目，贷记本科目。

2. 其他事业收入

收到事业收入时，按照收到的款项金额，借记“银行存款”、“库存现金”等科目，贷记本科目。涉及增值税业务的，相关账务处理参照“经营收入”科目。

3. 期末结转

期末，将本科目本期发生额中的专项资金收入结转入非财政补助结转，借记本科目下各专项资金收入明细科目，贷记“非财政补助结转”科目；将本科目本期发生额中的非专项资金收入结转入事业结余，借记本科目下各非专项资金收入明细科目，贷记“事业结余”科目。

（三）核算举例

［例 2］某日，东昌市卫生护理学校面向该市民营医疗机构医务人员进行继续教育培训，获得培训收入 3 万元，该项资金已经送存开户银行。会计部门根据相关凭证，填制记账凭单，会计分录如下：

借：银行存款	30 000	
贷：事业收入		30 000

根据我国税法的有关规定，学校的该类收入属于免税的范畴。

三、上级补助收入的核算

（一）核算科目介绍

《事业单位会计制度》设置上级补助收入（编号：4201）科目，用以核算事业单位从主管部门和上级单位取得的非财政补助收入。

该科目应当按照发放补助单位、补助项目、《政府收支分类科目》中“支出功能分类”相关科目等进行明细核算。上级补助收入中如有专项资金收入，还应按具体项目进行明细核算。期末结账后，该科目应无余额。

（二）主要账务处理介绍

1. 收到上级补助收入时，按照实际收到的金额，借记“银行存款”等科目，贷记本科目。

2. 期末，将本科目本期发生额中的专项资金收入结转入非财政补助结转，借记本科目下各专项资金收入明细科目，贷记“非财政补助结转”科目；将本科目本期发生额中的非专项资金收入结转入事业结余，借记本科目下各非专项资金收入明细科目，贷记“事业结余”科目。

（三）核算举例

［例3］东昌市卫生护理学校收到市卫生局的非财政补助资金10万元。根据银行收款通知，填制记账凭单，会计分录如下：

借：银行存款　　　　　　100 000

　　贷：上级补助收入　　　　　100 000

四、附属单位上缴收入的核算

（一）核算科目介绍

《事业单位会计制度》设置附属单位上缴收入（编号：4301）科目，用以核算事业单位附属独立核算单位按照有关规定上缴的收入。

该科目应当按照附属单位、缴款项目、《政府收支分类科目》中“支出功能分类”相关科目等进行明细核算。附属单位上缴收入中如有专项资金收入，还应按具体项目进行明细核算。期末结账后，该科目应无余额。

（二）主要账务处理介绍

1. 收到附属单位缴来款项时，按照实际收到金额，借记“银行存款”等科目，贷记本科目。

2. 期末，将本科目本期发生额中的专项资金收入结转入非财政补助结转，借记本科目下各专项资金收入明细科目，贷记“非财政补助结转”科目；将本科目本期发生额中的非专项资金收入结转入事业结余，借记本科目下各非专项资金收入明细科目，贷记“事业结余”科目。

（三）核算举例

［例 4］东昌市卫生护理学校收到所属独立核算的昌北分校缴款 5 万元。根据银行收款通知，会计部门填制记账凭单，会计分录如下：

借：银行存款　　　　　　50 000

　　贷：附属单位上缴收入　　　　50 000

五、经营收入的核算

（一）核算科目介绍

《事业单位会计制度》设置经营收入（编号：4401）科目，用以核算事业单位在专业业务活动及其辅助活动之外开展非独立核算经营活动取得的收入。

该科目应当按照经营活动类别、项目、《政府收支分类科目》中“支出功能分类”相关科目等进行明细核算。期末结账后，该科目应无余额。

（二）主要账务处理介绍

1. 经营收入应当在提供服务或发出存货，同时收讫价款或者取得索取价款的凭据时，按照实际收到或应收的金额确认收入。

实现经营收入时，按照确定的收入金额，借记“银行存款”、“应收账款”、“应收票据”等科目，贷记本科目。

属于增值税小规模纳税人的事业单位实现经营收入，按实际出售价款，借记“银行存款”、“应收账款”、“应收票据”等科目，按出售价款扣除增值税额后的金额，贷记本科目，按应缴增值税金额，贷记“应缴税费——应缴增值税”科目。

属于增值税一般纳税人的事业单位实现经营收入，按包含增值税的价款总额，借记“银行存款”、“应收账款”、“应收票据”等科目，按扣除增值税销项税额后的价款金额，贷记本科目，按增值税专用发票上注明的增值税金额，贷记“应缴税费——应缴增值税（销项税额）”科目。

2. 期末，将本科目本期发生额转入经营结余，借记本科目，贷记“经营结余”科目。

（三）核算举例

[例 5] 东昌市卫生护理学校收到市某民营医院租用本校理化设备的租金 1 200 元。根据有关凭证，填制记账凭单，会计分录如下：

借：银行存款　　　　　　　　1 200

　　贷：经营收入　　　　　　　　1 200

（事业单位应按租金收入的 5%计提营业税，并按税额的 7%和 3%计提城市维护建设税和教育费附加，其核算参见负债一章“应缴税费”的相关内容。）

[例 6] 东昌市卫生科研所销售医疗卫生科研产品一批，取得收入 3 510 元。根据有关凭证，填制记账凭单，会计分录如下：

借：银行存款　　　　　　　　3 510

贷：经营收入　　3 000

　　应缴税费——应缴增值税——销项税额　　510

［例 7］东昌市卫生科研所销售的上述医疗卫生科研产品中，因存在质量问题，被退回一半。根据有关凭证，填制记账凭单，会计分录如下：

借：经营收入　　1 500

　　应缴税费——应缴增值税——销项税额　　255

　　贷：银行存款　　1 755

六、其他收入的核算

（一）核算科目介绍

《事业单位会计制度》设置其他收入（编号：4501）科目，用以核算事业单位除财政补助收入、事业收入、上级补助收入、附属单位上缴收入、经营收入以外的各项收入，包括投资收益、银行存款利息收入、租金收入、捐赠收入、现金盘盈收入、存货盘盈收入、收回已核销应收及预付款项、无法偿付的应付及预收款项等。

该科目应当按照其他收入的类别、《政府收支分类科目》中“支出功能分类”相关科目等进行明细核算。对于事业单位对外投资实现的投资净损益，应单设“投资收益”明细科目进行核算；其他收入中如有专项资金收入（如限定用途的捐赠收入），还应按具体项目进行明细核算。期末结账后，该科目应无余额。

（二）主要账务处理介绍

1. 投资收益

（1）对外投资持有期间收到利息、利润等时，按实际收到的金额，借记“银行存款”等科目，贷记本科目（投资收益）。

（2）出售或到期收回国债投资本息，按照实际收到的金额，借记“银行存款”等科目，按照出售或收回国债投资的成本，贷记“短期投资”、“长期投资”科目，按其差额，贷记或借记本科目（投资收益）。

2. 银行存款利息收入、租金收入

收到银行存款利息、资产承租人支付的租金，按照实际收到的金额，借记“银行存款”等科目，贷记本科目。

3. 捐赠收入

（1）接受捐赠现金资产，按照实际收到的金额，借记“银行存款”等科目，贷记本科目。

（2）接受捐赠的存货验收入库，按照确定的成本，借记“存货”科目，按照发生的相关税费、运输费等，贷记“银行存款”等科目，按照其差额，贷记本科目。

（3）接受捐赠的固定资产、无形资产等非流动资产，不通过本科目核算。

4. 现金盘盈收入

每日现金账款核对中如发现现金溢余，属于无法查明原因的部分，借记“库存现金”科目，贷记本科目。

5. 存货盘盈收入

盘盈的存货，按照确定的入账价值，借记“存货”科目，贷记本科目。

6. 收回已核销应收及预付款项

已核销应收账款、预付账款、其他应收款在以后期间收回的，按照实际收回的金额，借记“银行存款”等科目，贷记本科目。

7. 无法偿付的应付及预收款项

无法偿付或债权人豁免偿还的应付账款、预收账款、其他应付款及长期应付款，借记“应付账款”、“预收账款”、“其他应付款”、“长期应付款”等科目，贷记本科目。

8. 期末结转

期末，将本科目本期发生额中的专项资金收入结转入非财政补助结转，借记本科目下各专项资金收入明细科目，贷记“非财政补助结转”科目；将本科目本期发生额中的非专项资金收入结转入事业结余，借记本科目下各非专项资金收入明细科目，贷记“事业结余”科目。

（三）核算举例

[例 8] 某日，东昌市卫生护理学校接到开户银行通知，收到某项长期投资收益 7 000 元。会计部门根据相关凭证，作会计分录如下：

借：银行存款　　7 000

　　贷：其他收入　　　7 000

[例 9] 6 月某日，东昌市卫生护理学校昌北分校接到开户银行通知，收到银行存款利息 300 元。该校会计部门根据相关凭证，作会计分录如下：

借：银行存款　　300

　　贷：其他收入　　　300

第三节　事业单位支出的核算

一、事业支出的核算

（一）核算科目介绍

《事业单位会计制度》设置事业支出（编号：5001）科目，用以核算事业单位开展专业业务活动及其辅助活动发生的基本支出和项目支出。

该科目应当按照“基本支出”和“项目支出”，“财政补助支出”、“非财政专项资金支出”和“其他资金支出”等层级进行明细核算，并按照《政府收支分类科目》中“支出功能分类”相关科目进行明细核算；“基本支出”和“项目支出”明细科目下应当按照《政府收支分类科目》中“支出经济分类”的款级科目进行明细核算；同时在“项目支出”明细科目下按照具体项目进行明细核算。期末结账后，该科目应无余额。

（二）主要账务处理介绍

1. 从事专业业务活动及其辅助活动人员计提的薪酬等，借记本科目，贷记“应付职工薪酬”等科目。

2. 开展专业业务活动及其辅助活动领用的存货，按领用存货的实际成本，借记本科目，贷记“存货”科目。

3. 开展专业业务活动及其辅助活动中发生的其他各项支出，借记本科目，贷记“库存现金”、“银行存款”、“零余额账户用款额度”、“财政补助收入”等科目。

4. 期末，将本科目（财政补助支出）本期发生额结转入“财政补助结转”科目，借记“财政补助结转——基本支出结转、项目支出结转”科目，贷记本科目（财政补助支出——基本支出、项目支出或基本支出——财政补助支出、项目支出——财政补助支出）；将本科目（非财政专项资金支出）本期发生额结转入“非财政补助结转”科目，借记“非财政补助结转”科目，贷记本科目（非财政专项资金支出或项目支出——非财政专项资金支出）；将本科目（其他资金支出）本期发生额结转入“事业结余”科目，借记“事业结余”科目，贷记本科目（其他资金支出或基本支出——其他资金支出、项目支出——其他资金支出）。

［例 10］某月 6 日，东昌市教师进修学校招标采购实验教学软件一套，价款 35 万由财政补助支付。该学校的财政补助实行财政直接支付方式，软件已于当日在实验教学中心安装调试完毕。学校会计部门根据相关凭证，做会计分录如下：

借：事业支出　　350 000

　　贷：财政补助收入　　350 000

同时：借：无形资产　　350 000

　　　　贷：非流动资产基金——无形资产　　350 000

［例 11］东昌市卫生护理学校发放本月职工工资。工资汇总表列明，本月应付事业人员基本工资 58 000 元，奖金 4 900 元。会计分录如下：

借：事业支出——人员支出——基本工资　　58 000

　　　　　　——人员支出——奖金　　4 900

　　贷：应付职工薪酬　　62 900

［例 12］根据省财政厅有关文件规定，东昌市卫生护理学校按照工资总额的 2%计提本月工会经费。会计分录如下：

借：事业支出——公用支出——其他　　1 160

　　贷：其他应付款　　1 160

（将工会经费转拨工会时，借：其他应付款；贷：银行存款。）

二、上缴上级支出的核算

（一）核算科目介绍

《事业单位会计制度》设置上缴上级支出（编号：5101）科目，用以核算事业单位按照财政部门和主管部门的规定上缴上级单位的支出。

该科目应当按照收缴款项单位、缴款项目、《政府收支分类科目》中“支出功能分类”相关科目等进行明细核算。期末结账后，该科目应无余额。

（二）主要账务处理介绍

1. 按规定将款项上缴上级单位的，按照实际上缴的金额，借记本科目，贷记“银行存款”等科目。

2. 期末，将本科目本期发生额转入事业结余，借记“事业结余”科目，贷记本科目。

（三）核算举例

［例 13］东昌市卫生护理学校收到所属独立核算的昌北分校缴款 5 万元。对于此业务，昌北分校的会计部门根据相关凭证填制记账凭单，会计分录如下：

借：上缴上级支出　　　　　　50 000

　　贷：银行存款　　　　　　　　50 000

三、对附属单位补助支出的核算

（一）核算科目介绍

《事业单位会计制度》设置对附属单位补助支出（编号：5201）科目，用以核算事业单位用财政补助收入之外的收入对附属单位补助发生的支出。

该科目应当按照接受补助单位、补助项目、《政府收支分类科目》中“支出功能分类”相关科目等进行明细核算。期末结账后，该科目应无余额。

（二）主要账务处理介绍

1. 发生对附属单位补助支出的，按照实际支出的金额，借记本科目，贷记“银行存款”等科目。

2. 期末，将本科目本期发生额转入事业结余，借记“事业结余”科目，贷记本科目。

（三）核算举例

［例 14］东昌市卫生护理学校将收到昌北分校缴款 5 万元补助昌南分校。会计部门根据相关凭证填制记账凭单，会计分录如下：

借：对附属单位补助支出　　　　　50 000

　　贷：银行存款　　　　　　　　　　50 000

四、经营支出的核算

（一）核算科目介绍

《事业单位会计制度》设置经营支出（编号：5301）科目，用以核算事业单位在专业业务活动及其辅助活动之外开展非独立核算经营活动发生的支出。该科目应当按照经营活动类别、项目、《政府收支分类科目》中“支出功能分类”相关科目等进行明细核算。期末结账后，该科目应无余额。

事业单位开展非独立核算经营活动的，应当正确归集开展经营活动发生的各项费用数；无法直接归集的，应当按照规定的标准或比例合理分摊。

事业单位的经营支出与经营收入应当配比。

（二）主要账务处理介绍

1. 为在专业业务活动及其辅助活动之外开展非独立核算经营活动人员计提的薪酬等，借记本科目，贷记“应付职工薪酬”等科目。

2. 在专业业务活动及其辅助活动之外开展非独立核算经营活动领用、发出的存货，按领用、发出存货的实际成本，借记本科目，贷记“存货”科目。

3. 在专业业务活动及其辅助活动之外开展非独立核算经营活动中发生的其他各项支出，借记本科目，贷记“库存现金”、“银行存款”、“应缴税费”等科目。

4. 期末，将本科目本期发生额转入经营结余，借记“经营结余”科目，贷记本科目。

（三）核算举例

［例 15］某月 6 日，东昌市卫生护理学校计提经营部门本月工资 8 800 元，并于当日发放完毕。会计部门做会计分录如下：

借：经营支出　　8 800

　　贷：应付职工薪酬　　8 800

借：应付职工薪酬　　8 800

　　贷：银行存款　　8 800

［例 16］某月末，东昌市卫生护理学校材料保管部门报来“发出材料汇总表”。汇总表列明该月共计发出经营用 B 材料 100 公斤，按照全月平均计算单价为 15 元/公斤。会计部门根据汇总表，做会计分录如下：

借：经营支出　　1 500

　　贷：存货——B 材料　　1 500

五、其他支出的核算

（一）核算科目介绍

其他支出（编号：5401）科目，用以核算事业单位除事业支出、上缴上级支出、对附属单位补助支出、经营支出以外的各项支出，包括利息支出、捐赠支出、现金盘亏损失、资产处置损失、接受捐赠（调入）非流动资产发生的税费支出等。

该科目应当按照其他支出的类别、《政府收支分类科目》中“支出功能分类”相关科目等进行明细核算。其他支出中如有专项资金支出，还应按具体项目进行明细核算。期末结账后，该科目应无余额。

（二）主要账务处理介绍

1. 利息支出

支付银行借款利息时，借记本科目，贷记“银行存款”科目。

2. 捐赠支出

（1）对外捐赠现金资产，借记本科目，贷记“银行存款”等科目。

（2）对外捐出存货，借记本科目，贷记“待处置资产损溢”科目。

需要注意的是：对外捐赠固定资产、无形资产等非流动资产，不通过本科目核算。

3. 现金盘亏损失

每日现金账款核对中如发现现金短缺，属于无法查明原因的部分，报经批准后，借记本科目，贷记“库存现金”科目。

4. 资产处置损失

报经批准核销应收及预付款项、处置存货，借记本科目，贷记“待处置资产损溢”科目。

5. 接受捐赠（调入）非流动资产发生的税费支出

接受捐赠、无偿调入非流动资产发生的相关税费、运输费等，借记本科目，贷记“银行存款”等科目。

以固定资产、无形资产取得长期股权投资，所发生的相关税费计入本科目。具体账务处理参见“长期投资”科目。

6. 期末结转

期末，将本科目本期发生额中的专项资金支出结转入非财政补助结转，借记“非财政补助结转”科目，贷记本科目下各专项资金支出明细科目；将本科目本期发生额中的非专项资金支出结转入事业结余，借记“事业结余”科目，贷记本科目下各非专项资金支出明细科目。

（三）核算举例

[例 17] 某日，东昌市卫生护理学校接受某医疗器械厂商捐赠设备一宗。该校以现金自行支付捐赠设备运费 200 元。会计部门根据相关凭证，作会计分录如下：

借：其他支出　　　　　　200

贷：库存现金　　　200

［例 18］东昌市卫生护理学校有一笔合同金额为 5 000 元的预付账款多年未收到所购物资。某日，校务会议批准将该笔已转入待处置资产损溢的预付账款予以核销。会计分录如下：

借：其他支出　　　5 000

　　贷：待处置资产损溢　　　5 000

思考题

1. 事业单位会计是如何分级的？
2. 事业单位会计的核算原则有哪些？不同于行政单位会计的独特核算原则是什么？不同于企业会计的独特核算原则是什么？
3. 上级补助收入和财政补助收入有何区别？事业收入和经营收入有何区别？
4. 事业单位的财政补助收入怎样进行明细核算？
5. 什么是事业单位会计的支出？事业支出怎样进行明细核算？

练习题

练习一：

一、目的：练习事业单位会计收入的核算。

二、资料：东昌市某中等专业学校某年 6 月份发生下列经济业务

1. 6 月 1 日，收到县财政局拨入的本月财政补助 15 万元。
2. 6 月 5 日，收到昌北县分校上缴收入 2 万元。
3. 6 月 16 日，收到应缴财政的职业资格考试报名费 2 000 元。
4. 6 月 19 日，某期短训练班开班，收到应缴存财政专户的学费 10 万元。
5. 月末，接到银行通知，上半年存款利息为 870 元，增加银行存款。

三、要求：根据以上经济业务，编制会计分录。

练习二：

一、目的：练习事业单位会计支出的核算。

二、资料：东昌市某中等专业学校某年 5 月份发生下列经济业务

1. 5 日，对所属昌南县分校拨付补助款 1 万元。
2. 8 日，支付自来水公司水费 3 000 元。
3. 5 月 20 日，某培训班结束，支付授课教师劳务费 2 000 元，培训班费用开支共计 15 000 元。

4. 5 月 25 日，支付校属经营性部门电费 500 元。

5. 5 月 27 日，支付银行借款利息 300 元。

三、要求：根据以上经济业务，编制会计分录。

第十二章　事业单位资产的核算

第一节　事业单位流动资产的核算

资产是指行政单位占有或者使用的，能以货币计量的经济资源。所谓占有，是指行政单位对经济资源拥有法律上的占有权。由行政单位直接支配，供社会公众使用的政府储备物资、公共基础设施等，也属于行政单位核算的资产。行政单位的资产包括流动资产、固定资产、在建工程、无形资产等。

流动资产是指可以在1年以内（含1年）变现或者耗用的资产，包括库存现金、银行存款、零余额账户用款额度、财政应返还额度、应收及预付款项、存货等。

在本节中，我们将库存现金、银行存款、零余额账户用款额度和财政应返还额度这四个科目合并在“货币资金”一个问题中介绍。这些科目的核算和行政单位会计的同名科目的核算基本相同。

一、货币资金的核算

（一）库存现金的核算

1. 核算科目介绍

《事业单位会计制度》设置库存现金（编号：1001）科目，用以核算事业单位的库存现金。事业单位应当严格按照国家有关现金管理的规定收支现金，并按照本制度规定核算现金的各项收支业务。该科目期末借方余额，反映事业单位实际持有的库存现金。

2. 主要账务处理介绍

（1）从银行等金融机构提取现金，按照实际提取的金额，借记本科目，贷记“银行存款”等科目；将现金存入银行等金融机构，按照实际存入的金额，借记“银行存款”等科目，贷记本科目。

（2）因内部职工出差等原因借出的现金，按照实际借出的现金金额，借记“其他应收款”科目，贷记本科目；出差人员报销差旅费时，按照应报销的金额，借记有关科目，按照实际借出的现金金额，贷记“其他应收款”科目，按其差额，借记或贷记本科目。

（3）因开展业务等其他事项收到现金，按照实际收到的金额，借记本科目，贷记有关科目；因购买服务或商品等其他事项支出现金，按照实际支出的金额，借记有关科目，贷记本科目。

（4）每日账款核对中发现现金溢余或短缺的，应当及时进行处理。如发现现金溢余，属于应支付给有关人员或单位的部分，借记本科目，贷记“其他应付款”科目；属于无法查明原因的部分，借记本科目，贷记“其他收入”科目。如发现现金短缺，属于应由责任人赔偿的部分，借记“其他应收款”科目，贷记本科目；属于无法查明原因的部分，报经批准后，借记“其他支出”科目，贷记本科目。

3. 有关现金的其他业务

事业单位应当设置“现金日记账”，由出纳人员根据收付款凭证，按照业务发生顺序逐笔登记。每日终了，应当计算当日的现金收入合计数、现金支出合计数和结余数，并将结余数与实际库存数核对，做到账款相符。

事业单位有外币现金的，应当分别按照人民币、各种外币设置“现金日记账”进行明细核算。有关外币现金业务的账务处理参见“银行存款”科目的相关规定。

现金收入业务较多、单独设有收款部门的事业单位，收款部门的收款员应当将每天所收现金连同收款凭据等一并交财务部门核收记账；或者将每天所收现金直接送存开户银行后，将收款凭据及向银行送存现金的凭证等一并交财务部门核收记账。

4. 核算举例

库存现金的核算可以参考行政单位同名科目的核算。

（二）银行存款的核算

1. 核算科目介绍

《事业单位会计制度》设置银行存款（编号：1002）科目，用以核算事业单位存入银行或其他金融机构的各种存款。该科目期末借方余额，反映事业单位实际存放在银行或其他金融机构的款项。

事业单位应当严格按照国家有关支付结算办法的规定办理银行存款收支业务，并按照本制度规定核算银行存款的各项收支业务。

2. 主要账务处理介绍

（1）将款项存入银行或其他金融机构，借记本科目，贷记“库存现金”、“事业收入”、“经营收入”等有关科目。

（2）提取和支出存款时，借记有关科目，贷记本科目。

3. 其他业务处理介绍

（1）外币业务

事业单位发生外币业务的，应当按照业务发生当日（或当期期初，下同）的即期汇率，将外币金额折算为人民币记账，并登记外币金额和汇率。

期末，各种外币账户的外币余额应当按照期末的即期汇率折算为人民币，作为外币账户期末人民币余额。调整后的各种外币账户人民币余额与原账面人民币余额的差额，作为汇兑损益计入相关支出。

①以外币购买物资、劳务等，按照购入当日的即期汇率将支付的外币或应支付的外币折算为人民币金额，借记有关科目，贷记本科目、“应付账款”等科目的外币账户。

②以外币收取相关款项等，按照收取款项或收入确认当日的即期汇率将收取的外币或应收取的外币折算为人民币金额，借记本科目、“应收账款”等科目的外币账户，贷记有关科目。

③期末，根据各外币账户按期末汇率调整后的人民币余额与原账面人民币余额的差额，作为汇兑损益，借记或贷记本科目、“应收账款”、“应付账款”等科目，贷记或借记“事业支出”、“经营支出”等科目。

（2）银行存款日记账

事业单位应当按开户银行或其他金融机构、存款种类及币种等，分别设置“银行存款日记账”，由出纳人员根据收付款凭证，按照业务的发生顺序逐笔登记，每日终了应结出余额。“银行存款日记账”应定期与“银行对账单”核对，至少每月核对一次。月度终了，事业单位银行存款账面余额与银行对账单余额之间如有差额，必须逐笔查明原因并进行处理，按月编制“银行存款余额调节表”，调节相符。

4. 核算举例

银行存款的核算可以参考行政单位同名科目的核算。

（三）零余额账户用款额度的核算

1. 核算科目介绍

《事业单位会计制度》设置零余额账户用款额度（编号：1011）科目，用以核算实行国库集中支付的事业单位根据财政部门批复的用款计划收到和支用的零余额账户用款额度。该科目期末借方余额，反映事业单位尚未支用的零余额账户用款额度。该科目年末应无余额。

2. 主要账务处理介绍

（1）在财政授权支付方式下，收到代理银行盖章的“授权支付到账通知书”时，根据通知书所列数额，借记本科目，贷记“财政补助收入”科目。

（2）按规定支用额度时，借记有关科目，贷记本科目。

（3）从零余额账户提取现金时，借记“库存现金”科目，贷记本科目。

（4）因购货退回等发生国库授权支付额度退回的，属于以前年度支付的款项，按照退回金额，借记本科目，贷记“财政补助结转”、“财政补助结余”、“存货”等有关科目；属于本年度支付的款项，按照退回金额，借记本科目，贷记“事业支出”、“存货”等有关科目。

（5）年度终了，依据代理银行提供的对账单做注销额度的相关账务处理，借记“财政应返还额度——财政授权支付”科目，贷记本科目。事业单位本年度财政授权支付预算指标数大于零余额账户用款额度下达数的，根据未下达的用款额度，借记“财政应返还额度——财政授权支付”科目，贷记“财政补助收入”科目。

下年初，事业单位依据代理银行提供的额度恢复到账通知书做恢复额度的相关账务处理，借记本科目，贷记“财政应返还额度——财政授权支付”科目。事业单位收到财政部门批复的上年末未下达零余额账户用款额度的，借记本科目，贷记“财政应返还额度——财政授权支付”科目。

3. 核算举例

零余额账户用款额度的核算可以参考行政单位同名科目的核算。

（四）财政应返还额度的核算

1. 核算科目介绍

《事业单位会计制度》设置财政应返还额度（编号：1201）科目，用以核算实行国库集中支付的事业单位应收财政返还的资金额度。该科目应当设置“财政直接支付”、“财政授权支付”两个明细科目，进行明细核算。该科目期末借方余额，反映事业单位应收财政返还的资金额度。

2. 主要账务处理介绍

（1）财政直接支付

年度终了，事业单位根据本年度财政直接支付预算指标数与当年财政直接支付实际支出数的差额，借记本科目（财政直接支付），贷记“财政补助收入”科目。

下年度恢复财政直接支付额度后，事业单位以财政直接支付方式发生实际支出时，借记有关科目，贷记本科目（财政直接支付）。

（2）财政授权支付

年度终了，事业单位依据代理银行提供的对账单做注销额度的相关账务处理，借记本科目（财政授权支付），贷记“零余额账户用款额度”科目。事业单位本年度财政授权支付预算指标数大于零余额账户用款额度下达数的，根据未下达的用款额度，借记本科目（财政授权支付），贷记“财政补助收入”科目。

下年初，事业单位依据代理银行提供的额度恢复到账通知书做恢复额度的相关账务处理，借记“零余额账户用款额度”科目，贷记本科目（财政授权支付）。事业单位收到财政部门批复的上年末未下达零余额账户用款额度时，借记“零余额账户用款额度”科目，贷记本科目（财政授权支付）。

3. 核算举例

财政应返还额度的核算可以参考行政单位同名科目的核算。

二、短期投资的核算

（一）核算科目介绍

《事业单位会计制度》设置短期投资（编号：1101）科目，用以核算事业单位依法取得的，持有时间不超过1年（含1年）的投资，主要是国债投资。该科目应当按照国债投资的种类等进行明细核算。该科目期末借方余额，反映事业单位持有的短期投资成本。

事业单位应当严格遵守国家法律、行政法规以及财政部门、主管部门关于对外投资的有关规定。

（二）主要账务处理介绍

1. 短期投资在取得时，应当按照其实际成本（包括购买价款以及税金、手续费等相关税费）作为投资成本，借记本科目，贷记“银行存款”等科目。

2. 短期投资持有期间收到利息时，按实际收到的金额，借记“银行存款”科目，贷记“其他收入——投资收益”科目。

3. 出售短期投资或到期收回短期国债本息，按照实际收到的金额，借记“银行存款”科目，按照出售或收回短期国债的成本，贷记本科目，按其差额，贷记或借记“其他收入——投资收益”科目。

（三）核算举例

[例 1] 5 月某日，东昌市卫生护理学校以闲置资金购买短期国债一宗，该宗国债票面金额 10 000 元，购买价款以及相关税费 9 500 元。会计部门根据相关凭证填制记账凭单，会计分录如下：

借：短期投资　　9 500

　　贷：银行存款　　9 500

[例 2] 7 月某日，东昌市卫生护理学校兑付上述短期国债。会计部门根据相关凭证填制记账凭单，会计分录如下：

借：银行存款　　10 000

　　贷：短期投资　　9 500

　　　　其他收入——投资收益　　500

三、应收票据的核算

（一）核算科目介绍

《事业单位会计制度》设置应收票据（编号：1211）科目，用以核算事业单位因开展经营活动销售产品、提供有偿服务等而收到的商业汇票，包括银行承兑汇票和商业承兑汇票。

该科目应当按照开出、承兑商业汇票的单位等进行明细核算。该科目期末借方余额，反映事业单位持有的商业汇票票面金额。

事业单位应当设置“应收票据备查簿”，逐笔登记每一应收票据的种类、号数、出票日期、到期日、票面金额、交易合同号和付款人、承兑人、背书人姓名或单位名称、背书转让日、贴现日期、贴现率和贴现净额、收款日期、收回金额和退票情况等资料。应收票据到期结清票款或退票后，应当在备查簿内逐笔注销。

（二）主要账务处理介绍

1. 因销售产品、提供服务等收到商业汇票，按照商业汇票的票面金额，借记本科目，按照确认的收入金额，贷记“经营收入”等科目，按照应缴增值税金额，贷记“应缴税费——应缴增值税”科目。

2. 持未到期的商业汇票向银行贴现，按照实际收到的金额（即扣除贴现息后的净额），借记“银行存款”科目，按照贴现息，借记“经营支出”等科目，按照商业汇票的票面金额，贷记本科目。

3. 将持有的商业汇票背书转让以取得所需物资时，按照取得物资的成本，借记有关科目，按照商业汇票的票面金额，贷记本科目，如有差额，借记或贷记“银行存款”等科目。

4. 商业汇票到期时，应当分别按以下情况处理：

（1）收回应收票据，按照实际收到的商业汇票票面金额，借记“银行存款”科目，贷记本科目。

（2）因付款人无力支付票款，收到银行退回的商业承兑汇票、委托收款凭证、未付票款通知书或拒付款证明等，按照商业汇票的票面金额，借记“应收账款”科目，贷记本科目。

（三）核算举例

［例 3］某日，东昌市卫生护理学校为某民营连锁医疗组织培训护理人员一批，收到一张期限为 3 个月，票面金额为 8 000 元的商业承兑汇票。会计分录如下：

借：应收票据　　8 000
　　贷：经营收入　　8 000

［例 4］承上例，商业承兑汇票到期，收到全部款项，根据有关凭证，填制记账凭单，会计分录如下：

借：银行存款　　8 000
　　贷：应收票据　　8 000

四、应收账款的核算

（一）核算科目介绍

《事业单位会计制度》设置应收账款（编号：1212）科目，用以核算事业单位因开展经营活动销售产品、提供有偿服务等而应收取的款项。

该科目应当按照购货、接受劳务单位（或个人）进行明细核算。该科目期末借方余额，反映事业单位尚未收回的应收账款。

（二）主要账务处理介绍

1. 发生应收账款时，按照应收未收金额，借记本科目，按照确认的收入金额，贷记“经营收入”等科目，按照应缴增值税金额，贷记“应缴税费——应缴增值税”科目。

2. 收回应收账款时，按照实际收到的金额，借记“银行存款”等科目，贷记本科目。

（三）应收账款的核销

逾期三年或以上、有确凿证据表明确实无法收回的应收账款，按规定报经批准后予以核销。核销的应收账款应在备查簿中保留登记。

1. 转入待处置资产时，按照待核销的应收账款金额，借记“待处置资产损溢”科目，贷记本科目。

2. 报经批准予以核销时，借记“其他支出”科目，贷记“待处置资产损溢”科目。

3. 已核销应收账款在以后期间收回的，按照实际收回的金额，借记“银行存款”等科目，贷记“其他收入”科目。

（四）核算举例

［例 5］某日，东昌市卫生护理学校为某营利性疗养机构举办护理普及宣传日活动，按照合同应收取受益方劳务费 2 000 元。会计部门根据有关凭证，填制记账凭单，会计分录如下：

借：应收账款　　2 000

　　贷：经营收入　　2 000

［例 6］2 周后，东昌市卫生护理学校接到开户银行的收款通知，上述按劳务费 2000 元已经到账。会计部门根据有关凭证，填制记账凭单，会计分录如下：

借：银行存款　　2 000

　　贷：应收账款　　2 000

五、预付账款的核算

（一）核算科目介绍

《事业单位会计制度》设置预付账款（编号：1213）科目，用以核算事业单位按照购货、劳务合同规定预付给供应单位的款项。

该科目应当按照供应单位（或个人）进行明细核算。事业单位应当通过明细核算或辅助登记方式，登记预付账款的资金性质（区分财政补助资金、非财政专项资金和其他资金）。该科目期末借方余额，反映事业单位实际预付但尚未结算的款项。

（二）主要账务处理介绍

1. 发生预付账款时，按照实际预付的金额，借记本科目，贷记“零余额账户用款额度”、“财政补助收入”、“银行存款”等科目。

2. 收到所购物资或劳务，按照购入物资或劳务的成本，借记有关科目，按照相应预付账款金额，贷记本科目，按照补付的款项，贷记“零余额账户用款额度”、“财政补助收入”、“银行存款”等科目。收到所购固定资产、无形资产的，按照确定的资产成本，借记“固定资产”、“无形资产”科目，贷记“非流动资产基金——固定资产、无形资产”科目；同时，按资产购置支出，借记“事业支出”、“经营支出”等科目，按照相应预付账款金额，贷记本科目，按照补付的款项，贷记“零余额账户用款额度”、“财政补助收入”、“银行存款”等科目。

（三）预付账款的核销

逾期三年或以上、有确凿证据表明因供货单位破产、撤销等原因已无望再收到所购物资，且确实无法收回的预付账款，按规定报经批准后予以核销。核销的预付账款应在备查簿中保留登记。

1. 转入待处置资产时，按照待核销的预付账款金额，借记“待处置资产损溢”科目，贷记本科目。

2. 报经批准予以核销时，借记“其他支出”科目，贷记“待处置资产损溢”科目。

3. 已核销预付账款在以后期间收回的，按照实际收回的金额，借记“银行存款”等科目，贷记“其他收入”科目。

（四）核算举例

［例 7］某日，东昌市卫生护理学校向某公司订购专用设备一台，价值 20 000 元。按照合同先向该公司预付货款 10 000 元，待货到后再补付剩余款项。会计部门根据有关凭证，填制记账凭单，会计分录如下：

借：预付账款　　10 000

　　贷：银行存款　　10 000

［例 8］10 天后，东昌市卫生护理学校收到该设备并于当天调试运行成功，剩余款项当即补付。会计部门根据有关凭证，填制记账凭单，会计分录如下：

借：事业支出——项目支出——其他资本性支出
——专用设备购置费 20 000
贷：预付账款 10 000
银行存款 10 000

借：固定资产——专用设备 20 000
贷：非流动资产基金——固定资产 20 000

六、其他应收款的核算

（一）核算科目介绍

《事业单位会计制度》设置其他应收款（编号：1215）科目，用以核算事业单位除财政应返还额度、应收票据、应收账款、预付账款以外的其他各项应收及暂付款项，如职工预借的差旅费、拨付给内部有关部门的备用金、应向职工收取的各种垫付款项等。

该科目应当按照其他应收款的类别以及债务单位（或个人）进行明细核算。

（二）主要账务处理介绍

1. 发生其他各种应收及暂付款项时，借记本科目，贷记“银行存款”、“库存现金”等科目。

2. 收回或转销其他各种应收及暂付款项时，借记“库存现金”、“银行存款”等科目，贷记本科目。

3. 事业单位内部实行备用金制度的，有关部门使用备用金以后应当及时到财务部门报销并补足备用金。财务部门核定并发放备用金时，借记本科目，贷记“库存现金”等科目。根据报销数用现金补足备用金定额时，借记有关科目，贷记“库存现金”等科目，报销数和拨补数都不再通过本科目核算。

（三）其他应收款的核销

逾期三年或以上、有确凿证据表明确实无法收回的其他应收款，按规定报经批准后予以核销。核销的其他应收款应在备查簿中保留登记。

1. 转入待处置资产时，按照待核销的其他应收款金额，借记“待处置资产损溢”科目，贷记本科目。

2. 报经批准予以核销时，借记“其他支出”科目，贷记“待处置资产损溢”科目。

3. 已核销其他应收款在以后期间收回的，按照实际收回的金额，借记“银行存款”等科目，贷记“其他收入”科目。

（四）核算举例

[例 9] 某日，东昌市卫生护理学校王副校长因公出差，预借差旅费800元，根据有关借款凭证，填制记账凭单，会计分录如下：

借：其他应收款——王校长　　　800
　　贷：现金　　　　　　　　　　　800

[例 10] 某日，以现金拨付下属某报销单位备用金300元，根据有关借款凭证，填制记账凭单，会计分录如下：

借：其他应收款　　　300
　　贷：现金　　　　　　300

[例 11]（承[例 9]）王副校长出差归来，报销差旅费880元，会计人员补付现金80元。根据有关发票等凭证，填制记账凭单，会计分录如下：

借：事业支出——公用支出——差旅费　　　880
　　贷：其他应收款——王校长　　　　　　　800
　　　　库存现金　　　　　　　　　　　　　80

七、存货的核算

（一）核算科目介绍

《事业单位会计制度》设置存货（编号：1301）科目，用以核算事业单位在开展业务活动及其他活动中为耗用而储存的各种材料、燃料、包装物、低值易耗品及达不到固定资产标准的用具、装具、动植物等的实际成本。本科目期末借方余额，反映事业单位存货的实际成本。

该科目应当按照存货的种类、规格、保管地点等进行明细核算。事业单位应当通过明细核算或辅助登记方式，登记取得存货成本的资金来源（区分财政补助资金、非财政专项资金和其他资金）。

事业单位随买随用的零星办公用品，可以在购进时直接列作支出，不通过本科目核算。发生自行加工存货业务的事业单位，应当在本科目下设置“生产成本”明细科目，归集核算自行加工存货所发生的实际成本（包括耗用的直接材料费用、发生的直接人工费用和分配的间接费用）。

（二）主要账务处理介绍

1. 存货在取得时，应当按照其实际成本入账。

（1）购入的存货，其成本包括购买价款、相关税费、运输费、装卸费、保险费以及其他使得存货达到目前场所和状态所发生的其他支出。事业单位按照税法规定属于增值税一般纳税人的，其购进非自用（如用于生产对外销售的产品）材料所支付的增值税款不计入材料成本。

购入的存货验收入库，按确定的成本，借记本科目，贷记“银行存款”、“应付账款”、“财政补助收入”、“零余额账户用款额度”等科目。

属于增值税一般纳税人的事业单位购入非自用材料的，按确定的成本（不含增值税进项税额），借记本科目，按增值税专用发票上注明的增值税额，借记“应缴税费——应缴增值税（进项税额）”科目，按实际支付或应付的金额，贷记“银行存款”、“应付账款”等科目。

（2）自行加工的存货，其成本包括耗用的直接材料费用、发生的直接人工费用和按照一定方法分配的与存货加工有关的间接费用。

自行加工的存货在加工过程中发生各种费用时，借记本科目（生产成本），贷记本科目（领用材料相关的明细科目）、“应付职工薪酬”、“银行存款”等科目。

加工完成的存货验收入库，按照所发生的实际成本，借记本科目（相关明细科目），贷记本科目（生产成本）。

（3）接受捐赠、无偿调入的存货，其成本按照有关凭据注明的金额加上相关税费、运输费等确定；没有相关凭据的，其成本比照同类或类似存货的市场价格加上相关税费、运输费等确定；没有相关凭据、同类或类似存货的市场价格也无法可靠取得的，该存货按照名义金额（即人民币1元，下同）入账。相关财务制度仅要求进行实物管理的除外。

接受捐赠、无偿调入的存货验收入库，按照确定的成本，借记本科目，按照发生的相关税费、运输费等，贷记“银行存款”等科目，按照其差额，贷记“其他收入”科目。

按照名义金额入账的情况下，按照名义金额，借记本科目，贷记“其他收入”科目；按照发生的相关税费、运输费等，借记“其他支出”科目，贷记“银行存款”等科目。

2. 存货在发出时，应当根据实际情况采用先进先出法、加权平均法或者个别计价法确定发出存货的实际成本。计价方法一经确定，不得随意变更。低值易耗品的成本于领用时一次摊销。

（1）开展业务活动等领用、发出存货，按领用、发出存货的实际成本，借记“事业支出”、“经营支出”等科目，贷记本科目。

（2）对外捐赠、无偿调出存货，转入待处置资产时，按照存货的账面余额，借记“待处置资产损溢”科目，贷记本科目。

属于增值税一般纳税人的事业单位对外捐赠、无偿调出购进的非自用材料，转入待处置资产时，按照存货的账面余额与相关增值税进项税额转出金额的合计金额，借记“待处置资产损溢”科目，按存货的账面余额，贷记本科目，按转出的增值税进项税额，贷记“应缴税费——应缴增值税（进项税额转出）”科目。

实际捐出、调出存货时，按照“待处置资产损溢”科目的相应余额，借记“其他支出”科目，贷记“待处置资产损溢”科目。

（三）存货的盘查

事业单位的存货应当定期进行清查盘点，每年至少盘点一次。对于发生的存货盘盈、盘亏或者报废、毁损，应当及时查明原因，按规定报经批准后进行账务处理。

1. 盘盈的存货，按照同类或类似存货的实际成本或市场价格确定入账价值；同类或类似存货的实际成本、市场价格均无法可靠取得的，按照名义金额入账。

盘盈的存货，按照确定的入账价值，借记本科目，贷记“其他收入”科目。

2. 盘亏或者毁损、报废的存货，转入待处置资产时，按照待处置存货的账面余额，借记“待处置资产损溢”科目，贷记本科目。

属于增值税一般纳税人的事业单位购进的非自用材料发生盘亏或者毁损、报废的，转入待处置资产时，按照存货的账面余额与相关增值税进项税额转出金额的合计金额，借记“待处置资产损溢”科目，按存货的账面余额，贷记本科目，按转出的增值税进项税额，贷记“应缴税费——应缴增值税（进项税额转出）”科目。

报经批准予以处置时，按照“待处置资产损溢”科目的相应余额，借记“其他支出”科目，贷记“待处置资产损溢”科目。

处置存货过程中所取得的收入、发生的费用，以及处置收入扣除相关处置费用后的净收入的账务处理，参见“待处置资产损溢”科目。

（四）核算举例

［例 12］东昌市卫生护理学校购进自用材料一批，价款 40 000 元，增值税 6 800 元，运杂费 300 元，均以银行存款支付。材料已验收入库。根据有关发票，填制记账凭单，会计分录如下：

借：存货　　47 100

　　贷：零余额账户用款额度　　47 100

［例 13］东昌市卫生护理学校购进一批非自用材料，价款 20 000 元，增值税 3 400 元，运杂费 200 元，均以银行存款支付。材料已验收入库（该所为一般纳税人）。根据有关发票，填制记账凭单，会计分录如下：

借：存货　　20 200

　　应缴税金——应缴增值税——进项税额　　3 400

　　贷：零余额账户用款额度　　23 600

［例 14］某月末，东昌市卫生护理学校材料保管部门报来“发出材料汇总表”。汇总表列明该月共计发出教学用 A 材料 30 公斤，按照全月平均计算单价为 11 元/公斤。会计部门根据汇总表，做会计分录如下：

借：事业支出　　330

　　贷：存货——A 材料　　330

第二节　长期投资和固定资产的核算

一、长期投资的核算

（一）核算科目介绍

《事业单位会计制度》设置长期投资（编号：1401）科目，用以核算事业单位依法取得的，持有时间超过 1 年（不含 1 年）的股权和债权性质的投资。该科目应当按照长期投资的种类和被投资单位等进行明细核算。该科目期末借方余额，反映事业单位持有的长期投资成本。

事业单位应当严格遵守国家法律、行政法规以及财政部门、主管部门有关事业单位对外投资的规定。

（二）长期股权投资账务处理介绍

1. 长期股权投资在取得时，应当按照其实际成本作为投资成本。

（1）以货币资金取得的长期股权投资，按照实际支付的全部价款（包括购买价款以及税金、手续费等相关税费）作为投资成本，借记本科目，贷记“银行存款”等科目；同时，按照投资成本金额，借记“事业基金”科目，贷记“非流动资产基金——长期投资”科目。

（2）以固定资产取得的长期股权投资，按照评估价值加上相关税费作为投资成本，借记本科目，贷记“非流动资产基金——长期投资”科目，按发生的相关税费，借记“其他支出”科目，贷记“银行存款”、“应缴税费”等科目；同时，按照投出固定资产对应的非流动资产基金，借记“非流动资产基金——固定资产”科目，按照投出固定资产已计提折旧，借记“累计折旧”科目，按投出固定资产的账面余额，贷记“固定资产”科目。

（3）以已入账无形资产取得的长期股权投资，按照评估价值加上相关税费作为投资成本，借记本科目，贷记“非流动资产基金——长期投资”科目，按发生的相关税费，借记“其他支出”科目，贷记“银行存款”、“应缴税费”等科目；同时，按照投出无形资产对应的非流动资产基金，借记“非流动资产基金——无形资产”科目，按照投出无形资产已计提摊销，借记“累计摊销”科目，按照投出无形资产的账面余额，贷记“无形资产”科目。

以未入账无形资产取得的长期股权投资，按照评估价值加上相关税费作为投资成本，借记本科目，贷记“非流动资产基金——长期投资”科目，按发生的相关税费，借记“其他支出”科目，贷记“银行存款”、“应缴税费”等科目。

2. 长期股权投资持有期间，收到利润等投资收益时，按照实际收到的金额，借记“银行存款”等科目，贷记“其他收入——投资收益”科目。

3. 转让长期股权投资，转入待处置资产时，按照待转让长期股权投资的账面余额，借记“待处置资产损溢——处置资产价值”科目，贷记本科目。

实际转让时，按照所转让长期股权投资对应的非流动资产基金，借记“非流动资产基金——长期投资”科目，贷记“待处置资产损溢——处置资产价值”科目。

转让长期股权投资过程中取得价款、发生相关税费，以及转让价款扣除相关税费后的净收入的账务处理，参见“待处置资产损溢”科目。

4. 因被投资单位破产清算等原因，有确凿证据表明长期股权投资发生损失的，按规定报经批准后予以核销。将待核销长期股权投资转入待处置资产时，按照待核销的长期股权投资账面余额，借记“待处置资产损溢”科目，贷记本科目。

报经批准予以核销时，借记“非流动资产基金——长期投资”科目，贷记“待处置资产损溢”科目。

（三）长期债券投资的账务处理介绍

1. 长期债券投资在取得时，应当按照其实际成本作为投资成本。以货币资金购入的长期债券投资，按照实际支付的全部价款（包括购买价款以及税金、手续费等相关税费）作为投资成本，借记本科目，贷记“银行存款”等科目；同时，按照投资成本金额，借记“事业基金”科目，贷记“非流动资产基金——长期投资”科目。

2. 长期债券投资持有期间收到利息时，按照实际收到的金额，借记“银行存款”等科目，贷记“其他收入——投资收益”科目。

3. 对外转让或到期收回长期债券投资本息，按照实际收到的金额，借记“银行存款”等科目，按照收回长期投资的成本，贷记本科目，按照其差额，贷记或借记“其他收入——投资收益”科目；同时，按照收回长期投资对应的非流动资产基金，借记“非流动资产基金——长期投资”科目，贷记“事业基金”科目。

（四）核算举例

[例 15]东昌市卫生护理学校以某项固定资产取得长期股权投资。该项固定资产账面价值 25 000 元，已提折旧 5 000 元，评估价值 23 000 元，支付相关税费 3 000 元。根据有关凭证，填制记账凭单，会计分录如下：

借：长期投资　　　　26 000

　　贷：非流动资产基金——长期投资　　　　26 000

借：其他支出　　3 000

　　贷：银行存款　　3 000

同时：

借：非流动资产基金——固定资产　　　　20 000

　　累计折旧　　　　5 000

贷：固定资产——一般设备 25 000

［例 16］东昌市卫生护理学校以某专有技术对外投资。该专有技术原账面价值为 32 000 元，累计摊销 2 000 元，评估价为 38 000 元，支付相关税费 4 000 元。会计分录如下：

借：长期投资 42 000

贷：非流动资产基金——长期投资 42 000

借：其他支出 4 000

贷：银行存款 4 000

借：非流动资产基金——固定资产 30 000

累计摊销 2 000

贷：无形资产 32 000

［例 17］东昌市卫生护理学校兑付到期的 3 年期国库券 50 000 元。该宗国债于 3 年前按照面值购买，年利率 2.5%。根据有关凭证，填制记账凭单，会计分录如下：

借：银行存款 53 750

贷：长期投资 50 000

其他收入 3 750

同时：

借：非流动资产基金——长期投资 50 000

贷：事业基金 50 000

二、固定资产的核算

（一）事业单位固定资产的概念与分类

固定资产是指事业单位持有的使用期限超过 1 年（不含 1 年）、单位价值在规定标准以上，并在使用过程中基本保持原有物质形态的资产。单位价值虽未达到规定标准，但使用期限超过 1 年（不含 1 年）的大批同类物资，作为固定资产核算和管理。

事业单位的固定资产一般分为六类：房屋及构筑物；专用设备；通用设备；文物和陈列品；图书、档案；家具、用具、装具及动植物。有关说明如下：

1. 对于应用软件，如果其构成相关硬件不可缺少的组成部分，应当将该软件价值包括在所属硬件价值中，一并作为固定资产进行核算；如果其不构成相关硬件不可缺少的组成部分，应当将该软件作为无形资产核算。

2. 事业单位以经营租赁租入的固定资产，不作为固定资产核算，应当另设备查簿进行登记。

3. 购入需要安装的固定资产，应当先通过“在建工程”科目核算，安装完毕交付使用时再转入本科目核算。

事业单位应当根据固定资产定义，结合本单位的具体情况，制定适合于本单位的固定资产目录、具体分类方法，作为进行固定资产核算的依据。

（二）核算科目介绍

《事业单位会计制度》设置固定资产（编号：1501）科目，用以核算事业单位占有或者使用的固定资产。该科目期末借方余额，反映事业单位固定资产的原价。

事业单位应当设置“固定资产登记簿”和“固定资产卡片”，按照固定资产类别、项目和使用部门等进行明细核算。出租、出借的固定资产，应当设置备查簿进行登记。

（三）主要账务处理介绍

1. 固定资产在取得时，应当按照其实际成本入账。

（1）购入的固定资产，其成本包括购买价款、相关税费以及固定资产交付使用前所发生的可归属于该项资产的运输费、装卸费、安装调试费和专业人员服务费等。

以一笔款项购入多项没有单独标价的固定资产，按照各项固定资产同类或类似资产市场价格的比例对总成本进行分配，分别确定各项固定资产的入账成本。

购入不需安装的固定资产，按照确定的固定资产成本，借记本科目，贷记“非流动资产基金——固定资产”科目；同时，按照实际支付金额，借记“事业支出”、“经营支出”、“专用基金——修购基金”等科目，贷记“财政补助收入”、“零余额账户用款额度”、“银行存款”等科目。

购入需要安装的固定资产，先通过“在建工程”科目核算。安装完工交付使用时，借记本科目，贷记“非流动资产基金——固定资产”科目；同时，借记“非流动资产基金——在建工程”科目，贷记“在建工程”科目。

购入固定资产扣留质量保证金的，应当在取得固定资产时，按照确定的成本，借记本科目（不需安装）或“在建工程”科目（需要安装），贷记“非流动资产基金——固定资产、在建工程”科目。同时取得固定资产全款发票的，应当同时按照构成资产成本的全部支出金额，借记“事业支出”、“经营支出”、“专用基金——修购基金”等科目，按照实际支付金额，贷记“财政补助收入”、“零余额账户用款额度”、“银行存款”等科目，按照扣留的质量保证金，贷记“其他应付款”（扣留期在 1 年以内（含 1 年））或“长期应付款”（扣留期超过 1 年）科目；取得的发票金额不包括质量保证金的，应当同时按照不包括质量保证金的支出金额，借记“事业支出”、“经营支出”、“专用基金——修购基金”等科目，贷记“财政补助收入”、“零余额账户用款额度”、“银行存款”等科目。质保期满支付质量保证金时，借记“其他应付款”、“长期应付款”科目，或借记“事业支出”、“经营支出”、“专用基金——修购基金”等科目，贷记“财政补助收入”、“零余额账户用款额度”、“银行存款”等科目。

（2）自行建造的固定资产，其成本包括建造该项资产至交付使用前所发生的全部必要支出。

工程完工交付使用时，按自行建造过程中发生的实际支出，借记本科目，贷记“非流动资产基金——固定资产”科目；同时，借记“非流动资产基金——在建工程”科目，贷记“在建工程”科目。

已交付使用但尚未办理竣工决算手续的固定资产，按照估计价值入账，待确定实际成本后再进行调整。

（3）在原有固定资产基础上进行改建、扩建、修缮后的固定资产，其成本按照原固定资产账面价值（“固定资产”科目账面余额减去“累计折旧”科目账面余额后的净值）加上改建、扩建、修缮发生的支出，再扣除固定资产拆除部分的账面价值后的金额确定。

将固定资产转入改建、扩建、修缮时，按固定资产的账面价值，借记“在建工程”科目，贷记“非流动资产基金——在建工程”科目；同时，按固定资产对应的非流动资产基金，借记“非流动资产基金——固定资产”科目，按固定资产已计提折旧，借记“累计折旧”科目，按固定资产的账面余额，贷记本科目。

工程完工交付使用时，借记本科目，贷记“非流动资产基金——固定资产”科目；同时，借记“非流动资产基金——在建工程”科目，贷记“在建工程”科目。

（4）以融资租赁租入的固定资产，其成本按照租赁协议或者合同确定的租赁价款、相关税费以及固定资产交付使用前所发生的可归属于该项资产的运输费、途中保险费、安装调试费等确定。

融资租入的固定资产，按照确定的成本，借记本科目（不需安装）或“在建工程”科目（需安装），按照租赁协议或者合同确定的租赁价款，贷记“长期应付款”科目，按照其差额，贷记“非流动资产基金——固定资产、在建工程”科目。同时，按照实际支付的相关税费、运输费、途中保险费、安装调试费等，借记“事业支出”、“经营支出”等科目，贷记“财政补助收入”、“零余额账户用款额度”、“银行存款”等科目。

定期支付租金时，按照支付的租金金额，借记“事业支出”、“经营支出”等科目，贷记“财政补助收入”、“零余额账户用款额度”、“银行存款”等科目；同时，借记“长期应付款”科目，贷记“非流动资产基金——固定资产”科目。

跨年度分期付款购入固定资产的账务处理，参照“融资租入固定资产”。

（5）接受捐赠、无偿调入的固定资产，其成本按照有关凭据注明的金额加上相关税费、运输费等确定；没有相关凭据的，其成本比照同类或类似固定资产的市场价格加上相关税费、运输费等确定；没有相关凭据、同类或类似固定资产的市场价格也无法可靠取得的，该固定资产按照名义金额入账。

接受捐赠、无偿调入的固定资产，按照确定的固定资产成本，借记本科目[不需安装]或“在建工程”科目[需安装]，贷记“非流动资产基金——固定资产、在建工程”科目；按照发生的相关税费、运输费等，借记“其他支出”科目，贷记“银行存款”等科目。

2. 按月计提固定资产折旧时，按照实际计提金额，借记“非流动资产基金——固定资产”科目，贷记“累计折旧”科目。

3. 与固定资产有关的后续支出，应分别以下情况处理：

（1）为增加固定资产使用效能或延长其使用年限而发生的改建、扩建或修缮等后续支出，应当计入固定资产成本，通过“在建工程”科目核算，完工交付使用时转入本科目。有关账务处理参见“在建工程”科目。

（2）为维护固定资产的正常使用而发生的日常修理等后续支出，应当计入当期支出但不计入固定资产成本，借记“事业支出”、“经营支出”等科目，贷记“财政补助收入”、“零余额账户用款额度”、“银行存款”

等科目。

4. 报经批准出售、无偿调出、对外捐赠固定资产或以固定资产对外投资，应当分别以下情况处理：

（1）出售、无偿调出、对外捐赠固定资产，转入待处置资产时，按照待处置固定资产的账面价值，借记“待处置资产损溢”科目，按照已计提折旧，借记“累计折旧”科目，按照固定资产的账面余额，贷记本科目。

实际出售、调出、捐出时，按照处置固定资产对应的非流动资产基金，借记“非流动资产基金——固定资产”科目，贷记“待处置资产损溢”科目。

出售固定资产过程中取得价款、发生相关税费，以及出售价款扣除相关税费后的净收入的账务处理，参见“待处置资产损溢”科目。

（2）以固定资产对外投资，按照评估价值加上相关税费作为投资成本，借记“长期投资”科目，贷记“非流动资产基金——长期投资”科目，按发生的相关税费，借记“其他支出”科目，贷记“银行存款”、“应缴税费”等科目；同时，按照投出固定资产对应的非流动资产基金，借记“非流动资产基金——固定资产”科目，按照投出固定资产已计提折旧，借记“累计折旧”科目，按照投出固定资产的账面余额，贷记本科目。

（四）固定资产的盘查

事业单位的固定资产应当定期进行清查盘点，每年至少盘点一次。对于发生的固定资产盘盈、盘亏或者报废、毁损，应当及时查明原因，按规定报经批准后进行账务处理。

1. 盘盈的固定资产，按照同类或类似固定资产的市场价格确定入账价值；同类或类似固定资产的市场价格无法可靠取得的，按照名义金额入账。

盘盈的固定资产，按照确定的入账价值，借记本科目，贷记“非流动资产基金——固定资产”科目。

2. 盘亏或者毁损、报废的固定资产，转入待处置资产时，按照待处置固定资产的账面价值，借记“待处置资产损溢”科目，按照已计提折旧，借记“累计折旧”科目，按照固定资产的账面余额，贷记本科目。

报经批准予以处置时，按照处置固定资产对应的非流动资产基金，借记“非流动资产基金——固定资产”科目，贷记“待处置资产损溢”科目。

处置毁损、报废固定资产过程中所取得的收入、发生的相关费用，以及处置收入扣除相关费用后的净收入的账务处理，参见“待处置资产损溢”

科目。

（五）核算举例

［例 18］某日，东昌市卫生护理学校为解决教室冬季的饮用热水问题，用专用基金购置电热水炉 2 台。购买价款及相关费用共计 3 万元整，炉具已交付使用。会计部门根据相关凭证，做分录如下：

借：专用基金——修购基金　　30 000

　　贷：银行存款　　30 000

借：固定资产　　30 000

　　贷：非流动资产基金——固定资产　　30 000

［例 19］某日，东昌市卫生护理学校接受某基金会无偿捐赠全新冷暖空调 10 台。此种空调的市场价格加上相关税费、运输费（由对方支付）等共计 6 万元整，设备已经安装完毕并投入使用。会计部门根据相关凭证，做分录如下：

借：固定资产　　60 000

　　贷：非流动资产基金——固定资产　　60 000

三、固定资产折旧的核算

（一）事业单位折旧概述

折旧是指在固定资产使用寿命内，按照确定的方法对应折旧金额进行系统分摊。有关说明如下：

1. 事业单位应当根据固定资产的性质和实际使用情况，合理确定其折旧年限。省级以上财政部门、主管部门对事业单位固定资产折旧年限做出规定的，从其规定。

2. 事业单位一般应当采用年限平均法或工作量法计提固定资产折旧。

3. 事业单位固定资产的应折旧金额为其成本，计提固定资产折旧不考虑预计净残值。

4. 事业单位一般应当按月计提固定资产折旧。当月增加的固定资产，当月不提折旧，从下月起计提折旧；当月减少的固定资产，当月照提折旧，从下月起不提折旧。

5. 固定资产提足折旧后，无论能否继续使用，均不再计提折旧；提前报废的固定资产，也不再补提折旧。已提足折旧的固定资产，可以继续使用的，应当继续使用，规范管理。

6. 计提融资租入固定资产折旧时，应当采用与自有固定资产相一致的折旧政策。能够合理确定租赁期届满时将会取得租入固定资产所有权的，应当在租入固定资产尚可使用年限内计提折旧；无法合理确定租赁期届满时能够取得租入固定资产所有权的，应当在租赁期与租入固定资产尚可使用年限两者中较短的期间内计提折旧。

7. 固定资产因改建、扩建或修缮等原因而延长其使用年限的，应当按照重新确定的固定资产的成本以及重新确定的折旧年限，重新计算折旧额。

8. 需要注意的是，对于下列各项资产，事业单位一般不计提折旧：

（1）文物和陈列品；

（2）动植物；

（3）图书、档案；

（4）以名义金额计量的固定资产。

（二）核算科目介绍

《事业单位会计制度》设置累计折旧（编号：1502）科目，用以核算事业单位固定资产计提的累计折旧。该科目应当按照所对应固定资产的类别、项目等进行明细核算。该科目期末贷方余额，反映事业单位计提的固定资产折旧累计数。

（三）主要账务处理介绍

1. 按月计提固定资产折旧时，按照应计提折旧金额，借记“非流动资产基金——固定资产”科目，贷记本科目。

2. 固定资产处置时，按照所处置固定资产的账面价值，借记“待处置资产损溢”科目，按照已计提折旧，借记本科目，按照固定资产的账面余额，贷记“固定资产”科目。

（四）核算举例

［例 20］（承上例）一个月后，东昌市卫生护理学校开始对上述无偿捐赠的空调计提折旧。此种空调的折旧期限为 10 年。会计部门做分录如下：

借：非流动资产基金——固定资产　　500

　　贷：累计折旧　　　　　　　　　　　500

第三节　在建工程、无形资产和资产处置的核算

一、在建工程的核算

（一）核算科目介绍

《事业单位会计制度》设置在建工程（编号：1511）科目，用以核算事业单位已经发生必要支出，但尚未完工交付使用的各种建筑（包括新建、改建、扩建、修缮等）和设备安装工程的实际成本。

该科目应当按照工程性质和具体工程项目等进行明细核算。该科目期末借方余额，反映事业单位尚未完工的在建工程发生的实际成本。

需要注意的是：事业单位的基本建设投资应当按照国家有关规定单独建账、单独核算，同时按照本制度的规定至少按月并入本科目及其他相关科目反映。在单独建账的情形下，事业单位应当在本科目下设置“基建工程”明细科目，核算由基建账套并入的在建工程成本。有关基建并账的具体账务处理另行规定。

（二）主要账务处理介绍

1. 建筑工程

（1）将固定资产转入改建、扩建或修缮等时，按照固定资产的账面价值，借记本科目，贷记“非流动资产基金——在建工程”科目。

同时，按照固定资产对应的非流动资产基金，借记“非流动资产基金——固定资产”科目，按照已计提折旧，借记“累计折旧”科目，按照固定资产的账面余额，贷记“固定资产”科目。

（2）根据工程价款结算账单与施工企业结算工程价款时，按照实际支付的工程价款，借记本科目，贷记“非流动资产基金——在建工程”科目；同时，借记“事业支出”等科目，贷记“财政补助收入”、“零余额账户用款额度”、“银行存款”等科目。

（3）事业单位为建筑工程借入的专门借款的利息，属于建设期间发生的，计入在建工程成本，借记本科目，贷记“非流动资产基金——在建工程”科目；同时，借记“其他支出”科目，贷记“银行存款”科目。

（4）工程完工交付使用时，按照建筑工程所发生的实际成本，借记“固定资产”科目，贷记“非流动资产基金——固定资产”科目；同时，借记“非流动资产基金——在建工程”科目，贷记本科目。

2. 设备安装

（1）购入需要安装的设备，按照确定的成本，借记本科目，贷记“非流动资产基金——在建工程”科目；同时，按照实际支付金额，借记“事业支出”、“经营支出”等科目，贷记“财政补助收入”、“零余额账户用款额度”、“银行存款”等科目。

融资租入需要安装的设备，按照确定的成本，借记本科目，按照租赁协议或者合同确定的租赁价款，贷记“长期应付款”科目，按照其差额，贷记“非流动资产基金——在建工程”科目。同时，按照实际支付的相关税费、运输费、途中保险费等，借记“事业支出”、“经营支出”等科目，贷记“财政补助收入”、“零余额账户用款额度”、“银行存款”等科目。

（2）发生安装费用，借记本科目，贷记“非流动资产基金——在建工程”科目；同时，借记“事业支出”、“经营支出”等科目，贷记“财政补助收入”、“零余额账户用款额度”、“银行存款”等科目。

（3）设备安装完工交付使用时，借记“固定资产”科目，贷记“非流动资产基金——固定资产”科目；同时，借记“非流动资产基金——在建工程”科目，贷记本科目。

（三）核算举例

［例 21］由于教学规模扩大，东昌市卫生护理学校经过集中采购招标后对实验教室进行相应改造扩建。实验室账面原值为 300 万元，折旧期限为 20 年，已提折旧 1 年。

借：在建工程　2 850 000

　　贷：非流动资产基金——在建工程　　2 850 000

同时，借：非流动资产基金——固定资产　2 850 000

　　　　　累计折旧　　150 000

　　　贷：固定资产　　3 000 000

［例 22］实验室改造共计发生支出 120 万元，该项支出通由财政直接支付。会计部门根据工程价款结算账单，做分录如下：

借：在建工程　　1 200 000

　　贷：非流动资产基金——在建工程　1 200 000

同时，借：事业支出 1 200 000

贷：财政补助收入 1 200 000

［例 23］工程完工交付使用时，按照建筑工程所发生的实际成本，

借：固定资产 3 050 000

贷：非流动资产基金——固定资产 3 050 000

同时，借：非流动资产基金——在建工程 3 050 000

贷：在建工程 3 050 000

［例 24］为影像教学需要，学校购入医用影像设备一台，价值 60 万元。该设备需要安装后方能使用。会计部门根据相关凭证，做会计分录如下：

借：在建工程 600 000

贷：非流动资产基金——在建工程 600 000

同时，借：事业支出 600 000

贷：财政补助收入 600 000

［例 25］发生安装支出 2 万元。

借：在建工程 20 000

贷：非流动资产基金——在建工程 20 000

同时，借：事业支出 20 000

贷：财政补助收入 20 000

［例 26］安装工程完工交付使用时，

借：固定资产 620 000

贷：非流动资产基金——固定资产 620 000

同时，借：非流动资产基金——在建工程 620 000

贷：在建工程 620 000

二、无形资产的核算

（一）核算科目介绍

《事业单位会计制度》设置无形资产（编号：1601）科目，用以核算事业单位无形资产的原价。该科目应当按照无形资产的类别、项目等进行明细核算，该科目的期末借方余额，反映事业单位无形资产的原价。

无形资产是指事业单位持有的没有实物形态的可辨认非货币性资产，包括专利权、商标权、著作权、土地使用权、非专利技术等。

事业单位购入的不构成相关硬件不可缺少组成部分的应用软件，应当

作为无形资产核算。

（二）主要账务处理介绍

无形资产在取得时，应当按照其实际成本入账。这包括：

1. 外购的无形资产，其成本包括购买价款、相关税费以及可归属于该项资产达到预定用途所发生的其他支出。

购入的无形资产，按照确定的无形资产成本，借记本科目，贷记“非流动资产基金——无形资产”科目；同时，按照实际支付金额，借记“事业支出”等科目，贷记“财政补助收入”、“零余额账户用款额度”、“银行存款”等科目。

2. 委托软件公司开发软件视同外购无形资产进行处理。

支付软件开发费时，按照实际支付金额，借记“事业支出”等科目，贷记“财政补助收入”、“零余额账户用款额度”、“银行存款”等科目。软件开发完成交付使用时，按照软件开发费总额，借记本科目，贷记“非流动资产基金——无形资产”科目。

3. 自行开发并按法律程序申请取得的无形资产，按照依法取得时发生的注册费、聘请律师费等费用，借记本科目，贷记“非流动资产基金——无形资产”科目；同时，借记“事业支出”等科目，贷记“财政补助收入”、“零余额账户用款额度”、“银行存款”等科目。

依法取得前所发生的研究开发支出，应于发生时直接计入当期支出，借记“事业支出”等科目，贷记“银行存款”等科目。

4. 接受捐赠、无偿调入的无形资产，其成本按照有关凭据注明的金额加上相关税费等确定；没有相关凭据的，其成本比照同类或类似无形资产的市场价格加上相关税费等确定；没有相关凭据、同类或类似无形资产的市场价格也无法可靠取得的，该资产按照名义金额入账。

接受捐赠、无偿调入的无形资产，按照确定的无形资产成本，借记本科目，贷记“非流动资产基金——无形资产”科目；按照发生的相关税费等，借记“其他支出”科目，贷记“银行存款”等科目。

5. 按月计提无形资产摊销时，按照应计提摊销金额，借记“非流动资产基金——无形资产”科目，贷记“累计摊销”科目。

6. 与无形资产有关的后续支出，应分别以下情况处理：

(1) 为增加无形资产的使用效能而发生的后续支出，如对软件进行升级改造或扩展其功能等所发生的支出，应当计入无形资产的成本，借记本科目，贷记“非流动资产基金——无形资产”科目；同时，借记“事业支出”等科目，贷记“财政补助收入”、“零余额账户用款额度”、“银行存款”等科目。

（2）为维护无形资产的正常使用而发生的后续支出，如对软件进行漏洞修补、技术维护等所发生的支出，应当计入当期支出但不计入无形资产成本，借记“事业支出”等科目，贷记“财政补助收入”、“零余额账户用款额度”、“银行存款”等科目。

7. 报经批准转让、无偿调出、对外捐赠无形资产或以无形资产对外投资，应当分以下情况处理：

（1）转让、无偿调出、对外捐赠无形资产，转入待处置资产时，按照待处置无形资产的账面价值，借记“待处置资产损溢”科目，按照已计提摊销，借记“累计摊销”科目，按照无形资产的账面余额，贷记本科目。

实际转让、调出、捐出时，按照处置无形资产对应的非流动资产基金，借记“非流动资产基金——无形资产”科目，贷记“待处置资产损溢”科目。

转让无形资产过程中取得价款、发生相关税费，以及出售价款扣除相关税费后的净收入的账务处理，参见“待处置资产损溢”科目。

（2）以已入账无形资产对外投资，按照评估价值加上相关税费作为投资成本，借记“长期投资”科目，贷记“非流动资产基金——长期投资”科目，按发生的相关税费，借记“其他支出”科目，贷记“银行存款”、“应缴税费”等科目；同时，按照投出无形资产对应的非流动资产基金，借记“非流动资产基金——无形资产”科目，按照投出无形资产已计提摊销，借记“累计摊销”科目，按照投出无形资产的账面余额，贷记本科目。

8. 无形资产预期不能为事业单位带来服务潜力或经济利益的，应当按规定报经批准后将该无形资产的账面价值予以核销。

转入待处置资产时，按照待核销无形资产的账面价值，借记“待处置资产损溢”科目，按照已计提摊销，借记“累计摊销”科目，按照无形资产的账面余额，贷记本科目。

报经批准予以核销时，按照核销无形资产对应的非流动资产基金，借记“非流动资产基金——无形资产”科目，贷记“待处置资产损溢”科目。

（三）核算举例

［例 27］某日，根据市卫生局指示，东昌市卫生护理学校将新近取得的某医护类实用新型专利无偿调出。该专利原值 10 万，已计提摊销 3 万。

会计部门根据相关凭证，做分录如下：

借：待处置资产损溢　　70 000

　　累计摊销　　　　　30 000

　　贷：无形资产　　　　　100 000

调出后，做如下会计分录：

借：非流动资产基金——无形资产　　70 000

　　贷：待处置资产损溢　　　　　　　70 000

［例 28］某日，东昌市卫生护理学校购入专利权一项，价款 66 000 元，用于开展经营活动。会计部门根据相关凭证，做分录如下：

借：无形资产——专利权　　　　　　66 000

　　贷：非流动资产基金——无形资产　　　66 000

借：经营支出　　　　　　　　　　　66 000

　　贷：银行存款　　　　　　　　　　　66 000

三、无形资产摊销的核算

（一）无形资产摊销概述

摊销是指在无形资产使用寿命内，按照确定的方法对应摊销金额进行系统分摊。事业单位应当对无形资产进行摊销，以名义金额计量的无形资产除外。

根据会计制度，事业单位应当按照如下原则确定无形资产的摊销年限：

1. 法律规定了有效年限的，按照法律规定的有效年限作为摊销年限；法律没有规定有效年限的，按照相关合同或单位申请书中的受益年限作为摊销年限；法律没有规定有效年限、相关合同或单位申请书也没有规定受益年限的，按照不少于 10 年的期限摊销。

2. 事业单位应当采用年限平均法对无形资产进行摊销。

3. 事业单位无形资产的应摊销金额为其成本。

4. 事业单位应当自无形资产取得当月起，按月计提无形资产摊销。

5. 因发生后续支出而增加无形资产成本的，应当按照重新确定的无形资产成本，重新计算摊销额。

（二）核算科目介绍

《事业单位会计制度》设置累计摊销（编号：1602）科目，用以核算事业单位无形资产计提的累计摊销。

该科目应当按照对应无形资产的类别、项目等进行明细核算。该科目期末贷方余额，反映事业单位计提的无形资产摊销累计数。

（三）主要账务处理介绍

1. 按月计提无形资产摊销时，按照应计提摊销金额，借记“非流动资产基金——无形资产”科目，贷记本科目。

2. 无形资产处置时，按照所处置无形资产的账面价值，借记“待处置资产损溢”科目，按照已计提摊销，借记本科目，按照无形资产的账面余额，贷记“无形资产”科目。

（四）核算举例

[例 29]（承上例）东昌市卫生护理学校购买的专利权摊销的期限为 10 年。按月计提无形资产摊销时，会计分录如下：

借：非流动资产基金——无形资产　　550
　　贷：累计摊销　　550

[例 30] 因会计制度的变化，东昌市卫生护理学校淘汰某财务软件。该软件账面原值 30 万，已累计摊销 20 万。会计部门做分录如下：

借：待处置资产损溢　　100 000
　　累计摊销　　200 000
　　贷：无形资产　　300 000

四、待处置资产损溢的核算

（一）事业单位资产处置概述

事业单位资产处置包括资产的出售、出让、转让、对外捐赠、无偿调出、盘亏、报废、毁损以及货币性资产损失核销等。事业单位处置资产一般应当先列作“待处置”作为过渡，按规定报经批准后及时进行账务处理。年度终了结账前一般应处理完毕。

（二）核算科目介绍

《事业单位会计制度》设置待处置资产损溢（编号：1701）科目，用以核算事业单位待处置资产的价值及处置损溢。该科目应当按照待处置资产项目进行明细核算；对于在处置过程中取得相关收入、发生相关费用的处置项目，还应设置“处置资产价值”、“处置净收入”明细科目，进行明细核算。该科目期末如为借方余额，反映尚未处置完毕的各种资产价值及净损失；期末如为贷方余额，反映尚未处置完毕的各种资产净溢余。年度终了报经批准处理后，该科目一般应无余额。

（三）主要账务处理介绍

1. 按规定报经批准予以核销的应收及预付款项、长期股权投资、无形资产

（1）转入待处置资产时，借记本科目（核销无形资产的，还应借记“累计摊销”科目），贷记“应收账款”、“预付账款”、“其他应收款”、“长期投资”、“无形资产”等科目。

（2）报经批准予以核销时，借记“其他支出”科目（应收及预付款项核销）或“非流动资产基金——长期投资、无形资产”科目（长期投资、无形资产核销），贷记本科目。

2. 盘亏或者毁损、报废的存货、固定资产

（1）转入待处置资产时，借记本科目（处置资产价值），处置固定资产的，还应借记“累计折旧”科目，贷记“存货”、“固定资产”等科目。

（2）报经批准予以处置时，借记“其他支出”科目（处置存货）或“非流动资产基金——固定资产”科目（处置固定资产），贷记本科目（处置资产价值）。

（3）处置毁损、报废存货、固定资产过程中收到残值变价收入、保险理赔和过失人赔偿等，借记“库存现金”、“银行存款”等科目，贷记本科目（处置净收入）。

（4）处置毁损、报废存货、固定资产过程中发生相关费用，借记本科目（处置净收入），贷记“库存现金”、“银行存款”等科目。

（5）处置完毕，按照处置收入扣除相关处置费用后的净收入，借记本科目（处置净收入），贷记“应缴国库款”等科目。

3. 对外捐赠、无偿调出存货、固定资产、无形资产

（1）转入待处置资产时，借记本科目（捐赠、调出固定资产、无形资产的，还应借记“累计折旧”、“累计摊销”科目），贷记“存货”、“固定资产”、“无形资产”等科目。

（2）实际捐出、调出时，借记“其他支出”科目（捐出、调出存货）或“非流动资产基金——固定资产、无形资产”科目（捐出、调出固定资产、无形资产），贷记本科目。

4. 转让（出售）长期股权投资、固定资产、无形资产

（1）转入待处置资产时，借记本科目（处置资产价值），转让固定资产、无形资产的，还应借记“累计折旧”、“累计摊销”科目，贷记“长期投资”、“固定资产”、“无形资产”等科目。

（2）实际转让时，借记“非流动资产基金——长期投资、固定资产、无形资产”科目，贷记本科目（处置资产价值）。

（3）转让过程中取得价款、发生相关税费，以及转让价款扣除相关税费后的净收入的账务处理，按照国家有关规定，比照“本科目（三）2”中有关毁损、报废存货、固定资产进行处理。

（四）核算举例

[例 31] 某年 8 月，由于暴雨导致的库房坍塌，东昌市卫生护理学校库存的教学用材料毁损若干，价值 7 000 元。会计部门根据存货盘存报告单，做会计分录如下：

借：待处置资产损溢　　7 000

　　贷：存货　　7 000

同时，借：其他支出——处置存货　　7 000

　　　　贷：待处置资产损溢　　7 000

[例 32] 某日，东昌市卫生护理学校盘亏电脑一台。该电脑原值 15 000 元，已提折旧 9 000 元。会计部门根据固定资产盘亏报告单，做会计分录如下：

借：待处置资产损溢　　6 000

　　累计折旧　　9 000

　　贷：固定资产　　15 000

同时，借：非流动资产基金——固定资产　　6 000

　　　　贷：待处置资产损溢　　6 000

[例 33] 某日，东昌市卫生护理学校对外捐赠图书若干，原值 20 000 元。会计部门根据相关凭证，做会计分录如下：

借：待处置资产损溢　　20 000

　　贷：固定资产　　20 000

借：非流动资产基金——固定资产　　20 000

　　贷：待处置资产损溢　　20 000

思考题

1. 事业单位材料的核算和行政单位有什么不同？

2. 事业单位对外投资有哪些类型？

3. 事业单位固定资产的折旧和无形资产的摊销是“虚提”吗？

练习题

一、目的：练习事业单位资产类科目的核算。

二、资料：东昌市某中等专业学校某年5月份发生下列经济业务

1. 销售产品一批，收到一张期限为3个月、票面金额为4 000元的商业承兑汇票。

2. 商业承兑汇票到期，收到款项2 000元。

3. 王某因公出差，预借差旅费800元。

4. 融资租入大型设备一部，价格为240 000元，租赁期限为10年（第一个月的租金分录也应做出）。

5. 以某项固定资产对外投资，其账面价值25 000元，评估价值23 000元。

6. 以银行存款50 000元购入国库券，期限3年。

7. 开出银行支票1 000元，办公用购买材料，材料当即由各科室领用。

8. 某债券到期，收回本金50 000元及利息375元。

三、要求：根据以上经济业务，编制会计分录。

第十三章　事业单位负债的核算

学习目的

学完本章内容后，你应当能够：

- 掌握事业单位会计负债的概念和内容；
- 熟悉事业单位流动负债的内容；
- 掌握事业单位应缴款项的核算；
- 熟悉事业单位非流动负债的内容与核算。

第一节　事业单位流动负债的核算

一、事业单位负债概述

负债是指事业单位所承担的能以货币计量，需要以资产或者劳务偿还的债务。

事业单位的负债按照流动性，分为流动负债和非流动负债。流动负债是指预计在1年内（含1年）偿还的负债。非流动负债是指流动负债以外的负债。

二、短期借款的核算

（一）核算科目介绍

《事业单位会计制度》设置短期借款（编号：2001）科目，用以核算事业单位借入的期限在1年内（含1年）的各种借款。

该科目应当按照贷款单位和贷款种类进行明细核算。该科目期末贷方余额，反映事业单位尚未偿还的短期借款本金。

（二）主要账务处理介绍

1．借入各种短期借款时，按照实际借入的金额，借记“银行存款”科目，贷记本科目。

2．银行承兑汇票到期，本单位无力支付票款的，按照银行承兑汇票的票面金额，借记“应付票据”科目，贷记本科目。

3．支付短期借款利息时，借记“其他支出”科目，贷记“银行存款”科目。

4．归还短期借款时，借记本科目，贷记“银行存款”科目。

（三）核算举例

［例 1］某日，东昌市卫生护理学校昌南分校因流动资金紧张，向银行借款 10 万元，期限 6 个月。昌南分校会计部门根据相关凭证，填制记账凭单，会计分录如下：

借：银行存款　　100 000

　　贷：短期借款　　100 000

[例 2] 上述短期借款到期后，东昌市卫生护理学校昌南分校向银行归还本金 10 万元，同时按照合同约定的 6.8%的年利率支付借款利息。昌南分校会计部门根据相关凭证，填制记账凭单，会计分录如下：

借：短期借款　　100 000

　　其他支出　　3 400

　　贷：银行存款　　103 400

三、应缴税费的核算

（一）核算科目介绍

《事业单位会计制度》设置应缴税费（编号：2101）科目，用以核算事业单位按照税法等规定计算应缴纳的各种税费，包括营业税、增值税、城市维护建设税、教育费附加、车船税、房产税、城镇土地使用税、企业所得税等。

该科目应当按照应缴纳的税费种类进行明细核算。属于增值税一般纳税人的事业单位，其应缴增值税明细账中应设置“进项税额”、“已交税金”、“销项税额”、“进项税额转出”等专栏。本科目期末借方余额，反映事业单位多缴纳的税费金额；该科目期末贷方余额，反映事业单位应缴未缴的税费金额。

需要说明的是：事业单位代扣代缴的个人所得税，通过本科目核算；事业单位应缴纳的印花税不需要预提应缴税费，直接通过支出等有关科目核算，不在本科目核算。

（二）主要账务处理介绍

1. 发生营业税、城市维护建设税、教育费附加纳税义务的，按税法规定计算的应缴税费金额，借记“待处置资产损溢——处置净收入”科目（出售不动产应缴的税费）或有关支出科目，贷记本科目。实际缴纳时，借记本科目，贷记“银行存款”科目。

2. 属于增值税一般纳税人的事业单位购入非自用材料的，按确定的成本（不含增值税进项税额），借记“存货”科目，按增值税专用发票上注明的增值税额，借记本科目（应缴增值税——进项税额），按实际支付或应付的金额，贷记“银行存款”、“应付账款”等科目。

属于增值税一般纳税人的事业单位所购进的非自用材料发生盘亏、毁损、报废、对外捐赠、无偿调出等税法规定不得从增值税销项税额中抵扣进项税额的，将所购进的非自用材料转入待处置资产时，按照材料的账面余额与相关增值税进项税额转出金额的合计金额，借记“待处置资产损溢”科目，按材料的账面余额，贷记“存货”科目，按转出的增值税进项税额，贷记本科目（应缴增值税——进项税额转出）。

属于增值税一般纳税人的事业单位销售应税产品或提供应税服务，按包含增值税的价款总额，借记“银行存款”、“应收账款”、“应收票据”等科目，按扣除增值税销项税额后的价款金额，贷记“经营收入”等科目，按增值税专用发票上注明的增值税金额，贷记本科目（应缴增值税——销项税额）。

属于增值税一般纳税人的事业单位实际缴纳增值税时，借记本科目（应缴增值税——已交税金），贷记“银行存款”科目。

属于增值税小规模纳税人的事业单位销售应税产品或提供应税服务，按实际收到或应收的价款，借记“银行存款”、“应收账款”、“应收票据”等科目，按实际收到或应收价款扣除增值税额后的金额，贷记“经营收入”等科目，按应缴增值税金额，贷记本科目（应缴增值税）。实际缴纳增值税时，借记本科目（应缴增值税），贷记“银行存款”科目。

3. 发生房产税、城镇土地使用税、车船税纳税义务的，按税法规定计算的应缴税金数额，借记有关科目，贷记本科目。实际缴纳时，借记本科目，贷记“银行存款”科目。

4. 代扣代缴个人所得税的，按税法规定计算应代扣代缴的个人所得税金额，借记“应付职工薪酬”科目，贷记本科目。实际缴纳时，借记本科目，贷记“银行存款”科目。

5. 发生企业所得税纳税义务的，按税法规定计算的应缴税金数额，借记“非财政补助结余分配”科目，贷记本科目。实际缴纳时，借记本科目，贷记“银行存款”科目。

6. 发生其他纳税义务的，按照应缴纳的税费金额，借记有关科目，贷记本科目。实际缴纳时，借记本科目，贷记“银行存款”等科目。

（三）核算举例

[例 3]（承第十章第二节“经营收入”[例 5]）东昌市卫生护理学校收到市某民营医院租用本校理化设备的租金 1 200 元。该项业务应按租金收入的 5%计提营业税，并按税额的 7%和 3%计提城市维护建设税和教育费附加。会计分录如下：

借：经营支出　　66

　　贷：应缴税费——应缴营业税　　60

　　　　　　　　——应缴城市维护建设税　　4.2

　　　　　　　　——应缴教育费附加　　1.8

[例 4] 东昌市卫生护理学校经营活动销售产品一批，价款 4 000 元，增值税 680 元，款项存入银行。会计分录如下：

借：银行存款　　4 680

　　贷：经营收入　　4 000

　　　　应缴税费——应缴增值税——销项税额　　680

[例 5] 某年年末，东昌市卫生护理学校对经营所得计提应交所得税 830 元。会计分录如下：

借：非财政补助结余分配——应缴企业所得税　　830

　　贷：应缴税费——应缴企业所得税　　830

结算并实际上缴各种税金时，做如下分录：

借：应缴税费　　830

　　贷：银行存款　　830

四、应缴国库款的核算

（一）核算科目介绍

《事业单位会计制度》设置应缴国库款（编号：2102）科目，用以核算事业单位按规定应缴入国库的款项（应缴税费除外）。

该科目应当按照应缴国库的各款项类别进行明细核算。该科目期末贷方余额，反映事业单位应缴入国库但尚未缴纳的款项。

（二）主要账务处理介绍

1. 按规定计算确定或实际取得应缴国库的款项时，借记有关科目，贷记本科目。

2. 事业单位处置资产取得的应上缴国库的处置净收入的账务处理，参见“待处置资产损溢”科目。

3. 上缴款项时，借记本科目，贷记“银行存款”等科目。

（三）核算举例

［例 6］东昌市卫生护理学校作为全国护理资格考试考点，某年考前共计收取考生报名费 8 000 元。会计部门根据行政事业性收费单据存根汇总，填制记账凭单，会计分录如下：

借：库存现金　　8 000

　　贷：应缴国库款　　8 000

［例 7］某日，东昌市卫生护理学校处理旧电脑主机 50 台，相关结算业务完毕后，取得残值变价净收入 2 500 元。

借：待处置资产损溢——处置净收入　2 500

　　贷：应缴国库款　　2 500

［例 8］月末，将上述款项上缴国库时，会计分录如下：

借：应缴国库款　　10 500

　　贷：银行存款　　10 500

五、应缴财政专户款的核算

（一）核算科目介绍

《事业单位会计制度》设置应缴财政专户款（编号：2103）科目，用以核算事业单位按规定应缴入财政专户的款项。该科目应当按照应缴财政专户的各款项类别进行明细核算。该科目期末贷方余额，反映事业单位应缴入财政专户但尚未缴纳的款项。

（二）主要账务处理介绍

1．取得应缴财政专户的款项时，借记有关科目，贷记本科目。

2．上缴款项时，借记本科目，贷记“银行存款”等科目。

（三）核算举例

[例 9] 某日，东昌市卫生护理学校收到在校生缴纳的学费 32 万元，该项资金已经送存开户银行，并需要先缴入财政专户。会计部门根据相关凭证，填制记账凭单，会计分录如下：

借：银行存款　　　　　　　　320 000

　　贷：应缴财政专户款　　　　　　　320 000

[例 10] 将上述款项上缴财政专户。会计分录如下：

借：应缴财政专户款　　　　　　　320 000

　　贷：银行存款　　　　　　　　　　320 000

[例 11] 因业务需要，东昌市卫生护理学校申请使用财政专户集中的资金 5 万元，款项已从专户中转回。会计部门根据相关凭证，填制记账凭单，会计分录如下：

借：银行存款　　　　　　　　50 000

　　贷：事业收入　　　　　　　　50 000

六、应付职工薪酬的核算

（一）核算科目介绍

《事业单位会计制度》设置应付职工薪酬（编号：2201）科目，用以核算事业单位按有关规定应付给职工及为职工支付的各种薪酬，包括基本工资、绩效工资、国家统一规定的津贴补贴、社会保险费、住房公积金等。

该科目应当根据国家有关规定按照“工资（离退休费）”、“地方（部门）津贴补贴”、“其他个人收入”以及“社会保险费”、“住房公积金”等进行明细核算。该科目期末贷方余额，反映事业单位应付未付的职工薪酬。

（二）主要账务处理介绍

1. 计算当期应付职工薪酬，借记“事业支出”、“经营支出”等科目，贷记本科目。

2. 向职工支付工资、津贴补贴等薪酬，借记本科目，贷记“财政补助收入”、“零余额账户用款额度”、“银行存款”等科目。

3. 按税法规定代扣代缴个人所得税，借记本科目，贷记“应缴税费——应缴个人所得税”科目。

4. 按照国家有关规定缴纳职工社会保险费和住房公积金，借记本科目，贷记“财政补助收入”、“零余额账户用款额度”、“银行存款”等科目。

5. 从应付职工薪酬中支付其他款项，借记本科目，贷记“财政补助收入”、“零余额账户用款额度”、“银行存款”等科目。

（三）核算举例

[例 12] 某月 6 日，东昌市教师进修学校发放本月工资。工资汇总表列明，本月应付职工薪酬 15 万。该学校实行财政直接支付方式，工资已于当日发放完毕。学校会计部门根据相关凭证，做会计分录如下：

借：事业支出　　150 000
　　贷：应付职工薪酬　　150 000
借：应付职工薪酬　　150 000
　　贷：财政补助收入　　150 000

七、应付票据的核算

（一）核算科目介绍

《事业单位会计制度》设置应付票据（编号：2301）科目，用以核算事业单位因购买材料、物资等而开出、承兑的商业汇票，包括银行承兑汇票和商业承兑汇票。该科目应当按照债权单位进行明细核算。该科目期末贷方余额，反映事业单位开出、承兑的尚未到期的商业汇票票面金额。

事业单位应当设置“应付票据备查簿”，详细登记每一应付票据的种类、号数、出票日期、到期日、票面金额、交易合同号、收款人姓名或单位名称，以及付款日期和金额等资料。应付票据到期结清票款后，应当在备查簿内逐笔注销。

（二）主要账务处理介绍

1. 开出、承兑商业汇票时，借记“存货”等科目，贷记本科目。

以承兑商业汇票抵付应付账款时，借记“应付账款”科目，贷记本科目。

2. 支付银行承兑汇票的手续费时，借记“事业支出”、“经营支出”等科目，贷记“银行存款”等科目。

3. 商业汇票到期时，应当分别以下情况处理：

（1）收到银行支付到期票据的付款通知时，借记本科目，贷记“银行存款”科目。

（2）银行承兑汇票到期，本单位无力支付票款的，按照汇票票面金额，借记本科目，贷记“短期借款”科目。

（3）商业承兑汇票到期，本单位无力支付票款的，按照汇票票面金额，借记本科目，贷记“应付账款”科目。

（三）核算举例

［例 13］东昌市卫生护理学校从外地购进经营用材料一批，价值 5 000 元，增值税 850 元。该校开出 3 个月带息商业承兑汇票一张，票面年利率为 3%。会计部门根据有关凭证，填制记账凭单，会计分录如下：

借：存货　　5 000

　　应缴税费——应缴增值税——进项税额　　850

　　贷：应付票据　　5850

［例 14］3 个月后，支付票据本金及利息共 5 893.88 元。会计分录如下：

借：应付票据　　5 850

　　其他支出　　43.88

　　贷：银行存款　　5 893.88

八、应付账款的核算

（一）核算科目介绍

《事业单位会计制度》设置应付账款（编号：2302）科目，用以核算事业单位因购买材料、物资等而应付的款项。该科目应当按照债权单位（或个人）进行明细核算。该科目期末贷方余额，反映事业单位尚未支付的应付账款。

（二）主要账务处理介绍

1. 购入材料、物资等已验收入库但货款尚未支付的，按照应付未付金额，借记“存货”等科目，贷记本科目。

2. 偿付应付账款时，按照实际支付的款项金额，借记本科目，贷记“银行存款”等科目。

3. 开出、承兑商业汇票抵付应付账款，借记本科目，贷记“应付票据”科目。

4. 无法偿付或债权人豁免偿还的应付账款，借记本科目，贷记“其他收入”科目。

（三）核算举例

［例 15］东昌市卫生护理学校昌南分校以一张面值为 3 480 元的商业承兑汇票，抵付以前所欠某单位的货款。会计分录如下：

借：应付账款　　3 480

　　贷：应付票据　　3 480

［例 16］东昌市卫生护理学校购入专业业务用材料一批，款项共计 7 500 元，材料已验收入库，但尚未支付款项，会计分录如下：

借：存货　　7 500

　　贷：应付账款　　7 500

实际支付该款项时：

借：应付账款　　7 500

　　贷：银行存款（或零余额账户用款额度）　　7 500

九、预收账款的核算

（一）核算科目介绍

《事业单位会计制度》设置预收账款（编号：2303）科目，用以核算事业单位按合同规定预收的款项。该科目应当按照债权单位（或个人）进行明细核算。该科目期末贷方余额，反映事业单位按合同规定预收但尚未实际结算的款项。

（二）主要账务处理介绍

1. 从付款方预收款项时，按照实际预收的金额，借记“银行存款”等科目，贷记本科目。

2. 确认有关收入时，借记本科目，按照应确认的收入金额，贷记“经营收入”等科目，按照付款方补付或退回付款方的金额，借记或贷记“银行存款”等科目。

3. 无法偿付或债权人豁免偿还的预收账款，借记本科目，贷记“其他收入”科目。

（三）核算举例

［例 17］为应对冬春潜在的流感疫情，东昌市卫生护理学校实验工厂紧急配置了应对 H1N1 的消杀卫生液。预收某企业单位的定金 4 000 元。

借：银行存款　　4 000

　　贷：预收账款　　4 000

［例 18］一周后，上述产品发出，取得收入 3 000 元，应缴增值税 510 元，余款退回定购单位。根据有关凭证，填制记账凭单，会计分录如下：

借：预收账款　　4 000

　贷：经营收入　　3 000

　　应缴税金——应缴增值税——销项税额　　510

　　银行存款　　490

十、其他应付款的核算

（一）核算科目介绍

《事业单位会计制度》设置其他应付款（编号：2305）科目，用以核算事业单位除应缴税费、应缴国库款、应缴财政专户款、应付职工薪酬、应付票据、应付账款、预收账款之外的其他各项偿还期限在 1 年内（含 1 年）的应付及暂收款项，如存入保证金等。

该科目应当按照其他应付款的类别以及债权单位（或个人）进行明细核算。该科目期末贷方余额，反映事业单位尚未支付的其他应付款。

（二）主要账务处理介绍

1．发生其他各项应付及暂收款项时，借记“银行存款”等科目，贷记本科目。

2．支付其他应付款项时，借记本科目，贷记“银行存款”等科目。

3．无法偿付或债权人豁免偿还的其他应付款项，借记本科目，贷记“其他收入”科目。

（三）核算举例

［例 19］某日，东昌市卫生护理学校向该市全体民办托幼组织捐赠消杀卫生液，收取包装容器押金 3 000 元。会计部门根据全部交款凭证，填制记账凭单，会计分录如下：

借：库存现金　　3 000

　贷：其他应付款　　3 000

［例 20］一周后，该学校收回了全部包装容器。会计部门根据保管部门的相关凭证退付押金，并填制记账凭单，会计分录如下：

借：其他应付款　　3 000

　贷：库存现金　　3 000

第二节　事业单位非流动负债的核算

一、长期借款的核算

（一）核算科目介绍

《事业单位会计制度》设置长期借款（编号：2401）科目，用以核算事业单位借入的期限超过 1 年（不含 1 年）的各种借款。该科目应当按照贷款单位和贷款种类进行明细核算。对于基建项目借款，还应按具体项目进行明细核算。该科目期末贷方余额，反映事业单位尚未偿还的长期借款本金。

（二）主要账务处理介绍

1. 借入各项长期借款时，按照实际借入的金额，借记“银行存款”科目，贷记本科目。

2. 为购建固定资产支付的专门借款利息，分别以下情况处理：

（1）属于工程项目建设期间支付的，计入工程成本，按照支付的利息，借记“在建工程”科目，贷记“非流动资产基金——在建工程”科目；同时，借记“其他支出”科目，贷记“银行存款”科目。

（2）属于工程项目完工交付使用后支付的，计入当期支出但不计入工程成本，按照支付的利息，借记“其他支出”科目，贷记“银行存款”科目。

3. 其他长期借款利息，按照支付的利息金额，借记“其他支出”科目，贷记“银行存款”科目。

4. 归还长期借款时，借记本科目，贷记“银行存款”科目。

（三）核算举例

［例 21］某日，东昌市卫生护理学校向银行借入资金 20 万元，用于补充自身流动资金的不足，借款期限为 2 年。会计部门根据相关凭证，填制记账凭单，会计分录如下：

借：银行存款　　200 000

　　贷：长期借款　　200 000

［例 22］假定上述借款的年利率为 10%，到期一次还本付息、不计复利。则两年后会计部门应作如下会计分录：

借：长期借款　200 000
　　其他支出　　40 000
　　贷：银行存款　　240 000

二、长期应付款的核算

（一）核算科目介绍

《事业单位会计制度》设置长期应付款（编号：2402）科目，用以核算事业单位发生的偿还期限超过 1 年（不含 1 年）的应付款项，如以融资租赁租入固定资产的租赁费、跨年度分期付款购入固定资产的价款等。

该科目应当按照长期应付款的类别以及债权单位（或个人）进行明细核算。该科目期末贷方余额，反映事业单位尚未支付的长期应付款。

（二）主要账务处理介绍

1. 发生长期应付款时，借记“固定资产”、“在建工程”等科目，贷记本科目、“非流动资产基金”等科目。

2. 支付长期应付款时，借记“事业支出”、“经营支出”等科目，贷记“银行存款”等科目；同时，借记本科目，贷记“非流动资产基金”科目。

3. 无法偿付或债权人豁免偿还的长期应付款，借记本科目，贷记“其他收入”科目。

（三）核算举例

［例 23］某日，东昌市卫生护理学校以融资租赁的形式租入大型设备一台，租赁期限为 5 年，应支付租赁费 30 万元，租金按年支付。会计部门根据相关凭证，填制记账凭单，会计分录如下：

借：固定资产——融资租入固定资产　300 000
　　贷：长期应付款　　　　　　　　300 000

［例 24］合同满一年时，该校需要再次支付租金。会计部门根据相关凭证，填制记账凭单，会计分录如下：

借：经营支出　　　　　　60 000
　　贷：银行存款　　　　　　60 000
借：长期应付款　　　　　60 000
　　贷：非流动资产基金　　　60 000

思考题

1. 对比事业单位的负债和行政单位的负债。
2. 事业单位的应缴国库款和应缴财政专户款有何区别？

练习题

一、目的：练习事业单位负债类科目的核算。

二、资料：东昌市某中等专业学校某年 5 月份发生下列经济业务

1. 销售产品一批，收到一张期限为 3 个月、票面金额为 4 000 元的商业承兑汇票。
2. 商业承兑汇票到期，收到款项 2 000 元。
3. 王某因公出差，预借差旅费 800 元。
4. 融资租入大型设备一部，价格为 240 000 元，租赁期限为 10 年（第一个月的租金分录也应做出）。
5. 以某项固定资产对外投资，其账面价值 25 000 元，评估价值 23 000 元。
6. 以银行存款 50 000 元购入国库券，期限 3 年。
7. 开出银行支票 1 000 元，办公用购买材料，材料当即由各科室领用。
8. 某债券到期，收回本金 50 000 元及利息 375 元。

三、要求：根据以上经济业务，编制会计分录。

第十四章　事业单位的净资产和财务报表

学习目的

学完本章内容后，你应当能够：

■ 掌握事业单位会计净资产的概念和内容；

■ 掌握事业单位各类基金的核算；

■ 掌握事业单位各类结转和结余的核算；

■ 掌握事业单位会计的报表体系；

■ 熟悉三张基本报表的编制方法。

第一节　行政单位净资产的核算

一、净资产概述

净资产是指事业单位资产扣除负债后的余额。事业单位的净资产包括事业基金、非流动资产基金、专用基金、财政补助结转结余、非财政补助结转结余等。

事业基金是指事业单位拥有的非限定用途的净资产，其来源主要为非财政补助结余扣除结余分配后滚存的金额；非流动资产基金是指事业单位非流动资产占用的金额；专用基金是指事业单位按规定提取或者设置的具有专门用途的净资产；财政补助结转结余是指事业单位各项财政补助收入与其相关支出相抵后剩余滚存的、须按规定管理和使用的结转和结余资金；非财政补助结转结余是指事业单位除财政补助收支以外的各项收入与各项支出相抵后的余额。（其中，非财政补助结转是指事业单位除财政补助收支以外的各专项资金收入与其相关支出相抵后剩余滚存的、须按规定用途使

用的结转资金；非财政补助结余是指事业单位除财政补助收支以外的各非专项资金收入与各非专项资金支出相抵后的余额）

二、事业基金的核算

（一）核算科目介绍

《事业单位会计制度》设置事业基金（编号：3001）科目，用以核算事业单位拥有的非限定用途的净资产，主要为非财政补助结余扣除结余分配后滚存的金额。该科目期末贷方余额，反映事业单位历年积存的非限定用途净资产的金额。

需要注意的是：事业单位发生需要调整以前年度非财政补助结余的事项，通过该科目核算。国家另有规定的，从其规定。

（二）主要账务处理介绍

1. 年末，将“非财政补助结余分配”科目余额转入事业基金，借记或贷记“非财政补助结余分配”科目，贷记或借记本科目。

2. 年末，将留归本单位使用的非财政补助专项（项目已完成）剩余资金转入事业基金，借记“非财政补助结转——××项目”科目，贷记本科目。

3. 以货币资金取得长期股权投资、长期债券投资，按照实际支付的全部价款（包括购买价款以及税金、手续费等相关税费）作为投资成本，借记“长期投资”科目，贷记“银行存款”等科目；同时，按照投资成本金额，借记本科目，贷记“非流动资产基金——长期投资”科目。

4. 对外转让或到期收回长期债券投资本息，按照实际收到的金额，借记“银行存款”等科目，按照收回长期投资的成本，贷记“长期投资”科目，按照其差额，贷记或借记“其他收入——投资收益”科目；同时，按照收回长期投资对应的非流动资产基金，借记“非流动资产基金——长期投资”科目，贷记本科目。

（三）核算举例

[例 1] 某日，东昌市卫生护理学校购入国库券 50 000 元，期限 3 年，年利率 2.5%。到期一次收回本金及利息。根据有关凭证，填制记账凭单，会计分录如下：

	借方	贷方
借：长期投资——债券投资	50 000	
贷：银行存款		50 000

同时：

借：事业基金　　　　　　　　　　　　50 000

　　贷：非流动资产基金——长期投资　　　　　50 000

本例可与第十一章第二节“一”的[例 17]相互参照。

[例 2] 东昌市卫生护理学校某年年终对非财政补助结余进行分配后，将尚未分配完的结余 20 000 元进行结转。会计分录如下：

借：非财政补助结余分配　　　　　　　　　　20 000

　　贷：事业基金——一般基金　　　　　　　　　20 000

三、非流动资产基金的核算

（一）核算科目介绍

《事业单位会计制度》设置非流动资产基金（编号：3101）科目，用以核算事业单位长期投资、固定资产、在建工程、无形资产等非流动资产占用的金额。

该科目应当设置“长期投资”、“固定资产”、“在建工程”、“无形资产”等明细科目，进行明细核算。该科目期末贷方余额，反映事业单位非流动资产占用的金额。

（二）主要账务处理介绍

1. 非流动资产基金应当在取得长期投资、固定资产、在建工程、无形资产等非流动资产或发生相关支出时予以确认。

取得相关资产或发生相关支出时，借记“长期投资”、“固定资产”、“在建工程”、“无形资产”等科目，贷记本科目等有关科目；同时或待以后发生相关支出时，借记“事业支出”等有关科目，贷记“财政补助收入”、“零余额账户用款额度”、“银行存款”等科目。

2. 计提固定资产折旧、无形资产摊销时，应当冲减非流动资产基金。

计提固定资产折旧、无形资产摊销时，按照计提的折旧、摊销额，借记本科目（固定资产、无形资产），贷记“累计折旧”、“累计摊销”科目。

3. 处置长期投资、固定资产、无形资产，以及以固定资产、无形资产对外投资时，应当冲销该资产对应的非流动资产基金。

（1）以固定资产、无形资产对外投资，按照评估价值加上相关税费作为投资成本，借记“长期投资”科目，贷记本科目（长期投资），按发生的相关税费，借记“其他支出”科目，贷记“银行存款”等科目；同时，按照投出固定资产、无形资产对应的非流动资产基金，借记本科目（固定资产、无形资产），按照投出资产已提折旧、摊销，借记“累计折旧”、“累计摊销”科目，按照投出资产的账面余额，贷记“固定资产”、“无形资产”科目。

（2）出售或以其他方式处置长期投资、固定资产、无形资产，转入待处置资产时，借记“待处置资产损溢”、“累计折旧”（处置固定资产）或“累计摊销”（处置无形资产）科目，贷记“长期投资”、“固定资产”、“无形资产”等科目。

实际处置时，借记本科目（有关资产明细科目），贷记“待处置资产损溢”科目。

（三）核算举例

非流动资产基金的核算例题可参见非流动资产各科目的核算举例。

四、专用基金的核算

（一）核算科目介绍

《事业单位会计制度》设置专用基金（编号：3201）科目，用以核算事业单位按规定提取或者设置的具有专门用途的净资产，主要包括修购基金、职工福利基金等。

科目应当按照专用基金的类别进行明细核算。该科目期末贷方余额，反映事业单位专用基金余额。

（二）主要账务处理介绍

1. 提取修购基金

按规定提取修购基金的，按照提取金额，借记“事业支出”、“经营支出”科目，贷记本科目（修购基金）。

2. 提取职工福利基金

年末，按规定从本年度非财政补助结余中提取职工福利基金的，按照提取金额，借记“非财政补助结余分配”科目，贷记本科目（职工福利基金）。

3. 提取、设置其他专用基金

若有按规定提取的其他专用基金，按照提取金额，借记有关支出科目或“非财政补助结余分配”等科目，贷记本科目。若有按规定设置的其他专用基金，按照实际收到的基金金额，借记“银行存款”等科目，贷记本科目。

4. 使用专用基金

按规定使用专用基金时，借记本科目，贷记“银行存款”等科目；使用专用基金形成固定资产的，还应借记“固定资产”科目，贷记“非流动资产基金——固定资产”科目。

（三）核算举例

［例 3］某月 5 日，东昌市卫生护理学校计提当月的修购基金 2 000 元，事业支出和经营支出各列支 50%。

借：事业支出　　　　　1 000
　　经营支出　　　　　1 000
　　贷：专用基金——修购基金　　　2 000

［例 4］东昌市卫生科研所事业单位以职工福利基金购置职工食堂用具若干，支出 1 200 元以银行存款支付。

借：专用基金——职工福利基金　　　　1 200
　　贷：银行存款　　　　　　　　　　　1 200

［例 5］东昌市卫生护理学校某年年终对非财政补助结余进行分配时，按规定计提职工福利基金 10 000 元。会计分录如下：

借：非财政补助结余分配　　　　　　　10 000
　　贷：专用基金——职工福利基金　　　　10 000

五、财政补助结转的核算

（一）核算科目介绍

《事业单位会计制度》设置财政补助结转（编号：3301）科目，用以核算事业单位滚存的财政补助结转资金，包括基本支出结转和项目支出结转。

该科目应当设置“基本支出结转”、“项目支出结转”两个明细科目，并在“基本支出结转”明细科目下按照“人员经费”、“日常公用经费”进行明细核算，在“项目支出结转”明细科目下按照具体项目进行明细核算；该科目还应按照《政府收支分类科目》中“支出功能分类科目”的相关科目进行明细核算。该科目期末贷方余额，反映事业单位财政补助结转资金数额。

需要说明的是：事业单位发生需要调整以前年度财政补助结转的事项，通过该科目核算。

（二）主要账务处理介绍

1. 期末，将财政补助收入本期发生额结转入本科目，借记“财政补助收入——基本支出、项目支出”科目，贷记本科目（基本支出结转、项目支出结转）；将事业支出（财政补助支出）本期发生额结转入本科目，借记本科目（基本支出结转、项目支出结转），贷记“事业支出——财政补助支出（基本支出、项目支出）”或“事业支出——基本支出（财政补助支出）、项目支出（财政补助支出）”科目。

2. 年末，完成上述（一）结转后，应当对财政补助各明细项目执行情况进行分析，按照有关规定将符合财政补助结余性质的项目余额转入财政补助结余，借记或贷记本科目（项目支出结转——××项目），贷记或借记“财政补助结余”科目。

3. 按规定上缴财政补助结转资金或注销财政补助结转额度的，按照实际上缴资金数额或注销的资金额度数额，借记本科目，贷记“财政应返还额度”、“零余额账户用款额度”、“银行存款”等科目。取得主管部门归集调入财政补助结转资金或额度的，做相反会计分录。

（三）核算举例

［例 6］东昌市卫生护理学校某年年终对财政补助结转进行分配。该校全年财政补助收入（基本支出）为 240 万元，财政补助收入（项目支出）为 30 万元；全年事业支出中以财政补助为来源的基本支出为 239.6 万元，以财政补助为来源的项目支出为 26.5 万元。相关会计分录如下：

借：财政补助收入——基本支出　　2 400 000
　　财政补助收入——项目支出　　300 000
　　贷：财政补助结转　　　　　　　　2 700 000

借：财政补助结转　　2 661 000
　　贷：事业支出——基本支出　　2 396 000
　　　　　　　　——项目支出　　265 000

六、财政补助结余的核算

（一）核算科目介绍

《事业单位会计制度》设置财政补助结余（编号：3302）科目，用以核算事业单位滚存的财政补助项目支出结余资金。

该科目应当按照《政府收支分类科目》中“支出功能分类科目”的相

关科目进行明细核算。该科目期末贷方余额，反映事业单位财政补助结余资金数额。

（二）主要账务处理介绍

1. 年末，对财政补助各明细项目执行情况进行分析，按照有关规定将符合财政补助结余性质的项目余额转入财政补助结余，借记或贷记“财政补助结转——项目支出结转（××项目）”科目，贷记或借记本科目。

2. 按规定上缴财政补助结余资金或注销财政补助结余额度的，按照实际上缴资金数额或注销的资金额度数额，借记本科目，贷记“财政应返还额度”、“零余额账户用款额度”、“银行存款”等科目。取得主管部门归集调入财政补助结余资金或额度的，做相反会计分录。

需要注意的是：事业单位发生需要调整以前年度财政补助结余的事项，应通过本科目核算。

（三）核算举例

［例 7］（承上例）东昌市卫生护理学校的财政补助结转中，项目支出剩余资金按规定应缴回 50%。会计分录如下：

借：财政补助结转——项目支出结转　17 500
　　贷：财政补助结余　17 500
借：财政补助结转——项目支出结转　17 500
　　贷：零余额账户用款额度　17 500

七、非财政补助结转的核算

（一）核算科目介绍

《事业单位会计制度》设置非财政补助结转（编号：3401）科目，用以核算事业单位除财政补助收支以外的各专项资金收入与其相关支出相抵后剩余滚存的、须按规定用途使用的结转资金。

该科目应当按照非财政专项资金的具体项目进行明细核算。该科目期末贷方余额，反映事业单位非财政补助专项结转资金数额。

（二）主要账务处理介绍

1. 期末，将事业收入、上级补助收入、附属单位上缴收入、其他收入本期发生额中的专项资金收入结转入本科目，借记“事业收入”、“上级补助收入”、“附属单位上缴收入”、“其他收入”科目下各专项资金收入明细科目，贷记本科目；将事业支出、其他支出本期发生额中的非财政专项资金支出结转入本科目，借记本科目，贷记“事业支出——非财政专项资金支出”或“事业支出——项目支出（非财政专项资金支出）”、“其他支出”科目下各专项资金支出明细科目。

2. 年末，完成上述结转后，应当对非财政补助专项结转资金各项目情况进行分析，将已完成项目的项目剩余资金区分以下情况处理：缴回原专项资金拨入单位的，借记本科目（××项目），贷记“银行存款”等科目；留归本单位使用的，借记本科目（××项目），贷记“事业基金”科目。

需要注意的是：事业单位发生需要调整以前年度非财政补助结转的事项，通过该科目核算。

（三）核算举例

[例 8] 某年年末，东昌市卫生护理学校进行年终转账。该校事业收入、上级补助收入、附属单位上缴收入、其他收入等科目中，专项资金收入的本期发生额分别为 8 000、5 000、3 000、1 000。会计部门将其转入非财政补助结转，分录如下：

借：事业收入　　　　　　8 000
　　上级补助收入　　　　5 000
　　附属单位上缴收入　　3 000
　　其他收入　　　　　　1 000
　贷：非财政补助结转　　　　　17 000

[例 9]（承上例）东昌市卫生护理学校的非财政补助结转的余额中，已完成项目的项目剩余资金经分析有 2 000 元可以留归该校下一年度继续使用。会计部门将其转入事业基金，分录如下：

借：非财政补助结转　　2 000
　贷：事业基金　　　　　　2 000

八、事业结余的核算

（一）核算科目介绍

《事业单位会计制度》设置事业结余（编号：3402）科目，用以核算事业单位一定期间除财政补助收支、非财政专项资金收支和经营收支以外各项收支相抵后的余额。该科目期末如为贷方余额，反映事业单位自年初至报告期末累计实现的事业结余；如为借方余额，反映事业单位自年初至报告期末累计发生的事业亏损。年末结账后，该科目应无余额。

（二）主要账务处理介绍

1. 期末，将事业收入、上级补助收入、附属单位上缴收入、其他收入本期发生额中的非专项资金收入结转入本科目，借记“事业收入”、“上级补助收入”、“附属单位上缴收入”、“其他收入”科目下各非专项资金收入明细科目，贷记本科目；将事业支出、其他支出本期发生额中的非财政、非专项资金支出，以及对附属单位补助支出、上缴上级支出的本期发生额结转入本科目，借记本科目，贷记“事业支出——其他资金支出”或“事业支出——基本支出（其他资金支出）、项目支出（其他资金支出）”科目、“其他支出”科目下各非专项资金支出明细科目、“对附属单位补助支出”、“上缴上级支出”科目。

2. 年末，完成上述（一）结转后，将本科目余额结转入“非财政补助结余分配”科目，借记或贷记本科目，贷记或借记“非财政补助结余分配”科目。

（三）核算举例

表 14-1　某单位收支科目余额

收入科目名称	账户余额	支出科目名称	账户余额
上级补助收入	106 000	上缴上级支出	40 000
附属单位上缴收入	30 000	对附属单位补助支出	38 000
事业收入	680 000	事业支出	701 900
其他收入	12 080		
小计	828 080	小计	779 900

［例 10］某年年末，东昌市卫生护理学校进行年终转账。该校应转入事业结余的收支科目余额见表 14-1。会计分录如下：

借：上级补助收入　　　　106 000
　　附属单位上缴收入　　30 000
　　事业收入　　　　　680 000
　　其他收入　　　　　　12 080
　　贷：事业结余　　　　　　828 080
借：事业结余　　　　　779 900

贷：对附属单位补助支出　　38 000
　　上缴上级支出　　40 000
　　事业支出　　701 900

九、经营结余的核算

（一）核算科目介绍

《事业单位会计制度》设置经营结余（编号：3403）科目，用以核算事业单位一定期间各项经营收支相抵后余额弥补以前年度经营亏损后的余额。

该科目期末如为贷方余额，反映事业单位自年初至报告期末累计实现的经营结余弥补以前年度经营亏损后的经营结余；如为借方余额，反映事业单位截至报告期末累计发生的经营亏损。

年末结账后，该科目一般无余额；如为借方结余，反映事业单位累计发生的经营亏损。

（二）主要账务处理介绍

1. 期末，将经营收入本期发生额结转入本科目，借记“经营收入”科目，贷记本科目；将经营支出本期发生额结转入本科目，借记本科目，贷记“经营支出”科目。

2. 年末，完成上述（一）结转后，如本科目为贷方余额，将本科目余额结转入“非财政补助结余分配”科目，借记本科目，贷记“非财政补助结余分配”科目；如本科目为借方余额，为经营亏损，不予结转。

（三）核算举例

[例 11] 某年年末，东昌市卫生护理学校进行年终转账。该校经营收入余额为 71 600 元，经营支出的余额为 59 500 元。会计分录如下：

借：经营收入　　71 600
　贷：经营结余　　71 600
借：经营结余　　59 500
　贷：经营支出　　59 500

十、非财政补助结余分配的核算

（一）核算科目介绍

非财政补助结余分配（编号：3404）科目，用以核算事业单位本年度非财政补助结余分配的情况和结果。年末结账后，该科目应无余额。

（二）主要账务处理介绍

1. 年末，将“事业结余”科目余额结转入本科目，借记或贷记“事业结余”科目，贷记或借记本科目；将“经营结余”科目贷方余额结转入本科目，借记“经营结余”科目，贷记本科目。

2. 有企业所得税缴纳义务的事业单位计算出应缴纳的企业所得税，借记本科目，贷记“应缴税费——应缴企业所得税”科目。

3. 按照有关规定提取职工福利基金的，按提取的金额，借记本科目，贷记“专用基金——职工福利基金”科目。

4. 年末，按规定完成上述处理后，将本科目余额结转入事业基金，借记或贷记本科目，贷记或借记“事业基金”科目。

（三）核算举例

［例 12］某年年末，东昌市卫生护理学校进行年终转账。该校事业结余和经营结余的余额分别为 48 180 和 12 100。会计分录如下：

借：事业结余　　　　48 180

　　经营结余　　　　12 100

　贷：非财政补助结余分配　　60 280

第二节　事业单位的财务报表

一、事业单位的报表体系

财务报表是对事业单位财务状况、事业成果、预算执行情况等的结构性表述。财务报表由会计报表及其附注构成。

《事业单位会计准则》规定，事业单位的会计报表至少应当包括下列组成部分：

（一）资产负债表

（二）收入支出表或者收入费用表

（三）财政补助收入支出表

与行政单位的财务报表体系类似，事业单位的会计报表可以按照所提供信息的时间范围分为月报、季报、年报；按照会计信息所涉及的空间范围分为本级报表、汇总报表等。

二、事业单位的资产负债表

（一）事业单位资产负债表概述

1. 概念

资产负债表是反映事业单位在某一特定日期全部资产、负债和净资产的情况的报表。资产负债表应当按照资产、负债和净资产分类、分项列示。资产负债表是事业单位最基本、最重要的报表。

2. 资产负债表的结构

资产负债表一般分为两部分，即表头和主体。

表头由表名、编制单位、日期和采用计价的货币单位组成。

我国会计制度中资产负债表的参考样式采用的是账户式资产负债表，其表体分为左右两方，左方资产部类列示事业单位所拥有的资产，包括流动资产、固定资产、在建工程、无形资产等项目；右方负债部类列示事业单位的负债和净资产，包括应付、应缴、基金、结转和结余等项目。

资产负债表的基本平衡公式为静态等式"资产=负债＋净资产"。资产负债表的格式见表 14-2。

表 14-2　资产负债表

编制单位：　　　　年　　月　　日　　　　单位：元

资产	期末余额	年初余额	负债和净资产	期末余额	年初余额
流动资产：			流动负债：		
货币资金			短期借款		
短期投资			应缴税费		
财政应返还额度			应缴国库款		
应收票据			应缴财政专户款		
应收账款			应付职工薪酬		
预付账款			应付票据		
其他应收款			应付账款		
存货			预收账款		
其他流动资产			其他应付款		
流动资产合计			其他流动负债		

续表

资产	期末余额	年初余额	负债和净资产	期末余额	年初余额
非流动资产：			流动负债合计		
长期投资			非流动负债：		
固定资产			长期借款		
固定资产原价			长期应付款		
减：累计折旧			非流动负债合计		
在建工程			负债合计		
无形资产			净资产：		
无形资产原价			事业基金		
减：累计摊销			非流动资产基金		
待处置资产损溢			专用基金		
非流动资产合计			财政补助结转		
			财政补助结余		
			非财政补助结转		
			非财政补助结余		
			1.事业结余		
			2.经营结余		
			净资产合计		
资产总计			负债和净资产总计		

（二）资产负债表编制说明

资产负债表“年初余额”栏内各项数字，应当根据上年年末资产负债表“期末余额”栏内数字填列。如果本年度资产负债表规定的各个项目的名称和内容同上年度不相一致，应对上年年末资产负债表各项目的名称和数字按照本年度的规定进行调整，填入本表“年初余额”栏内。

该表“期末余额”栏各项目的内容和填列方法如下：

1. 资产类项目

（1）“货币资金”项目，反映事业单位期末库存现金、银行存款和零余额账户用款额度的合计数。本项目应当根据“库存现金”、“银行存款”、“零余额账户用款额度”科目的期末余额合计填列。

（2）“短期投资”项目，反映事业单位期末持有的短期投资成本。本项目应当根据“短期投资”科目的期末余额填列。

（3）“财政应返还额度”项目，反映事业单位期末财政应返还额度的金额。本项目应当根据“财政应返还额度”科目的期末余额填列。

（4）“应收票据”项目，反映事业单位期末持有的应收票据的票面金额。本项目应当根据“应收票据”科目的期末余额填列。

（5）“应收账款”项目，反映事业单位期末尚未收回的应收账款余额。本项目应当根据“应收账款”科目的期末余额填列。

（6）“预付账款”项目，反映事业单位预付给商品或者劳务供应单位的款项。本项目应当根据“预付账款”科目的期末余额填列。

（7）“其他应收款”项目，反映事业单位期末尚未收回的其他应收款余额。本项目应当根据“其他应收款”科目的期末余额填列。

（8）“存货”项目，反映事业单位期末为开展业务活动及其他活动耗用而储存的各种材料、燃料、包装物、低值易耗品及达不到固定资产标准的用具、装具、动植物等的实际成本。本项目应当根据“存货”科目的期末余额填列。

（9）“其他流动资产”项目，反映事业单位除上述各项之外的其他流动资产，如将在 1 年内（含 1 年）到期的长期债券投资。本项目应当根据“长期投资”等科目的期末余额分析填列。

（10）“长期投资”项目，反映事业单位持有时间超过 1 年（不含 1 年）的股权和债权性质的投资。本项目应当根据“长期投资”科目期末余额减去其中将于 1 年内（含 1 年）到期的长期债券投资余额后的金额填列。

（11）“固定资产”项目，反映事业单位期末各项固定资产的账面价值。本项目应当根据“固定资产”科目期末余额减去“累计折旧”科目期末余额后的金额填列。

“固定资产原价”项目，反映事业单位期末各项固定资产的原价。本项目应当根据“固定资产”科目的期末余额填列。

“累计折旧”项目，反映事业单位期末各项固定资产的累计折旧。本项目应当根据“累计折旧”科目的期末余额填列。

（12）“在建工程”项目，反映事业单位期末尚未完工交付使用的在建工程发生的实际成本。本项目应当根据“在建工程”科目的期末余额填列。

（13）“无形资产”项目，反映事业单位期末持有的各项无形资产的账面价值。本项目应当根据“无形资产”科目期末余额减去“累计摊销”科目期末余额后的金额填列。

“无形资产原价”项目，反映事业单位期末持有的各项无形资产的原价。本项目应当根据“无形资产”科目的期末余额填列。

“累计摊销”项目，反映事业单位期末各项无形资产的累计摊销。本项目应当根据“累计摊销”科目的期末余额填列。

（14）“待处置资产损溢”项目，反映事业单位期末待处置资产的价值及处置损溢。本项目应当根据“待处置资产损溢”科目的期末借方余额填列；如“待处置资产损溢”科目期末为贷方余额，则以“-”号填列。

（15）“非流动资产合计”项目，按照“长期投资”、“固定资产”、“在建工程”、“无形资产”、“待处置资产损溢”项目金额的合计数填列。

2. 负债类项目

（1）“短期借款”项目，反映事业单位借入的期限在1年内（含1年）的各种借款。本项目应当根据“短期借款”科目的期末余额填列。

（2）“应缴税费”项目，反映事业单位应交未交的各种税费。

本项目应当根据“应缴税费”科目的期末贷方余额填列；如“应缴税费”科目期末为借方余额，则以“-”号填列。

（3）“应缴国库款”项目，反映事业单位按规定应缴入国库的款项（应缴税费除外）。本项目应当根据“应缴国库款”科目的期末余额填列。

（4）“应缴财政专户款”项目，反映事业单位按规定应缴入财政专户的款项。本项目应当根据“应缴财政专户款”科目的期末余额填列。

（5）“应付职工薪酬”项目，反映事业单位按有关规定应付给职工及为职工支付的各种薪酬。本项目应当根据“应付职工薪酬”科目的期末余额填列。

（6）“应付票据”项目，反映事业单位期末应付票据的金额。本项目应当根据“应付票据”科目的期末余额填列。

（7）“应付账款”项目，反映事业单位期末尚未支付的应付账款的金额。本项目应当根据“应付账款”科目的期末余额填列。

（8）“预收账款”项目，反映事业单位期末按合同规定预收但尚未实际结算的款项。本项目应当根据“预收账款”科目的期末余额填列。

（9）“其他应付款”项目，反映事业单位期末应付未付的其他各项应付及暂收款项。本项目应当根据“其他应付款”科目的期末余额填列。

（10）“其他流动负债”项目，反映事业单位除上述各项之外的其他流动负债，如承担的将于1年内（含1年）偿还的长期负债。本项目应当根据“长期借款”、“长期应付款”等科目的期末余额分析填列。

（11）“长期借款”项目，反映事业单位借入的期限超过1年（不含1年）的各项借款本金。本项目应当根据“长期借款”科目的期末余额减去其中将于1年内（含1年）到期的长期借款余额后的金额填列。

（12）“长期应付款”项目，反映事业单位发生的偿还期限超过 1 年（不含 1 年）的各种应付款项。本项目应当根据“长期应付款”科目的期末余额减去其中将于 1 年内（含 1 年）到期的长期应付款余额后的金额填列。

3. 净资产类项目

（1）“事业基金”项目，反映事业单位期末拥有的非限定用途的净资产。本项目应当根据“事业基金”科目的期末余额填列。

（2）“非流动资产基金”项目，反映事业单位期末非流动资产占用的金额。本项目应当根据“非流动资产基金”科目的期末余额填列。

（3）“专用基金”项目，反映事业单位按规定设置或提取的具有专门用途的净资产。本项目应当根据“专用基金”科目的期末余额填列。

（4）“财政补助结转”项目，反映事业单位滚存的财政补助结转资金。本项目应当根据“财政补助结转”科目的期末余额填列。

（5）“财政补助结余”项目，反映事业单位滚存的财政补助项目支出结余资金。本项目应当根据“财政补助结余”科目的期末余额填列。

（6）“非财政补助结转”项目，反映事业单位滚存的非财政补助专项结转资金。本项目应当根据“非财政补助结转”科目的期末余额填列。

（7）“非财政补助结余”项目，反映事业单位自年初至报告期末累计实现的非财政补助结余弥补以前年度经营亏损后的余额。本项目应当根据“事业结余”、“经营结余”科目的期末余额合计填列；如“事业结余”、“经营结余”科目的期末余额合计为亏损数，则以“-”号填列。在编制年度资产负债表时，本项目金额一般应为“0”；若不为“0”，本项目金额应为“经营结余”科目的期末借方余额（“-”号填列）。

“事业结余”项目，反映事业单位自年初至报告期末累计实现的事业结余。本项目应当根据“事业结余”科目的期末余额填列；如“事业结余”科目的期末余额为亏损数，则以“-”号填列。在编制年度资产负债表时，本项目金额应为“0”。

“经营结余”项目，反映事业单位自年初至报告期末累计实现的经营结余弥补以前年度经营亏损后的余额。本项目应当根据“经营结余”科目的期末余额填列；如“经营结余”科目的期末余额为亏损数，则以“-”号填列。在编制年度资产负债表时，本项目金额一般应为“0”；若不为“0”，本项目金额应为“经营结余”科目的期末借方余额（“-”号填列）。

三、事业单位的收入支出表

（一）收入支出表概述

收入支出表反映事业单位在某一会计期间内各项收入、支出和结转结余情况，以及年末非财政补助结余的分配情况。

收入支出表是一个多步的报告式表格。各类需要填报的项目分别填入“本月数”和“本年累计数”。其中，“本月数”栏反映各项目的本月实际发生数。“本年累计数”栏反映各项目自年初起至报告期末止的累计实际发生数。收入支出表的格式见表 14-3。

需要注意的是，收入支出表的月报和年报所填列的项目略有差异：在编制年度收入支出表时，应当将“本月数”栏改为“上年数”栏，反映上年度各项目的实际发生数；如果本年度收入支出表规定的各个项目的名称和内容同上年度不一致，应对上年度收入支出表各项目的名称和数字按照本年度的规定进行调整，填入本年度收入支出表的“上年数”栏。

表 14-3　收入支出表

编制单位：　　　　　年　　　月　　　　　　　　　　单位：元

项目	本月数	本年累计数
一、本期财政补助结转结余		
财政补助收入		
减：事业支出（财政补助支出）		
二、本期事业结转结余		
（一）事业类收入		
1. 事业收入		
2. 上级补助收入		
3. 附属单位上缴收入		
4. 其他收入		
其中：捐赠收入		
减：（二）事业类支出		
1. 事业支出（非财政补助支出）		
2. 上缴上级支出		

续表

项目	本月数	本年累计数
3. 对附属单位补助支出		
4. 其他支出		
三、本期经营结余		
经营收入		
减：经营支出		
四、弥补以前年度亏损后的经营结余		
五、本年非财政补助结转结余		
减：非财政补助结转		
六、本年非财政补助结余		
减：应缴企业所得税		
减：提取专用基金		
七、转入事业基金		

（二）收入支出表“本月数”栏各项目的内容和填列方法

1. 本期财政补助结转结余

（1）“本期财政补助结转结余”项目，反映事业单位本期财政补助收入与财政补助支出相抵后的余额。本项目应当按照本表中“财政补助收入”项目金额减去“事业支出（财政补助支出）”项目金额后的余额填列。

（2）“财政补助收入”项目，反映事业单位本期从同级财政部门取得的各类财政拨款。本项目应当根据“财政补助收入”科目的本期发生额填列。

（3）“事业支出（财政补助支出）”项目，反映事业单位本期使用财政补助发生的各项事业支出。本项目应当根据“事业支出——财政补助支出”科目的本期发生额填列，或者根据“事业支出——基本支出（财政补助支出）”、“事业支出——项目支出（财政补助支出）”科目的本期发生额合计填列。

2. 本期事业结转结余

（1）“本期事业结转结余”项目，反映事业单位本期除财政补助收支、经营收支以外的各项收支相抵后的余额。本项目应当按照本表中“事业类收入”项目金额减去“事业类支出”项目金额后的余额填列；如为负数，以“-”号填列。

（2）“事业类收入”项目，反映事业单位本期事业收入、上级补助收入、附属单位上缴收入、其他收入的合计数。本项目应当按照本表中“事业收入”、“上级补助收入”、“附属单位上缴收入”、“其他收入”项目金额的合计数填列。

“事业收入”项目，反映事业单位开展专业业务活动及其辅助活动取得的收入。本项目应当根据“事业收入”科目的本期发生额填列。

“上级补助收入”项目，反映事业单位从主管部门和上级单位取得的非财政补助收入。本项目应当根据“上级补助收入”科目的本期发生额填列。

“附属单位上缴收入”项目，反映事业单位附属独立核算单位按照有关规定上缴的收入。本项目应当根据“附属单位上缴收入”科目的本期发生额填列。

“其他收入”项目，反映事业单位除财政补助收入、事业收入、上级补助收入、附属单位上缴收入、经营收入以外的其他收入。本项目应当根据“其他收入”科目的本期发生额填列。

“捐赠收入”项目，反映事业单位接受现金、存货捐赠取得的收入。本项目应当根据“其他收入”科目所属相关明细科目的本期发生额填列。

（3）“事业类支出”项目，反映事业单位本期事业支出（非财政补助支出）、上缴上级支出、对附属单位补助支出、其他支出的合计数。本项目应当按照本表中“事业支出（非财政补助支出）”、“上缴上级支出”、“对附属单位补助支出”、“其他支出”项目金额的合计数填列。

“事业支出（非财政补助支出）”项目，反映事业单位使用财政补助以外的资金发生的各项事业支出。本项目应当根据“事业支出——非财政专项资金支出”、“事业支出——其他资金支出”科目的本期发生额合计填列，或者根据“事业支出——基本支出（其他资金支出）”、“事业支出——项目支出（非财政专项资金支出、其他资金支出）”科目的本期发生额合计填列。

“上缴上级支出”项目，反映事业单位按照财政部门和主管部门的规定上缴上级单位的支出。本项目应当根据“上缴上级支出”科目的本期发生额填列。

“对附属单位补助支出”项目，反映事业单位用财政补助收入之外的收入对附属单位补助发生的支出。本项目应当根据“对附属单位补助支出”科目的本期发生额填列。

“其他支出”项目，反映事业单位除事业支出、上缴上级支出、对附属单位补助支出、经营支出以外的其他支出。本项目应当根据“其他支出”科目的本期发生额填列。

3. 本期经营结余

（1）“本期经营结余”项目，反映事业单位本期经营收支相抵后的余额。本项目应当按照本表中“经营收入”项目金额减去“经营支出”项目金额后的余额填列；如为负数，以“-”号填列。

（2）“经营收入”项目，反映事业单位在专业业务活动及其辅助活动之外开展非独立核算经营活动取得的收入。本项目应当根据“经营收入”科目的本期发生额填列。

（3）“经营支出”项目，反映事业单位在专业业务活动及其辅助活动之外开展非独立核算经营活动发生的支出。本项目应当根据“经营支出”科目的本期发生额填列。

4. 弥补以前年度亏损后的经营结余

“弥补以前年度亏损后的经营结余”项目，反映事业单位本年度实现的经营结余扣除本年初未弥补经营亏损后的余额。本项目应当根据“经营结余”科目年末转入“非财政补助结余分配”科目前的余额填列；如该年末余额为借方余额，以“-”号填列。

5. 本年非财政补助结转结余

（1）“本年非财政补助结转结余”项目，反映事业单位本年除财政补助结转结余之外的结转结余金额。如本表中“弥补以前年度亏损后的经营结余”项目为正数，本项目应当按照本表中“本期事业结转结余”、“弥补以前年度亏损后的经营结余”项目金额的合计数填列；如为负数，以“-”号填列。如本表中“弥补以前年度亏损后的经营结余”项目为负数，本项目应当按照本表中“本期事业结转结余”项目金额填列；如为负数，以“-”号填列。

（2）“非财政补助结转”项目，反映事业单位本年除财政补助收支外的各专项资金收入减去各专项资金支出后的余额。本项目应当根据“非财政补助结转”科目本年贷方发生额中专项资金收入转入金额合计数减去本年借方发生额中专项资金支出转入金额合计数后的余额填列。

6. 本年非财政补助结余

（1）“本年非财政补助结余”项目，反映事业单位本年除财政补助之外的其他结余金额。本项目应当按照本表中“本年非财政补助结转结余”项目金额减去“非财政补助结转”项目金额后的金额填列；如为负数，以“-”号填列。

（2）“应缴企业所得税”项目，反映事业单位按照税法规定应缴纳的企业所得税金额。本项目应当根据“非财政补助结余分配”科目的本年发生额分析填列。

（3）“提取专用基金”项目，反映事业单位本年按规定提取的专用基金金额。本项目应当根据“非财政补助结余分配”科目的本年发生额分析填列。

7. 转入事业基金

“转入事业基金”项目，反映事业单位本年按规定转入事业基金的非财政补助结余资金。本项目应当按照本表中“本年非财政补助结余”项目金额减去“应缴企业所得税”、“提取专用基金”项目金额后的余额填列；如为负数，以“-”号填列。

需要注意的是：上述4至7项目，只有在编制年度收入支出表时才填列；编制月度收入支出表时，可以不设置这些项目。

四、财政补助收入支出表

表 14-4 财政补助收入支出表

编制单位： 年度 单位：元

项目	本年数	上年数
一、年初财政补助结转结余		
（一）基本支出结转——		
1. 人员经费——		
2. 日常公用经费—		
（二）项目支出结转——		
××项目——		
（三）项目支出结余——		
二、调整年初财政补助结转结余——		
（一）基本支出结转——		
1. 人员经费——		
2. 日常公用经费——		
（二）项目支出结转——		
××项目——		
（三）项目支出结余——		
三、本年归集调入财政补助结转结余		

续表

项目	本年数	上年数
（一）基本支出结转		
1. 人员经费		
2. 日常公用经费		
（二）项目支出结转		
××项目		
（三）项目支出结余		
四、本年上缴财政补助结转结余		
（一）基本支出结转		
1. 人员经费		
2. 日常公用经费		
（二）项目支出结转		
××项目		
（三）项目支出结余		
五、本年财政补助收入		
（一）基本支出		
1. 人员经费		
2. 日常公用经费		
（二）项目支出		
××项目		
六、本年财政补助支出		
（一）基本支出		
1. 人员经费		
2. 日常公用经费		
（二）项目支出		
××项目		
七、年末财政补助结转结余——		
（一）基本支出结转——		
1. 人员经费——		
2. 日常公用经费——		
（二）项目支出结转——		
××项目——		
（三）项目支出结余——		

（一）财政补助收入支出表概述

财政补助收入支出表反映事业单位某一会计年度财政补助收入、支出、结转及结余情况。财政补助收入支出表的格式见表14-4。

（二）财政补助收入支出表的填列方法

1. 本表“上年数”栏内各项数字，应当根据上年度财政补助收入支出表“本年数”栏内数字填列。

2. 该表“本年数”栏各项目按照下列方法填入：

（1）“年初财政补助结转结余”项目及其所属各明细项目，反映事业单位本年初财政补助结转和结余余额。各项目应当根据上年度财政补助收入支出表中“年末财政补助结转结余”项目及其所属各明细项目“本年数”栏的数字填列。

（2）“调整年初财政补助结转结余”项目及其所属各明细项目，反映事业单位因本年发生需要调整以前年度财政补助结转结余的事项，而对年初财政补助结转结余的调整金额，各项目应当根据“财政补助结转”、“财政补助结余”科目及其所属明细科目的本年发生额分析填列。如调整减少年初财政补助结转结余，以“-”号填列。

（3）“本年归集调入财政补助结转结余”项目及其所属各明细项目，反映事业单位本年度取得主管部门归集调入的财政补助结转结余资金或额度金额。各项目应当根据“财政补助结转”、“财政补助结余”科目及其所属明细科目的本年发生额分析填列。

（4）“本年上缴财政补助结转结余”项目及其所属各明细项目，反映事业单位本年度按规定实际上缴的财政补助结转结余资金或额度金额。各项目应当根据“财政补助结转”、“财政补助结余”科目及其所属明细科目的本年发生额分析填列。

（5）“本年财政补助收入”项目及其所属各明细项目，反映事业单位本年度从同级财政部门取得的各类财政拨款金额。各项目应当根据“财政补助收入”科目及其所属明细科目的本年发生额填列。

（6）“本年财政补助支出”项目及其所属各明细项目，反映事业单位本年度发生的财政补助支出金额。各项目应当根据“事业支出”科目所属明细科目本年发生额中的财政补助支出数填列。

（7）“年末财政补助结转结余”项目及其所属各明细项目，反映事业单位截至本年末的财政补助结转和结余余额。各项目应当根据“财政补助结转”、“财政补助结余”科目及其所属明细科目的年末余额填列。

五、报表附注

附注是指对在会计报表中列示项目的文字描述或明细资料，以及对未能在会计报表中列示项目的说明等。

《事业单位会计准则》和《事业单位会计制度》规定，事业单位的会计报表附注至少应当披露下列内容：

（一）遵循《事业单位会计准则》、《事业单位会计制度》的声明；

（二）单位整体财务状况、业务活动情况的说明；

（三）会计报表中列示的重要项目的进一步说明，包括其主要构成、增减变动情况等；

（四）重要资产处置情况的说明；

（五）重大投资、借款活动的说明；

（六）以名义金额计量的资产名称、数量等情况，以及以名义金额计量理由的说明；

（七）以前年度结转结余调整情况的说明；

（八）有助于理解和分析会计报表需要说明的其他事项。

思考题

1. 简述事业单位会计的报表体系。

2. 事业基金和事业单位的各类结余有什么联系？经营结余总是会增加事业基金吗？

第五篇　美国政府会计概述

第十五章　州和地方政府会计

学习目的

学完本章内容后，你应当能够：

- 熟悉目前美国州和地方政府会计活动中主要使用的基金种类；
- 比较现金收付制、权责发生制和修正的权责发生制三种会计基准的主要特征；
- 区分并阐述美国州和地方政府会计中使用的各类基金与会计账户的关系；
- 理解美国州和地方政府会计体系中反映各类基金和会计账户内容的财务报表；
- 识别年度综合财务报告（CAFR）的基本组成部分；
- 解释如何使用报告中的数据来分析政府的财务状况。

在美国，对政府和非营利组织的会计核算及报告方法的关注是从 20 世纪 70 年代开始的。一些较大的城市频繁地陷入财政"危机"，使得加强政府会计核算和财务报告的意义空前提高. 另外 70 年代迅速增长的通货膨胀，也使人们对非营利组织会计核算和财务报告中存在的某些问题产生了极大兴趣。如果用非工商业组织（Nonbusiness Organization）一词来代表政府部门和非营利组织①，我们会发现与商业企业相比，非工商业组织具有两个明显的特征：

一方面，非工商业组织不以营利为其营运目标，其提供产品与劳务的目的在于满足社会需要，服务的价值也常常不能用货币来衡量，所以就无法用收入这一计量工具来衡量其活动的效率及有效性。而工商企业的存在就是为了获取利润，从而提高其所有者的财富，所以收入最大化是其时刻

① 这个词是美国财务会计标准委员会（FASB）首创并使用，而后被广泛应用于各类会计文献中。

关注的目标。因此收入就成为评价工商企业经营效率与有效性的一种非常有用的方法。

另一方面，大多数非工商业组织不是通过向使用者收费来弥补成本，而是通过税收或捐赠来维持运营，但是纳税人和捐赠者并不按照其所提供的资金而从中获得大致成比例的服务或补偿，甚至有时都不属于该项服务的服务对象。所以，也无法使用净收入的概念来核算非工商业组织管理的有效性。但是在以营利为目的的商业企业中，净收入是企业的一个内在的控制要素。因为，从长期来看，只有营利的企业才能生存；而且从短期来看，不能营利将会影响管理层的下一步决策，甚至影响管理层的连续性。所以，对于缺乏净收入这一内在控制要素的非工商业组织来讲，就必须对其财务资源的分配和使用施加更为严格的外部控制。这种控制可以直接来自提供资金的个人或组织。例如，非工商业组织大都接受社会捐赠的物品或资金，很多时候捐赠协议会规定捐赠品只能用于支持公共教育、提供某研究经费或用于某设施的建设等特定的用途；另外，有时还会规定捐赠的本金不能减少，只有本金投资的收益才能用于支出等条款。这些条款的制定在一定程度上就对接受捐赠的非工商业组织的运营进行了控制。类似的规定还可以来自信托协议、债券契约等。另外，非工商业组织（主要指政府部门）的财务控制还可以直接来自法律和预算。实际资金的获取和使用要和已批准的预算进行比较，支出要受预算的直接控制并要符合相关法律的规定。因此，为了核算受到法律控制、外部控制的资源的使用情况，在美国，非工商业组织采用了基金会计，即将组织的资产、负债和剩余权益（在基金会计中称为"基金余额"）按照特定的业务或目标分为不同的基金分别进行独立核算。每支基金都是为实现特定的目标而建立的一个独立的会计实体，由一套可以自我平衡的账户组成，包括所有相关的反映资产、负债、剩余权益或基金余额变化的账户。在每支基金中，资金的流入流出情况的记录都必须符合控制该基金的各具体法律、法规及协议的规定。

在开始学习基金会计之前，应当首先了解一些基本概念。

第一节　一些基本概念

一、财政主体和会计主体

财政主体（Fiscal Entity），是指占有可支出资金并进行独立预算的基金单位。会计主体（Accounting Entity）是在会计意义上独立存在的财务报告单位，也就是说，是一个财务报告的具体范围，该范围确定了在这个报表中应该包括哪些资产、负债和所有者权益。

在商业企业组织中，不管报告单位规模如何，无论是微软公司，还是街道拐角处的一家杂货店，都是一个会计主体。同商业企业一样，在非工商业组织中，组织作为一个整体就是一个基本的会计主体。然而，非工商业组织采用基金会计（Fund Accounting），由基金会计的概念可知，每支基金（Fund）又都是一个独立的财政主体和会计主体。所以，一个城市的政府会计体系可以由若干个会计主体组成，这取决于其所使用基金的数目。会计主体（基金）的确切数目，通常要在规范政府单位的宪法、宪章或法规中予以明确规定。

二、通用会计准则

通用会计准则（Generally Accepted Accounting Principles，GAAP）是在特定时点上人们对可接受的会计概念、惯例及会计操作程序等所形成的共识，该准则明确说明了：

在特定时间内，通过财务核算，哪些经济资源和经济责任应当记录为资产和负债、哪些资产和负债的变化应当记账、记录这些变化时应当怎样计量、应当披露哪些信息以及怎样披露、应当编制哪些报表等。

通用会计准则由会计职业团体制定，其特征是具有开放性，并强调理论与实务相结合。美国政府类机构[①]适用的通用会计准则是由两个机构制定的。州和地方政府的会计准则的制定机构是美国政府会计准则委员会

① 包括联邦、州和各级地方政府及其附属的各类机构，如公立的医院、学校等。

（GASB），该机构成立于 1984 年，其前身是政府会计国家顾问委员会（NCGA）；美国联邦政府会计准则的制定机构是联邦会计准则咨询委员会（FASAB），成立于 1990 年。即政府会计准则委员会制定政府会计准则公告、解释和概念公告，来规范州和地方政府会计；联邦会计准则咨询委员会制定原则和准则来约束联邦政府会计。

至于那些适用于所有会计主体，包括除政府外的所有其他非工商业组织[①]及工商企业组织的会计准则，则是由财务会计标准委员会（FASB）制定的。GASB 和 FASB 要在各自的行政管辖范围内，为所属会计主体制定会计标准负主要责任；除非其他委员会（制定特殊会计标准的）能对某特定会计主体负有主要管理责任，否则其他委员会所颁布的有关会计标准的规定均是非强制性的。

在各自管辖范围划定的情况下，可能会发生 GASB 与 FASB 为相似会计主体（如学院与大学）的相似交易制定不同的会计核算与财务报告标准的情况。当发生这种情况时，两个委员会要相互协调合作，以便将差异降低到最低限度。

另外，因为会计主体的组织方式、管理方式和融资方式不同，人们并非总能清楚地划分某一特定会计主体是属于政府性质的，亦或属于其他非营利组织性质的。通常，只要该组织具有以下特征中的一个或多个，就可以将其视为政府会计主体。（1）该组织的管理人员是民选的，或者其管理机构的大部分管理人员是政府任命的；（2）有权制定和贯彻某一税收征管活动；（3）有权直接发行利息免交联邦税的公共债务；或（4）可以由政府单方面地予以解散并接管其资产和负债。

三、财务报告的目标

美国政府会计准则委员会在其 1987 年 5 月发布的概念公告第 1 号《财务报告的目标》中，将政府的活动分成政府型活动和企业型活动两种类型，并对政府型活动和企业型活动分别阐述会计信息的使用者及信息需求。《财务报告的目标》规定政府型活动的财务报告的主要使用者有三类：一是政府最主要的资金提供者（那些政府需主要对其负责的人），即公民；二是那些直接代表公民的人，即立法机构和监察机构；三是其他向政府提供款项或参

① 包括私立的大学、学校、医院、各类健康保健组织、工会、商会等。

与提供款项活动的人，即投资者和信贷者。即政府会计信息的主要使用者包括五类：立法和其他权力机构、社会公众、投资者和信贷者、外国政府和国际机构以及其他资源的提供者、经济和财务分析师。通过上述分析可以看出，政府会计的理念采纳了受托责任学派的观点，即政府是受公众委托从事各项社会公共事务的管理活动，政府代表社会公众管理国家；社会公众要为政府履行职务的活动提供必要资金；政府行使管理的权力来自于公众；社会公众与政府之间形成一种委托与受托关系，因此政府必须对社会公众负责——这种责任也包括政府应合理、妥善、有效地使用财政。而从根本上说，政府会计在全球的崛起是由于民主社会和市场经济对受托责任的巨大需求。

具体来讲，美国政府会计准则委员会（GASB）为各级政府单位规定了下列财务报告目标：

1. 财务报告应当有助于政府履行会计公开化的职责，并且通过下列途径帮助使用者评估这种会计责任：

（1）通过财务报告所反映的信息来判断政府当年的收入是否足以支付其当年的服务成本；

（2）核查政府部门，作为会计主体，是否按其合法编制的预算来获得并使用资金，核查这些资金的获得和使用是否符合其他与财务活动有关的法律规定和契约规定；

（3）根据财务报告所提供的信息来评估政府单位的服务质量、成本与业绩。

2. 要使财务报告有助于使用者依据下列信息来评估政府会计主体在本财政年度中的预算执行结果：

（1）关于政府财务状况的信息；

（2）关于政府占有的（其使用年限超过本年度的）各种有形资产及其他非财政资金的信息，包括能够用以评估这些资金服务潜力的信息；

（3）披露在财政资金使用方面附加的法律性或契约性限制，以及资金本身存在的潜在损失风险。

3. 要使财务报告有助于使用者依据上述信息去评估政府会计主体所提供的服务水平以及其到期偿还债务的能力。

总之，政府部门必须提供有助于使用者去评估政府会计责任的信息，并且能有助于使用者基于上述判断作出相应的决策。这些目标与商业组织的会计报告目标并无明显区别。这两类组织均需提供有关其资金来源、用途以及处置的信息。但是对商业组织而言，其会计数据的使用者，主要对那些与可用以衡量确保组织存续所必需的利润相关的财务活动感兴趣。这通常称为商业会计的资本保全要点（Maintenance of Capital Focus）。因为，除非收入能补偿相关产品的成本并实现资产保全，否则该组织无法获得利润，而获得利润是所有商业组织的一个基本目标。所以，与利润相关的财务信息是商业会计数据的使用者最感兴趣的。

然而，政府组织活动的出发点是对其选民持续地提供一定水平的服务。因此，令政府会计信息使用者感兴趣的政府财务活动一般仅涉及到资金的获得和使用情况，即以开支活动（Spending Activities）为计量要点。当然，某些政府活动也要建立在资本保全基础上，通常表现为政府提供有偿服务，以便弥补（至少部分弥补）其服务成本。例如，排污、供水、供电等服务就是通过向用户收费的方法来筹集资金的；而机场的运营则是通过向航空公司收取机场使用费的方法来筹集资金的。一旦要在资本保全基础上开展公共业务，其指定资金的获得与使用的会计核算，就要与使用者付费相结合。

四、会计基准

会计基准（Basis of Accounting）是会计事项的记账基准，即收入和支出的确认标准。国际会计师联合会则认为，“会计上有这样一个确认基础区间，这个区间的范围从现金制基础这一端到完全权责发生制基础的另一端，在这两个极端中间，有很多变化，这些变化实际上或者是对现金制基础或者是对权责发生制基础的修正——积累财务数据所需的信息制度，其复杂程度随着会计基础沿会计基础区间从现金制基础向权责发生制基础的移动而逐渐提高”。从会计实务情况看，确实如此，除了现金制和权责发生制外，还存在中间带的会计基础，通常称为修正的现金制基础（Modified Cash Basis）或修正的权责发生制基础（Modified Accrual Basis）。在美国的政府会计中，会计核算除采用权责发生制外，还采用修正的权责发生制。美国政府会计准则委员会在现行的《政府单位会计与报告准则汇编》中提出了政府单位会计的12项基本原则。在第8项原则中明确指出：“政府单位应当采用权责发生制或修正的权责发生制来确认财务状况和营运效果。”按照该委员会的解释，修正的权责发生制与权责发生制的区别在于强调收入要在可获得并可计量时予以确认；支出型基金采用修正的权责发生制确认收支，其余各类业务均采用权责发生制。

支出型基金中的可供支出的资源包括：现金、应收款和可转换为现金的有价证券。为了准确地衡量可供实际支出的财务资源，支出型基金不按照配比原则来跨期分配成本（如对固定资产的支出，只进行一次性开支的记录，而不按照权责发生制会计那样计提折旧，来跨期分配购置成本），而且有时支出型基金发生的某些支出项目也不在其发生的会计期间进行确认（如不在会计期间结束时应计利息费用，而是到利息实际到期时才进行记账）。另外，对于一些收入的记账也有所调整（如财产税，属于能够合理估计并在不久就能够收到的款项，所以在年初就进行了收入确认）。支出型基金所使用的经过一定调整的权责发生制会计，被称为“修正的权责发生制（Modified Accrual Basis）”。

在会计确认基础区间上，现金收付制会计和权责发生制会计代表着区间上的两个相反的端点，而修正的权责发生制会计就代表对这两种端点情况的折衷。在修正的权责发生制会计基准下，收入和支出必须在实际影响了该会计期间可供支出的财务资源时，才能进行会计记录。也就是说，收入要在“可计量”和“可利用”的时候进行记账。“可计量”是指能够以货币单位（如美元）记录收入金额。“可利用”是指作为该笔收入的资金，在当期或不久即可用于支付本期债务。换言之，无论是收到的现金（如办理执照收费、处罚收费等），还是在不远的将来能够收到并已能合理估计的账款（如财产税等），都应该被确认为收入。

在修正的权责发生制会计中，大多数支出的处理方法与权责发生制会计的处理方法是相似的。但是，正如后面章节中所要讨论的那样，在使用权责发生制的会计规则时，修正的权责发生制会计有较多例外。表 15-1 对现金收付制会计、权责发生制会计和修正的权责发生制会计的性质进行了总结。

表 15-1　现金收付制会计、权责发生制会计和修正的权责发生制会计

	现金收付制	权责发生制	修正的权责发生制
收入记录	收到现金时	获得收入时	可计量且可利用的时候
费用（支出）记录	支付现金时	发生费用时	通常在支出发生时记录（例外情形，在后面章节里将予以详细解释）

五、基金的分类

当使用基金会计时，基金可以按照多种方式进行分类，最常见的一种分类是将其分为支出型基金和权益型基金。

支出型基金（Expendable Fund）是用来核算具有特定用途的、当前可用于支出的财务资源，这些当前可用于支出的财务资源包括现金、应收账款和有价证券投资。因此，在支出型基金的财务状况表（资产负债表）上，未记录任何长期资产或负债。

从这个定义可以看出，在支出型基金的会计核算上，并不强调收入与费用的配比原则，而是强调核算该年或某特定期间可用于支出的流动资源的变化情况。因此其会计等式为：

财务资源流入（包括收入、债务发行入款和其他基金的转入款等，需按照来源分类）－财务资源流出（包括费用、其他开支和给其他基金的转出款等，需按照职能或目的分类）＝基金余额净值

需要特别指出的是，在基金会计中，不使用费用（Expense）一词，而使用开支（或支出，Expenditure）一词。支出不仅包括已经发生的各种类型的费用，而且还包括债务的清偿和资本性支出。

权益型基金（Proprietary Fund，Nonexpendable Fund），适用于核算那些在管理模式上类似于商业企业的基金。有些非工商业组织采取半商业化的经营模式，即通过使用者付费来补偿部分或全部经营成本，如市政电力公司、供水公司等。这些业务虽然需要通过单独的基金进行核算，但其采用的会计方法与那些营利性的企业所采用的是基本类似的，其会计等式也是类似的：

资产	＝	负债	＋	权益
流动资产＋长期资产		流动负债＋长期负债		净资产

还有一种经常提到的基金就是预算型基金（Budgetary Fund），这一类基金所指的就是政府型基金。在核算政府型基金时，其实际资源的流入流出情况要和已批准的预算进行对比，也就是说，要在会计期初对其编制预算，并将预算分录作为正式的会计记录包含在基金会计中，会计期间结束时要将实际资源变动情况与预算进行对比，由此可以对基金资源的使用进行更为有效的控制。

在以下章节中，将着重讲述州和地方政府部门的会计核算过程。

第二节　政府基金会计的架构

一、政府部门使用的基金类型

政府部门通常使用的基金可以分为三种类型：（1）政府型基金；（2）权益型基金；（3）信托型基金。

政府型基金（Governmental Fund），属于支出型基金，也是预算型基金。这类基金主要用于核算当前可用于支出的资金的获得和使用情况。如政府部门的日常运作，从特定来源获得的并指定用于特定用途的资金的使用情况等都用这类基金进行核算。按照财务资源获取来源的不同和所从事业务的不同，政府型基金还可以进一步分为：普通基金、特种收入基金、偿债基金和资本项目基金。

权益型基金（Proprietary Fund）是用以核算那些在管理模式上类似于营利性企业的政府业务。这些业务和私人企业一样，通常要涉及到收入与费用的计量并且要求能够实现自行维持，即实现资本保全，如中心停车场、国营的（政府所有）供电业务及供水业务等等。这类基金的会计报告与营利性企业十分相似，所有的流动资产、长期资产、流动负债和长期负债都要在该基金中进行记录。按照服务对象的不同，权益型基金还可以进一步分为内部服务基金和企业基金。

信托型基金（Fiduciary Fund）是用以核算那些具有代理或信托关系的基金。这些基金的会计核算或是侧重于开支业务，或是侧重于会计主体的资本保全业务，具体情况取决于所涉及的活动性质。例如，用于核算信托资金投资收入的使用情况的基金，就是一种以核算开支业务为主的信托基金；而用于核算雇员退休养老金业务的基金，则是一种以核算资本保全业务为主的信托基金。具体来说，政府部门使用的信托型基金还可以具体分为：养老信托基金、备用信托基金、不动本信托基金和代管基金。

下表简单对比了政府部门使用的三大类基金的主要特征。

表 15-2　政府部门使用的基金的主要特征

	政府型基金	权益型基金	信托型基金
计量要点	开支	资本保全	支出；资本保全；其他
业务活动范围	政府日常活动；从特定来源获得的并指定用于特定用途的资金；	通过使用者付费筹集资金的业务活动；	指定用途的不可支出型资金；指定用途的可支出资金；

总之，尽管政府部门可以根据需要建立多支基金，但这些基金总能被分为这三种类型：政府型、权益型和信托型。本章的以下部分将依次介绍这些不同类型基金的会计核算方法。

二、政府型基金

按照财务资源的获取来源的不同和所从事业务的不同，政府型基金可以分为：普通基金、特种收入基金、偿债基金和资本项目基金。

（一）普通基金

虽然政府部门使用的基金的具体数目和种类是由政府部门的具体运作方式决定的，但每个政府部门都要有一支普通基金（General Fund）。从技术上讲，这种基金属于“剩余基金”——它通常是用来核算所有未能在其他基金中进行核算的政府业务活动。也就是说，政府部门所有的业务活动，除非某业务在核算时，受到法律、契约或管理方面的限制需要在其他基金中进行核算外，否则就都要在普通基金中进行会计处理。

通常在普通基金中，资产包括现金、投资[①]、应收账款（通常是指财产税）以及对其他基金的应收款。在政府会计术语表中，如果对其他基金的应收款是短期的，则记为应收其他基金（Due from other funds）；如果是长期的，应被记为预付其他基金(Advances to other funds)。在普通基金中，负债包括各供应商的债务要求权（Claims）和应付其他基金的款项。后者如是短期的，应表述为应付其他基金（Due to other funds）；如是长期的，那么应记为预收其他基金（Advances from other funds）。

① 投资（investment）一词，在本书中除明确指出的固定资产投资外，大多数情况下是指政府单位的各类基金所进行的长期或短期的证券（如国库券、股票、债券等）投资。与此相关的投资收入（investment revenue）也指政府单位所进行的证券投资活动产生的利息收入、红利收入等等。

基金余额（权益）（Fund Balance）是指基金资产超过负债的部分（即可用于支出的财务资源净额）。当某些资产不能用于本期支出时，其对应的基金余额应处于受限制状态。

政府型基金会计恒等式和商业企业会计恒等式类似。唯一的差别是权益部分，在政府型基金的会计恒等式中，权益部分是指“基金余额”而非“所有者权益”。这一等式表示如下：

资产 = 负债 + 基金余额

表 15-3 普通基金资产负债表与公司资产负债表的比较

某市 普通基金资产负债表 20×1 年 12 月 31 日		某公司 资产负债表 20×1 年 12 月 31 日	
资产		**资产**	
现金和投资	$576 000	**流动资产**	
应收账款（扣除 3 000 美元的坏账准备后的净值）	89 000	现金和投资	$50 000
应收其他基金	50 000	应收账款（扣除 3 000 美元的坏账准备后的净值）	135 000
资产总额	$715 000	存货	145 000
		预提费用	34 000
负债		流动资产总额	$364 000
应付账款	$123 000	**长期资产**	
应付其他基金	75 000	土地、厂房和设备	100 000
应计负债	100 000	建筑（扣除 55 000 美元累计折旧后的净值）	150 000
负债总额	$298 000	设备（扣除 14 000 美元的累计折旧后的净值）	45 000
		财产、厂房和设备合计	$295 000
基金余额		**无形资产**	
基金余额	417 000	专利	30 000
负债和基金余额总额	$715 000	资产总额	$689 000
		负债	
		流动负债	
		应付账款	$35 000
		应付应记费用	55 000
		应付股息	10 000
		流动负债总额	100 000
		长期负债	
		应付债券	300 000
		负债合计	400 000
		所有者权益	
		股本	150 000
		留存收益	139 000
		所有者权益合计	289 000
		负债和所有者权益总额	$689 000

注：表中数据为假设数据。

在表 15-3 中对比了政府普通基金和商业组织的资产负债表。仔细研究这两个报表，注意两者之间的区别。

通过比较可以发现，普通基金（包括其他政府型基金）的资产负债表与商业组织的资产负债表相比，存在着很多区别。

第一个主要区别在于，后者使用分类财务报表。也就是说，通常商业组织财务报表披露的内容比政府型基金披露的内容更加详细。在上表中，公司的资产负债表中的资产、负债和所有者权益都进行了进一步的详细分类，如：流动性资产、长期资产、流动性负债、长期负债等等。

第二个主要区别在于资产负债表中所涉及的资产类型。正如前面所述，政府型基金的资产只包括流动资产（当前可消耗的财务资源）。而商业组织的资产负债表中，不仅报告了流动资产，还披露了其他长期资产，如财产、厂房、设备以及无形资产。对于产生这些差别的原因，我们将在以后章节中做详细阐述。

政府型基金会计与商业组织会计相比，第三个主要区别在于资产负债表中的所有者权益部分。在政府型基金中，所有者权益以“基金余额”的形式来表示。而在商业组织中，所有者权益要分为实收资本和留存收益两类进行报告。

另外还需指出的是，上面给出的普通基金和公司的资产负债表，均仅列出了常见的基本项目。当我们进一步学习基金会计时，会发现在政府会计和商业会计中还存在很多其他差异，我们将在后面的章节中进行区分并加以说明。

在政府型基金中，把“损益表”称作收益、支出和基金余额变动表。由于政府部门通常不进行营利性活动，所以，收入的概念并不重要。在本书的第五篇中，我们将详细介绍美国的基金会计，其中所使用的业务表，就是指收益、支出和基金余额变动表。

通常，普通基金能够获得的收益包括税收、办理执照和许可证的收入以及各种罚金或罚没收入，在表中要按照来源分类。支出一般要与不同业务部门所使用的物品和获得的劳务相关联，并且按职能（政府日常业务，公共安全，文化娱乐等等）披露在业务表中。

表 15-4　普通基金——收益、支出和基金余额变动表与公司损益表的比较

某市普通基金 收益、支出和基金余额变动表 20×1 年 12 月 31 日		某公司 损益表 20×1 年 12 月 31 日	
收入		收入	
所得税	$990 000	净销售收入	$988 000
财产税	900 000	其他收入	10 000
执照和许可证收入	550 000	收入合计	998 000
罚金和罚没收入	250 000	费用	
其他收入	92 000	销货成本	450 000
收益合计	$2 782 000	工资费用	280 000
支出		折旧费用	175 000
流动支出		利息费用	25 000
日常政府管理费用	550 000	其他费用	20 000
公共安全	990 000	费用合计	950 000
人事费用	780 000	净收入	$48 000
医疗保健	300 000		
娱乐和文化管理	50 000		
资本性支出	100 000		
支出合计	2 770 000		
收入减支出后的余额	12 000		
其他融资来源（使用）			
业务转入	50 000		
业务转出	（40 000）		
其他融资来源合计	10 000		
收入与其他融资来源之和减支出与其他资金使用后余额	22 000		
年初基金余额	395 000		
年末基金余额	$417 000		

注：表中数据为假设数据。

表 15-4 中比较了政府普通基金的业务表和公司的损益表。注意基金的业务表中的其他融资来源（使用）一项。在政府型基金中，这些融资来源（使用）主要包括业务转移（即资金在基金间的转移）。业务转入（Operating Transfers In）是指将资金从其他基金转入到本基金中；与此相反，业务转出（Operating Transfers Out）是指将资金从本基金转出到其他基金中。这些业务转移，虽体现在基金余额的增减变化上，但其既不属于收入，也不属于支出，所以应单列一项进行报告。有关资金业务转移的技术方面的问题，将在后续章节中讨论。

通过比较政府普通基金业务表与企业组织的损益表，可以发现二者之间也存在着很多区别：第一，通常政府单位的收入来源要比企业组织的收

入来源多。例如，上表中该市有五个收入来源，而上表中的公司只有两个收入来源。

第三个主要区别在于，企业组织的损益表通常是按所谓的“单步”法来编制的。也就是说，收益合计减费用合计。而政府单位的业务表，则有几个不同层次的合计（加总数）。它们类似于企业组织有时使用的多步收入表。

普通基金和企业组织的业务表相比，第四个主要区别在于，企业要计算折旧。由于企业组织使用权责发生制会计，所以，费用总额里包括折旧，并要从收入总额中扣除。在前面我们已经讲过，长期（固定）资产并不反映在政府型基金的资产负债表中（见表 15-3）。因此，折旧不是普通基金的一个费用组成部分。对于政府型基金而言，不计折旧是由其会计体系的计量要点决定的。修正的权责发生制会计的计量要点侧重在开支方面，而折旧不具有开支的属性。用政府型基金购置的所有固定资产，在会计处理上，都要在购置年度将其全部购置成本作为开支记账。（注意：在上述普通基金业务表中标记的“资本性支出”部分，它表示在本年度由普通基金购置的固定资产总额。对此，我们将在后续章节作进一步讨论。）

普通基金业务表与企业损益表相比，第五个主要区别是关于业务转移的披露。在基金业务表中包括业务转移，而企业会计中则无类似概念。

第六个主要差别在于对所有者权益的处理。在政府型基金的业务表中，通常做法是将期末基金余额与期初基金余额协同处理。虽然一些企业组织也使用这种报告形式，但大多数企业组织还是在另外一个财务报表中——留存收益表、或是所有者权益变动表——对期初与期末的留存收益进行处理。

上述两表中仅列出了常见的基本项目。随着对基金会计的深入学习，我们还将会遇到许多其他问题，届时将加以解释。

总之来说，与所有政府型基金一样，普通基金的会计记录以修正的权责发生制为基础。这意味着只有当收入成为可计量的和可利用的时候，收入才被登记入账，而当支出发生时，就要对支出登记入账。

另外，与政府部门使用的其他基金不同，每一个政府部门必须设立一支普通基金，并且每一政府部门只可以设立一支普通基金。

（二）特种收入基金

特种收入基金（Special Revenue Fund）通常用来核算除了应归为备用

信托基金和资本项目基金的收益以外的其他进款，并且该进款还必须被指定用于特定目的开支项目。这类基金的会计处理与普通基金的会计处理完全相同，唯一的差别在于基金所记录的业务范围不同。

通常，只有当受到法律、宪章或其他协定的约束时，才使用特种收入基金。把某些类型的业务从普通基金中分离出来的主要目的，是为了对特别来源收入的入款和使用加强管理。例如，当法律指定汽油税收入要用于高速公路的养护时，一般来说就需要建立一支相应的“特种收入基金”。这使得政府部门可以很方便核算收缴的汽油税收入和高速公路的养护支出。如果这支基金的收入与支出与其他收入与支出混在一起进行管理，那么要核算收缴的资金以及该资金的使用情况就会变得相当困难。通常，旅馆税基金、城市道路建设和保养基金以及社区发展基金都是特种收入基金。和普通基金不同，政府部门可以同时拥有几支特种收入基金。这是因为，在要求使用一种特种收入基金的法律或协定中，通常也会同时要求要对该基金的业务活动单独进行会计记录。

在特种收入基金中，资产包括现金、投资、应收账款（通常指税款）以及应收其他基金款；负债包括对各类供应商的应付账款以及应付其他基金的款项。由于特种收入基金的核算方法与普通基金的核算方法完全相同，也采取修正的权责发生制会计，所以，我们在前面对普通基金的基金余额所做的分析也同样适用于特种收入基金。表 15-5、15-6 列示了一支特种收入基金的资产负债表和业务表。

表 15-5　特种收入基金——资产负债表

某市
特种收入基金
汽油税基金
资产负债表
20×1 年 12 月 31 日

资产	
现金和投资	$250 000
应收账款（扣除坏账准备 2 000 美元后的净值）	50 000
应收其他基金款	10 000
资产合计	$310 000
负债	
应付账款	$23 000
应付其他基金款	12 000

续表

负债合计	$35 000
基金余额	
基金余额	275 000
负债和基金余额合计	$310 000

注：表中数据为假设数据。

表 15-6 特种收入基金——收益、支出和基金余额变动表

某市
特种收入基金
汽油税基金
收益、支出和基金余额变动表
截止到 20×1 年 12 月 31 日的财政年度

收入	
汽油税	$530 000
投资收入	25 000
其他收入	10 000
总收入	$565 000
支出	
流动支出：	
公路建设	$450 000
公路维护	100 000
总支出	550 000
收益与支出的差额	15 000
年初基金余额	260 000
年末基金余额	$275 000

注：表中数据为假设数据。

一般情况下，特种收入基金的收入来源于各种税收、租金、专利使用费以及政府间项目（财政补贴、共享收入等等）。特种收入基金的开支通常是用于依法建立的特定特种基金所认可的那些服务与物品的购买。应注意，与普通基金的支出一样，特别收入基金的支出是按照经济职能归类的。

（三）偿债基金

偿债基金（Debt Service Funds），又称债务清偿基金，通常用于核算为偿还普通责任长期负债的本金和利息所积累的资金状况，这种类型的基金也可用于偿还除债券之外的长期负债，如通过分期付款购买合同与租赁购置协议形成的长期负债（在某些情况下，这类长期负债的偿还是按年从总收益中拨付的，因而它们可在普通基金中进行会计核算）。政府可以使用唯一的一支偿债基金来核算所有的普通责任长期负债。但是，通常情况下，每发生一种长期债务都要求建立一支相应的偿债基金。

偿债基金的资产主要来自：

1. 从普通基金（和/或其他基金）的转入；
2. 通过对基金所占有的资金进行投资而获得的收入；
3. 为清偿债务而估算的税款。

偿债基金的支出包括债务本金和利息的偿还。表 15-7 是偿债基金的收益、支出及基金余额变动表。

表 15-7　偿债基金——收益、支出和基金余额变动表

某市

偿债基金

普通责任债券的偿付基金——发行 A 债券

收益、支出和基金余额变动表

截止到 20×1 年 12 月 31 日的财政年度

收入	
所得税	$300 000
财产税	250 000
特种税	250 000
投资收入	100 000
总收入	900 000
支出	
债务清偿：	
本金	$100 000
利息	500 000
总支出	600 000
收益减支出的差额	300 000
其他资金来源	
业务转入	50 000
收益加上其他来源资金减支出的差额	350 000
年初基金余额	600 000
年末基金余额	$950 000

注：表中数据为假设数据。

作为相关交易的结果，偿债基金的资产一般包括现金、投资和可能的应收款项。其负债一般包括到期应付债务利息和到期应付的本金。因

此，其基金余额表示能够用于债务偿还（本金和利息）的资金。而作为尚未到期的债务本金的负债，则记录在一般长期负债类会计账户中。表15-8 列示了这支偿债基金的资产负债表。核算偿债基金也要使用修正的权责发生制会计。

表 15-8 偿债基金——资产负债表

某市

偿债基金

普通责任债券的偿付基金——发行 A 债券

资产负债表

20×1 年 12 月 31 日

资产	
现金和投资	\$1 075 000
应收账款（扣除 2 000 美元坏账准备后的净值）	40 000
应收其他基金款	5 000
总资产	\$1 120 000
负债	
应付到期债券本金	\$123 000
应付到期利息	47 000
总负债	\$170 000
基金余额	
基金余额	950 000
负债和基金余额合计	\$1 120 000

注：表中数据为假设数据。

（四）资本项目基金

资本项目基金（Capital Projects Funds）是用于核算与大型资本设施的购置或建造相关的资金收支活动（所购置或建造的资本设施要记录在一般固定资产会计账户中），但是通过企业基金、内部服务基金、信托基金购置的资产除外。通常情况下，小型资产的购置，如一辆警车或一件家具，是直接用普通基金或特种收入基金提供资金的，而大型资本项目的购置或建设才使用资本项目基金。但是在以下两种情况下，资产的购置或建设必须使用资本项目基金：一是有法律要求必须使用此类基金进行核算；二是在资产的购置或建设过程中，使用了债券发行收入、政府间的业务转移及财政补贴、重要的私人捐赠，或其他限制性资金。

大多数情况下，每一支资本项目基金是为一个单独的项目设立的。当通过发行债券筹资时，需要按照每一种债券设立一支基金。独立基金的设立，有利于更好地管理单个项目或债券发行所收到的进款。

表 15-9 是一支资本项目基金的资产负债表。通常，资本项目基金的资产项目包括现金、投资、应收款和应收其他基金款或应收其他政府单位资金。负债包括应付账款、应付其他基金款或应付其他政府款（反映政府为建设相关项目提供的劳务和物资，当然，如果项目是由外部承包商承建完成的，则应记为应付建筑公司款）。

表 15-9　资本项目基金——资产负债表

某市

资本项目基金

某桥梁建设基金

资产负债表

20×1 年 12 月 31 日

资产	
现金和投资	$850 000
应收其他基金款	10 000
资产合计	$860 000
负债	
应付账款	$120 000
基金余额	
基金余额	740 000
负债和基金余额合计	$860 000

注：表中数据为假设数据。

表 15-10 是资本项目基金的收益、支出及基金余额变动表。通常该类基金的收益来源于联邦和州政府的财政补贴、投资收入所得、发行债券进款以及来自其他基金的转入。而该类基金的支出则通常分为两类：与资本项目相关的费用和建筑工程成本。由于资本项目基金属于政府型基金，所以核算资本项目基金仍要使用修正的权责发生制会计。

表 15-10 资本项目基金——收益、支出及基金余额变动表

某市
资本项目基金
某桥梁建设基金
收益、支出及基金余额变动表
截止到20×1年12月31日的财政年度

收益	
补贴收入	$750 000
投资收入	25 000
其他收入	10 000
收入合计	$785 000
支出	
资本性开支	750 000
收益减支出的差额	35 000
年初基金余额	705 000
年末基金余额	$740 000

注：表中数据为假设数据。

三、会计账户

在前面我们讲过，政府型基金是以开支为计量要点的，这就导致了某些资产和负债在上述基金的财务报表中未能予以披露。也就是说，政府可支配的财务资金的获得、使用及其余额，以及相关的本期负债自然都是通过政府型基金（普通基金、特种收入基金、资本项目基金和偿债基金）予以核算的，但是在有些资产的使用过程中，如固定资产，未拨付任何资金；而且有些负债也不属于与政府型基金相对应的本期应付债务。所以，这些项目并未在上述任何基金的财务报表中予以会计汇报，而是通常被记录在会计账户（Account Groups）中。会计账户不是一个独立的财政主体，所以会计账户不是基金。从概念上讲，会计账户是为了实现有效控制的目标而简单设立的一套能够自我平衡的账户。在美国的政府会计中使用两类会计账户：一般固定资产账户和一般长期负债账户。

（一）一般固定资产账户

一般固定资产账户（The General Fixed Assets Account Group，GFAAG）是用来管理土地、房屋、家具，以及其他由政府单位使用的但同时未能在权益型基金和某些信托基金中记录的设备类资产。通常情况下，GFAAG是用来记录供政府部门综合业务使用的资产。记住，政府型基金和后面要讲到的备用信托基金的会计计量要点是本期资金的开支方面。由于一些财产和设备不属于本期可用于支出的资金，所以它们无法在上述基金中进行会计核算。在本章前面所示的资产负债表中，所反映的资产通常都仅限于现金、应收款、投资以及应收其他政府单位款项——均为可支出资金或能转换为可支出资金的资金。所以，这些未能核算进去的长期（固定）资产和设备就需要记录在 GFAAG 中。

事实上，每一个政府部门都有大量投资于各种类型财产和设备的资金，因此需要对其设计一种可行的管理方式。在美国的基金会计中，这种管理就是通过 GFAAG 中的会计程序进行的。表 15-11 列示的是某市一般固定资产账户中的年末一般固定资产一览表。在表中，首先按照资产的主要类别分类记录资产：土地、房屋、设备以及在建工程。为了实现自我平衡，随后记录了用于获得这些资产的资金来源。在表 15-11 中，这些资金来源于借款、各种财政补贴以及从特种收入基金中获得的资金。注意两类余额的合计，资产总额必须等于各种用来购买资产的资金来源总额。

表 15-11　一般固定资产一览表

某市

一般固定资产账户

一般固定资产一览表

20×1 年 12 月 31 日

一般固定资产	
土地	$1 000 000
建筑物及周边治理	12 500 000
设备	7 600 000
在建工程	1 000 000
	$22 100 000
一般固定资产的投资来源	
资本项目基金：	
普通责任债券	$9 000 000
联邦财政补贴	6 000 000
州财政补贴	5 000 000
普通基金收入	2 100 000
	$22 100 000

注：表中数据为假设数据。

为了进一步管理单项资产，有必要用更详细的明细分类账来记录每项资产的具体类型和放置地，并且要对各项资产进行明确区分。为了达到上述目的，可以给每项资产加上一个数字标签。虽然这可能是一项艰巨的任务，但是为了确保政府资产得到充分保护，这样做是非常必要的。这类记录也能为获得适当的保险赔付，以及在损失发生后填写索赔文件提供所需要的数据。

通常，不要求一般固定资产账户编制业务表，但为了符合会计报告的规定，也要求其编制一般固定资产变动一览表。表 15-12 是该市的一般固定资产变动一览表。一般固定资产的变动一览表，可以直接以会计报表的形式进行报告，也可以作为财务报表的注释进行报告。

表 15-12 一般固定资产变动一览表

某市

一般固定资产账户

一般固定资产变动一览表

截止到 20×1 年 12 月 31 日的财政年度

	20×0 年 12 月 31 日	增加	减少	20X1 年 12 月 31 日
土地	$1 000 000	$ —	$ —	$1 000 000
建筑物及周边治理	10 000 000	3000 000	600 000	12 500 000
设备	6 000 000	2000 000	400 000	600 000
在建工程	500 000	500 000	—	1 000 000
合计	$17 600 000	$550 000	$1 000 000	$22 100 000

注：表中数据为假设数据。

（二）一般长期负债账户

政府型基金在其资产负债表中并不报告长期负债，而是把发行长期债务的收入在收入、支出和基金余额变动表中用“其他融资来源”进行披露。伴随这种做法就会产生一个问题：人们无法对一般长期负债进行会计核算。为了解决这一问题，政府部门使用了一般长期负债账户（General Long-term Debt Account Groups），用以记录所有由政府一般性资金和其他偿债基金进行偿付的长期负债。需要特别指出的是，由权益型基金或某些信托基金进行清偿的债务不被包含在这个账户中。另外，政府型基金在其日常业务中也会产生一些负债，如休假、病假、索赔等，只要这些负债不属于短期应付债务范畴，通常也要记录在一般长期负债账户中。

表 15-13 列示的是某市一般长期负债账户的一般长期负债一览表，在

表中依次记录了已经为偿付债务提供的资金数额（可用资金金额）和仍需要为偿还债务准备的资金数额（将提供的资金金额，即在未来年份可用于偿债的资金）。已经提供和即将提供的资金总额一定等于未清偿的长期负债总额。

注意，所有由政府一般性资金和其他偿债基金进行偿付的长期负债都应记录在一般长期负债账户中，如债券、资本化租赁活动产生的负债、应计的休假和病假等。

表 15-13　一般长期债务一览表

某市

一般长期负债账户

一般长期负债一览表

20×1 年 12 月 31 日

用于偿还一般长期债务已提供的和将提供的资金	
已提供金额	\$8 000 000
将提供金额	17 000 000
合计	25 000 000
应付一般长期债务	
应计节假日工资	\$3 000 000
分期支付购物合同的负债	4 000 000
资本化租赁的负债	3 000 000
应付债券	15 000 000
合计	\$25 000 000

注：表中数据为假设数据。

表 15-14　一般长期负债变动一览表

某市

一般长期负债账户

一般长期负债变动一览表

截止到 20×1 年 12 月 31 日的财政年度

	20×0 年 12 月 31 日	增加	减少	20×1 年 12 月 31 日
应计节假日工资	\$2 700 000	\$500 000	\$200 000	\$3 000 000
分期支付购物合同的负债	4 100 000	200 000	300 000	4 000 000
资本化租赁的负债	2 700 000	400 000	100 000	3 000 000
应付债券	14 500 000	500 000		15 000 000
合　计	\$24 000 000	\$1 600 000	\$600 000	\$25 000 000

注：表中数据为假设数据。

即使不要求为一般长期负债账户编制反映其交易状况的业务表，但也要对一般长期负债账户的期末余额和期初余额进行披露。换言之，一般长期负债的变动一定要在财务报表的附注中予以说明，或者在单独的财务报表中予以披露。表 15-14 是一个典型的反映一般长期负债账户变动的一览表。

四、权益型基金

权益型基金（Proprietary-Type Funds）是在政府部门管理类似于商业企业所从事的经济业务活动时使用的基金类型。这些业务通常包括供电、供水、机场、公共高尔夫球场以及中心停车场等。支持这些经济性业务活动的资金大多来源于使用者付费。因此，适用于这些基金的会计原则应与适用于商业组织的会计原则相同，即其会计计量要点要侧重于资本保全方面。这为政府单位提供了精确计量收入和费用的方法，既便于政府据此确定该业务所需的收费，也有助于政府确定支持业务活动所需要的补贴。按照所提供服务对象的不同，权益型基金又可分为内部服务基金和企业基金。

（一）内部服务基金

内部服务基金（Internal Service Funds）是根据使用者付费原则，用来核算向政府单位内部或者其他政府单位提供商品或服务的情况。建立该类基金的主要动机是：（1）降低获得商品或劳务的成本；（2）改善在政府单位内对商品或劳务的配置。典型的内部服务基金包括那些用来对日常办公物品配置、停车场运营以及信息处理活动进行会计核算的基金。

由于内部服务基金是一种权益型基金，其适用的会计制度要求该基金必须要能准确地核算出所提供商品或服务的总成本，因此，内部服务基金采用了权责发生制会计。内部服务基金对获得其商品或劳务的其他基金发出付款通知，并据此在内部服务基金记录收入，同时在其他基金中需记录相应的支出（费用）。为使所提供商品或劳务的累计成本与提供此商品或劳务的所得收入一一对应起来，对于每一项单独的业务，都需要使用一个单独的基金进行核算。

内部服务基金使用权责发生制会计来计量收入和费用，这与政府型基金是不同的。从而其会计核算重点也发生了变化，由强调资金的使用——开支业务（如政府型基金），转为强调资本保全。使用权责发生制会计是为了准确核算提供商品或服务的总成本，从而可以按照类似于商业企业所遵循的原则那样合理地规定使用者付费，并确定为扶持有关业务活动所需的补贴金额。

内部服务基金的资产负债表与商业组织的资产负债表非常类似。不过，关于它的资产负债表使用，还应注意以下几点：

第一，与政府型基金不同，内部服务基金的资产包括固定资产，如土地和建筑物。

第二，披露的这些资产价值是扣除累计折旧后的净值。这是因为要按照权责发生制计量费用，就要计算累计折旧并从收入中扣除。

第三，对基金权益部分的报告也与政府型基金不同。在此，要用“基金权益”取代“基金余额”，基金权益分为两类：捐赠资本和留存收益。这两类权益分别代表由其他基金提供的捐赠资金而建立的该内部服务基金的净资产和内部服务基金的业务所得收益。

表 15-15 内部服务基金——资产负债表

某市
内部服务基金
中心停车场服务基金
资产负债表
20×1 年 12 月 31 日

资产	
现金	$130 000
应收其他基金款	75 000
零部件与物料的存货	105 000
厂房和设备（扣除$1 800 000 累计折旧后的净值）	3 200 000
资产合计	$3 510 000
负债	
应付账款	$24 000
应计负债	6 000
应计节假日工资	10 000
负债合计	$40 000
基金权益	
捐赠资本	$2 900 000
留存收益	570 000
基金权益合计	$3 470 000
负债和基金收益合计	$3 510 000

注：表中数据为假设数据。

具体而言，内部服务基金中的资产包括现金、应收其他基金款项、（适用于此类基金中的）存货以及土地、厂房和设备。负债一般包括由于基金运作而产生的应付款和预收普通基金或其他基金的款项。表 15-15 是一支典型的内部服务基金的资产负债表。

内部服务基金的业务表（收益、费用和留存收益的变动表）的编制方法与商业组织的损益表的编制方法相同（见表 15-16）。内部服务基金的业务收入，通常来源于使用者付费。与基金业务有关的业务成本要取决于具体的业务类型，但通常包括劳务成本、耗用的物料成本及折旧。业务收入减业务费用的余额称为净收入（如果在报表中还有其他收入项目的话，则称之为净业务收入）。把本期净收入加在期初留存收益余额上就等于期末留存收益。收入项目和费用项目的确定取决于具体的所提供的服务类型。

另外，通用会计原则还要求内部服务基金编制现金流量表，类似于表 15-17 的形式。因为该表的编制方法已超出了本书的范围，所以表 15-17 只作为一个例子供读者参阅。

表 15-16　内部服务基金——收益、费用和留存收益变动表

某市

内部服务基金

中心停车场服务基金

收益、费用和留存收益变动表

截止到 20×1 年 12 月 31 日的财政年度

业务收入		
停车收费		$1 800 000
业务费用		
劳务费用	$720 000	
契约性服务费	270 000	
折旧	520 000	
材料和物料	254 000	
其他	90 500	
业务费用合计		1 854 500
业务损失		（54 500）
其他资金来源：		
业务转入		60 000
净收入		5 500
年初留存收益		564 500
年末留存收益		$570 000

注：表中数据为假设数据。

表 15-17 内部服务基金——现金流量表

某市
内部服务基金
综合汽车服务基金
现金流量表
截止到 20×1 年 12 月 31 日的财政年度

现金增加（减少）	
经营性活动产生的现金流:	
停车收费的现金收入	$1 700 000
向商品和劳务供应商支付的现金	（610 000）
向雇员支付的现金	（720 000）
经营性活动产生的净现金流	$370 000
非融资活动产生的现金流:	
业务转入	60 000
融资性活动产生的现金流:	
设备购置	（500 000）
现金减少净值	（70 000）
年初现金余额	200 000
年末现金余额	$130 000
调整业务损失与经营性活动产生的净现金流:	
业务损失	$(54 500)
为使业务损失与经营性活动提供的净现金相一致而做的调整:	
折旧	$520 000
应收其他基金的增加	（33 000）
零部件和原材料存货的增加	（27 500）
应付账款的减少	（24 000）
应计负债的减少	（8 000）
应计节假日工资的减少	（3 000）
调整合计	424 500
经营性活动产生的净现金流	$370 000

注：表中数据为假设数据。

（二）企业基金

政府部门提供产品或服务时，如果产品或服务的使用者包括一般公众（当然也可能还包括政府部门及其机构），那么就需要建立企业基金（Enterprise Funds）来对其进行核算。与内部服务基金相比，企业基金的产品或劳务的成本也主要是通过使用者付费筹集的，但存在着政府部门以外的消费者是区别这两类基金的主要因素。另外，当政府管理层认为有必要使用类似于商业企业的会计制度来对某项经济业务进行管理控制时，也可以使用这种基金。正常情况下用该类基金核算的业务包括：市政公共设施、机场、游泳馆和高尔夫球场等。一般来说，应为每一个经济业务活动建立一支单独的基金进行核算。

企业基金使用的会计制度与商业组织所使用的会计制度一样——权责发生制会计。其会计计量要点与前面阐述过的内部服务基金相同。如前所述，使用权责发生制会计是为了说明所提供商品或劳务的总成本。这类会计信息有助于政府，按照类似于商业企业组织所遵循的原则那样合理规定使用者付费，并准确计算出扶持该业务活动所需的补贴金额。

表 15-18 是一支企业基金的资产负债表。应当注意，企业基金的资产负债表具有如下几个主要特点：

首先在分类方法上，企业基金采用了分类资产负债表(Classified Balance Sheet)，在其中按照主要类型划分了资产和负债。流动资产是指将于一年内消耗殆尽或者可望回收的资产（包括现金）。流动负债是指将在一年内用流动资产予以偿还的债务。长期负债是指偿还期限在一年以上或需要使用非流动资产予以偿还的债务。

第二个主要特点是关于专用资产（Restricted Assets）的会计披露。这些资产是指根据法律、合同或规定的限制，而为特殊用途储备的资金。这些资产在资产负债表中要注明“专用资产”，用这类资产偿还的债务也必须单独记录。在表 15-18 中，这类负债要注明“专用资产偿还的流动负债”。这样，在资产负债表中就出现了两类流动负债。

资产负债表中的其他类型资产还包括：预付其他基金款，土地、厂房和设备，以及其他资产。预付其他基金款是指长期应收款项；土地、厂房和设备是指基金的固定资产，基金正是通过这些资产实现其建立之初所设定的目标——提供某种服务；其他资产包罗万象，任何无法归入具体类别的资产都可以在“其他”资产中予以报告。

最后还应注意的是，基金权益分为两个部分：政府、客户等以永久性捐赠的形式为基金建立所投入的资本和留存收益。留存收益代表在该基金中累计获得的收益。

表 15-18 企业基金——资产负债表

某市
企业基金
排污与供水基金
资产负债表
20×1 年 12 月 31 日

资产	
流动资产：	
现金	$650 000
应收款（扣除$8 000 坏账准备后的净值）	547 000
应收其他基金款	75 000
零部件和原材料存货	155 000
流动资产合计	$1 427 000
预付其他基金	300 000
专用资产：	
客户存款	$879 000
流动债务清偿账户	500 000
专用资产合计	$1 379 000
土地、厂房和设备（扣除$2 400 000 累计折旧后的净值）	8 500 000
资产合计	$11 606 000
负债	
流动负债：	
应付账款	$235 000
应付其他基金款	100 000
应计负债	77 000
应计节假日工资	90 000
流动负债合计	$502 000
用专用资产支付的流动负债：	
客户存款	$879 000
应计利息	500 000
用专用资产支付的流动负债合计	$1 379 000
长期负债：	
应付债券	7 890 000
负债合计	9 771 000
基金权益	
捐赠资本（实收资本）	$1 300 000
留存收益	535 000
基金权益合计	1 835 000
负债和基金权益合计	$11 606 000

注：表中数据为假设数据。

表 15-19 是该企业基金的收益、费用及留存收益变动表。该表的编制方法与商业企业的损益表的编制方法完全相同。企业基金所获得的业务收入通常来源于使用者付费，与该基金业务相关的费用依具体的业务类型而定，通常包括劳务成本、耗用物料成本、煤水电等公用事业收费，以及折旧等等。特别需要注意的是折旧，由于企业基金使用完全的权责发生制会计，所以折旧必须包括在费用中。

同时也要注意，从业务所得中减去业务费用，就计算出业务收入（或损失）。然后加上或减去本期的非业务项目，就得到本期净收入。该数值如果为正值（盈余），则加到期初留存收益余额上，如果为负值，则从期初留存收益余额中扣减，以此确定该基金留存收益账户上的期末余额。

表 15-19　企业基金——收益、费用及留存收益变动表

某市
企业基金
排污和供水基金
收益、费用及留存收益变动表
截止到 20×1 年 12 月 31 日的财政年度

业务收入		
服务收费		$2 400 000
业务费用		
个人服务	$980 000	
契约服务	370 000	
折旧	620 000	
材料和物料	176 000	
其他费用	101 000	
业务费用合计		2 247 000
净收入		153 000
年初留存收益		382 000
年末留存收益		$535 000

注：表中数据为假设数据。

企业基金是政府部门财务活动的一个组成部分，因此，基金间的业务转移经常发生：或是其他基金为企业基金提供业务补贴，或是从企业基金向其他基金转移资金。在会计报告上，对这些业务转移的披露应当放在非业务收入（费用）之后，其他特别项目（即非经常性项目）之前。

由于企业基金的业务活动大体上与营利性商业组织的业务活动相同。所以，应当编制现金流量表。表 15-20 是本例中企业基金的现金流量表。编制该表的目的是为了反映基金在业务、投资和筹资活动中现金的获得与使用情况。对现金流量表的编制已超出了本书的研究范围。

表 15-20 企业基金——现金流量表

某市
企业基金
排污和供水基金
现金流量表
截止到 20×1 年 12 月 31 日的财政年度

现金增加（减少）		
经营性活动产生的现金流：		
向部门收取的服务费	$2 390 000	
向供应商支付的商品和劳务费	（560 000）	
支付雇员的现金	（980 000）	
经营性活动产生的净现金		$850 000
融资活动的现金流动：		
设备购置		（720 000
现金净增加		130 000
年初现金余额		520 000
年末现金余额		650 000
为使业务收入与经营性活动产生的净现金相一致而进行的调整：		
业务收入		$153 000
为使业务收入与业务活动提供的净现金相一致而做的调整：		
折旧	$620 000	
应收账款的减少	262 000	
应收其他基金款的增加	（50 000）	
零部件和商品存货的增加	（40 000）	
应付账款的减少	（50 000）	
应计负债的减少	（30 000）	
应计节假日工资的减少	（15 000）	
调整合计		697 000
经营性活动提供的净现金		$850 000

注：表中数据为假设数据。

五、信托型基金

信托型基金（Fiduciary-type Funds）是用来核算政府以代理人或受托

人的身份占有的资产的一种基金。在政府会计全国咨询委员会（National Council of Governmental Accounting, NCGA）发布的第 1 号公告中，NCGA 把信托型基金具体划分为诸如养老信托型基金、备用信托基金（Expendable Trust Funds）、不动本信托基金(Nonexpendable Trust Funds)和代管基金(Agency Funds)等四种类型。

在上述信托基金中，使用范围最广的是养老信托基金。该基金是用来核算政府部门管理的公务员退休保障计划（Public Employee Retirement Systems，PERS）下的资金情况。这些计划为政府雇员提供退休福利。不动本信托基金是指那些资本本金必须保全的信托基金。在大多数情况下，对于资本本金所取得的收益，通常允许政府部门按照某种具体的方式用于支出——如购买图书。在这种情况中，本金就需要用一支不动本信托基金进行核算，而本金收益需要通过备用信托基金来支出。备用信托基金也能用来核算本金和本金收益均可支出的项目。

代管基金用来核算政府部门所代为管理的资金，这部分资金实际属于政府的其他基金或者其他组织所有。如果政府部门要为自己的其它基金代为发挥收支管理职能，那么也需建立代管基金。由于政府部门在该基金中没有权益利益，所以这类基金不存在基金余额，更确切地说，该基金所持有的全部资金应与这些资金所要偿付的对应负债保持平衡，即要与对资产的所有合法所有者的负债保持平衡。使用代管基金进行核算的资金包括提留的职工社会保险金和所得税，以及由某政府单位为其他政府单位代征的各种税款等（税收代管基金）。

如果没有法律约束，可以使用一支代管基金来核算几个不同的代理关系。但是，如果存在有关信托方面的法律限制，则对应每一个单独的信托关系都必须使用一支单独的基金。

当核算备用信托基金时，会计计量要点要放在可用资金的开支方面。而对于不动本信托基金和养老信托基金来说，会计计量要点则放在资本保全方面。因此，对后两种基金的核算要使用权责发生制会计，而对备用信托基金的核算则要使用修正的权责发生制会计。因为代管基金在性质上是其所代理资金的实际保管人，所以修正的权责发生制也同样适用于代管基金。

表 15-21 至表 15-24 是每种信托型基金的资产负债表。值得注意的是，养老信托基金的资产负债表又被称作净资产表，而且该表不包括基金余额账户或任何其他类似的账户。信托型基金中的资产通常包括现金、投资、

应收款以及应收其他基金款。负债包括在运作每支基金过程中产生的债务，如应付账款、应计费用和应付其他基金款。使用开支计量要点的每支基金的余额表示该基金中能够用于支出的资金。使用资本保全计量要点的每支基金的基金余额表示基金的净资产。在养老信托基金中的净资产表示可以用于在未来支付养老金的净资产。

表 15-21 养老信托基金——净资产表

某市
养老信托基金
公务员退休保障计划
净资产表
20×1 年 12 月 31 日

资产		
现金		$5 000
应收账款		50 000
应计收入		25 000
投资（按公允价值）		
债券	$18 000 000	
普通股	6 000 000	
总投资		24 000 000
办公设备和家具（扣除$10 000 累计折旧后的净值）		75 000
资产合计		24 155 000
负债		
应付账款		$20 000
应计费用		35 000
负债合计		55 000
养老福利信托持有的净资产		24 100 000

注：表中数据为假设数据。

表 15-22　不动本信托基金——资产负债表

某市
不动本信托基金
市图书馆基金
资产负债表
20×1 年 12 月 31 日

资产		
现金	$12 000	
投资	1 245 000	
资产合计		$1 257 000

续表

基金余额		
基金余额		$1 257 000

注：表中数据为假设数据。

表 15-23 备用信托基金——资产负债表

某市
备用信托基金
公务员培训基金
资产负债表
20×1 年 12 月 31 日

资产		
现金	$2 000	
投资	345 000	
资产合计		$347 000
基金余额		
基金余额		$347 000

注：表中数据为假设数据。

表 15-24 代管基金——资产负债表

某市
代管基金
财产税基金
资产负债表
20×1 年 12 月 31 日

资产	
应收财产税	$2 400 000
负债	
应付其他基金	$2 400 000

注：表中数据为假设数据。

由于政府部门在代管基金中没有权益利益，所以代管基金不存在基金余额，因此，该基金所持有的全部资金应与这些资金所要偿付的对应负债保持平衡，即要与对资产的所有合法所有者的负债保持平衡。

表 15-25 是养老信托基金的业务表，该表又可以被称作净资产变动表。养老金计划的净资产中主要的增加项是捐赠和投资收入，而主要的减项是

支付退休人员养老金、还款以及管理费用。表 15-26 和 15-27 分别是不动本信托基金和备用信托基金的业务表。养老信托基金和不动本信托基金在计量收入和费用方面都遵循资本保全计量要点。与此相对照，在备用信托基金业务表中要采取支出计量要点。

因为代管基金不用来核算任何业务活动——它们仅仅是暂时持有将分配给其他基金或其他组织的资金，所以不用编制业务表，而需要编制资产负债变动表（见表 15-28）。编制该表的目的是向读者披露在基金中出现的各种资产和负债的变动情况，并用这些变动来说明在报告期内该基金所发生的业务情况。

表 15-25　养老信托基金——计划净资产变动表

某市
养老信托基金
公务员退休保障基金
计划的净资产变动表
20×1 年 12 月 31 日

增加		
捐赠：		
雇员捐赠	$2 500 000	
雇主捐赠	2 500 000	
捐赠合计		$5 000 000
投资收入		
按公允价值计算的投资净升值	$875 000	
利息	550 000	
股息	450 000	
投资收入合计		1 875 000
增加合计		6 875 000
减少		
养老金支出	$4 375 000	
管理费用	200 000	
减少合计		4 575 000
净增加		2 300 000
可用于养老金支付的净资产：		
年初额		21 800 000
年末额		$24 100 000

注：表中数据为假设数据。

表 15-26 不动本信托基金——收入、费用及基金余额变动表

某市
不动本信托基金
市图书馆基金
收入、费用及基金余额变动表
20×1 年 12 月 31 日

收入	
利息和其他投资收入	$65 000
净收入	65 000
年初基金余额	1 192 000
年末基金余额	$1 257 000

注：表中数据为假设数据。

表 15-27 备用信托基金——收入、费用及基金余额变动表

某市
备用信托基金
公务员培训基金
收入、费用及基金余额变动表
20×1 年 12 月 31 日

收入	
利息和其他投资收入	$17 000
支出	
劳务费用	15 000
收入减支出的余额	2 000
年初基金余额	345 000
年末基金余额	$347 000

注：表中数据为假设数据。

表 15-28 代管基金——资产负债变动表

某市
代管基金
财产税基金
资产负债变动表
截止到 20×1 年 12 月 31 日的财政年度

	20×0 年 12 月 31 日的余额	增加	减少	20×1 年 12 月 31 日的余额
资产				
应收财产税	$2 500 000	$9 000 000	$9 100 000	$2 400 000
负债				
应付其他基金	$2 500 000	$9 000 000	$9 100 000	$2 400 000

注：表中数据为假设数据。

我们前面已经提到，遵循商业会计程序的那些基金除了编制资产负债表和业务表外，还必须编制现金流量表作为补充。对这张表的介绍已经超出了本书范围，我们仅用一个例子来做一个简单的介绍。不动本信托基金必须编制现金流量表（见表 15-29），而以开支为计量要点的养老信托基金则不必编制。

表 15-29　不动本信托基金——现金流量表

某市
不动本信托基金
市图书馆基金
现金流量表
截止到 20×1 年 12 月 31 日的财政年度

现金增加（减少）	
投资活动产生的现金流：	
利息和其他投资收入所得现金	$65 000
出售投资进款	345 000
购买投资	（415 000）
用于投资活动的净现金流	（5 000）
年初现金余额	17 000
年末现金余额	$12 000
为使投资收入与投资活动产生的净现金流一致所作的调整：	
净收入	$65 000
为使投资收入与投资活动提供的净现金相一致而作的调整：	
投资增加	（70 000）
投资活动产生的净现金流	$(5 000)

注：表中数据为假设数据。

至此，我们已将政府会计中所使用的基金都作了一个简单的介绍。表 15-30 对上述介绍的政府会计所使用的基金作了一个简要的总结。表 15-31 总结了政府会计中的各支基金所适用的会计程序。

表 15-30　政府会计中使用的基金和会计账户一览表

政府型基金	功能
普通基金	核算政府的日常业务活动以及未在其他基金中记录的其他业务 例如：警察部门、消防部门的业务
特种收入基金	核算有法定特种用途且必须单独报告的资金 例如：特种旅馆税、特种车辆税
偿债基金	核算指定用于偿还一般负债的本金和利息的资金 例如：指定偿还一般责任债券的特征税捐
资本项目基金	核算用于大型资本设施购置或建设的资金 例如：新市政厅或桥梁的建设
权益型基金	**功能**
内部服务基金	核算在政府单位内部或向其他政府单位供应商品或服务的资金 例如：集中采购部门、中心停车场的业务活动
企业基金	核算用于向政府单位以外的个人或部门提供商品或服务的资金 例如：城市高尔夫球场、城市机场
信托型基金	**功能**
养老信托基金	核算政府拥有的并为员工退休计划筹集的资金 例如：公务员退休基金
不动本信托基金	核算由政府占有且政府必须保持其本金完整的资金 例如：信托基金的本金部分
备用信托基金	核算由政府控制且在一定范围内政府有权使用的资金 例如：来源于不动本信托基金的投资收入、对备用信托基金增加的资金
代管基金	核算由政府控制且应按照法律或契约协议支付的资金 例如：由某一政府单位代征的应交付给其他政府单位的货物税；必须上缴联邦政府的，从雇员工资中征收的社会保险税
会计账户	**功能**
一般固定资产账户	核算通过支出型基金购置的长期（固定）资产 例如：警车、桥梁、市政厅及其他公共建筑
一般长期负债账户	核算由政府单位发行的一般长期负债以及没有记录在政府型基金中的那些长期负债 例如：某些长期租赁项目，通过发行债券筹集的建造桥梁或公共体育场的资金

表 15-31　基金会计程序一览表

基金类型	分类	会计（计量）要点	会计基准
普通基金	政府型	开支	修正的权责发生制
特种收入基金	政府型	开支	修正的权责发生制
偿债基金	政府型	开支	修正的权责发生制
资本项目基金	政府型	开支	修正的权责发生制
内部服务基金	权益型	资本保全	权责发生制
企业基金	权益型	资本保全	权责发生制
养老信托基金	信托型	资本保全	权责发生制
不动本信托基金	信托型	资本保全	权责发生制
备用信托基金	信托型	开支	修正的权责发生制
代管基金	信托型	N/A*	修正的权责发生制

注：*由于代管基金的性质，没有适用于衡量该类基金业务的会计概念。

第三节　年度综合财务报告

一、年度综合财务报告及其组成部分

会计报告通常称为财务报告，是反映政府单位有关财务状况、收支情况、现金流转情况及基本业务情况等的一种书面文件。

在美国，政府财务报告按照编制的时间可以分为中期财务报告和年度综合财务报告。其中，中期财务报告是以内部使用者为服务对象的，一般不向外界披露；而年度综合财务报告则是面向各种各样的信息使用者的官方年度报告，因而它的编制应符合公认会计准则的要求。美国政府会计准则委员会在其《政府会计和财务报告准则汇编》中指出，政府的年度综合财务报告由简介部分、财务报表、统计图表三大部分组成，其中财务报表部分是财务报告的核心。

具体而言，年度综合财务报告的开头部分，即该报告的简介部分，需要包括目录、附函以及其他政府管理层认为对使用者来说会很重要的信息。

年度综合财务报告的第二部分——财务部分，包括审计报告、通用财务报表（GPFS）、单项基金和各类账户的会计报表及图表，以及合并会计报表及图表。其中通用财务报表中包括：

1．所有类型的基金和账户的“汇总资产负债表”；

2．所有政府型基金的“收益、支出及基金余额变动汇总表”；

3．普通基金和特种收入基金（也可包括其他类型基金）的“收益、支出和基金余额变动汇总对照表——预算值与实际值”；

4．所有权益型基金的“收益、支出及权益变动汇总表”；

5．所有权益型基金的“现金流量汇总表”；

6．财务报表的注释。

编制年度综合财务报告的过程基本上是一个加总过程，可参见图 15-1。如图所示，交易构成了这一体系的基础：首先，交易信息被记录到单项基金的财务报表中；然后，单项基金财务报表被汇总到合并报表；最后，再将这些报表加总到汇总财务报表，汇总财务报表则构成了年度综合财务报告的核心内容。

在前面章节中我们所列的图表都是针对单项基金编制的财务报表。1979 年，全美政府会计审计委员会（NCGA）发表了该委员会的第 1 号公告，自该公告发表后政府开始把财务报告的重点由单项基金报表转向汇总财务报表。通过将单项基金财务报表中所披露的信息进行加总，就可以编制出汇总财务报表。图 15-2 反映了单项基金报表、合并财务报表与汇总财务报表之间的关系。

编制汇总财务报表的第一步是编制每一支基金的单项财务报表。可以特种收入基金的资产负债表为例。首先要为特种收入基金中的每一支单项基金编制各自的资产负债表，见图 15-2 中的最下面一层。然后，要对所有的特种收入基金编制一个合并的资产负债表（见图 15-2 中的中间一层），其中每一支特种收入基金的情况都在单独一栏里予以披露，同时又增加了一个合计栏。合计栏揭示的信息是所有特种收入基金的同类账户余额的总计。最后，是为所有类型的基金编制汇总资产负债表。图 15-2 的第一层反映了这一过程，这里，所有特种收入基金账户的总额都被记录在单独的一栏里。在本章以下部分，我们将讨论具体财务报表的编制，届时会对这一汇总过程加以详细说明。

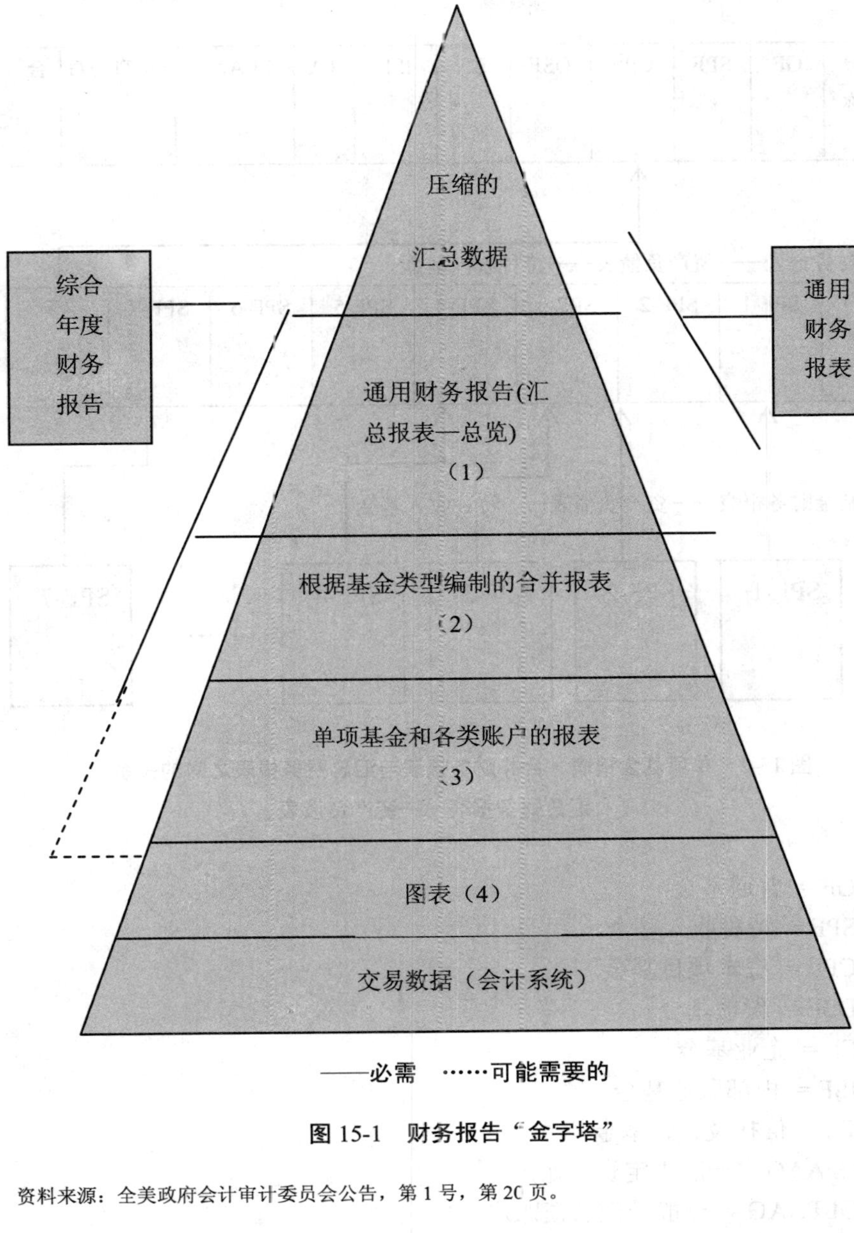

图 15-1 财务报告“金字塔”

资料来源：全美政府会计审计委员会公告，第 1 号，第 20 页。

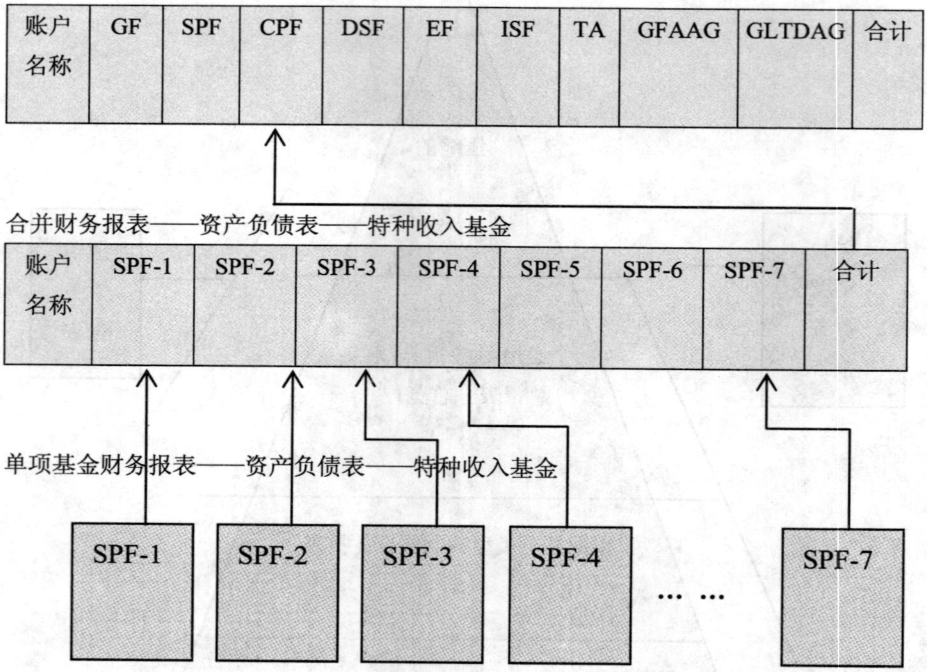

图 15-2　单项基金报表、合并财务报表与汇总财务报表之间的关系

汇总财务报表——资产负债表

GF = 普通基金

SPF = 特种收入基金

CPF = 资本项目基金

DSF = 偿债基金

EF = 企业基金

ISF = 内部服务基金

TA = 信托及代管基金

GFAAG= 一般固定资产账户

GLTDAG = 一般长期负债账户

二、各类基金汇总资产负债表的编制

（一）所有类型基金和会计账户的汇总资产负债表

以俄亥俄州哥伦布市的年度综合财务报告[①]为例，我们依次分析一下报告中的各个主要组成部分。在其通用财务报表中，第一个汇总报表即为所有类型基金和账户的汇总资产负债表。研读这个报表，会使我们对政府单位的资产负债表所列各种账户有一个全面了解（见表 15-32）。

在汇总资产负债表中，合计栏可有可无，但是如果有合计栏，必须在其中表明“仅供参考”的字样。合计栏表示了在资产负债表中各个项目下所有类型基金的总额。由于对资产和基金余额的使用存在很多限制，所以在上述报表中计算的各账户余额总量并不能代表政府整体真实的总额水平。例如，政府财务主管计算的现金和投资总额为 445 140 305 美元，但是该总额中仅有 63 178 864 美元列在普通基金栏内。其余的 381 961 441 美元则是被限制用于基建、偿债及为履行信托合同等的现金和现金等价物。因此，财务报表的使用者应意识到这种合计结果存在着很大的局限性，所以合计结果应该标明“仅供参考”的字样。

另外，一些政府部门在编制财务报表前可能去除了基金间交易的项目。如果选择不包含基金间交易，这一事实必须在财务报告中予以明确披露。关于去除基金间交易的会计处理过程，不在本书的讨论范围之内。

还应注意，在合计栏之前的两栏分别标明“一级政府”和“附属单位”，这里就涉及到了报告主体的问题。报告主体是财务报告的基本要素，它指明了在财务报表中应包含的政府单位。报表中主要的政府单位被称为一级政府，任何其它的政府单位都被称为附属单位。州、区或市都可以作为一级政府。一级政府是编制财务报表的主要针对对象。在本章所讲的汇总财务报表的例子中，俄亥俄州哥伦布市就是一级政府。一级政府是由公民选举产生的，但是一级政府也可以是一个具有特殊目的的政府单位，如医疗区或教育委员会，但需满足以下条件：

（1）管理层是经过单独选举产生的；

（2）具有单独的法律地位；

（3）在财政上是独立的。

---

① 资料来源于：Joseph R. Razek, Gordon A. Hosch, Martin Ives: Introduction to Government and Not-For-Profit Accounting, Prentice-Hall, Inc, 2002.

表 15-32　所有类型基金和账户的汇总资产负债表

俄亥俄州，哥伦布市

所有类型基金、账户及单独表述的附属单位的汇总资产负债表

2001 年，12 月 31 日

资产	政府型基金			权益型基金		
	普通	特种收入	偿债	资本项目	企业-注释 S	内部服务
现金和现金等价物：						
现金及国库券投资——注 C	$63 178 864	63 485 379	80 040 963	87 040 963	100 630 711	18 957 359
现金和财政部门、代管部门及其他部门的投资——注 C 及注 L	—	—	—	—	—	—
投资——注 C	—	—	3 115 114	—	—	—
应收款（扣除坏账准备后的净额）——注 D	57 468 527	39 279 808	238 862 603	217 829	36 702 510	412 596
应收其他款：						
应收其他政府单位	—	13 675 641	—	1 456 438	—	—
应收其他基金——注 E	8 910 530	1 864 413	2 687 738	2 308 603	1 480 543	5 400 106
存货	—	—	—	—	11 828 819	871 582
待摊费用及其他	—	—	—	—	1 540 731	—
专用资产——注 G：						
现金和现金等价物：						
现金、国库券投资及其他——注 C	—	—	—	—	101 428 880	—
现金及受托人持有的现金等价物——注 C	—	—	—	—	8 219 073	—
受托人投资——注 C	—	—	—	—	6 608 896	—
应计应收利息	—	—	—	—	146 132	—
财产、厂房及设备——注 F：						
成本	—	—	—	—	1 617 672 034	24 343 194
扣除适当的累计折旧	—	—	—	—	(478 108 586)	(12 937 650)
财产、厂房及设备净值	—	—	—	—	1 139 563 448	11 405 544
偿债基金中的可用资金	—	—	—	—	—	—
可用于一般长期负债清偿的资产	—	—	—	—	—	—
总资产	$129 557 921	118 305 241	325 162 339	91 023 833	1 408 149 743	37 047187

续表

信托型基金	账户		总计（仅供参考）	附属单位	总计（仅供参考）报告主体	
备用信托及代管基金	一般固定资产	一般长期债务	一级政府	CMAA（哥伦布市航空局）	20×1	20×0
31 350 085	—	—	445 140 305	—	445 140 305	405 688 451
167 223 131	—	—	167 223 131	22 915698	190 138 829	157 840 998
62 435	—	—	3 117 549	—	3 177 549	6 046 747
8 458	—	—	372 952 331	3 302 473	376 254 804	384 934 528
—	—	—	15 132 079	2 743 663	17 875 742	10 810 103
321 511	—	—	22 973 444	—	22 973 444	14 934 047
—	—	—	12 700 401	—	12 700 401	12 970 810
—	—	—	1 540 731	3 014 606	4 555 337	4 194 496
—	—	—	101 428 880	49 126 229	150 555 109	98 090 918
—	—	—	8 219 073	—	8 219 073	8 902 914
—	—	—	6 608 896	2 891 838,	9 500 734	8 402 579
—	—	—	146 132	—	146 132	192 835
—	602 942 727	—	2 244 957 955	269 525 269	2 514 483 224	2 366 558 332
=	=	=	(491 046 236)	(74 064 710)	(565 110 946)	(522 139 848)
—	602 942 727	—	1 753 911 719	195 460 559	1 949 372 278	1 844 418 484
—	—	88 053 438	88 053 438	—	88 053 438	76 366 823
=	=	531 603 381	531 603 381	=	531 603 381	517 645 086
198 965 620	602 942727	619 656 819	3 530 811 490	279 455 066	3 810 266 556	3 511 439 819

续表

负债	政府型基金			权益型基金		
	普通	特种收入	偿债	资本项目	企业—注 S	内部服务
应付账款	$3 410 818	14 904 866	998 767	6 449 708	7 744 291	3 587 623
客户存入的保证金	—	—	—	—	526 117	4 397 666
应付其他款：						
政府单位	—	25 931 467	—	—	—	—
基金——注 E	1 991 814	3 813 947	2 018 965	2 026 578	1 475 238	6 656 503
其他——注 L	4 661 452	—	1 553 817	—	—	—
应付一级政府——注 E	—	—	—	—	—	—
应用专用资产偿还的应付款						
应付账款	—	—	—	—	5 477 232	—
应付其他基金——注 E	—	—	—	—	26 231	—
应付其他	—	—	—	—	27 289	—
累计应付利息	—	—	—	—	1 590 068	—
递延收入及其他——注 H	32 500 000	19 524 133	231 101 054	8 085 212	1 203 295	—
到期应付债券	—	—	807 000	—	—	—
到期应付利息	—	—	629 358	—	—	—
应计应付利息	—	—	—	—	6 864 796	9 755
应计工资及福利——注 G	19 797 482	3 626 763	—	—	2 980 265	5 755 780
节假日及病休津贴—注 G	—	—	—	—	4 477 498	1 434 473
应付票据——注 G	—	—	—	—	1 126 000	—
应付债券和贷款——注 G	—	—	—	—	899 156 725	2 679 467
扣除未摊销的债券折价	—	—	—	—	(3 577 457)	—

续表

负债	政府型基金				权益型基金	
	普通	特种收入	偿债	资本项目	企业—注 S	内部服务
应付债券和贷款净值	—	—	—	—	895 579 268	2 679 467
资本化租赁债务——注 G 和注 J	—	—	—	—	—	—
负债合计	62 361 566	67 801 176	237 108 961	16 561 498	929 097 588	24 521 267
权益和其他信用						
一般固定资产投资	—	—	—	—	—	—
实缴股本——注 T	—	—	—	—	137 218 985	10 375 134
留存收益	—	—	—	—	341 833 170	2 150 786
基金余额（亏空）:						
留用作备付款的基金余额	14 154 271	53 292 125	6 451 581	59 319 363	—	—
未保留的余额:						
指定用于未来年份的支出	16 209 256	—	—	—	—	—
未指定用途的	36 832 828	(2 788 060)	81 601 857	15 142 972	—	—
基金余额/留存收益合计	67 196 355	50 504 065	88 053 438	74 462 335	341 833 170	2 150 786
权益及其他信用总额——注 O	67 196 355	50 504 065	88 053 438	74 462 335	479 052 155	12 525 920
承诺及或有事项——注 B、G 和注 J						
负债、权益及其他信用合计	$129 557 921	118305 241	325 162 399	91 023 833	1 408 149 743	37 047 187

续表

信托型基金	账户		总计（仅供参考）	附属单位	总计（仅供参考）报告实体	
可支出信托及代理	一般固定资产	一般长期债务	一级政府	CMAA (哥伦布市航空局)	20×1	20×0
605	—	—	37 096 678	2 424 136	39 520 814	36 977 969
—	—	—	4 923 783	157 274	5 081 057	4 404 019
22 490 789	—	—	48 422 256	—	48 422 256	48 743 439
4 964 168	—	—	22 947 213	—	22 947 213	14 857 916
170 425 734	—	—	176 641 003	1 539 657	178 180 660	149 428 419
—	—	—	—	4 000 000	4 000 000	4 000 000
—	—	—	5 477 232	1 713 517	7 190 749	6 412 110
—	—	—	26 231	—	26 231	76 131
—	—	—	27 289	—	27 289	33 373
—	—	—	1 590 068	1 915 563	3 505 631	3 615 907
—	—	—	292 413 694	—	292 413 694	288 125 144
—	—	—	807 000	—	807 000	592 000
—	—	—	629 358	—	629 358	675 135
—	—	—	6 874 551	—	6 874 551	6 993 407
—	—	1 869 000	34 029 290	1 628 526	35 657 816	48 312 902
—	—	41 857 065	47 769 036	—	47 769 036	48 036 584
—	—	27 978 006	29 104 006	—	29 104 006	27 542 745

续表

信托型基金	账户		总计（仅供参考）	附属单位	总计（仅供参考）报告实体	
可支出信托及代理	一般固定资产	一般长期债务	一级政府	CMAA（哥伦布市航空）	20×1	20×0
—	—	541 052 748	1 442 888 940	79 609 000	1 522 497 940	1 445 720 720
—	—	—	(3 577 457)	(681 276)	(4 258 733)	(4 580 065)
—	—	541 052 748	1 439 311 483	78 927 724	1 518 239 207	1 441 140 655
—	—	6 900 000	6 900 000	—	6 900 000	7 760 000
197 881 296	—	619 656 819	2 154 990 171	92 306 397	2 247 296 568	2 137 728 155
—	602 942 727	—	602 942 727	—	602 942 727	555 683 333
—	—	—	147 594 119	114 885 296	262 479 415	246 318 062
—	—	—	343 983 956	72 263 373	416 247 329	357 779 547
—	—	—	133 217 340	—	133 217 340	137 965 004
	—	—	16 209 256	—	16 209 256	13 686 543
1 084 324	—	—	131 873 921	—	131 873 921	102 279 175
1 084 324	—	—	625 284 473	72 263 373	697 547 846	611 710 269
1 084 324	602 942 727	—	1 375 821 319	187 148 669	1 526 969 988	1 413 711 664
198 965 620	602 942 727	619 656 819	3 530 811 490	279 455 066	3 810 266 556	3 551 439 819

参考 GPFS 的随附注释。资料来源： Joseph R. Razek, Gordon A. Hosch, Martin Ives: Introduction to Government and Not-For-Profit Accounting, Prentice-Hall, Inc, 2002。

通常，一个一级政府的所有下属机构（例如：代理机构和下属部门）都被认为是一级政府的一部分。所有这些部门的财务信息要与一级政府的财务信息汇总后一起进行会计报告。公共服务、公共卫生、人力资源服务、卫生保健、公园和娱乐设施及公用事业等，都属于一个地方政府的下属机构。

附属单位是指一级政府对其负有财务经管责任的组织，或者是那些与一级政府联系很紧密的机构，如果不包含这些机构的财务信息，财务报表就不完整或者会产生误导性。以下是一些附属单位的例子：房管局、教育委员会、排水处理局、航空局等。在本章汇总财务报表的例子中，哥伦布市航空局就是哥伦布市的一个附属单位。因此，财务报告主体包括一级政府及其附属单位，即那些一级政府对其负有财务经管责任的组织机构。

（二）所有政府型基金的收益、支出及基金余额变动的汇总表

因为所有政府型基金在核算上都以开支作为计量要点并采用修正的权责发生制会计，所以为了准确反映这类基金的财务状况，政府需要编制所有政府型基金的收益、支出及基金余额变动的汇总表（见表15-33），这是年度综合财务报告中的第二个汇总报表。汇总的收益、支出及基金余额变动表与本书前面讲过的单项基金报表遵循的是同样的报表模式。但需注意的是，由于备用信托基金也以开支为计量要点并采用修正的权责发生制会计进行核算，因此哥伦布市在编制这个报表时将备用信托基金和政府型基金列在一起进行报告，但是通常信托业务也可以用单独的汇总报表进行报告。

（三）普通基金和特种收入基金的“收益、支出和基金余额变动汇总对照表——预算值与实际值”

普通基金、特种收入基金和其他政府型基金属于预算型基金，需要受到法定年度预算的严格控制，因此这些基金的实际财务数据要与其相对应的法定年度预算数据进行比较。年度综合财务报告中包含的第三个汇总报表——“收益、支出和基金余额变动汇总对照表——预算值与实际值”，就是一个这样的比较表（见表15-34）。

需注意的是，在这个报表中普通基金的总收入（404 488 870美元）与

前面业务表中所列的总收入（表 15-33：412 828 748 美元）不一致。这是因为预算是以现金收付制为编制基础，而政府型基金和备用信托基金的收益、支出和基金余额变动表却是在修正的权责发生制会计基础上编制的，按照不同基准编制的报表结果自然不同。为了确保预算数据与实际数据的比较具有意义，在编制这个报表时需要将二者进行协调，即将按修正的权责发生制编制的报表变为以现金收付制为基础。

当预算使用的会计准则与公认会计准则不同时，有必要在报表中披露这一事实并对在不同会计基准上产生的数据进行调节。哥伦布市在财务报告的注释中做了上述工作（见表 15-35）。需注意的是，在协调预算使用的会计准则与公认会计准则时，需要调整包括支出备付金在内的很多项目。

（四）权益型基金的收益、支出和留存收益变动汇总表

年度综合财务报告中的第 4 个汇总报表是权益型基金的收益、支出和留存收益变动汇总表。这个汇总表是针对所有使用权责发生制会计的基金编制的。与前面的汇总报表一样，在这个报表中每一类基金也都使用了单独一栏予以记录，（见表 15-36）。需要注意的是，该年度内部服务基金的业务处于亏本状态，表明其对商品和服务的收费不足以支持其成本。另外，哥伦布市的报表中没有记录不动本信托基金和养老信托基金，这是因为哥伦布市政府实际上没有这些类型的基金。

（五）汇总现金流量表

年度综合财务报告中的最后一个汇总报表是权益型基金的汇总现金流量表（见表 15-37）。当基金采用完全的权责发生制会计时，公认会计准则要求必须对其编制现金流量表。所以，权益型基金和不动本信托基金都需编制现金流量表，这个汇总报表提供了关于基金的经营、投资及融资活动所产生的现金流量的所有相关信息。这个报表的编制不在本书的研究范围内。

表 15-33 所有政府型基金的收益、支出及基金余额变动的汇总表

俄亥俄州，哥伦布市

所有政府型基金和备用信托基金的收益、支出及基金余额变动的汇总表

截止到 12 月 31 日，2001 年

	政府型基金				信托型基金	总计（仅供参考）报告主体	
	普通基金	特种收入基金	偿债基金	资本项目基金	备用信托基金	20×1	20×0
收益：							
所得税——注 M	$262 072 097	—	87 357 354	—	—	349 429 451	325 130 521
财产税——注 N	31 855 799	—	—	—	—	31 855 799	30 132 178
补助金与津贴	—	45499 699	—	13 295 223	—	58 794 922	45 865 077
投资收益	17 013 016	1 403 726	205 513	—	60 487	18 682 742	16 697 213
特定评估	—	—	195 787	—	—	195 787	278 220
执照与许可	7 805 045	4 034 780	—	—	—	11 839 825	10 242 809
共享收益	48 414 257	21 944 730	—	—	—	70 358 987	66 884 874
服务费	23 819 287	30 352 231	609 433	—	—	54 780 951	52 681 886
罚金与罚没收入	13 293 328	2 889 378	—	—	—	16 182 706	13 999 487
其他——注 P	8 555 919	18 549 578	8 731 035	2 224 696	192 191	38 253 419	27 379 111
总收益	412 828 748	124 674 122	97 099 122	15 519 919	252 678	650 374 589	589 291 376
支出：							
本期支出：							
一般性政府支出	48 000 460	11 623 442	461 310	—	874	60 086 086	62 495 262
公共服务	39 736 114	26 143 695	—	—	—	65 879 809	58 269 159
公共安全	254 323 392	1 608 195	352 000	—	6 678	256 290 265	241 869 996
贸易与发展	18 695 547	18 146 604	—	—	—	36 842 151	26 994 693
卫生保健	—	30 826 997	—	—	—	30 826 997	29 255 781
公园与娱乐设施	—	50 622 141	—	—	46 786	50 668 927	48 305 582

续表

	政府型基金				信托型基金	总计（仅供参考）报告主体	
	普通基金	特种收入基金	偿债基金	资本项目基金	备用信托基金	20×1	20×0
公共设施	—	10 711 334	—	—	—	10 711 334	10 338 115
资本支出	7 868 321	9 908 182	—	88 337 129	—	106 113 632	83 301 407
偿债：							
资本化租赁费用支付及本金清偿——注 G	—	—	70 934 037	—	—	70 934 037	68 564 070
利息及财政收费	—	—	31 115 969	—	—	31 115 969	30 044 775
总支出	368 623 834	159 590 590	102 963 316	88 337 129	54 338	719 469 207	659 438 840
扣除支出后的净收益（亏空）	44 204 914	(34 916 468)	(5 764 194)	(72 817 210)	198 340	(69 094 618)	(70 147 464)
其他融资来源（其他用途）：							
业务转入——注 Q	13 575 245	42 809 607	7 274 492	11 704 953	—	75 364 297	69 462 216
业务转出——注 Q	(44 924 958)	(3 171 592)	(15 523 683)	(11 744 064)	—	(75 364 297)	(69 462 216)
普通责任债券及长期债券的收益——注 G	—	—	25 700 000	70 764 413	—	96 464 413	100 825 000
其他融资来源（其他用途）的总计	(31 349 713)	(39 638 015)	17 450 809	70 725 302	—	96 464 413	100 825 000
收益加上其他融资来源再扣除支出及其他用途资金后的余额（亏空）	12 855 201	4 721 547	11 686 615	(2 091 908)	198 340	27 369 795	30 677 536
年初基金余额	54 341 154	45 782 518	76 366 823	76 554 243	885 984	253 930 722	223 253 186
年末基金余额	$67 196 355	50 504 065	88 053 438	74 462 335	1 084 324	281 300 517	253 930 722

参考 GPFS 的随附注释。

资料来源： Joseph R. Razek, Gordon A. Hosch, Martin Ives: Introduction to Government and Not-For-Profit Accounting, Prentice-Hall, Inc, 2002。

表 15-34 普通基金、特种收入基金和偿债基金的收益、支出和基金余额变动的预算和实际状况汇总对照表

俄亥俄州，哥伦布市

普通基金、特种收入基金和偿债基金的收益、支出和基金余额变动的

预算和实际状况汇总对照表——注 R

截止到 12 月 31 日，2001 年

	普通基金			特种收入基金		
	修订预算	实际余额	差额——顺差（逆差）	修订预算	实际余额	差额——顺差（逆差）
收益：						
所得税	$259 500 000	257 890 659	(1 609 341)	—	—	—
财产税	31 000 000	31 911 099	911 099	—	—	—
补助金与津贴	—	—	—	54 849 811	54 849 811	—
投资收益	14 320 000	15 322 102	1 002 102	2 946 645	2 946 645	—
特定评估	—	—	—	—	—	—
执照与许可	7 150 000	7 797 351	647 351	4 031 246	4 031 246	—
共享收益	47 070 000	48 414 256	1 344 256	21 944 730	21 944 730	—
服务费	22 750 000	23 794 549	1 044 549	30 873 412	30 873 412	—
罚金与罚没收入	12 675 000	13 293 328	618 328	2 889 378	2 889 378	—
其他	5 777 000	6 065 526	288 526	21 644 270	21 644 270	—
总收益	400 242 000	404 488 870	4 246 870	139 179 492	139 179 492	
支出：						
本期支出：						
一般性政府支出	46 195 485	45 400 467	795 018	18 613 953	18 613 953	930 364
公共服务	32 328 548	31 470 035	858 513	35 788 649	35 788 649	2 475 759
公共安全	256 114 629	255 453 848	660 781	3 960 820	3 960 820	592 275
贸易与发展	20 616 522	20 211 334	405 188	29 942 093	29 942 093	4 453 323
卫生保健	—	—	—	39 008 194	39 008 194	6 866 024

续表

	普通基金			特种收入基金		
	修订预算	实际余额	差额——顺差（逆差）	修订预算	实际余额	差额——顺差（逆差）
公园与娱乐设施	—	—	—	65 934 856	65 934 856	11 082 207
公共设施	—	—	—	12 016 834	12 016 834	255 513
市审计员预扣的费用	800 000	687 303	112 697	—	—	—
偿债：						
资本化租赁费用支付及本金清偿——注 G	—	—	—	—	—	—
利息及财政收费	—	—	—	—	—	—
总支出	356 055 184	353 222 987	2 832 197	205 265 399	178 609 934	26 655 465
扣除支出后的净收益（亏空）	44 196 816	51 265 883	7 079 067	(66 085 907)	(39 430 442)	26 655 465
其他融资来源（其他用途）：						
业务转入	13 000	1 782 842	1 769 842	42 002 335	42 002 335	—
业务转出	(47 762 575)	(45 261 601)	2 500 974	(5 581 782)	(2 626 907)	2 954 875
普通责任债券及长期债券的收益	—	—	—	—	—	—
其他融资来源（其他用途）的总计	(47 749 575)	(43 478 759)	4 270 816	36 420 553	39 375 428	2 954 875
收益加上其他融资来源再扣除支出及其他用途资金后的余额（亏空）	(3 562 759)	7 787 124	11 349 883	(29 665 354)	(55 014)	29 610 340
年初基金余额（亏空）	31 589 316	31 589 316	—	(7 656 979)	(7 656 979)	—
逾期的备付款	2 621 894	2 688 715	66 821	11 693 203	11 693 203	—
年末基金余额（亏空）	$30 648 451	42 065 155	11 416 704	(25 629 130)	3 981 210	29 610 340
收益：						
所得税	$85 963 552	85 963 552	—	345 463 552	343 854 211	—

续表

	普通基金			特种收入基金		
	修订预算	实际余额	差额——顺差（逆差）	修订预算	实际余额	差额——顺差（逆差）
财产税	—	—	—	31 000 000	31 911 099	—
补助金与津贴	—	—	—	54 849 811	54 849	—
投资收益		213 097	—	17 479 742	811	—
特定评估		195 786	—	195 786	18 481 844	—
执照与许可	—	—	—	11 181 246	195 786	—
共享收益	—	—	—	69 014 730	11 828 597	—
服务费		609 433	—	54 232 845		—
罚金与罚没收入	—	—	—	15 564 378		—
其他	78 460 772	78 460 772	—	105 882 042		—
总收益	165 442 640	165 442 640	—	704 864 132		
支出：						
本期支出：						
一般性政府支出	1 094 153	1 057 695	36 458	65 903 591	64 141 751	930 364
公共服务	12 000 000	11 903 000	97 000	80 117 197	76 685 925	2 475 759
公共安全	1 350 000	1 332 000	18 000	261 425 449	260 154 393	592 275
贸易与发展	—	—	—	50 558 615	45 700 104	4 453 323
卫生保健	—	—	—	39 008 194	32 142 170	6 866 024
公园和娱乐设施	—	—	—	65 934 856	54 852 649	11 082 207
公共设施	—	—	—	12 016 834	11 761 321	255 513
市审计员预扣的费用	—	—	—	800 000	687 303	112 697

续表

	普通基金			特种收入基金		
	修订预算	实际余额	差额——顺差（逆差）	修订预算	实际余额	差额——顺差（逆差）
偿债：						
资本化租赁费用支付及本金清偿——注 G	111 138 321	111 014 440	123 881	111 138 321	111 014 440	123 881
利息及财政收费	61 356 382	61 356 382	—	61 356 382	61 356 382	—
总支出	186 938 856	186 663 517	275 339	748 529 439	718 496 438	29 763 001
扣除支出后的净收益（亏空）	(21 496 216)	(21 220 877)	275 339	(43 395 307)	(9 385 436)	34 009 871
其他融资来源（其他用途）：						
业务转入	75 587 713	75 587 713	—	117 603 048	119 372 890	1 769 842
业务转出	(74 416 728)	(72 930 278)	1 486 450	(127 761 085)	(120 818 786)	6 942 299
普通责任债券及长期债券的收益	25 700 000	25 700 000	—	25 700 000	25 700 000	—
其他融资来源（其他用途）的总计	26 870 985	28 357 435	1 486 450	15 541 963	24 254 104	8 712 141
收益加上其他融资来源再扣除支出及其他用途资金后的余额（亏空）	5 374 769	7 136 558	1 761 789	(27 853 344)	14 868 668	42 722 012
年初基金余额（亏空）	67 537 719	67 537 719	—	91 470 056	91 470 056	
逾期的备付款	557 611	557 611	—	14 872 708	14 939 539	66 821
年末基金余额（亏空）	$73 470 099	75 231 888	1 761 789	78 489 420	121 278 253	42 788 833

参考 GPFS 的随附注释。

资料来源：Joseph R. Razek, Gordon A. Hosch, Martin Ives: Introduction to Government and Not-For-Profit Accounting, Prentice-Hall, Inc, 2002。

表 15-35 协调公认会计准则与预算会计

注 R——预算会计

以下是为将公认会计准则下的业务与基金余额的年末结果转换为预算会计基础下的对应结果而作的必要调整：

	收益加其他融资来源资金再扣除支出及其他用途资金后的盈余（亏空）			年末基金余额		
	普通基金	特种收入基金	偿债基金	普通基金	特种收入基金	偿债基金
	单位：千美元					
以公认会计准则（GAAP）为基础的余额	12 855	4 722	11 687	67 196	50 504	88 053
由收益产生的增加（减少）：						
年内以现金形式收到的，但已在 2000 年 12 月 31 日作为应收款（GAAP）记账的项目	56 832	53 565	245 476	—	—	—
已作为应收款项在 2001 年 12 月 31 日中入账，但未被包含在预算中的项目	(66 379)	(54 820)	(241 550)	(66 379)	(54 820)	(241 550)
在 2000 年 12 月 31 日未被包含在预算内的递延款项	(30 700)	(7 817)	(237 681)	—	—	—
在 2000 年 12 月 31 日被包含在预算内的递延款项	32 500	19 524	231 101	32 500	19 524	231 101
由支出备付金产生的增加（减少）：						
截止到 2000 年 12 月 31 日，这一年内备付金的支出	27 246	37 168	2 076	—	—	—
在预算中计为支出的项目	(17 092)	(46 794)	(3 781)	(17 959)	(59 323)	(7 450)
由支出产生的增加（减少）：						
在 2000 年 12 月 31 日中记为负债、作为支出（GAAP）但未被包含在预算中的项目	(36 086)	(54 775)	(5 903)	—	—	—
在 2001 年 12 月 31 日中记为负债的项目	29 862	48 277	6 008	29 862	48 277	6 008
其他增加（减少），净值	(1 251)	895	(296)	(3 155)	(181)	(930)
以预算会计为基础的余额	$7 787	(55)	7 137	42 065	3 981	75 232

资料来源： Joseph R. Razek, Gordon A. Hosch, Martin Ives: Introduction to Government and Not-For-Profit Accounting, Prentice-Hall, Inc, 2002。

表 15-36　所有权益型基金的收益、支出及留存收益变动的汇总表

俄亥俄州，哥伦布市

所有权益型基金以及单独表述的附属单位的收益、

支出及留存收益变动的汇总表

截止到 12 月 31 日，2001 年

单位：美元

	企业基金——注 S	内部服务基金	合计（仅供参考）一级政府	附属单位（CMAA）	合计（仅供参考）报告主体 20×1	合计（仅供参考）报告主体 20×0
营业收入：						
服务费	242 886 139	57 699 693	300 565 832	38 384 865	338 950 697	330 768 777
其他	7 548 739	900 562	8 449 301	337 630	8 786 931	3 657 079
总营业收入	250 414 878	58 600 255	309 015 133	38 722 495	347 737 628	334 425 856
营业费用：						
个人服务	56 084 429	14 719 560	70 803 989	10 401 579	81 205 568	77 736 264
材料及物资	16 074 726	7 662 530	23 737 256	1 294 741	25 031 997	23 690 791
合同约定的服务	43 883 850	35 996 284	79 880 134	6 222 109	86 102 243	83 043 020
购买的能源	20 883 850	—	20 290 228	—	20 290 228	19 901 955
折旧	36 708 894	1 540 427	38 249 321	7 077 327	45 326 648	42 867 995
其他	2 134 219	82 669	2 216 888	41 841	2 258 729	1 262 503
总营业费用	175 176 346	60 001 470	235 177 816	25 037 597	260 215 413	248 502 528
净营业收入（损失）	75 238 532	(1 401 215)	73 837 317	13 684 898	87 522 215	85 923 328
非营业收入(费用)：						
利息收入	9 856 684	—	9 856 684	2 139 443	11 996 127	10 549 688
利息费用	(43 236 440)	(83 279)	(43 319 719)	(5 328 818)	(48 648 537)	(49 920 028)
其他，净值	—	—	—	(194 576)	(194 576)	(178 022)
非营业收入(费用)净值	(33 379 756)	(83 279)	(33 463 035)	(3 383 951)	(36 846 986)	(39 548 362)
净收益(损失)	41 858 776	(1 484 494)	40 374 282	10 300 947	50 675 229	46 374 966
加上通过资本补助金获得的固定资产折旧	3 646 177	—	3 646 177	4 146 376	7 792 553	7 487 008
留存收益的增加(减少)	45 504 953	(1 484 494)	40 020 459	14 447 323	58 467 782	53 861 974
年初留存收益	196 328 217	3 635 280	299 963 497	57 816 050	357 779 547	303 917 573
年末留存收益	341 833 170	2 150 786	343 983 956	72 263 373	416 247 329	357 779 547

参考 GPFS 的随附注释。

资料来源： Joseph R. Razek, Gordon A. Hosch, Martin Ives: Introduction to Government and Not-For-Profit Accounting, Prentice-Hall, Inc, 2002。

表 15-37 所有权益型基金的汇总现金流量表

俄亥俄州，哥伦布市

所有权益型基金及单独表述的附属单位的汇总现金流量表

截止到 12 月 31 日，2001 年

	企业基金——注 S	内部服务基金	总计（仅供参考） 一级政府	附属单位 CMAA	总计（仅供参考）报告主体 20×1	20×0
来自经营活动的现金流量：						
从客户处收取的现金	250 539 466	—	250 539 466	39 565 975	290 105 441	280 527 277
准外部营业收入	—	61 452 275	61 452 275	—	61 452 275	58 787 721
支付给雇员的现金	(62 146 508)	(15 192 287)	(77 338 795)	(10 415 614)	(87 754 409)	(81 677 921)
支付供应商的现金	(82 749 165)	(44 216 853)	(126 966 018)	(8 156 251)	(135 122 269)	(130 161 240)
其他收入（费用）	5 409 088	446 036	5 855 124	(41 841)	5 813 283	2 314 855
经营活动提供的净现金流量	111 052 881	2 489 171	113 542 052	20 952 269	134 494 321	129 790 692
来自融资活动的现金流量：						
购买不动产、厂房及设备	(70 758 692)	(1 587 132)	(72 345 824)	(20 834 382)	(93 180 206)	(94 532 901)
实缴股本	23 080	—	23 080	17 492 005	17 515 085	16 539 841
发行债券、贷款及票据的收益	105 830 521	679 467	106 509 988	—	106 509 988	46 597 410
票据的本金支付	(312 500)	(105 000)	(417 500)	—	(417 500)	(327 000)
债券及贷款的本金支付	(50 562 558)	—	(50 562 558)	(5 434 000)	(55 996 558)	(47 456 586)
支付债券、贷款及票据的利息	(44 829 185)	(82 299)	(44 911 484)	(5 362 114)	(50 273 598)	(52 685 278)
相关融资活动使用的净现金流量	(60 609 334)	(1 094 964)	(61 704 298)	(14 138 491)	(75 842 789)	(131 864 514)
来自投资活动的现金流量：						
购买证券投资	(8 539 762)	—	(8 539 762)	—	(8 539 762)	(5 251 582)
证券投资的到期收益	7 546 377	—	7 546 377	2 025 503	9 571 880	9 126 012
现金及投资的利息	9 785 112	—	9 785 112	2 139 443	11 924 555	10 987 666
来自直接融资契约的本金支付	—	—	—	—	—	120 318
投资性活动提供的净现金流量	8 791 727	—	8 791 727	4 164 946	12 956 673	14 982 414
现金及现金等价物的增加	59 235 274	1 394 207	60 629 481	10 978 724	71 608 205	12 908 592
年初现金及现金等价物的余额（包括企业基金及附属单位受限制账户的$106 993 832）	151 043 390	17 563 152	168 606 542	61 063 203	229 669 745	216 761 153
年末现金及现金等价物的余额（包括企业基金及附属单位受限制账户的$158 774 182）	210 278 664	18 957 359	229 236 023	72 041 927	301 277 950	229 669 745

续表

	企业基金——注 S	内部服务基金	总计（仅供参考）一级政府	附属单位	总计（仅供参考）报告主体 20×1	总计（仅供参考）报告主体 20×0
营业收入（损失）：						
为协调营业收入与经营活动提供的净现金流量所做的调整：	$75 238 532	(1 401 215)	73 837 317	13 684 898	87 522 215	85 923 328
折旧	36 708 894	1 540 427	38 249 321	7 077 327	45 326 648	42 867 995
摊销	393 642	—	393 642	—	393 642	393 585
固定资产报废的损失	51 727	75 669	127 396	—	127 396	204 660
营业资产的增加（减少）与营业负债的增加（减少）：						
应收款项	(332 708)	(221 213)	(553 921)	843 480	289 559	(1 154 024)
应收其他政府	—	—	—	—	—	27 017
应收其他基金	52 512	(1 172 895)	(1 120 383)	—	(1 120 383)	(343 023)
存货	171 651	98 759	270 410	—	270 410	(614 594)
其他	—	—	—	(46 672)	(46 672)	(4 419)
应付账款——扣除影响不动产、厂房及设备的款项	1 029 924	(201 184)	828 740	(762 860)	65 880	1 940 389
客户存款	(543 368)	1 182 575	639 207	37 831	677 038	555 360
应付其他基金	(59 570)	3 508 065	3 448 495	—	3 448 495	862 989
应付其他	(6 084)	—	(6 084)	—	(6 084)	33 373
递延收入	279 433	—	279 433	—	279 433	140 334
应付工资与福利	(1 601 606)	(848 833)	(2 450 439)	118 265	(2 332 174)	(811 641)
应计假期与病假	(330 098)	(70 984)	(401 082)	—	(401 082)	(230 637)
由经营活动提供的净现金流量	$111 052 881	2 489 171	113 542 052	20 965 269	134 494 321	129 790 692
补充信息：						
非现金业务：						
设备捐赠	$180 149	6 416 472	6 596 621	140 376	6 736 997	1 102 900
OWDA 贷款增加产生的资本化利息	$1 852 175	—	1 852 175	—	1 852 175	—

参考 GPFS 的随附注释。

资料来源： Joseph R. Razek, Gordon A. Hosch, Martin Ives: Introduction to Government and Not-For-Profit Accounting, Prentice-Hall, Inc, 2002。

（六）财务报表的注释

在美国政府的财务报告中，除了主要信息外，政府还在注释中披露了大量的信息，哥伦布市的财务报表也不例外。事实上，政府财务报表能够反映的信息还是比较有限的，如果没有一套好的附注作为补充，那么政府的财务报告就是不完整的。

观察哥伦布市的财务报表，可以发现，在每个财务报表的底部，都有一条说明——“参见 GPFS 随附的注释”。附加这一说明的目的，是引导读者注意在报表的注释中包含的重要信息。附文摘录了哥伦布市年度综合财务报告中的三页注释，该市财务报告的全部注释部分共有 45 页。在附文中，注释 A——“重要会计政策概述”部分陈述了对报告主体的定义、哥伦布市在其财务报告中所包括的每项基金的具体描述、修正的权责发生制会计的定义以及其他细节（附文只摘录了这一部分注释中的前两页）。一般来说，这部分注释描述了财务会计系统所使用的方法及程序。附文中的其他几页解释了“注释 S”和“注释 U”，这些注释提供了其他描述性资料和财务资料。“注释 S”描述了该市拥有并管理着的三类企业基金。“注释 U”则是对哥伦布市与福兰克林郡合资的一个企业的详细描述。其他注释提供了诸如固定资产、长期债务、租约及退休金计划等项目的详细信息。尽管上述信息中的部分内容可以通过财务报表的账面内容予以汇报，但如果采用这种做法将会使报表增加大量细节，结果反而可能导致主要账户间的关系变得模糊不清。

附：15-3 财务报表的注释

俄亥俄州，哥伦布市

通用财务报表的注释

2001 年 12 月 31 日

注释 A——重要会计政策概述

哥伦布市（简称“哥市”）创建于 1834 年 3 月 3 日，是在俄亥俄州宪法下成立的一个市自治体。本市的行政管理采取“议会—市长模式”。

上述 GPFS 的编制符合政府会计准则委员会（GASB）的第 14 号公告——财务报告主体——的规定。该市的 GPFS 中包括了所有相关的机构、业务、职能及本市（报告主体）对其负有会计经管责任的附属单位。会计经管责任是指该市能够任命附属单位董事会中的绝大多数投票成员，并且（1）能够向该附属单位施加影响，或者（2）附属单位可能给该市带来额外的财政支持或财政负担。在此基础上，本市的报告主体经过宪法确认后共包括以下几类服务：公共服务、公共安全、贸易与发展、医疗卫生、公园与娱乐设施以及公共事业等。另外，本市还拥有并经营着三个企业型业务：供水系统、排污系统和电力输送系统。

1994 年 8 月，市议会根据州宪法建立了哥伦布市航空局（CMAA），作为哥市的一个附属单位来管理哥市的两个机场。CMAA 于 1995 年 11 月正式开始运营。CMAA 是一个独立的法律实体，但哥伦布市只将它的财务状况作为报告主体的一部分，从而在报表中单列一栏进行报告，而未对 CMAA 编制独立的财务报表。根据政府会计准则委员会的第 14 号公告，哥市对 CMAA 负有财务会计责任，因为从 CMAA 建立时起市政府一直拥有其全部资产，CMAA 的董事会成员均由市长提名并通过了市议会的表决，此外还存在着市政府承担其财务负担的可能性——市政府在 CMAA 建立前的几年内，为建设机场而发行的未清偿债券达 42 924 000 美元（12 月 31 日，2001 年），这些构成了哥市的一般性债务。CMAA 以租赁费的形式向市政府支付这笔到期债券的本金及利息，进而市政府将其再支付给债券所有者。另外，市政府对 CMAA 施加影响的能力也是很明显的，因为市议会能够通过议会立法取消 CMAA。完整的 CMAA 财务报表可以从 CMAA 的行政管理办公室获得，具体地址为俄亥俄州（邮编为 43219），哥伦布市，国际大路 4600 号。

弗兰克林公园温室联合娱乐区（简称温室区）是由哥伦布市（109X−90 号决议）和弗兰克林郡（716−90 号决议）依照俄亥俄州修改后的法案（ORC）中的 755.14 号部分的授权而建立的。哥市与弗兰克林郡在 1994 年为建立这一区而签订的协议在 2000 年 8 月由哥市（1794−96 号法令）和弗兰克兰郡（800−96 号决议）进行了修订。修正案将温室区董事会的成员人数由 10 人增加为 17 人，其中八名成员由市长任命但需经过市议会的确认，四名成员由弗兰克林郡任命。另外，依照 ORC 中的 755.14(B)(2)部分的授权，俄亥俄州州长、众议院发言人及参议院领袖每人将任命一名董事会成员。州任命的董事会成员如果同时也是州议会的成员，那么他们在区董事会中将作为非投票委员；目前没有成员身兼两职。因此，市长不能单独任命温室区董事会中的绝大多数投票委员。哥伦布市在温室区成立之初向温室区捐赠了某些固定资产，并同意每年向该区提供一笔经营津贴，但这笔钱每年需要由市议会进行拨款。2001 年津贴为 921 000 美元（包括 75 000

美元的补助金），占温室区收入和资助的 41.7%（2000 年占 42%）。如果温室区发生破产清算，它的资产需转让给哥市。因为哥伦布市市长不能任命温室区董事会中多数的投票委员，而且多个政府参与了董事会成员的任命过程，所以依照政府会计准则委员会第 14 号公告，哥市应将温室区作为它的一个合营项目来报告温室区的财务状况。在本报告的注释 U 中报告了温室区的财务活动。其他的财务信息可以从温室区获得，其地址为俄亥俄州（43203），哥伦布市，东大街 1777 号。

哥市的会计政策和财务申报符合政府单位应遵从的公认会计准则。以下是哥伦布市重要会计政策的总结。

报告基础——基金会计

哥市的账户是在基金或会计账户基础上编制的，其中的每类基金或会计账户都被认为是一个单独的会计主体。每类基金的经营状况都使用独立的一套自行平衡的账户进行会计核算。这套账户包括资产、负债、基金权益、收入及支出。在 GPFS 中，各种基金是按照类型进行总结的。以下是哥伦布市采用的基金类型和账户组。

（1）政府型基金

普通基金——普通基金是哥市的一般性经营基金。它包括了除需包括在其他基金中的财务资源以外的其他所有财务资源。

特种收入基金——用来记录从特定的税收、财政补贴及其他限定用途的收入来源获得的收入。市法案或联邦、州政府的法令对每支特种收入基金的使用和限制进行了具体规定。

偿债基金——偿债基金用来记录那些一般长期债务的本金、利息及相关成本的积累状况和支付情况。

资本项目基金——用于记录那些用来购置和建造大型基建设施的财务资源（不包括那些通过权益型基金和信托基金融资的项目）。

（2）权益型基金

企业基金——是用来核算那些在融资和经营方式上与私营企业相类似的政府经营活动。政府经营这类活动的动机是，希望能将向公众提供商品和服务的成本主要通过使用者付费的方式来连续得以弥补。哥伦布市有三支独立的企业基金：供水基金、排污基金及电力输送基金。另外，提供航空服务的 CMAA 也是一个可以单独报告的权益型附属单位。

注释 S——企业基金业务部分

以下是截止到 2001 年 12 月 31 日，三支企业基金在该年度的一些重要的财务信息：

	企业基金			
	供水 （千美元）	排水	电力	合计
营业收入	$91 006	116 899	42 510	250 415
营业费用：				
折旧	12 718	21 100	2 891	36 709
其他	54 464	50 613	33 390	138 467
总营业费用	67 182	71 713	36 281	175 176
营运利润	$23 824	45 186	6 229	75 239
净利润	11 396	26 418	4 044	41 858
资产合计	430 838	880 253	97 059	1 408 150
营运资本净值	46 829	79 157	5 065	131 051
债券及应付贷款净额	307 015	494 260	94 304	895 579
权益（亏损）合计	111 692	370 511	(3 151)	479 052
财产、厂房及设备：				
增加	23 134	40 768	8 017	71 919
减少	472	425	120	1 017

注释 U——合资项目——弗兰克林公园温室联合娱乐区

注释 A 中指出，弗兰克林公园温室联合娱乐区（简称温室区）是哥伦布市与弗兰克林郡的一项合资项目。在安排上，温室区具有合资项目的所有下列必备特征。温室区：

- 是通过合约式协议建立起来的（依照俄亥俄州修改后的法案中 755.14（B）部分的授权，编写的哥伦布市 109X—90 号决议和弗兰克林郡 70-90 号决议）；
- 是独立于哥伦布市和弗兰克林郡的一个业务主体；
- 是由市、郡共同管理的，但市、郡都不能够单方面地控制温室区的财务和业务政策；
- 哥伦布市与弗兰克林郡对温室区负有持续的财务责任。

每年经过市议会的拨款，温室区可以从哥伦布市收到一笔营运补贴。温室区的财务报表可以从温室区行政管理办公室获得，具体地址为俄亥俄州 43203，哥伦布市，东大街 1777 号。以下是截止到 2001 年 12 月 31 日温室区的年度财务数据汇总：

	普通基金
现金与投资	$154 132
应收款项（扣除坏账准备）	149 246
资产合计	$303 378
应付账款	$385 924
应计负债	26 689
负债合计	412 613
基金赤字	(109 235)
负债及基金赤字合计	$303 378
收入（包括哥市提供的经营补贴 846 000 美元和补助金 75 000 美元）	$2 207 085
支出	2 235 883
收入减去支出后的余额	$(28 798)

此外，温室区的投资中有大约 119 600 美元投资于哥伦布基金会——俄亥俄州的一个非营利性组织，以用于促进温室区的进一步发展。对于这笔资金的使用，温室区有权向该基金会提出意见。

资料来源： Joseph R. Razek, Gordon A. Hosch. Martin Ives: Introduction to Government and Not-For-Profit Accounting, Prentice-Hall, Inc, 2002。

总的来说，财务报表的注释提供了分析财务数据过程中所需的额外信息，这些信息是构成财务报表整体所必需的一部分。事实上，美国政府会计委员会的附注披露要求比国际会计师联合会的附注披露要求要更为全面，这一点值得我国借鉴。

（七）合并财务报表与单项基金财务报表

在年度综合财务报告中的“合并会计报表及图表、单项基金和各类账户的会计报表及图表”部分里，包含了合并财务报表，如果有必要，也包括单项基金财务报表，单项基金财务报表是前面所讨论的汇总财务报表的基础。表 15-38 是一个典型的特种收入基金合并资产负债表。

表 15-38　合并资产负债表

俄亥俄州，哥伦布市

所有特种收入基金的合并资产负债表

2001 年，12 月 31 日

	法律的实施	地区性职能	特殊目的	对酒后驾车司机的处理	市政府职员	哥伦布市社区关系	合计
资产							
现金及现金等价物							
现金和国库券投资	$1 537 269	23 192	927 466	437 077	4 877 715	3 343	63 485 379
应收款项（扣除坏账准备后的净值）	12 588	—	2 896	—	—	—	39 279 808
应收其他款：							
政府	—	—	—	—	—	—	13 675 641
基金	—	—	—	—	3 593	—	1 864 413
资产合计	1 549 857	23 192	930 362	437 077	4 881 308	3 343	118 305 241
负债							
应付账款	54 412	1 568	7 401	—	349 500	—	14 904 866
应付其他款：							
政府	—	—	—	—	—	—	25 931 467
基金	—	—	—	—	65 288	—	3 813 947
递延收入及其他	—	—	—	—	—	—	19 524 133
应计工资及福利	—	—	—	—	19 474	—	3 626 763
负债合计	54 412	1 568	7 401	—	434 262	—	67 801 176
基金余额							
基金余额							
专用备付金的基金余额	495 398	17 360	120 996	—	1 814 130	639	53 292 125
未保留、未指定用途的基金余额	1 000 047	4 264	81 965	437 077	2 632 916	2 704	(2 788 060)
基金总余额	1 495 445	21 624	922 961	437 007	4 447 046	3 343	50 504 065
负债及基金余额合计	$1 549 857	23 192	930 362	437 077	4 881 308	3 343	118 305 241

资料来源： Joseph R. Razek, Gordon A. Hosch. Martin Ives: Introduction to Government and Not-For-Profit Accounting, Prentice-Hall, Inc, 2002。

表 15-38 与附文紧密相关，需要注意的是，表 15-38 只是整个合并报表的一部分。哥伦布市共使用了 30 支特别收入基金：其中 15 支由市法令批准设立；5 支由州成文法规定设立，用于核算共享收入、罚款和其他特殊收入；还有 10 支基金专门用来核算联邦和州政府的津贴和补助金。表 15-38 只是整个合并资产负债表的一部分，整个合并资产负债表在年度综合财务报告中共占了 4 页。在合并报表中，每一支单项基金都在单独的一栏中列出。为了充分理解汇总报表与合并报表之间的关系，在分析合并资产负债表时，应该将合并资产负债表中合计栏的金额与表 15-32 所列的汇总资产负债表中的对应金额联系起来。

GPFS 中所包含的各种财务报表的对应合并报表，都必须被包括在年度综合财务报告中。这样做可以便于读者们识别政府单位所使用的各种基金的资产、负债、收入和支出（费用），等等。为了提供关于每类基金运营状况的详细信息，通常合并报表要比汇总报表编制得更为详细。

在那些认为有必要对政府单位的财务信息进行公平表述的例子中，还需编制单项基金财务报表。当年度综合财务报告中包含这些单项基金财务报表时，通常在编制上，这类报表比合并财务报表和汇总财务报表都要详细。这与我们在讨论财务报告“金字塔”时讲述的概念是一致的，即沿“金字塔”由上而下，披露的信息应越来越详细（见图 15-1）。政府单位报告每支基金信息的具体详细程度，即沿财务报告“金字塔”下降到带虚线区域的程度，取决于政府部门管理层对充分披露的解释。总的方针就是每个政府单位都必须提交充分的财务信息，以反映：（1）每支基金及每类账户的财务状况和经营结果，（2） 对有关法律和合约条款的遵从，以及（3）对每支基金财务活动的充分披露。

但是需要指出的是，目前在政府财务报告过程中存在着一个日趋明显的趋势，即政府在其年度报告中不再包含单项基金财务报表。这种趋势的产生是因为公认会计准则开始强调报告汇总财务报表的重要性，认为汇总报表能够提供对政府财政经营和财务状况的一个“总体看法”。

（八）统计表

年度综合财务报告中的最后一部分是统计表，在这一部分中，政府会提供一些重要指标的累计数据。这些数据的提供是十分必要且有用的，它可以向读者提供和该政府相关的其他财务、经济和社会信息，从而有助于报告使用者更为准确、全面地评价报告主体的财务状况及其变动趋势。通常，在这一部分中包含的统计表有：

1．过去10个财政年度——按功能划分的政府日常支出表

2．过去10个财政年度——按来源划分的一般性收入表

3．过去10个财政年度——财产税的征集情况表

4．过去10个财政年度——应税财产评估和预估的实际价值表

5．过去10个财政年度——所有重叠的政府财产税税率表

6．过去10个财政年度——特种捐税的开单及征集情况表

7．过去10个财政年度——普通责任债券的净值与评估价值的比率和人均净债券债务情况表；

8．过去10个财政年度——普通责任债券的年偿债费用与政府日常支出总额的比；

9．过去10个财政年度——收益担保债券的保障比率表；

10．人口统计表；

11．过去10个财政年度——财产价值、建筑工程和银行存款情况表；

12．主要纳税人表。

另外，如果在通用财务报表中没有计算法定债务余额和重复性债务，那么则需包含法定债务余额的计算表和重复性债务的计算表。表15-39是哥伦布市编制的过去10个财政年度按功能划分的政府日常支出表。表15-40是过去10个财政年度按来源划分的一般性收入表。这里只是推荐了一些特定的统计表，政府还可以根据需要增添任何其他的、他认为对读者有用的信息。

表 15-39　统计表——过去 10 个财政年度——按功能划分的政府日常支出表

俄亥俄州，哥伦布市

过去 10 个财政年度

按功能划分的政府日常支出表[①]

（单位：千美元，除百分比以外）

财政年度	政府日常支出	公共服务支出	公共安全支出	人力资源服务支出	贸易与发展支出	卫生保健支出	公园与娱乐设施	公用事业支出	偿债支出[②]	资本支出	合计
1992	$48 947	44 951	137 692	12 844	9 539	18 420	25 935	—	32 871	10 247	341 446
	14.34	13.16	40.33	3.76	2.79	5.39	7.60	—	16.63	3.00	100.00%
1993	45 699	46 571	146 524	12 751	10 212	20 094	28 704	—	33 491	11 724	355 700
	12.84	13.09	41.19	3.58	2.87	5.65	8.07	—	16.41	3.30	100.00%
1994	48 377	46 708	162 759	12 898	11 355	22 013	33 019	3 558	34 364	10 138	385 189
	12.56	12.13	42.25	3.35	2.95	5.72	8.57	0.92	8.92	2.63	100.00%
1995	49 107	45 638	173 518	12 714	10 280	22 160	34 943	3 039	34 210	8 417	394 026
	12.46	11.58	44.04	3.23	2.61	5.62	8.87	0.77	8.68	2.14	100.00%
1996	66 386	49 913	187 823	10 198	12 641	23 738	38 265	6 932	48 479	5 719	450 094
	14.75	11.09	41.73	2.27	2.81	5.27	8.50	1.54	10.77	1.27	100.00%
1997	53 536	53 846	201 272	8 575	15 498	24 956	38 714	9 708	48 152	8 346	462 603
	11.57	11.64	43.51	1.85	3.35	5.40	8.37	2.10	10.41	1.80	100.00%
1998	59 525	59 055	211 597	1 142	24 734	26 739	39 712	6 331	48 297	8 372	485 504
	12.26	12.17	43.58	0.24	5.09	5.51	8.18	1.30	16.95	1.72	100.00%
1999	61 417	55 442	224 158	—	40 127	28 102	44 276	10 248	69 999	12 529	546 298
	11.24	10.15	41.03	—	7.35	5.14	8.10	1.88	12.82	2.29	100.00%
2000	62 352	58 269	241 863	—	26 995	29 233	48 169	10 338	72 309	17 776	567 304
	10.99	10.27	42.64	—	4.76	5.15	8.49	1.82	12.75	3.13	100.00%
2001	60 085[③]	65 880[③]	256 283	—	36 842	30 827	50 622	10 711	75 750	17 776	604 776
	16.94	10.89	42.38	—	6.09	5.10	8.37	1.77	12.52	2.94	100.00%

注：①包括一级政府的普通基金、特种收入基金和偿债基金。

②包括了除权益型基金和已收回 P&F 票据的本金（2001 年为 26 300 000 美元）以外的所有普通责任债务偿债基金。

③在 2001 年，以前在政府日常支出中核算的设施管理费，被重新划属到公共服务费中。

资料来源：　Joseph R. Razek, Gordon A. Hosch. Martin Ives: Introduction to Government and Not-For-Profit Accounting, Prentice-Hall, Inc, 2002。

表 15-40 统计表——过去 10 个财政年度——按来源划分的一般性政府收入表

俄亥俄州，哥伦布市

过去 10 个财政年度

按来源划分的一般性政府收入表[①]

（单位：千美元，除百分比以外）

财政年度	所得税	财产税	财政补贴与津贴	投资收益	特征税捐	执照与许可	共享收益	服务收费	罚款与罚没收入	其他	合计
1992	$210 008	21 527	30 866	11 462	102	5 526	37 048	25 762	10 426	17 487	370 214
	56.72	5.81	8.34	3.10	0.03	1.49	10.01	6 96	2.82	4.72	100.00%
1993	221 177	22 290	24 423	13 598	133	5 747	42 498	26 901	10 437	17 264	384 468
	57.53	5.80	6.35	3.54	0.04	1.49	11.05	7.00	2.71	4.49	100.00%
1994	232 302	23 421	26 002	13 812	100	5 902	46 451	31 943	10 704	14 952	405 589
	57.27	5.77	6.41	3.41	0.02	1.46	11.45	7.88	2.64	3.69	100.00%
1995	243 197	26 061	26 968	11 375	81	6 341	49 027	37 867	10 647	13 907	425 471
	57.16	6.13	6.34	2.67	0.02	1.49	11.52	8.90	2.50	3.27	100.00%
1996	261 585	26 478	27 923	8 296	70	6 850	50 408	44 650	11 393	21 592	459 245
	56.96	5.76	6.08	1.81	0.02	1.49	10.98	16.72	2.48	4.70	100.00%
1997	274 327	26 889	27 467	7 160	66	8 148	52 723	44 560	12.045	27 523	480 908
	57.05	5.59	5.71	1.49	0.01	1.69	10.96	16.27	2.51	5.72	100.00%
1998	289 776	29 522	32 425	10 767	97	9 190	58 740	52 094	11 967	28 131	522 709
	55.44	5.65	6.20	2.06	0.02	1.76	11.24	16.96	2.29	5.38	100.00%
1999	312 257	29 507	44 815	16 097	135	10 553	63 137	56 805	13 943	34 750	581 999
	53.65	5.07	7.70	2.77	0.02	1.81	10.85	16.76	2.40	5.97	100.00%
2000	325 131	30 132	35 757	16 636	278	10 243	66 885	52 682	13 999	25 047	576 790
	56.37	5.22	6.20	2.88	0.05	1.78	11.60	16.13	2.43	4.34	100.00%
2001	349 429	31 856	45 500	18 622	196	11 840	70 359	54 781	16 183	35 836	634 602
	55.06	5.02	7.17	2.93	0.03	1.87	11.09	8.63	8.63	5.65	100.00%

注：①包括一级政府的普通基金、特种收入基金和偿债基金。

资料来源：Joseph R. Razek, Gordon A. Hosch, Martin Ives: Introduction to Government and Not-For-Profit Accounting, Prentice-Hall, Inc, 2002。

思考题

1. 政府型基金的计量要点与权益型基金的计量要点有哪些不同?

2. 比较在权责发生制与修正的权责发生制中，如何确认收益和费用或支出。

3. 为什么政府型基金通常使用修正的权责发生制会计?

4. 企业基金和内部服务基金的差别是什么?

5. 为什么一些固定资产要记录在一般固定资产账户中？

6. 什么是年度综合财务报告？

7. 比较汇总财务报表和合并财务报表的异同。

第十六章　联邦政府会计

学习目标

学完本章内容后，你应该能够：

- 阐述联邦政府的会计和州与地方政府会计之间的主要差别；
- 列举并说明联邦政府使用的主要基金；
- 说明联邦政府所使用的预算会计和权益会计的异同点。

在前面，我们已经较为系统地讲述了美国的州及地方政府会计，在这一章里，我们再简要介绍一下美国联邦政府的会计核算。事实上，美国联邦政府会计和州及地方政府会计在会计模式和会计程序上都是相似的。

第一节　美国联邦政府结构及联邦会计准则

美国的联邦政府有三个组成部分：立法机构、行政机构和司法机构。其中行政机构和立法机构由全民选举产生。行政机构以总统为核心，受总统领导，执行立法机构颁布的法令，并设有24个主要行政机关。行政机构的财政部负责预算、税收（主要是所得税）、发行债券、拨付资金以及核算联邦政府的基金。立法机构向全国颁布法律法规，包括制定预算拨款、征收税款和制定与税务相关的法规、授权政府借款、监督行政机构运作。司法机构主要负责解释宪法、立法机构制定的法规以及由英国保留下来的习惯法。

美国联邦政府的会计核算需要遵守联邦会计准则。联邦会计准则由1990 年正式成立的专门的联邦会计准则咨询委员会（Federal Accounting Standard Advisory Board，简称 FASAB）制定。

事实上，关于联邦会计准则的制定权问题在美国联邦政府存在着很长时间的争论。在前面，我们讲到美国联邦政府由三个部分组成：立法机构、行政机构和司法机构。这种三权分立的设置具有很大的优点，但是也导致了关于联邦会计准则制定权的分歧。行政机构认为他们有责任为24个主要行政机关制定政府会计准则。但是立法机构又提出，政府机构的报表向其报送，他们有权力监督这些政府机构，因此他们应负责会计准则的制定。为了解决这个问题，行政机构和立法机构决定设立一个专门的机构负责制定准则，机构的成员由双方派出。美国总审计长，即美国会计总署的首长出任该机构成员，会计总署是隶属国会（立法机构）的部门。同样，行政系统的预算管理局和财政部也派人员出任该机构成员。同时，双方都赞同聘请非政府人士参与准则的制定。于是在1990年联邦会计准则咨询委员会成立，成立时共有九名成员组成：财政部秘书、预算和管理局局长、主审计长、一名国会预算办公室成员、两名行政直属机关的成员和三名社会公众代表。

资料来源：《美国政府及非营利组织会计讲座》，财政部会计司，2002年9月，第12页。

联邦会计准则顾问委员会（FASAB）目前已经制定了一套基本的会计和财务报告准则，另外出版了两个概念解释公告和九个准则说明公告。目前所有这些文件都已被批准并被合编成一卷，称为“原始公告”，以下是这套准则的一些基本要点：

一、存货和相关的财产

联邦财务会计准则公告第3号对存货（持有的待售项目）、经营材料和物资、储存材料、扣押和没收的财产以及其它一些特定资产作出了解释。

（一）待售存货包括在同一组织或机构内部持有待售个人财产。这些存货必须按照历史成本或其它接近历史成本的估价方法进行估价。在按照最近的购置成本对未实现的持有收益或损失进行了调整的情况下，也可将最近的购置成本作为一种估价方法。

（二）经营材料和原材料（在正常经营过程中将被消耗的个人财产）也按照历史成本或接近历史成本的方法进行估价，并按照消耗法核算。但是，如果数额不是很大且由最终使用者持有，同时消耗法不具成本效益的话，也可以使用购买法进行核算。

二、财产、厂房和设备（PP&E）

联邦财务会计准则公告第 6 号将联邦的财产、厂房和设备分为四种类型：普通 PP&E、联邦使命 PP&E、遗产性资产和保留地。普通 PP&E 提供一般性的政府服务或商品。联邦使命 PP&E 包括大量的联邦对防御武器系统部门的投资。遗产性资产具有重要的教育、文化或自然特征，如白宫、国会图书馆和华盛顿纪念碑。保留地则包括大部分的联邦土地，如公园土地等。

普通 PP&E 在资产负债表上按照购置成本进行资本化并计提折旧。然而，用于购置、替换或改善联邦使命 PP&E、遗产性资产和保管土地的年度支出却未显示在资产负债表上。但是，这些成本要在发生期内作为费用予以报告。为了明确会计责任，未显示在资产负债表上的资本资产（一并归类为保留的 PP&E）必须以“必须的补充性的保留资产信息”的形式予以披露，这种报告要求是联邦政府特有的。

联邦财务会计准则还要求披露递延维修费——在需要时未能进行维修从而推迟到未来某时期的维修费用。递延维修费可用许多方法来估计，包括“状况评估调查法”——定期性检查，以评估资本资产的状况并估计使资产恢复至可接受经营状况的成本。另外，准则第 6 号还要求估计以及定期重新估计和确认对“清理成本”的负债和费用。清理成本是清除、贮存和/或处理有害废弃物过程中发生的成本。清理成本包括净化和报废核潜艇、其它核设施和有毒化学场所的成本。普通 PP&E 的清理成本在 PP&E 的使用期限内被有计划地确认为费用。与核算保留 PP&E（例如，一艘核潜艇）的获得成本相一致，保留 PP&E 的清理成本也要在该资产的使用期间内进行确认。

三、对联邦负债的核算

尽管产生联邦负债的许多交易和事件与州和地方政府及商业企业所遇到的情况相似，但仍有一些交易和事件是联邦政府所特有的。作为通用规则，产生于交换性交易（在交易中每一方都牺牲部分价值并收到另一部分价值作为回报）的联邦负债在权责发生制会计基础上进行核算。也就是说，联邦报告主体要在其获得产品和服务并承诺未来进行支付时确认负债。

另外，联邦政府也从事许多非交换性交易，在这类交易中，它承诺依照法律提供福利而不直接收取回报。例如，根据医疗补助项目对卫生保健机构提供的服务进行偿付。在这种情况下，联邦报告主体把在报告日任何未偿的金额都确认为负债。“未偿金额”包括对服务提供者已提供的、但尚未向联邦实体报告的服务的估算。

可能，联邦财务会计准则所处理的最富有争议的问题就集中在社会保障和类似的社会保险项目上。一些人认为，对社会保障负债的披露仅限于截止到报告日到期而尚未支付的款项。他们认为，社会保障是强制性的代际间转移项目，而且政府有能力取消或大量减少社会保障项目的收益。但也人认为，对类似于养老金计划的社会保障负债的披露，应该包括在将来应付给现期社会保障受益人的所有未付款项的现值，以及未来受益人应该“赚得的”款额。他们认为，社会保障项目具有交换性交易的成分，而且那些可能对该项目产生影响的承诺、预期和政治气候等因素，使得未来的支付很可能满足负债的定义。在本书编写时，对这个问题尚无定论。

第二节　联邦政府会计与州和地方政府会计的比较

联邦政府会计与州和地方政府会计相似，因为它也使用一系列基金和预算账户来控制收入和支付。但是，与州和地方政府相比，联邦政府规模更大、目标更多样，所以联邦政府会计与州和地方政府会计在许多方面还不尽相同：

一、在财务会计中使用权责发生制

联邦政府使用双轨会计系统，一个用于预算交易，另一个用于财务会计交易。在普通基金的财务会计系统中，联邦政府使用比州和地方政府更深程度的权责发生制会计。由于受某些操作上的制约，联邦政府在“修正的现金收付制”的基础上确认税收收入。但是，费用一般是在完全的权责发生制基础上确认的。例如，存货在被使用时确认，某些固定资产进行资本化并计提折旧。

二、对存货的处理

在联邦政府会计中，对存货的处理与商业会计中的处理方式相同。当存货被购置时，要记录在资产账户中。当使用存货时，要将其从资产账户中转出并记录在支出账户中。这种方法与州和地方政府所经常使用的方法不同。在州和地方政府单位的会计中，存货一般在购置时被记录在支出账户中，而不管它们将在何时被用掉，并且用“存货准备”账户（权益账户）来报告库存存货的数量。

三、会计主体

在州和地方政府会计中，会计核算是以政府单位整体为计量要点。例如，在第十一章中列出的普通基金的资产负债表是针对该市整体编制的，而不是针对一个部门编制的。尽管政府的各个部门和其它下属机构也可以编制独立的营业表，但这种营业表通常只是为了内部使用，对外报告的财务报表都是针对政府单位整体编制的。

当核算联邦机构的活动时，要编制独立的会计记录，并同时公布每一机构和（或）每一基金的财务报表。联邦政府也公布合并的财务报表，但是为了达到控制和评估的目的，还必须编制联邦机构或机构内部主体的整套财务报表。

四、对基金余额的处理

州和地方政府单位所掌握的基金余额（即净资产）在各类基金的基金余额账户中报告。从另一种角度讲，它们代表了可用于支出的资金数额。在联邦会计中，许多不同机构的业务活动都记录在一个“共同”的基金中。由于每一机构都是一个会计主体，因此有必要使用专有术语以辨别“共同”基金中代表该机构净资产的部分。用于该目的的术语有净头寸、未动用拨款和累计营运结果。应当注意的是，与州和地方政府单位所使用的政府型基金的净资产不同，联邦基金的净资产并不总是当前可用于支出的资产。

五、对现金的处理

大多数州和地方政府单位所使用的基金都使用“银行现金”账户。政府单位通过这个账户开出支票并进行支付，从而与银行建立起“直接的”联系。但是由于联邦政府的规模和性质的影响，其各个机构一般不直接与银行打交道，而是由财政部作为代理与银行交易。在财政年度开始的时候，每个机构都由财政部为其设一个对应每笔拨款的“账户”。该账户的资金规模等于对该机构的拨款额加上前一时期剩余的不要求该机构归还的款项。当机构进行支付时，它向财政部送交一个支付计划书。财政部按照计划的数额开出支票。 联邦机构用于记录它们对财政部“债权”的账户是“对美国财政部的基金余额”。当机构收到来自财政部的款项时，计入该账户的借方。当机构发出的支付命令被财政部执行时，计入该账户的贷方。

六、对固定资产的处理

在联邦会计中，很多基金的资产负债表中都包含某些固定资产。固定资产在其使用年限内资本化并计提折旧，就像商业企业中的资产一样。在每一会计期末，编制调整分录以记录当期计提的折旧并调整累积折旧账户。这种处理不同于州和地方政府单位使用的政府型基金对固定资产的处理方法。在州和地方政府单位使用的基金会计中，长期资产在购置时就视为已被消耗，并且记录在一般固定资产账户上。

第三节　联邦会计中使用的基金类型

联邦会计中使用两类基金：一类基金用于核算那些可以产生收入的业务活动所带来的资金；另一类基金用于核算联邦政府以信托人或监护人身份管理的资金。

一、第一类基金

（一）普通基金

该基金用来核算未被指定专门用途的收入和为保证政府机构正常运转而需花费的由国会拨付的款项。同州和地方政府一样，整个联邦政府只有一个普通基金。然而在联邦政府内部，每笔拨款都被看成是独立的会计主体，都有它自己的“普通基金”账户（包括一套自动平衡账户）。这些普通基金实际上是联邦政府的普通基金的明细部分。

（二）特别基金

这些基金与州和地方政府单位使用的特种收入基金相似。它们被用于核算来自特别来源的、被法律规定用于特殊用途的资金的收支情况。它们的使用一般不具持续性。

（三）周转基金

当来自联邦机构的商业性经营的收入较多，而且该机构可以自行使用这些收入且不受国会约束时，就需要使用周转基金来进行会计核算。周转基金可分为两种类型：（1）公共企业基金，主要用于核算来自于非联邦来源的使用者付费收入，如国家公园的门票，这类基金与州和地方政府单位使用的企业基金非常相似。（2）政府内部基金，主要用于核算产生自其它拨款或基金的使用者费用收入，这类基金与州和地方政府单位使用的内部服务基金非常相似。

（四）管理基金

这些基金主要用于核算项目或机构的运营活动，这些项目和活动需要两个或更多的拨款项目予以支付（如由多个机构提供经费的研究活动），并且并不参与持续的拨款循环。这类基金主要由“流转资金”账户[①]构成。

二、第二类基金

（一）信托基金

这些基金用于核算由信托协议或法规产生的收入及其支出情况。但是，许多联邦信托基金更像州和地方政府特种收入基金而不像信托基金。

（二）存款基金

这些基金用来核算收到并暂时持有的、并且以后要归还或支付给其它基金的资金。这类基金也用于核算联邦政府以银行家身份或其它机构代理人身份管理的资金，这与州和地方政府单位使用的代理基金十分相似。

同州和地方政府单位一样，联邦机构的大部分业务都在普通基金中核算。因此本章的余下部分将集中讨论联邦机构在普通基金中的业务核算程序。

第四节 联邦政府会计循环

联邦政府使用双轨会计制度，一套是自我平衡的预算账户，它体现了对

①用于记录对来自其它机构或部门的预付款的收取和支出的账户。

预算的遵守；另一套是用于财务管理的自我平衡的权益型账户。预算型会计和权益型会计在确认构成交易的事件上存在着很大的区别，可参见表 16-1。注意联邦机构使用的权益会计与商业组织使用的会计之间存在的相似性。

表 16-1 预算会计和权益会计在确认构成交易的事件上的主要区别汇总表

预算会计	权益会计
在为取得商品和劳务编制订单之前，对承诺付款编制分录。	对承诺不编制分录。
在订购商品和劳务时，对资金的支付责任编制分录。	对支付责任不编制分录。
在收到拨款支付的商品和服务时，不管他们在何时被使用，也不管他们在何时被支付，都要编制支出拨款的分录。	使用年限超过一年的或满足资产资格标准的商品和服务，不管是哪个拨款为其提供资金，也不管他们何时被支付，在消耗时就记录为费用或进行资本化处理。
对使用拨款进行支付的交易，对该拨款编制相应的会计分录。	对于要由一个或更多的后继拨款进行支付的、在当期被消费的商品和服务，要在当期确认为费用。
不得对拨款编制会计分录。	对不采取拨款方式进行支付的交易，不在当期消费的、但在前期进行支付的商品和服务，在会计处理时要确认为当期的费用。

资料来源：U.S.General Accounting Office, GAO Accounting Guide: Basic Topics Relating to Appropriations and Reimbursables (Washington, DC: GAO,1990), p.3-2。

一、联邦业务会计

（一）初始分录

联邦机构的会计循环始于财政年度开始之日，此时国会开始就总统已批准的预算进行拨款活动。假设预算拨款为 150 000 美元，在机构的账簿上的分录是：

预算分录	已实现的其它预算拨款	150 000	
	未分派权限——可利用的		150 000
	记录收到拨款权限。		
权益分录	对财政部基金余额	150 000	
	未动用拨款		150 000
	记录收到拨款支付令。		

编制第一个分录的目的是建立机构对其预算拨款的初始会计责任。计入已实现的其它预算拨款的借方金额，用来区分机构的基础业务拨款与其可能收到的其它特种用途拨款。第二个分录表示与财政部建立了信贷关系并确定了“信贷额度”。对财政部基金余额账户等同于现金账户，未动用拨款则代表着机构权益的增加。

在国会进行预算拨款之后，预算管理局将拨款分派给机构所属的部门。正如前面所提到的，预算管理局是总统办公厅内的一个机构，具有较宽的财政管理权。它的责任是在部门中分派拨款和建立按照预期成本、或有事件等建立“储备资金”。因此，国会拨给该机构一定数额的资金并不总是意味着机构将有那么多的数额可供花费。

如果机构的所有拨款都由预算管理局拨给了其所属的部门，在机构账簿上的分录是：

预算分录	未分派权限——可用的	150 000	
	拨款		150 000

记录由预算管理局进行的资金分派。

权益分录　　无

前面我们讲过，为了有效的控制拨款的使用，通常部门管理层也要以拨款分派的形式向各机构分配预算拨款，通常是每一季度进行一次分派。然而为了简化起见，我们假设该例子中的机构在财政年度开始时收到了全部分派额。如果部门管理层分派给机构 148 000 美元，则在该机构账簿上的分录是：

预算分录	拨款	148 000	
	分派款——到位资金		148 000

记录提供全年财务活动用分派资金。

权益分录　　无

分派款（已到位资金）是一个非常重要的账户。该账户余额代表着该机构可用于营运的资金数额。如果在财政年度末该机构尚未全部用完它的拨款或分派款，那么，它就必须把剩余资金归还财政部。

（二）业务分录

当机构收到分派通知时，它便可以开始开展其财政业务。为了加强对计划和资金控制，许多机构使用“承诺会计”。承诺是指从分派款中，为采购订单的金额预留出的预算权限。但是这种承诺并非等同于我们前面讲过的支出备付金。不过，在实际签发采购订单前，这些承诺付款正式表明了机构的购买要求。如果机构人员提出申请，要求用机构分派款购买物料和外部服务，支出分别为100 000美元、12 000美元，记录承诺的会计分录是：

预算分录　　分派款——到位资金　　　　112 000
　　　　　　　承诺　　　　　　　　　　　112 000
　　　　　记录对物料和外部服务的购买申请。

权益分录　　无

当采购指令签发后，或对工资支付做出承诺后，就产生了债务责任。联邦政府所使用的"债务责任"，在性质上等同于州和地方政府单位所使用的支出备付金，或可称为"支出准备金"，即按照所订购产品项目的最新估算成本，对分派款提出具体开支额，并解除任何以前建立的有关"承诺"。如果机构为采购物料签订了正式的采购指令，假设物料预估成本为95 000美元，那么会计分录应编制如下：

预算分录　　承诺　　　　　　　　　　95 000
　　　　　　　未供货订单　　　　　　　　　95 000
　　　　　记录对已订购尚未交货的材料/物料的支付责任。

权益分录　　无

预算分录的借方表示未实现承诺的减少，贷方表示实际支出准备金的确立，它与州和地方政府单位使用的支出备付金相似。

当货物到达和/或履行服务后，应编制如下分录，假设所订购物资的实际成本是94 000美元：

预算分录　　未供货订单　　　　　　　95 0300
　　　　　　　已耗用预算权限　　　　　　　94 000
　　　　　　　分派款——到位资金　　　　　1 000
　　　　　记录部分分派款的支出。

该预算分录解除了对供货商的支出准备，同时还记录了在此时实际花费的分派款金额。注意，由于物资的实际成本小于估计成本，所以要把差额返还到分派款——到位资金账户中。

权益分录　　物料存货　　　　　　　　94 000
　　　　　　　应付账款　　　　　　　　　94 000
　　　　　记录收到物料。

		借	贷
	未动用拨款	94 000	
	已使用拨款		94 000
	记录物料的资金来源。		

第一个权益分录记录了物料的收取和相应的负债，它和工商业组织这种情况下所要编制的会计分录类似。第二个权益分录记录了由于购置物料而导致未动用拨款的减少。

此外，当物料到达或服务被提供时，支付计划书便被送交财政部，以通知财政部向供货商付款。在供货商实际开出支票前，机构在财政部基金账户上的余额不会减少。因此，应付账款的记录要分为两步进行。当支付计划书送交财政部时，假定前面的物资购买是计划上的唯一交易，那么分录为：

		借	贷
预算分录	无		
权益分录	应付账款	94 000	
	在途支付		94 000
	记录向财政部申请签发购货支票。		

当财政部通知机构其申请的支票已被开出时，机构账簿上的分录为：

		借	贷
预算分录	无		
权益分录	在途支付	94 000	
	存财政部的基金余额		94 000
	记录由财政部开出支票。		

如果该机构使用了价值为 50 000 美元的物料，这部分成本应记录为费用。注意，这里并不需要预算分录，因为前面已经对拨款的支出进行了会计记录。

		借	贷
预算分录	无		
权益分录	业务/项目费用——物料	50 000	
	物料存货		50 000
	记录对物料存货的使用。		

服务在收到时就使用了，所以需要对拨款使用编制分录。除此之外，对购买服务的会计处理与购买物料的处理相同。记录承诺付款和债务责任的会计分录与购买物料所示的分录相同。假设收到服务(预期成本为 12 000 美元)，编制的会计分录为：

		借	贷
预算分录	未供货订单	12 000	
	已支出权限		12 000

记录部分分派款的支出。

权益分录	业务/项目费用——合同服务	12 000	
	应付账款		12 000
	记录合同服务的收到。		
	未动用拨款	12 000	
	已使用拨款		12 000
	记录购买外部服务的资金来源。		

如果送往财政部的支出计划书列出了该项费用，则会计分录是：

预算分录	无		
权益分录	应付账款	12 000	
	在途支付		12 000
	记录向财政部申请支票。		

另外，和工商业组织会计一样，工资、租金和公用事业费等项目也应记录为费用。但是，还要求编制反映资金来源和预算权限使用情况的会计分录。在大多数情况下，这些项目并不需要事先在会计上做负债处理，可参见下面的例子，假设机构发生了下列费用：

表 16-2　某机构发生的费用

租金	$6 000
公用事业费	2 000
杂项费用	1 500
工资和福利	22 000
总额	$31 500

工资立即进行了支付，对其它成本也建立了负债。记录这些成本的会计分录是：

预算分录	分派款——到位资金	31 500	
	已支出权限		31 500
	记录部分分派款的支出。		
权益分录	业务/项目费用——租金	6 000	
	业务/项目费用——公用事业费	2 000	

业务/项目费用——杂项费用　　1 500
业务/项目费用——工资和福利　　22 000
　　应付账款　　9 500
　　对财政部的基金余额　　22 000
记录某些业务费用。
未动用拨款　　31 500
　　已使用拨款　　31 500
　记录业务费用的资金来源。

对于某些固定资产，联邦政府机构进行成本记录，并记录这些资产的折旧。记录购置固定资产的分录与前面所示的记录购置物料的分录相似。因为折旧不依赖于拨款进行支付，所以不需要编制预算分录，但需要通过权益分录来记录费用、累计折旧的增加以及资产账面价值的减少。如果需要记录 8 000 美元的折旧，则会计分录是：

预算分录　　无
权益分录　　业务/项目费用——折旧　　8 000
　　　　累积折旧　　8 000
　　记录固定资产的折旧。

如果年末编制会计分录记录应计但未付的 3 500 美元的工资和福利，则会计分录为：

预算分录　　分派款——到位资金　　3 500
　　　　已支出权限　　3 500
　　　记录部分分派款的支出。
权益分录　　业务/项目费用——工资和福利　　3 500
　　　　应计已注资的工资总额　　3 500
　　记录应计的年末工资总额。
　　未动用拨款　　3 500
　　　　已使用拨款　　3 500
　　记录营业费用的资金来源。

（三）结账分录

在财政年度末，除部分多年的或永久性的财政拨款外，其它未动用拨款均告失效。这意味着在这个时间之前任何尚未花费或未正式作为支出准备金的资金都必须归还给财政部，这些金额不能转移到下一年供营运使用。

但是在年末之前正式成为支出准备的资金可以被转移到下一年。但是这类资金如在未来五年内还未能完全用掉，剩余资金也必须返还给财政部。

年末要编制预算分录以结清那些反映已终止预算权限和已支出权限的账户；此外，还要编制权益分录以结清费用账户和已使用拨款账户，并将已使用拨款和费用账户之间的差额结转到累计营运结果这个权益账户中。

预算分录	拨款	2 000
	分派款——到位资金	2 000
	承诺	5 000
	其它已实现的拨款	9 000
	结清拨款、分派和承诺账户并记录预算权限的终止。	
	已支出权限	141 000
	其它已实现的拨款	141 000
	结清已支出权限账户。	
权益分录	已使用拨款	141 000
	业务/项目费用——物料	50 000
	业务/项目费用——合同服务	12 000
	业务/项目费用——工资和福利	25 500
	业务/项目费用——租金	6 000
	业务/项目费用——公用事业费	2 000
	业务/项目费用——杂项费用	1 500
	业务/项目费用——折旧	8 000
	累计营运结果	36 000
	结清权益账户。	

二、财务报表

联邦会计准则顾问委员会在其第二个概念公告“主体与披露”中建议，所有的联邦报告主体提交的财务报告都应包括下列基本的财务报表：资产负债表、净成本表、净头寸变动表、融资表和预算资金表。另外，联邦报告主体还应在必要的情况下，提交一个保管业务表和项目业绩报告书，但这两项不属于基本财务报表的范畴。表16-3是前面例子中该机构的试算表，在试算平衡后，编制了机构该财政年度的五个基本财务报表，见表16-4至表16-8。

表 16-3　试算平衡表[①]

某联邦机构

试算平衡表

20×1 年 9 月 30 日

预算账户		
其它已实现的拨款		$150 000
未分派权限——可利用的		$　—
拨款		2 000
分派款——到位资金		2 000
承诺		5 000
未供货订单		—
已支出权限		141 000
总额	$150 000	$150 000
权益账户		
对财政部的基金余额		$ 34 000
物料存货		44 000
家具		65 000
累积折旧——家具		$ 30 000
在途支出		12 000
应付账款		9 500
应计已注资工资总额		3 500
未动用拨款		9 000
累计营运结果		43 000
已使用拨款		141 000
业务/项目费用——工资和福利		25 500
业务/项目费用——合同服务		12 000
业务/项目费用——物料		50 000
业务/项目费用——租金		6 000
业务/项目费用——公用事业费		2 000
业务/项目费用——折旧		8 000
业务/项目费用——其它费用		1 500
总额	$248 000	$248 000

① 其中部分数据为假定数据，如家具、家具的累积折旧等。

表 16-4 联邦机构的资产负债表

某联邦机构
资产负债表
20×1 年 9 月 30 日

资产		
对财政部的基金余额		$ 34 000
物料存货		44 000
家具		$65 000
减：累积折旧	（30 000）	35 000
总资产		$113 000
负债和净头寸		
负债：		
在途支付		$12 000
应付账款		9 500
应计已注资工资总额		3 500
总负债		$ 25 000
净头寸：		
未动用拨款		$ 9 000
累计营运结果		79 000
总净头寸		88 000
总负债和净头寸		$113 000

注意，在资产负债表（表 16-4）上显示的净头寸（88 000 美元）是权益账户资产和负债的差额。净头寸一般由主体的未动用拨款和累计营运结果构成。累计营运结果代表着主体多年来从其资金来源中积累的数额减去费用和损失后的余额，在这个例子中的累计营运结果（79 000 美元）等于物料存货与净家具账户之和。

净成本表（表 16-5）记录了由税收支持的项目的成本。由于成本是在权责发生制会计基础上表示的，所以，以物料为例，表 16-5 中记录的是已使用物料的数额（50 000 美元）而不是购买的数额（94 000 美元）。如果主体挣得了收入，如通过对提供的服务收费，那么在确定净运营成本时，该收入可以被扣除。另外，需要注意的是，这里提供的净成本表是按照前面例子中的账户名称编制的，但是在实际操作中，净成本表通常应在项目的基础上按照矩阵格式编制，并显示部门中每个下级组织发生的项目成本。

净头寸变动表（表 16-6）分析了主体净头寸在该时期内变动情况。需要注意的是，在这个例子中，净头寸从 43 000 美元上升到 88 000 美元。导致这 45 000 美元增加额的主要原因是累计营运结果增加了 36 000 美元，而该年度累计营运结果的增加是因为用于业务活动的拨款超过了净营运成本。

表 16-5　联邦机构净成本表

某联邦机构
净成本表
截止于 9 月 30 日的 20×1 财政年度

业务/项目费用：	
工资和福利	$ 25 500
合同服务	12 000
物料	50 000
租金	6 000
公用事业费	2 000
折旧	8 000
其它费用	1 500
净营运成本	$105 000

表 16-6　净头寸变动表

某联邦机构
净头寸变动表
截止于 9 月 30 日的 20×1 财政年度

净营运成本	$105 000
资金来源：	
已使用拨款	141 000
其它（未列出）	—
累计营运结果的净变化	36 000
未动用拨款的增加（减少）	9 000
净头寸变化	45 000
期初净头寸	43 000
期末净头寸	$88 000

表 16-7 财务状况表

某联邦机构
融资表
截止于 9 月 30 日的 20×1 财政年度

支出准备金与非预算资金：	
已发生的支出准备金	$141 000
其它（未列出）	—
调整后的支出准备金和非预算资金	$141 000
不用于补偿净营运成本的资金：	
已定购但尚未收到的商品和服务数额的变化（未列出）	—
在资产负债表上进行资本化的成本（物料购买）	(94 000)
不需要动用资金的成本：	
折旧	8 000
物料使用	50 000
尚未获得的资金来源（未列出）：	—
净营运成本	$105 000

表 16-8 预算资金表

某联邦机构
预算资金表
截止于 9 月 30 日的 20×1 财政年度

可利用的预算资金：	
预算权限	$150 000
其它（未列出）	—
可利用的预算资金总额	$150 000
预算资金状况：	
已发生的支出准备金	$141 000
可用于支出准备金的非专用余额	—
非专用余额——不可利用的	9 000
总预算资金状况	$150 000
支出：	
已发生的支出准备金	$141 000
减：专用余额，期末	25 000
支出合计	$116 000

融资表（表 16-7）说明了用于该时期的预算资金（已发生的支出准备金）与业务净成本的关系。已发生的支出准备金包括已支出权限（141 000

美元）和未供货订单（0 美元）。把预算资金调整为权责发生制会计下所计算的净营运成本应考虑以下三个因素：（1）不用于支持净运营成本的资金，例如，资产负债表上显示的花费在物料购买和资本化设备上的金额；（2）不需要动用资金的营运成本，如早期购置的设备折旧和对存货物料的使用；（3）尚未获得的资金，如应计的但尚未提供经费的成本。另一个重要的调整项目是未供货订单，即已订购但尚未收到的商品和服务的变化，这个例子中没有涉及到这一项。

预算资金表（表 16-8）由三部分内容构成：主体可利用的预算资金、预算资金状况和支出情况。注意在表 16-3 的预算账户试算平衡表中，左边显示了预算资金，右边显示了资金状况。其中的非专用余额——不可利用的（9 000 美元），是试算平衡表右边拨款、分派款——已实现资金和承诺三个账户的和。这三个账户的余额不能用于将来的支出准备，因为到年末时由于预算权限的终止，这三个账户需要结平。支出，作为一种现金支付，其作用在于清算已发生的支出准备金。在本例中，所有已发生的支出准备金，除了在资产负债表上被报告为负债的 25 000 美元以外，都由财政部的资金拨付进行了清算。

思考题

1. 联邦政府会计与州及地方政府的会计核算有何不同？
2. 联邦政府在会计核算时使用了哪些类型的基金？

后 记

十年前，值南开大学复建财政学系之际，我们编著了国内第一部以政府会计命名的教材。作为一部略带前瞻性的教材，我们紧紧围绕着“政府和政府组织的信息系统”这一核心来设计框架并阐述理论与实务。实践证明，该思路紧密地结合了财政预算的理论与实践，教材出版后受到了相当程度的好评。

政府会计是一个深受预算法影响的信息系统，其核算中包括会计基础和明细核算在内的诸多独特方法都源于预算法的约束。我国预算法经过十年大修，今年初秋终于得以敲定，而我们在新法规指导下修订该教材的愿望也终于得以实现。本教材不仅结合了2014年开始实施的最新会计制度，而且依然保持了一定的前瞻性。我们对这部教材在未来几年内的实用性充满了信心。

会计实务不是死板的记忆和机械地复述，而应是活的现实。所以在我们这本教材的核算举例中，同学们可以看到城市内涝、弃婴岛，也可以看到近来的一些关于节俭的规定以及考试费都去了哪儿。通过这些“接地气”的业务，笔者感觉有助于学生们将公共收支、政府预算等理论和会计核算建立紧密的联系，也有助于了解各类公共支出具体的运用渠道和多维度的披露。当然，教材中的“东昌市”及其所属各行政事业单位等“虚构”的会计主体，并不意味着本教材归类为“戏说”。相反，教材中包括政府决算在内所有的表格都是“全真”的。

我们没有按照先资产负债、后收入支出的顺序，而是根据政府预算管理与核算监督的重要程度，每篇先写了收入支出，然后再写资产负债。就我们在教学实践中的体会，这样的顺序是一个学生最易于理解和记忆的。

感谢南开大学财政学系张志超教授和倪志良主任的大力支持，感谢南开大学出版社的大力支持。教材中的论述仅代表编著者的观点，任何错误也都归属于编著者。欢迎读者们的探讨与批评！教材的专用邮箱可以及时联系到两位作者：newzfkj@126.com。

最后，祝读者们阅读愉快并有所收获！

编著者

2014年9月

南开大学出版社网址：http://www.nkup.com.cn

投稿电话及邮箱： 022-23504636 QQ：1760493289

QQ：2046170045(对外合作)

邮购部： 022-23507092

发行部： 022-23508339 Fax：022-23508542

南开教育云：http: /www.nkcloud.org

App：南开书店 app